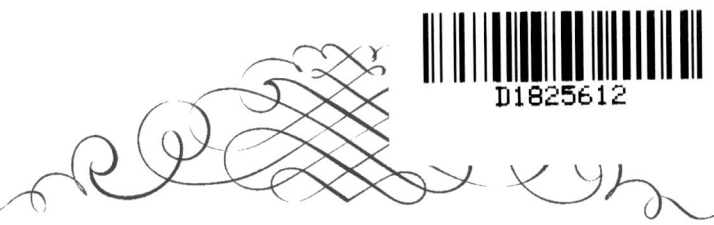

ISBN 978-1-332-38345-0
PIBN 10397438

This book is a reproduction of an important historical work. Forgotten Books uses
state-of-the-art technology to digitally reconstruct the work, preserving the original format
whilst repairing imperfections present in the aged copy. In rare cases, an imperfection in
the original, such as a blemish or missing page, may be replicated in our edition. We do,
however, repair the vast majority of imperfections successfully; any imperfections that
remain are intentionally left to preserve the state of such historical works.

1 MONTH OF
FREE
READING

at

www.ForgottenBooks.com

By purchasing this book you are
eligible for one month membership to
ForgottenBooks.com, giving you
unlimited access to our entire
collection of over 700,000 titles via
our web site and mobile apps.

To claim your free month visit:

www.forgottenbooks.com/free397438

Similar Books Are Available from
www.forgottenbooks.com

a M. Tienor

hommage de l'au

VOYAGE

DANS

E NORD DE LA BOLIVIE

Paris. — Imprimerie de **L. MARTINET**, rue Mignon, 2.

VOYAGE

DANS

LE NORD DE LA BOLIVIE

ET

DANS LES PARTIES VOISINES DU PÉROU

OU

VISITE AU DISTRICT AURIFÈRE DE TIPUANI

PAR

H. A. WEDDELL

DOCTEUR EN MÉDECINE,

Chevalier de la Legion d'honneur; Membre de la Société philomatique,
aide de botanique et ancien voyageur-naturaliste du Muséum d'histoire naturelle de Paris;
Membre de la Commission scientifique
de l'Amérique du Sud (expédition Castelnau), etc., etc.

Ouvrage accompagné de quatre figures et d'une carte.

A PARIS

CHEZ P. BERTRAND, LIBRAIRE-ÉDITEUR
RUE SAINT-ANDRÉ-DES-ARCS, 53,

A LONDRES
CHEZ H. BAILLIÈRE, 219, REGENT STREET·

1853.

PRÉFACE.

Sur le revers oriental de l'un des plus hauts pics des Andes, naît un cours d'eau dont les sables scintillent de paillettes d'or pur : on l'appelle Tipuani. Issu des neiges de la Cordillère, ce Pactole de la Bolivie, qui n'était à son berceau qu'un faible ruisselet, devient, plus bas, un torrent formidable encadré par la riche nature des tropiques, et se déverse, à trente lieues de sa source, dans un des principaux tributaires de l'Amazone.

Ces sables précieux, dont la richesse ne le cède en rien à celle des alluvions les plus vantées du Sacramento ou de l'Australie, furent l'objet du voyage dont on va lire la narration ; et voici, en quelques mots, les raisons qui me déterminèrent à l'entreprendre.

a

Environ quatre ans avant l'époque des incidents que je vais raconter, des investigations purement botaniques m'amenèrent une première fois sur les bords du Tipuani : j'étais à la recherche des arbres qui produisent le quinquina, et j'allais recueillir sur les montagnes à peine accessibles de cette région les matériaux de mes études favorites. Mon espoir ne fut pas trompé ; mais attaqué bientôt par la fièvre et une dyssenterie, je dus quitter au plus vite ces plages insalubres, en me promettant de ne plus y retourner. Un peu de sable que j'avais ramassé dans une des exploitations du ravin, et déposé au Muséum d'Histoire naturelle de Paris, me fit néanmoins revenir sur cette résolution. La beauté de ses paillettes attira l'attention, et, vers la fin de l'année 1851, quelques personnes me proposèrent de retourner en Bolivie pour y guider une expédition. J'hésitais, lorsque l'Administration du Jardin des plantes voulut bien me confier une nouvelle mission, et le voyage fut décidé.

Mes compagnons de route ne me furent connus que peu de temps avant·le départ ; un

heureux hasard voulut cependant que nos caractères s'accordassent assez bien, et je crois
pouvoir dire que l'harmonie qui régna entre
nous contribua beaucoup au succès de notre
entreprise. L'un de ces amis, M. Charles Bor-
niche, ancien avocat à la Cour d'appel, est
revenu avec moi à Paris; l'autre, M. Martial
de Herrypon, ingénieur civil, est resté en Bolivie, pour diriger des travaux d'exploitation,
avec un des deux ouvriers qui nous avaient
accompagnés.

Je ne me dissimule pas les imperfections du
livre que je présente aujourd'hui au public.
Les notes qui s'y trouvent consignées n'ont
d'autre mérite que d'avoir été prises sur les
lieux. Que le lecteur ne s'attende pas à y trouver une description complète des pays que nous
avons visités, il la chercherait vainement dans
ces pages; en les publiant, je n'ai eu d'autre
but que de donner une idée générale de la
physionomie des contrées que j'ai traversées,
et de compléter, en tant que cela dépendait de
moi, des ouvrages plus considérables déjà mis
au jour sur le même sujet. Si j'ai pu contribuer,

par là, à fixer l'attention sur un des points les plus intéressants du nouveau monde, je me croirai suffisamment récompensé.·

Paris, 1ᵉʳ juin 1853.

H.-A. WEDDELL.

OBSERV. — La mesure de pays dont je me suis servi le plus souvent dans ma narration, est la lieue espagnole commune, de 6,666 *varas*, ou 20,000 pieds = 5,572 mètres. La *vara* = 0ᵐ,835.

La livre espagnole de 16 onces = 460 grammes.

Le quintal espagnol = 4 arrobes ou 100 livres.

La piastre bolivienne, ou *peso*, a une valeur de 5 francs environ; elle se divise en 8 réaux (*reales*) et en 16 demi-réaux, ou *medios*, dont chacun équivaut à peu près à 30 centimes.

Mes lecteurs se rappelleront qu'en espagnol, la lettre *u* se prononce *ou*, *ch* = *tch*, *ll* comme dans le mot *mouiller*, *ñ* comme le *gn* du mot *montagne*, et *j* comme le *ch* des Allemands.

Les températures sont partout indiquées, dans cet ouvrage, en degrés centigrades.

TABLE DES MATIÈRES.

FIN DE LA TABLE DES MATIÈRES.

FIGURES.

VOYAGE

DANS

LE NORD DE LA BOLIVIE

CHAPITRE PREMIER.

De Southampton à Chagres.

Départ d'Angleterre. — Ile Sombrero. — Iles Vierges. — Ile et ville de Saint-Thomas. Langues. Monnaies courantes. Population. Environs. Végétation. Visite à une sucrerie. Fabrication du rhum. — Cordillère et ville de Santa-Marta. — Carthagène. — Arrivée devant Chagres.

Le 17 février 1851, je m'embarquai, avec M. B... et M. de H..., sur un de ces grands *steamers* qui font le trajet de Southampton à Panama, et, dans la soirée du même jour, je fis, pour la seconde fois de ma vie, mes adieux à l'Europe.

Notre marche fut d'abord lente, car les éléments nous étaient contraires ; mais vers le 40° degré de latitude, nous reçûmes le souffle des vents alizés ; et rien ne s'opposant plus à l'impulsion de nos puissantes machines, nous

1

filâmes rapidement vers le monde que découvrit
Colomb.

Cependant le moment où nous avions compté jouir
du premier aspect de ces rivages se passa sans
que notre vigie les eût signalés ; et , bien que nous
ne fussions encore qu'au dix-neuvième jour de la
traversée, nous commençions à la trouver longue,
tant il est vrai que l'habitude de parcourir aujourd'hui par terre de très grandes distances en
un clin d'œil gâte le voyageur, et lui fait supporter avec impatience tout mode de progression
moins rapide.

Enfin, le 9 mars au matin, le cri de : « *Land !* »
se fit entendre, et tout le monde se précipita sur
le pont. La terre qui se présentait n'était qu'un
rocher bien isolé et bien nu ; sa vue nous causa
pourtant un plaisir infini. C'était l'île Sombrero :
elle doit ce nom à sa forme, que l'on a comparée à
celle d'un chapeau. J'avoue que je lui trouvai bien
plus de ressemblance avec une galette. Elle est
presque plate, et semble s'élever à peine d'une
douzaine de mètres au-dessus du niveau de la
mer dont l'écume la couvre à tout instant.

Il y a quelques années, un capitaine anglais, voulant punir un de ses matelots pour je ne sais quel
méfait, l'abandonna sans vivres sur cet écueil.

Le malheureux resta trois jours privé de nourriture, et il eût infailliblement péri si, par bonheur, un navire qui passait par là, attiré par ses signaux, ne l'eût recueilli.

A peine eûmes-nous passé le Sombrero, que le profil d'une seconde Antille se détacha de l'horizon. Nous apprîmes qu'elle portait le nom de Virgen-Gorda (1), et qu'elle faisait partie du groupe des îles Vierges; l'île de Saint-Thomas, vers laquelle nous nous dirigions pour prendre du charbon, en dépend également. Saint-Jean parut ensuite, ainsi que Tortola, remarquable par l'élévation de ses montagnes. Nous réussîmes, en nous servant d'une longue-vue, à distinguer quelques habitations et quelques cultures sur les flancs escarpés de ces terres insulaires; mais la végétation naturelle n'y paraissait pas bien vigoureuse.

Le temps était superbe, et la mer si unie, que nous filions en toute sécurité à peu de distance de ces grands écueils où tant de navires ont échoué.

Nous gagnâmes ainsi le goulet du joli petit havre de Saint-Thomas, autrefois le repaire le plus sûr des innombrables boucaniers qui ont infesté ces mers.

(1) Littéralement : « Grosse vierge. »

La ville s'élève dans le fond de la baie, sur trois crêtes qui s'abaissent vers la mer, comme des étais de la montagne semi-circulaire dont la rade est encadrée. De loin elle ne ressemble pas mal, avec ses maisons de bois aux toits de vermillon, à ces villes en miniature qui se vendent vingt-cinq sous pour l'amusement des enfants. Des bosquets de Cocotiers, de Tamariniers et de quelques autres arbres les entourent, et donnent au paysage une physionomie toute tropicale.

L'heure étant avancée lorsque nous laissâmes tomber l'ancre, nous hésitâmes quelque temps avant dé nous décider à coucher à terre. Nous prîmes cependant bien vite ce dernier parti, lorsque nous sûmes que l'approvisionnement de la soute au charbon allait être commencé cette nuit même, et un canot nous déposa peu après sur le pilotis qui soutient les maisons les plus voisines de la mer.

Un grand nombre de petites ruelles mènent du quai à la grande rue qui court parallèlement au bord de la rade, en coupant à leur base les trois crêtes dont j'ai parlé.

Un Espagnol nous avait accostés à bord du *steamer*, et avait offert de nous loger et de nous nourrir à raison d'une piastre (5 francs) par jour.

Il était le maître de l'hôtel Riera. Nous nous laissâmes persuader, et nous n'eûmes pas trop à nous
plaindre de cette détermination.

Notre habitation avait plusieurs grands balcons
dont la vue s'étendait sur une partie de la ville,
sur la mer et sur les montagnes environnantes.
Nos chambres étaient bien plus élevées que celles
des habitations d'Europe; la ventilation y était
en outre facilitée par de nombreuses ouvertures,
et les fenêtres ne fermaient qu'avec des per-
siennes.

Ce qui frappe surtout l'étranger qui parcourt
les rues de Saint-Thomas, c'est la variété des langues qu'il y entend parler : en effet, il n'est guère
de nègre (et ce sont les nègres qui constituent
la partie la plus considérable de la population)
qui n'en parle au moins trois, et souvent même
davantage.

Les Danois, auxquels appartient cette île, ainsi
que celles de Sainte-Croix et de Christiansted, ont
eu le bon esprit de faire de son port un port franc ;
et comme la nature en a fait un ancrage très sûr ;
comme d'ailleurs sa situation, par rapport aux autres Antilles, est des plus favorables, et que son
climat est relativement assez sain, il est devenu
l'entrepôt principal du commerce de la mer des

Caraïbes, et l'on y voit presque constamment des navires de toutes les parties du monde. De là, la grande diversité d'idiomes qui s'y parlent, parmi lesquels l'anglais est cependant le plus en usage.

Il en est des monnaies comme des langues; toutes y ont cours, pour peu qu'elles soient d'or ou d'argent. Néanmoins ce sont les monnaies danoises qui font la base du système, et comme celles-ci sont d'argent de très mauvais aloi, on n'a garde de les faire sortir du pays. La plus petite pièce est le *stiver* du Danemark; toutes les autres monnaies, quelle que soit leur provenance, en sont des multiples, ou du moins sont considérées comme tels. C'est ainsi que la pièce de 50 centimes de France, le *dime* des États-Unis, le *six-pence* d'Angleterre et le *réal* d'Espagne, passent tous comme pièces de cinq *stivers*. La piastre, appelée encore indifféremment *gourde*, *duro* ou *dollar*, équivaut à huit réaux forts ou *pièces* de bon aloi, et le doublon ou quadruple, à seize piastres fortes.

Pendant les courses que nous fîmes, le soir, dans les rues de Saint-Thomas, nous ne vîmes pas une seule femme blanche; mais, en revanche, il y en avait une multitude de toutes les autres teintes, et leurs manœuvres, je dois le dire, n'étaient pas de nature à nous donner une idée très flatteuse de la moralité du beau sexe de l'endroit. Le *facies* des jeunes dandys nègres qui papillonnaient en bottes vernies autour de ces beautés nous divertit singulièrement.

L'esclavage n'a été aboli que depuis assez peu de temps dans les îles danoises; mais les esclaves libérés ont été tenus, sous des peines sévères, de continuer, quoique libres, à servir leurs anciens maîtres pour des gages déterminés. Cela devait durer un an, mais la plupart des nègres ont renouvelé volontairement leur engagement avant l'expiration du terme ; et grâce à cet arrangement qui a empêché les esclaves de perdre l'habitude du travail en acquérant leur liberté, on a tout lieu d'espérer que l'abolition de l'esclavage aura de meilleures suites dans ces colonies que dans celles où l'on a négligé de prendre d'aussi sages précautions.

Les environs de la ville de Saint-Thomas sont plus jolis que beaux. Le lendemain de notre arrivée, nous nous mîmes en route, par une température de 28 degrés centigrades, pour gagner un petit ravin verdoyant qui se dessinait, comme un ruban sinueux, sur le flanc d'une des montagnes voisines. D'après nos conjectures, un ruisseau de-

vait se cacher sous ses ombrages. Nous espérions
y découvrir une jolie retraite où nous passerions
quelques heures, loin du tapage de la ville, à dis-
courir sur nos plans de voyage et à nous rappeler
nos amis d'Europe. Mais, quelle ne fut pas notre
déception, quand, au lieu du joli ruisseau que
nous avions rêvé, nous ne vîmes qu'un sale égout
dont les bords étaient hérissés d'une double ligne
de négresses crasseuses. C'était le lavoir de la
ville. Nous en remontâmes longtemps le cours
savonneux, dans l'espoir de dépasser la zone occupée par ces êtres qui poursuivaient nos regards;
mais, partout où l'eau s'était amassée en assez
grande quantité pour qu'il y eût possibilité d'y
tremper un bas, il y avait aussi une blanchisseuse.
Une pluie qui survint nous fit enfin abandonner
l'idée de gagner le sommet de la côte, et nous
retournâmes à la ville.

Le lendemain, nous dirigeâmes nos pas du côté
d'une sucrerie assise au sommet d'une jolie colline
à gauche de la rade. En quittant la grande rue,
nous suivîmes une avenue bordée de haies vives,
et nous arrivâmes peu après sur les bords de la
baie qui fait un écart de côté. Des massifs de
verdure formés par une espèce de Corossolier
à fruit lisse (Angl. : *Hog apple*), et par les tiges

sarmenteuses d'une Passiflore, s'avançaient jusque sur la plage. Plus loin, nous vîmes sur le bord de la route un arbre immense qu'on nous avait indiqué comme une des principales curiosités de l'île. C'était un Fromager dont le tronc avait un diamètre de plusieurs mètres (1). La disposition de ses branches, qui naissaient presque toutes au même niveau, lui donnait quelque ressemblance avec les Baobabs des côtes de l'Afrique. Les Anglais donnent à cet arbre le nom de *Silk cotton tree*, à cause de la matière cotonneuse et soyeuse qui entoure ses graines, et dont quelques uns bourrent des oreillers.

Nous continuâmes notre route, en passant entre deux grandes plantations de Cannes à sucre. Puis, après avoir gravi une colline assez élevée, couverte de broussailles ou de taillis, nous parvînmes à l'usine qui était l'objet de notre promenade. Rien de plus simple que cette sucrerie, dont un Écossais, qui en était propriétaire, nous fit les honneurs. Un moulin à vent, situé au sommet d'un petit mamelon, mettait en mouvement les trois cylindres verticaux (*rôles*) qui broyaient les cannes ; elles y passaient deux fois, et le jus écoulé était porté di-

(1) *Ericdendron caribæum* Don., de la famille des Bombacées.

rectement, par des gouttières, aux chaudières où devait se faire l'évaporation. Le résidu des cannes, c'est-à-dire leur partie ligneuse desséchée (*bagasse*), servait de combustible.

Dès que la cristallisation s'était opérée, le produit était placé dans des barriques percées de trous, et la mélasse ne tardait pas à s'en écouler ; elle se réunissait dans une auge convenablement disposée, et on l'y recueillait, au bout d'un certain temps, pour la porter dans de grandes tonnes où, mêlée à une quantité suffisante d'eau, elle subissait la fermentation alcoolique. Cette eau, enfin, étant passée à l'alambic, fournissait du rhum.

Mais la liqueur ainsi obtenue est incolore, tout comme le cognac quand on le retire du récipient ; pour donner au rhum la nuance que nous lui connaissons, on a l'habitude de le mettre dans des barriques dont l'intérieur a été brûlé, et on l'y conserve au moins un an avant de le mettre en bouteilles.

Tous les autres résidus sucrés de la fabrication du sucre, et en particulier ceux qui sont enlevés par l'écumoire durant la cuisson, servent également à produire le rhum.

Au moment de quitter l'usine pour retourner à la

ville, notre Écossais nous offrit à boire une jatte de jus de canne, mais il avait un aspect si peu attrayant, que mes compagnons voulurent à peine y tremper les lèvres. Chez moi, cependant, la soif l'emporta, et j'avalai la potion tout entière. Quand elle vient d'être exprimée, cette boisson ne plaît pas à tout le monde, à cause de son goût herbacé et fade; mais une légère fermentation relève sa saveur, et en fait un rafraîchissant très agréable.

Pendant que nous nous délassions de notre mieux à terre, on avait accumulé dans la cale, de notre navire, en employant à ce travail une centaine de nègres, les six cents tonneaux de charbon qui formaient notre provision, et l'on avait fait passer à bord d'autres *steamers* les passagers qui se rendaient aux petites Antilles et à la Guyane, ou bien à la Jamaïque, à Saint-Domingue et à Cuba.

Nous retournâmes à bord, dans l'après-midi du 12 mars; à trois heures nous quittâmes la rade, et nous cinglâmes de nouveau vers la pleine mer. Plusieurs îles apparurent encore ce jour-là, comme des ombres dans le lointain, mais elles finirent bientôt par se perdre dans l'obscurité de la nuit. Le lendemain, nous n'avions plus autour de nous que la grande mer des Caraïbes, sous la voûte bleue du ciel.

Trois jours après avoir quitté Saint-Thomas, nous nous trouvâmes en vue de la côte de la Colombie (Nouvelle-Grenade).

En nous rendant sur le pont du navire, au sortir de nos cabines, nous vîmes se dérouler, au-dessus d'une bande de nuages, une grande ligne sombre et déchirée que l'on aurait prise, si elle n'eût été immobile, pour une seconde ligne de vapeurs. Nous avions devant nous la Cordillère de Santa-Marta. Lorsque le soleil s'éleva davantage, cette ligne, que nous semblions côtoyer, s'illumina par places, et nous vîmes qu'elle était formée par des pics couverts de neige. Il serait difficile d'imaginer quelque chose de plus beau que le profil de cette chaîne qui paraît s'élever du sein de la mer, et dont on perçoit d'un coup d'œil toute la majesté.

Nous passâmes, dans l'après-midi, au milieu de quelques grands rochers qui se dressaient à une hauteur de 30 à 40 mètres au-dessus du niveau de l'eau, et sur l'un desquels il y avait un fort. A quelques portées de fusil de là, dans une plaine unie, se voyait la petite ville de Santa-Marta, au pied de laquelle la mer forme une anse très

ouverte. Des montagnes couvertes de forêts entourent de toutes parts ce beau site et donnent au
paysage un aspect des plus agréables.

Le commerce de Santa-Marta est aujourd'hui peu
important; cependant la plus grande partie des
écorces de quinquina qui s'exportent de la Nouvelle-Grenade y est embarquée.

Les habitants de Santa-Marta sont pour la plupart des mulâtres; on y rencontre cependant un
certain nombre de blancs, et une assez forte proportion de métis de ces derniers et d'Indiens.

Le jour qui suivit notre visite à Santa-Marta,
nous arrivâmes devant Carthagène. La baie au
fond de laquelle est bâtie cette ville, une des plus
importantes de la Nouvelle-Grenade, est assez
profonde. Son entrée est occupée par plusieurs
forts très bien construits, dont l'un, situé dans
une petite île, a des batteries à fleur d'eau parfaitement disposées pour défendre l'accès de la
place; mais tous ces murs sont aujourd'hui abandonnés et quelques oiseaux de mer seuls y font
sentinelle. Un pilote qu'un coup de canon appela
à notre bord nous conduisit jusqu'à une portée
de canon de la ville. Le capitaine nous ayant donné
la permission d'aller à terre, nous nous empressâmes, pour en profiter, de nous confier à un petit

canot d'une seule pièce qui nous avait accostés, et
où pagayaient deux nègres. La mer était alors un peu
agitée, et un de mes compagnons de voyage, qui
ne s'était jamais trouvé dans une embarcation aussi
versatile, se sentit assez mal à son aise pendant le
trajet, et se promit bien qu'on ne l'y reprendrait
plus. Nous traversâmes enfin un banc de gravier
qui sépare la baie d'une anse où les grands navires
ne pénètrent pas, et nous y trouvâmes une mer
plus calme; quelques piles de bois sur lesquelles
perchaient des Pélicans nous séparaient encore du
bassin de la Douane, où nous débarquâmes. Nous
fûmes entourés, au même instant, d'une foule de
gens de couleur plus ou moins foncée, qui nous
offrirent leurs services, et, pour nous débarrasser
d'eux, nous finîmes par accepter ceux d'un petit
garçon assez intelligent qui se chargea de nous
promener pendant la demi-heure que nous avions
à notre disposition.

Carthagène, dont la population est aujourd'hui
de 18 à 20,000 âmes, est bâtie sur le modèle
des vieilles villes espagnoles; aussi serait-il difficile de se figurer quelque chose de plus triste.
Un grand et lourd balcon couvert, qui occupe une
-partie de la devanture du premier étage, caractérise ses habitations, dont la plupart sont blan-

chies à la chaux. Les tremblements de terre y sont assez rares. La dernière catastrophe de ce genre avait eu lieu quelques semaines avant notre passage (le 7 février). La secousse s'était fait sentir vers cinq heures du matin, et avait ébranlé toutes les maisons ; plusieurs d'entre elles s'écroulèrent, ainsi que la halle, qui était voûtée, et une caserne. Enfin la cathédrale se lézarda en plusieurs points. Nous visitâmes l'intérieur de ce dernier monument. Ses autels sont chargés de dorures d'une grande richesse, et nous y admirâmes une chaire de marbre sculpté. Mais ce luxe était peu en harmonie avec des murs grossièrement barbouillés de chaux.

En dernier lieu, notre petit cicérone nous conduisit au marché, qui était tenu sous les arcades d'une des places de la ville, en attendant la reconstruction de l'ancien édifice. C'étaient les fruits que nous voulions particulièrement y rechercher ; mais ceux que l'on nous y offrit ne nous contentèrent que médiocrement, à l'exception des bananes. Le *mamei* (1) et le *caimito* (2) s'y trouvaient à côté de la mangue du coco et des longues

---

(1) C'est le *Mammey apple* des Antilles anglaises ; fruit du *Mammea americana*.

(2) *Star apple* des Anglais ; fruit du *Chrysophyllum Cainito*.

gousses du Cassier, dont les enfants mangeaient impunément la pulpe laxative. Nous achetâmes un peu de tout; puis, chargés de nos richesses, nous regagnâmes le navire qui levait l'ancre au moment où nous arrivions à bord.

A la faveur d'un magnifique clair de lune nous courions, dans la soirée du lendemain, 17, le long de la côte où devait se terminer notre navigation atlantique, et à neuf heures du soir on jugea que nous devions être à la hauteur de Chagres. Pour s'en assurer, on lança en l'air une fusée; mais rien ne répondit à ce signal. Alors, nous nous avançâmes un peu plus, en nous rapprochant de la côte, et nous ne tardâmes pas à nous assurer de l'exactitude des prévisions de notre capitaine, en voyant se détacher sur le ciel le profil du vieux fort de San-Lorenzo qui, perché sur son piédestal de roc et défiant l'action du temps, sert à marquer l'entrée du petit havre de Chagres. Bientôt nous fûmes assez près du rivage pour distinguer les maisons, et nous jetâmes l'ancre à quelques portées de fusil de la plage. Les grands sacs de cuir qui renfermaient la correspondance de l'Europe furent aussitôt mis dans un canot et envoyés à terre; mais il fut décidé que les passagers ne débarqueraient que le lendemain.

CHAPITRE II.

Notre premier soin, en nous levant, fut de nous procurer à bord des comestibles pour la traversée de l'isthme; car on nous assurait qu'à terre tout était d'un prix exorbitant. La compagnie des bateaux à vapeur fournit, en effet, à ceux de ses passagers qui le désirent, et pour une rémunération modérée, toutes les provisions dont ils peuvent avoir besoin durant ce petit voyage.

A huit heures nous prîmes congé de notre habitation flottante, et nous nous dirigeâmes vers le point de débarquement.

La mer était assez grosse, et nos rameurs durent prendre quelques précautions pour éviter les

2

rochers qui forment, à l'entrée du havre, une
espèce de barrage. Le fort rustique de San-
Lorenzo resta bientôt à notre gauche, puis derrière nous, et nous abordâmes, un instant après,
à l'une des plages du rio de Chagres que nous
allions remonter pour passer l'isthme; son embouchure divise le village en deux parties. Sur la
rive gauche il ne se trouve guère que des Américains qui y sont propriétaires de plusieurs hôtels
assez spacieux. Le côté opposé est habité par les
indigènes et par quelques Européens.

Une vingtaine de canots de toutes grandeurs
étaient amarrés à la rive, au point que l'on nous
fit accoster : les uns creusés dans un seul tronc
d'arbre, les autres construits à l'européenne.
C'est dans des embarcations de ce genre que se fait
le plus ordinairement la navigation du rio de Chagres, jusqu'à Gorgona ou Cruces. Il y en a cependant d'autres, plus grandes, qui servent au même
usage et qui ne tirent pas plus d'eau. Deux petits
bateaux à vapeur étaient aussi employés à faire
ce trajet; mais ils ne marchaient que lorsque la
rivière était pleine, et que les passagers étaient
nombreux.

Pendant la saison sèche, c'est-à-dire de janvier
en août, les voyageurs qui traversent l'isthme de

Panama, par Chagres, ne peuvent, faute d'eau, remonter la rivière que jusqu'à Gorgona ; mais durant les autres mois de l'année, les canots arrivent facilement jusqu'à Cruces, qui est situé à quelques lieues plus haut. Le reste du trajet (neuf ou dix lieues dans un cas, et sept ou huit dans l'autre) se fait à dos de mulet (1).

A peine eûmes-nous sauté à terre, que nous fûmes entourés par une foule d'individus de toute couleur, de nègres surtout, qui offrirent de nous transporter à Gorgona. Il y avait une quinzaine de passagers qui se rendaient, comme nous, à Panama, et il aurait été facile de s'entendre pour fréter une grande embarcation ; mais les bateliers firent si bien, que, dès qu'il fut question de se concerter, chacun fut d'un avis différent, et, en définitive, chacun alla de son côté. Pour nous, après de longs débats, nous finîmes par arrêter notre choix sur deux assez jolis canots de 4 à 5 mètres de longueur, munis de tentes de toile et portant un équipage de trois hommes. M. B..., M. de H... et moi devions occuper l'un, avec une petite partie de

(1) Le chemin de fer qui doit traverser l'isthme, en passant par Gorgona, ne part pas de Chagres dont le port est très mauvais, mais de Navy-Bay qui en a au contraire un excellent. La longueur totale de ce chemin sera d'environ quarante-deux milles et demi anglais.

notre bagage ; le reste de celui-ci et nos deux hommes devaient être relégués dans l'autre.

En attendant l'heure du départ, nous allâmes en quête de notre déjeuner ; ce qui nous donna l'occasion de visiter le misérable intérieur de quelques unes des habitations du village. Nous étions alors dans la saison sèche ; aussi les rues, que tapissait un gazon épais, étaient-elles parfaitement praticables. Dans les temps de pluies ces mêmes rues sont, au contraire, des bourbiers infects où l'on enfonce souvent jusqu'aux genoux.

Le patron de nos canots, qui nous servait de guide, nous conduisit à une sorte d'épicerie où il nous assura que nous déjeunerions parfaitement, et nous fûmes d'autant plus disposés à le croire, que nous y rencontrâmes le consul des États-Unis, dont l'appareil masticatoire fonctionnait de manière à nous faire penser qu'on lui avait servi quelque chose d'exquis. Nous nous attablâmes donc, et, après une courte attente, on posa devant nous une demi-douzaine d'œufs à la coque, quelques fragments de pain, de l'eau-de-vie et du café. Mais les œufs, quoique « fraîchement apportés de Carthagène, » ainsi que notre hôte nous l'assura, étaient complétement pourris ; le pain était sur, et le café n'était qu'une détestable tisane. Nous déjeunâmes, en somme, avec de l'eau-de-vie, ou peu s'en fallut; mais le repas ne nous en coûta pas moins seize francs.

A midi, nous étions embarqués et prêts à partir; mais nos canotiers n'avaient nullement l'intention de quitter sitôt le port, ayant leurs petites affaires à régler avant de s'occuper des nôtres. Tout compte fait, nous ne nous mîmes en route qu'après une nouvelle attente de deux heures.

Presque tout le monde est armé à Chagres. Le patron de notre canot chargea devant nous un pistolet à six coups. On nous avait raconté qu'il ne se passait pas de jours qu'il n'y eût sur la rivière quelque vol ou quelque assassinat, nous crûmes donc utile de nous armer aussi; mais rien ne vint justifier ces précautions. Le seul attentat grave et bien avéré dont nous ayons entendu parler avait eu lieu quinze jours avant notre arrivée, sur sept individus (dont trois femmes) embarqués dans un des grands canots dont j'ai parlé plus haut. Ils campèrent en route, sur une plage que l'on nous désigna, et ils dormaient très profondément, lorsque les quatre hommes qui ramaient dans l'embarcation se jetèrent sur eux et les égorgèrent, pour commettre ensuite sur leurs cadavres mille atrocités. Les assassins, originaires, à ce qu'il paraît, de Carthagène, avaient été pris et devaient être pendus prochainement. Nos canotiers, j'ai oublié de le dire, étaient des nègres de Saint-Domingue et parlaient français.

Les rives du rio de Chagres, vers son embouchure, sont peu élevées, et elles sont presque constamment inondées. La végétation y est basse. Des roseaux et d'autres plantes herbacées couvrent souvent seules ses bords. Plus à l'intérieur, les berges s'élèvent, la forêt grandit, et d'immenses figuiers étendent au loin leurs bras au-dessus du courant. Des groupes de Palmiers se présentent çà et là. De grandes lianes, des Bignonias aux fleurs roses ou dorées, des *Petræa* aux corolles d'un bleu céleste, festonnent les arbres en s'entrelaçant de mille manières. De toutes parts, s'élancent les cimes globuleuses des *Triplaris* (1), reconnaissables de loin à leurs inflorescences rougissantes. Les Cecropias aux feuilles découpées et argentées se détachent partout sur le fond vert de la forêt, et de loin en loin apparaissent les masses roses des gigantesques Chorisias (2).

Quelques êtres vivants, une aigrette, un canard,

(1) On lira, un peu plus loin, quelques détails sur ces arbres curieux.
(2) Ainsi que chez la plupart des arbres de la famille des Bombacées, les fleurs des Chorisias apparaissent avant les feuilles.

une volée de perroquets, un caïman, se montraient aussi de temps à autre sur la scène. Mais ils étaient si peu nombreux, que c'est à peine si nous trouvâmes l'occasion, dans le courant de la journée, de décharger nos fusils deux ou trois fois.

Le rio Chagres a environ la même largeur que notre Marne, et ses eaux sont plus ou moins saumâtres, jusqu'à une distance de quatorze milles de la mer. Il y a, vers ce point, un village assez considérable appelé Gatun, dont les habitants s'occupent, pour la plupart, de la culture de légumes qu'ils vendent à Chagres. Nous y arrivâmes à sept heures du soir, avec l'intention de continuer notre navigation après le lever de la lune ; mais le patron de nos barques ayant été pris, en route, d'un accès de fièvre tierce, le voyage fut remis au matin. Les moustiques étaient peu nombreux, et la température était délicieuse. Nous nous disposâmes donc à coucher dans nos canots, en nous composant, tant bien que mal, des lits sur la surface assez inégale que nous présentaient nos caisses et nos paquets. Nos manteaux nous servirent de matelas et de couvertures. Enfin, l'un de nous fit sentinelle pendant que les autres essayaient de dormir.

Les maisons qui composent le village de Gatun

sont construites en bambous et en feuilles de palmier ; elles constituent une longue rue qui court
parallèlement à la rivière, au sommet d'un petit
escarpement.

Il s'y trouvait une sorte d'auberge tenue par un
Américain, où l'on pouvait se procurer la plupart
des liqueurs des cabarets d'Europe. Mais la moindre
chose y coûtait pour le moins un *dime* (50 cent.).

A deux heures du matin, notre patron se trouvait assez bien pour commander le départ. Nous
n'en continuâmes pas moins, de notre côté, à som-
meiller jusqu'à l'heure du déjeuner, heure à laquelle nous nous arrêtâmes à un endroit nommé
Los dos Hermanos. Un grand bateau mis à sec sur
la rive, percé d'une porte et couvert d'un toit de
toile à voile, était l'unique habitation du lieu.
C'était encore une espèce de cabaret ou d'auberge
pompeusement intitulé «*American hotel*», comme
le sont presque tous les établissements de cette
nature que nous trouvâmes semés sur le cours de
la rivière. Pendant que nos matelots y prenaient
leur café, j'allai herboriser dans la forêt voisine, et
je m'y procurai quelques individus d'une singulière espèce de fourmi (1), qui vit sur l'arbre dont

(1) *Atta triplarina* N., mss. (*Myrmica triplarina* Wedd., Ann. sc.
nat., Bot., 3ᵉ série, XIII, 263).

je parlais tout à l'heure, sous le nom de *Triplaris*.
Elle est de couleur ferrugineuse et très allongée
relativement à sa largeur, ce qui lui permet de
circuler avec facilité dans les galeries étroites
qu'elle creuse à l'intérieur des plus petits rameaux
du végétal qui lui sert d'habitation et dont elle
évide, à cet effet, le canal médullaire. Lorsqu'on
s'approche assez près d'un *Triplaris* pour lui imprimer un choc, des centaines de ces fourmis en
sortent aussitôt par les petits conduits latéraux
qu'elles se sont ménagés, et courent avec vivacité
vers le point menacé. Malheur alors à l'imprudent
qui s'expose à leurs atteintes ; le contact d'un fer
rouge n'est pas plus douloureux que leur piqûre.
Dans les parties chaudes de la Bolivie, où cet arbre
est fréquent, on l'appelle *Palo-Santo,* nom qui
indique assez le respect qu'il inspire. Au Brésil,
il porte souvent celui de *Formigueira*. A Los dos
Hermanos, les troncs des *Triplaris* étaient si élevés, qu'il m'aurait été impossible d'arriver aux
branches, sans la circonstance d'un abatis considérable que l'on venait de faire aux environs de
l'hôtel, pour y établir des plantations.

Les terres sont d'une grande fertilité sur tout
le parcours de la rivière, et, comme toutes celles
des forêts vierges, elles n'exigent aucune espèce

de culture pour fournir abondamment tous les
produits des pays chauds. L'élévation des berges
de la rivière, dans l'intérieur, en empêchant leur
inondation, rend, d'autre part, le climat de cette
partie beaucoup moins malsain que dans les environs de Chagres.

Nous trouvâmes la végétation plus variée
au delà de Los dos Hermanos. Un grand nombre
de Balisiers attirèrent surtout notre attention
par la beauté de leurs fleurs, et les *Ravenala* se
faisaient remarquer par la disposition régulière
et par la grandeur de leurs feuilles qui rappellent à s'y méprendre celles du Bananier. Il y avait
·des parties de la forêt qui étaient entièrement
composées de palmiers, et je m'aperçus que
c'était dans le voisinage de ces arbres utiles que
l'on établissait de préférence des habitations.

Il était environ quatre heures du soir, lorsque
nous arrivâmes devant un petit hameau, appelé
San-Pablo. A partir de ce point, nous allions
changer nos moyens de locomotion, en substituant
la perche à la pagaie. Au-dessus de San-Pablo, la
rivière présente en effet des rapides nombreux où
la rame serait inutile; elle est, en outre, encombrée
de troncs d'arbres renversés et engagés dans la
vase. Ces troncs sont souvent cachés sous l'eau et

l'on n'en reconnaît la présence que lorsqu'il est trop
tard pour les éviter; il n'est pas rare alors de voir
les canots chavirer. Quelques explications que les
bateliers nous donnèrent à ce sujet nous déterminèrent à remettre au lendemain la continuation de
notre voyage. Laissant donc nos barques à la garde
de nos deux hommes, nous nous rendîmes à
l'*American hotel*, où nous louâmes des hamacs
pour la nuit. Notre dîner, pris sur l'herbe, se
composa du reste des provisions que nous
avions apportées du *steamer* et d'une bouteille
de mauvais bordeaux mensongèrement étiquetée
« Château-Margaux », que nous obtînmes de
notre hôte pour le prix ordinaire d'un dollar
(5 francs).

Les murs de l'hôtel étaient de bambous et de
feuilles de palmier, comme ceux de toutes les huttes du pays, et l'on pouvait les traverser presque
partout sans ouvrir de porte; notre hôte nous assura néanmoins qu'on n'avait jamais cherché à le
voler, bien qu'il n'y eût dans ces cantons aucune
espèce de police.

Notre navigation, reprise avec le jour, se continua sans incident particulier jusqu'à quelques
lieues de Gorgona ; et comme les rapides devenaient
plus forts à ce niveau, M. de H... et un de nos

hommes se décidèrent, pour alléger les embarcations, à faire le reste de la route à pied. Ils prirent,
à cet effet, un sentier qui passait par la forêt ; mais
ayant suivi presque aussitôt une fausse direction,
ils n'arrivèrent que longtemps après nous à la
plage de Gorgona, où nous n'abordâmes nous-
mêmes que très tard, et après avoir essuyé un
orage violent.

Le village de Gorgona est au sommet d'un monticule déboisé, sur un petit plateau auquel on arrive par des degrés taillés dans une roche schis-
teuse. Il avait été complétement détruit par un
incendie quelques semaines auparavant ; mais il
s'était promptement relevé de ses cendres. Les
meilleures maisons étaient de planches, les autres
de bambous et de feuilles de palmier, et presque
toutes portaient le titre d'hôtels : les plus considérables de ceux-ci étant, comme de coutume,
tenus par des Américains.

En arrivant dans le village, notre premier soin
fut de faire un marché pour le transport à Panama
de nos personnes et de notre bagage ; et après
quelques tâtonnements, nous nous décidâmes à
traiter avec un Français du nom de Simon. Mais
nous eûmes à le regretter, car il nous manqua de
parole ; et ses prix, bien qu'assez raisonnables à

première vue, devinrent exorbitants par suite des frais accessoires qui résultèrent pour nous de sa négligence et de sa mauvaise foi.

La distance de Gorgona à Panama est à peu près de neuf lieues. Pour parcourir cette distance chaque mule de selle nous fut comptée à onze piastres fortes; et notre bagage fut taxé à raison de six piastres le quintal espagnol (100 livres), tant que le poids des colis n'excédait point celui d'une demi-charge de mule (100 à 120 livres).

Quant aux pièces plus pesantes, et nous en avions malheureusement plusieurs, nous fûmes obligés d'en payer le transport au taux de douze piastres le quintal. Les colis de cette nature ne peuvent pas être portés à dos de mule, et ce sont des hommes qui s'en chargent. Un seul *cargador* (porteur) est suffisant, si le colis n'a qu'un poids de deux à trois cents livres; mais il en faut deux ou quatre s'il pèse davantage. Dans ce dernier cas les porteurs se relèvent de distance en distance. Il en est de même lorsqu'on remplace les animaux de selle par le hamac, comme le font souvent les femmes et les malades qui en ont les moyens. Le voyage de Gorgona ou de Cruces fait en hamac coûte, en moyenne, de vingt-cinq à trente piastres. Les prix que j'ai indiqués sont ceux qui se payaient à

l'époque de notre passage, et pendant la saison
sèche ; mais mille causes les font varier. Les mules
de selle ont souvent coûté de deux et trois onces
d'or, et même davantage ; nous-mêmes, à notre
retour, huit mois après, nous les avons payées
dix-sept piastres.

Notre départ ayant été fixé au lendemain, et nos
bagages ayant été transportés au magasin du muletier, nous nous occupâmes de la recherche d'un
gîte pour la nuit. Nous rencontrâmes ce que nous
désirions dans l'*American hotel*, dont l'hôte,
M. Miller, nous parut être au-dessus de la plupart
des spéculateurs que nous avons rencontrés dans
ces régions. La fortune le récompensera sans
doute des bons procédés qu'il observe à l'égard
des voyageurs, dans un pays où les étrangers sont
en général si durement traités. Rien de plus simple au reste que l'*American hotel* de Gorgona, qui
ne se composait guère que de trois pièces d'égale
grandeur. La salle du comptoir (*bar-room*), la
salle à manger et le dortoir ; ce fut vers ce dernier
que nous allâmes d'abord. Une cinquantaine de
lits de sangle y étaient rangés en quatre lignes,
mais si près l'un de l'autre, que nous parvînmes
avec peine à nous glisser au milieu d'eux. Bien
que sans matelas, ils étaient garnis de draps pro-

pres et de bons oreillers, et plusieurs d'entre eux avaient déjà des occupants. Après avoir marqué nos places, nous courûmes, aussi vite que nous le pûmes, au dîner qu'une cloche venait d'annoncer. Bien nous en prit, car nous trouvâmes presque tous les siéges pris. Il était arrivé, en effet, depuis peu, de San-Francisco, une fournée de Californiens, qui remplissaient alors tous les hôtels de Gorgona. C'étaient ces gens au teint blême, à la barbe longue, au feutre usé, à la chemise de laine rouge et aux bottes terreuses, que nous eûmes pour voisins de table, et je puis assurer qu'ils s'escrimaient contre les omelettes, le jambon, le riz et le poisson salé de M. Miller, de manière à nous faire penser qu'ils étaient bien décidés à en prendre pour tout le montant du *dollar* que leur coûtait ce repas. En fait de race blanche, nous n'avions guère vu que ce genre d'hommes depuis notre entrée dans l'isthme, et nous devions à peine en voir d'autres jusqu'au moment de lui faire nos adieux. Beaucoup de ces individus au visage hagard, qui avaient fait à pied la route de Panama à Gorgona, tenaient cependant une fortune dans leur ceinture de cuir ; mais ils se gardaient bien d'éveiller les soupçons dans une contrée qu'ils jugeaient sans doute peu sûre. La passion du jeu

seule mettait au jour quelques unes de ces richesses, et bien des ceintures arrivées gonflées à Gorgona s'en allaient, grâce à elle, tristement aplaties.
Que de groupes nous avons vus qui, dans les rues
mêmes, entouraient des tables où se jouaient des
piles d'or. Là c'étaient surtout des nègres ou des
gens de couleur qui jetaient au sort leur avoir;
chez M. Miller, au contraire, on ne voyait que des
joueurs blancs; mais aussi c'était par pleines poi-
gnées que l'on exhibait le vil métal.

Dans cette ignoble antichambre de la Californie,
tous les esprits sont tendus vers un même but:
je veux dire, vers l'or dans son acception la plus
métallique. M. Miller lui-même n'avait pas d'autre but en vue; et si j'ai appelé sur lui les faveurs
de la fortune, c'est que le paiement qu'il recevait
n'avait pas, comme chez d'autres, le caractère
d'une rançon. Je dirai, par exemple, qu'il nous fit
payer moins cher pour notre dîner qu'un médecin du même endroit pour quelques brins de
charpie.

A neuf heures, le jour suivant, nous étions en
selle et encore une fois au milieu des forêts, sur
la route de Panama, que nous trouvâmes, je dois
le dire, infiniment moins mauvaise qu'on ne nous
l'avait dépeinte; il était néanmoins facile de se

convaincre que, pendant les pluies, elle devait être complétement impraticable.

De même que sur la rivière, nous rencontrions de distance en distance, au milieu de la forêt, un hôtel ou un cabaret. Le voyageur reconnaît de loin ces établissements à leurs toitures blanches, et s'y repose avec plaisir, malgré le prix un peu exagéré des rafraîchissements. Quelques cultures ont été tentées dans le voisinage de plusieurs d'entre eux, et prendront sans doute, avec le temps, un développement considérable. Nous nous arrêtâmes, dans l'après-midi, près d'une colline appelée Morro de Fuerza (1), à un des hôtels en question, où l'on nous servit pour sept piastres (35 francs) une assiettée de riz et de jambon, un peu de biscuit et une bouteille de mauvais vin.

A sept heures du soir, nous étions encore à deux lieues de Panama, et nous nous vîmes obligés, à cause de l'obscurité, de passer une autre nuit en route. Nous nous établîmes à cet effet dans l'*American hotel* de Dominica, autour duquel il y avait quelques pâturages, et nous fîmes entraver nos mules pour empêcher leur fuite. Mais malgré

(1) Cette colline, sur laquelle se trouve le point culminant de la route, a tout au plus 100 mètres d'élévation.

cette sage précaution, deux ou trois d'entre elles
réussirent à s'éloigner, et nous perdîmes à les
chercher une heure ou deux de la matinée suivante.
Nous nous décidâmes enfin à partir, en en aban-
donnant une, et à faire tour à tour une partie du
chemin à pied. Un de nos compagnons de voyage
du steamer qui allait en Californie avec une caisse
de bijoux, sur le sort desquels il était extrêmement
inquiet, pleurait également la perte de sa monture;
nous la trouvâmes renversée dans un bourbier,
sur les bords d'un ruisseau qu'elle avait cherché
à traverser pour gagner la ville, et nous la fîmes
reconduire à son maître. Sans le hasard qui nous
fit sortir un instant de la voie battue et qui nous
mena vers le trou où gisait le pauvre animal, il
aurait peut-être fini ses jours dans cette position.

La route de Dominica à Panama est presque
unie; nous arrivâmes donc bientôt. Un faubourg
assez vaste, de nombreux vergers et des champs
cultivés précèdent la ville, qui est entourée de
murailles et de fossés.

Avant la découverte des richesses de la Californie,
Panama avait quelque ressemblance avec Cartha-
gène; mais les choses ont bien changé depuis.
Que de maisons vides qui possèdent aujourd'hui

des habitants ! Quel mouvement dans ces rues na-
guère presque désertes! Panama n'a cependant
presque pas changé de destination. Aujourd'hui,
comme jadis, il est l'entrepôt des trésors dés côtes
occidentales du nouveau monde; mais il est, en
outre, le point de transit d'un courant d'émigration
dont on a vu jusqu'à ce jour peu d'exemples.

La population de cette vieille ville espagnole
est actuellement presque une population américaine, tant y a été grande l'affluence des habitants
de l'Union, et l'anglais y est parlé pour le moins
autant que le castillan. Les maisons sont construites, pour la plupart, en adobes (1); les rues
sont pavées de petites pierres irrégulières; enfin,
les portes des boutiques et des magasins sont
ornées d'une grande enseigne en forme de pavillon
qui leur donne un caractère particulier.

Le muletier de Gorgona nous avait donné une
recommandation pour son correspondant de Panama. Celui-ci tenait une espèce d'hôtel parmi les
cent établissements de ce genre qui s'y rencontrent, et nous nous y logeâmes en attendant le départ du bateau qui devait nous porter au Pérou.

Une partie de notre bagage nous rejoignit peu

(1) Grandes briques cuites au soleil.

après notre installation ; mais il ne s'y trouvait
que les colis envoyés à dos de mulet. Ceux qui devaient être portés par des *cargadores* ne parurent
point de la journée, et le lendemain nous vîmes
arriver le moment de nous embarquer sans avoir
de leurs nouvelles : contre-temps qui ne laissa
pas de nous inquiéter, bien que tout le monde
nous assurât que nos caisses ne couraient aucun
danger.

Un fait positif, c'est que tout l'or et l'argent de la
Californie et du Pérou passent l'isthme sans escorte,
et que les caravanes chargées de ces précieux fardeaux n'ont presque jamais été attaquées. Je dis
presque jamais attaquées, parce que l'une d'elles
l'avait été une semaine avant notre arrivée. Quatre
ou cinq malfaiteurs firent alors main basse sur de
grands lingots d'argent vierge que l'on transportait à Gorgona, et cherchèrent à les emporter, après
avoir mis en fuite les muletiers ; mais les lingots
étaient si lourds que les voleurs furent obligés de
les abandonner dans le chemin. A peine la nou
velle de l'événement fut-elle arrivée à Panama,
que toute la ville se mit en émoi ; et les négociants
armèrent aussitôt une troupe pour faire la chasse
aux voleurs, dont aucun, je pense, n'échappa.
Quoi qu'il en fût, après avoir pris toutes les pré-

cautions que nous jugeâmes nécessaires pour re-
trouver nos colis, nous prîmes le chemin de la
rade.

Il n'y a pas de port proprement dit à Panama; il
ne s'y trouve ni quai ni môle. Les bâtiments de
grande taille sont donc obligés de stationner à une
assez grande distance des points d'embarquement
ou de débarquement, et d'autant plus loin de la
ville, que la marée est plus basse. Tel était le cas
lorsque nous quittâmes notre hôtel pour gagner
le navire, et nous eûmes à parcourir un chemin
assez long sur une plage anfractueuse avant d'arriver au petit canot qui nous conduisit à bord.
Quelques minutes après, nous levions l'ancre et
nous tournions notre proue vers d'autres rivages.

CHAPITRE III

De Panama à Arica.

Jamais la mer du Sud ne mérita mieux son nom
de Pacifique, que lorsqu'elle nous reçut sur ses
eaux à notre départ de Panama ; elle était unie
comme une glace, et les moins habitués d'entre
nous s'y sentaient aussi à l'aise que sur la
terre ferme. Sous d'autres rapports, nous nous
trouvions moins bien que de l'autre côté de
l'isthme. Notre nouveau steamer était en effet
beaucoup plus petit que celui que nous avions
laissé sur l'Atlantique ; il était mal fourni en
vivres, et le prix du passage était démesurément
élevé, défauts que nous attribuâmes en grande
partie au manque de concurrence, mais auxquels
je dois dire que nous trouvâmes quelque compen-

sation dans l'obligeance du capitaine Pearson, commandant du navire.

Nous avions quitté la baie de Panama à quatre heures, le 23 mars ; le lendemain, sans nous être beaucoup éloignés de la côte, et sans en avoir pour ainsi dire perdu de vue la verdure, nous entrâmes dans le canal ou rio de San-Buenaventura, à 12 milles de l'embouchure duquel, dans le fond d'une anse pittoresque, se trouve le village du même nom.

Malgré son insignifiance apparente, ce village a une certaine importance commerciale, qu'il doit à sa condition de port franc. San-Buenaventura est en effet l'entrepôt de tout l'or et de tout le platine que l'on retire des *lavaderos* (1) du Choco, une des provinces les plus intéressantes de la Nouvelle-Grenade. On exporte annuellement de ce point pour une valeur de près de 800,000 piastres du premier de ces métaux, et pour 120,000 à 130,000 piastres du second. Dans les lieux mêmes de son extraction le platine se vend à raison de 56 piastres la livre ; mais sur la côte on paie la même quantité, 59 à 60 piastres. Il ne faudrait pas juger de la rareté relative de ces métaux par les

(1) Littéralement : lavages. Les Espagnols donnent ce nom aux exploitations de sables aurifères, etc.

chiffres que j'ai donnés: le platine est en effet très
abondant dans beaucoup de points du Choco, mais
la main-d'œuvre y est trop rare pour qu'on trouve
du profit à l'employer à cette extraction; aussi
une grande partie de celui qui est exporté pro-
vient-il des lavages d'or. Les deux métaux se ren-
contrant presque constamment associés, la même
opération sert à les isoler. L'or du Choco est à
moins de 20 carats.

On exporte aussi de San-Buenaventura une certaine quantité de quinquina de bonne qualité,
que l'on tire des environs de Pitayo, dans la vallée
de Cauca.

Les communications de San-Buenaventura avec
l'intérieur sont presque coupées par des inondations pendant une partie de l'année; aussi ce village se trouve-t-il alors comme refoulé du côté de
la mer, sur laquelle il est en partie suspendu au
moyen de pilotis qui soutiennent les maisons voisines de la plage.

Les voyageurs qui, des divers points de la côte,
vont à Bogota, débarquent à ce petit port. Le trajet
est en moyenne de vingt à vingt et un jours; mais on
peut s'y rendre en bien moins de temps. Les trois
premières journées du voyage se passent sur le
rio Dagua qui se jette dans le canal de San-Buc-

naventura, un peu au-dessus du village dont j'ai parlé. On le remonte en canot jusqu'à un endroit appelé Las Juntas, d'où une route assez bonne mène en deux jours à Buga (1). Un chemin bien moins commode conduit de Buga à Cartago, d'où l'on gagne Ibagué, par les montagnes et les forêts de Quindiu. Les cinq derniers jours de marche conduisent enfin à Bogota, où l'on arrive après avoir coupé la vallée de la Magdalena.

J'ai omis de dire qu'à 24 milles de l'entrée du canal de San-Buenaventura, nous avions passé l'embouchure d'une rivière qui est devenue célèbre depuis que l'on a proposé de s'en servir pour établir un système de communication entre l'océan Pacifique et l'Atlantique : je veux parler du rio de San-Juan. Le plan proposé était de réunir par un canal ce rio de San-Juan au rio Quibdo, affluent du rio Atrato, dont les eaux se jettent, comme on le sait, dans le golfe de Darien. Mais cette entreprise, dont la concession aurait été faite à une compagnie américaine, présenterait de très grandes difficultés d'exécution.

Il y a un autre projet qui semble offrir de bien meilleures chances de réussite : il consisterait à

(1) Quelques uns préfèrent cependant passer par Cali.

réunir par un canal un autre affluent de l'Atrato,
le rio Napipi, à la baie de Cupica dans l'océan.
Pacifique. On assure que par cette dernière voie
il faudrait dix jours seulement pour passer d'une
mer à l'autre, en ne se servant que des canots actuellement en usage dans le pays; tandis que, par
la voie du rio de San-Juan, il faudrait employer le
double de ce temps pour faire le même trajet.

Une autre circonstance qui pourrait encore faire
pencher la balance en faveur du passage par la
baie de Cupica, est la facilité avec laquelle les navires peuvent l'aborder. L'entrée du rio de San-
Juan, au contraire, est masquée par des bancs de
sable et des rochers qui en rendent les approches
difficiles, sinon dangereuses.

Après une station de deux heures devant San-
Buenaventura, nous rebroussâmes chemin, pour
sortir du canal, et en continuant vers le Sud notre
heureuse navigation, nous atteignîmes, le lendemain, la baie et ensuite le rio de Guayaquil. De
grandes îles boisées cachent à la vue l'immense
largeur de l'embouchure de cette rivière; et bien
qu'elle se rétrécisse plus haut, elle conserve encore des proportions très grandioses qui en font
une des plus belles voies fluviales du monde. La
ville de Guayaquil, que l'on peut regarder comme

la plus importante de la république de l'Équateur, est à 80 milles de l'embouchure du fleuve. Ses rives, couvertes d'une verdure éclatante, plaisent tout d'abord ; mais le sol en est si peu accidenté, qu'on finit par les trouver un peu monotones.

A trois heures après midi, nous jetions l'ancre au milieu de la ville, ou, pour parler avec .plus d'exactitude, devant la ville ; car elle n'occupe qu'un seul côté de la rivière ; de l'autre, il y a de jolis pâturages remplis de bestiaux et quelques maisons de campagne ; des montagnes couvertes de forêts vierges s'élèvent dans le lointain.

Vu du pont de notre navire, Guayaquil nous produisit une impression très agréable. Il y avait sur le.long quai qui se déroulait sous nos yeux autant de mouvement que dans une ville populeuse d'Europe. Les habitations qui le bordaient avaient, à leur premier étage, de grands balcons fermés par des stores de toile blanche, et sous les arcades du rez-de-chaussée elles présentaient des magasins qui ne manquaient pas de luxe.

Mais, lorsque nous descendîmes de notre observatoire flottant, et que nous nous fûmes rendus à terre pour examiner les choses de plus près, nous éprouvâmes une surprise désagréable. En quittant ce quai, dont les abords, il faut le dire, affectent

désagréablement l'odorat, nous ne vîmes plus que
des rues désertes et sans pavage, occupées par de
grandes flaques d'eau stagnante et couverte d'une
écume d'un vert-émeraude, et à côté desquelles
gisaient des tas d'ordures qu'on avait négligé d'enlever. Pendant les pluies, ces rues devaient être à
peu près impraticables, et il nous semblait que l'atmosphère devait se vicier très sensiblement au contact d'un sol aussi miasmatique. Cependant tous
les Guayaquileños que j'ai consultés à ce sujet
m'ont assuré que le climat de leur ville était assez
sain. La fièvre jaune y a paru, à la vérité, mais une
seule fois, et n'y a fait alors qu'un petit nombre
de victimes.

Les matériaux de construction les plus employés
à Guayaquil sont le bois et la terre. La plupart
des murs sont composés, sous une enveloppe de
terre, de planches faites avec d'énormes bambous
fendus d'un côté et tailladés partout à coups de
hache, de manière qu'ils aient pu être ouverts et
aplatis.

Les classes inférieures de la population sont en
général de sang très mêlé, et la propreté ne nous
a pas paru être leur vertu dominante.

On pourra se faire une idée du commerce d'exportation de cette ville par le tableau suivant qui

m'a été communiqué par un de ses principaux négociants ; il donne le chiffre des exportations faites
pendant les deux années de 1849 et 1850.

*Tableau des principaux produits exportés du port de
Guayaquil pendant les années 1849 et 1850.*

	1849.	1850.
Cacao (livres)	14,256,492	11,171,313
Chapeaux de paille (douzaines). . .	18,457	26,336
Cuirs de bœuf tannés (demi-cuirs). .	22,667	26,400
Tabac (quintaux).	1,555	1,522
Madriers.	3,508	7,571
Planches, bambous, etc.	190,032	. . . . . .
Filasse (livres)	12,688	7,758
Orseille (quintaux).	240	1,200
Café (id.)	206	1,404
Salsepareille (id.).	60	95
Tamarin (id.).	336	175
Quinquina (id.)	. . . . . .	1,042

Parmi ces articles, c'est le cacao qui joue, dans
le commerce du pays, le rôle le plus important.
Mais la qualité du chocolat que l'on fait avec le
cacao de Guayaquil est ordinairement de qualité
inférieure, et n'est guère recherchée qu'à cause
de son bas prix.

Le commerce de chapeaux de paille mérite de
fixer l'attention sous un autre point de vue ; car,
outre son importance matérielle qui croît tous les
jours, il présente peut-être le seul cas où une nation

de l'Amérique du Sud soit arrivée au point de faire
l'exportation régulière d'un article d'industrie
manufacturière. L'occasion de donner des détails
sur cette fabrication se présentera dans une autre
partie de ce volume; pour que mes lecteurs aient une
idée générale de son développement, il me suffira
de dire ici, qu'il n'est presque aucun point des
côtes du continent où les chapeaux de l'Équateur
ou de Guayaquil (1) ne soient portés; et ils constituent la branche principale du commerce que ce
pays entretient avec le Mexique, les Antilles espagnoles et même l'Europe, où on les appelle souvent, quoique assez improprement, chapeaux de
Panama.

C'est dans la province de Manabi (département
de Guayaquil), et en particulier dans les villes de
Monte-Christi, de Jipijapa, et dans leurs environs,
que se fait le plus grand nombre de chapeaux. Mais
le district de la Punta de Santa-Elena en fournit
également aujourd'hui une quantité considérable,
et ces derniers ont même la réputation d'être plus
fins que ceux de Monte-Christi.

Le prix de ces articles varie étonnamment. Un
des chapeaux les plus ordinaires de Jipijapa, où il

(1) C'est dans le département de ce nom que ces articles se fabriquent
surtout; le port lui-même n'en est que l'entrepôt.

s'en fait, à ce que l'on m'a assuré, plus d'un millier par jour, ne vaut que 2 ou 3 réaux (1 fr. 20 cent. à 1 fr. 80 cent.). Les chapeaux de qualité moyenne s'y vendent de 8 à 10 réaux. Leur prix augmente ensuite graduellement avec la finesse de leur tissu, jusqu'à atteindre des chiffres qui paraissent fabuleux. Ainsi on m'a affirmé qu'il en avait été fabriqué plusieurs à la Punta de Santa-Elena, pour l'empereur du Brésil, au prix énorme de 6 quadruples chacun, c'est-à-dire environ 500 francs. Le prix ordinaire d'un beau chapeau de Guayaquil, à quelque distance des lieux où il s'est fabriqué, est de 15 à 25 piastres (75 à 125 francs). Il n'est guère de petit commerçant de la côte qui n'en ait un de cette sorte.

Les jolis porte-cigare (*cigarreras*) que l'on fabrique à Lima, et dans une ou deux autres villes du Pérou, se font avec les mêmes matériaux que les chapeaux de Guayaquil; mais l'on m'a assuré qu'à Eten, près de Lambayeque, on en faisait avec une paille différente, appelée *paja de Mocarra*, recueillie dans la province de Maynas.

Pour terminer mes observations sur les exportations de Guayaquil, j'appellerai enfin un moment l'attention de mes lecteurs sur le commerce naissant, dans cette partie de l'Amérique, de l'or-

scille (1) et de la salseparcille, et sur l'exportation
du quinquina, qui promet (2), après une suspension de plus de dix ans, de reprendre une partie
de l'importance qu'elle avait autrefois.

Nous passâmes toute la nuit du 29 mars à l'ancre
devant la ville de Guayaquil.

Le 30, à dix heures du matin, nous redescendîmes la rivière et nous gagnâmes de nouveau la
pleine mer.

Le petit port péruvien de Payta se montra de
bonne heure, le lendemain; et à peine notre capitaine eut-il mis en panne en vue du môle, que
nous nous vîmes entourés par une foule de petites
embarcations de la forme la plus singulière, connues
sous le nom de *cavallitos*. Chacune d'elles consistait en une longue botte de roseaux courbée en bec

(1) Lichen rameux à tiges fasciculées et de couleur blanchâtre, qui
croît sur les rochers, dans le voisinage de la mer, et plus rarement dans
l'intérieur des terres. On en retire une matière colorante rouge très belle.
L'orseille est commune dans plusieurs parties de l'Europe et de l'Afrique,
ainsi qu'au Chili et au Pérou. Les Espagnols donnent à cette plante le
nom d'*Orchilla*.

(2) Une des écorces produites par les forêts de cette région est en effet
le *vrai quinquina rouge*, dont la richesse en alcaloïdes rivalise avec celle
des meilleurs quinquinas boliviens. L'arbre qui produit cette écorce précieuse, et dont j'ai retrouvé les traces perdues, lors de mon dernier passage à Guayaquil, croît sur le versant occidental de l'Assuay et du
Chimborazo, entre Chillanes et Guaranda; données géographiques qui
aideront peut-être à déterminer l'espèce botanique à laquelle il doit être
rattaché.

en avant, et creusée à l'arrière d'une cavité qui servait de poche. L'unique rameur de ce curieux véhicule était à cheval ou plus souvent à genoux sur sa partie antérieure, et il le faisait avancer au moyen d'un gros bambou dont il se servait comme d'une pagaie. Nous nous divertîmes pendant plus d'une heure à voir les évolutions des enfants demi-nus qui folâtraient sur ces légers esquifs autour de notre palais de fer, comme des dauphins autour d'une baleine. Les passagers leur jetaient de temps en temps un ananas, ou quelque autre objet capable de leur faire envie ; il y avait alors une bataille générale, où le plus fort ne l'emportait pas toujours. Pendant que deux *cavallitos* luttaient corps à corps en se disputant le savoureux fruit des tropiques, celui-ci s'enfonçait dans l'onde amère, et c'était souvent un troisième larron qui en enrichissait la petite cale de sa botte de joncs.

En nous arrêtant à Payta, nous avions pour but non seulement de prendre des passagers, mais encore d'ajouter à notre provision de combustible. Pendant qu'on s'occupait de ce soin, au moyen de plusieurs énormes radeaux, nous nous fîmes conduire à terre pour étudier les curiosités du lieu ; mais j'avoue que nous n'en fûmes que médiocrement satisfaits.

4

Payta est un des endroits les plus tristement
situés que j'aie vus. Les grands mornes qui l'entourent sont d'une aridité désolante. Pas un brin
de végétation n'apparaît sur la surface ocracée de
ses monceaux d'alluvions, condamnés, selon toute
apparence, à une stérilité perpétuelle. Nous errâmes
pendant quelque temps avec curiosité sur ce sol
calciné qui nous présentait partout les traces d'une
puissante commotion ; mais la chaleur y devint
bientôt si insupportable que nous nous empressâmes
de regagner la plage, où nous passâmes une grande
partie de la journée à faire la chasse aux crabes et
aux tourlourous qui couraient sur l'arène, ou à
ramasser les coquillages que les vagues faisaient
rouler à nos pieds. Un des plus communs était une
espèce de Marginelle qui abonde dans les collections, et une curieuse espèce de bivalve du genre
Pinna, dont on tire une filasse soyeuse d'une
belle couleur brune, et susceptible d'être filée et
tissée. Une petite plante grasse à fleurs lilas (1)
se voyait sur les tertres de sable qui bordaient la
plage, et constituait, pendant la saison sèche, toute
la flore phanérogamique du pays.

Mais, malgré les désavantages apparents de sa

(1) Une espèce de *Mesembrianthemum*.

position, Payta n'en est pas moins devenu un des principaux points de relâche des baleiniers qui fréquentent les mers du Sud ; et il a acquis quelque importance aux yeux des marins en général, depuis que les Anglais y ont établi un hôpital où les malades reçoivent gratuitement tous les soins que leur état peut exiger, jusqu'au moment de reprendre la mer.

Le commerce lui-même de ce petit port n'est pas indigne d'être mentionné. Car outre le trafic qu'il fait des chapeaux de paille apportés de Catacaos, il exporte annuellement près de 15,000 quintaux de coton, que l'on regarde comme l'égal de celui de Fernambouc. On le préfère même à cause de sa longueur, pour certains usages industriels. Son prix était 11 de piastres le quintal.

Enfin, c'est aussi dans ce port que l'on embarque les écorces de quinquina recueillies dans les forêts de Loxa et à Jaen.

L'aridité qui caractérise les environs de Payta se retrouve sur tout le reste de la côte du Pérou ; elle commence à se montrer un peu au sud du Tumbez, à l'entrée de la baie de Guayaquil, et ne disparaît qu'au Chili. Si l'on aperçoit de loin en loin un peu de verdure sur cette ligne de déserts, c'est au travail de l'homme qu'elle est due. Telle est, par

exemple, l'origine de la riante oasis qui se trouve
entre le petit port de Huanchaco et la ville de
Truxillo, devant laquelle nous passâmes la journée du 2 avril; et celle qui vint égayer nos yeux
lorsque, deux jours après, nous jetâmes l'ancre
dans la belle rade de Callao.

En voyant la forêt de mâts qui s'élevait devant
le port de l'ancienne « Ville des rois », nous aurions
pu nous croire en Europe.

Plusieurs heures se passèrent avant que les petites formalités qui devaient précéder notre débarquement fussent terminées. Nous réussîmes enfin
à nous faire conduire au môle. On n'avait pas encore complété le chemin de fer qui devait faire
communiquer Lima avec son port; cependant quelques wagons y marchaient déjà, et l'on transportait
gratuitement jusqu'à environ un quart de lieue de la
capitale tous ceux qui le voulaient. On espérait ainsi
détruire l'espèce d'effroi que beaucoup de gens du
pays éprouvaient à la vue d'un mode de locomotion
si nouveau pour eux. Il n'y avait, en effet, alors,
qu'un seul chemin de fer en activité dans l'Amérique du Sud : c'était celui de Copiapo, dans le
Chili, et il venait à peine d'être livré à la circulation. Pour ne pas faire à pied le dernier quart de
lieue, nous préférâmes prendre l'omnibus, quittes

à payer une piastre, à être saturés de poussière, et enfin à être secoués d'une manière peu commune. La première moitié de la route, qui n'est que de deux lieues, est affreuse. Elle présente une succession de trous et d'ornières masqués par une couche épaisse de poussière que les roues soulèvent à tout instant, et qui obscurcit continuellement l'atmosphère dans laquelle roule le véhicule. Je me suis toujours demandé, en parcourant ce chemin, comment respiraient les malheureux végétaux qui croissent dans le voisinage, et dont les pores doivent s'encroûter à la longue par cette matière étrangère dont aucune pluie ne vient jamais les dépouiller.

La seconde partie de la route est meilleure que la première. Le voyageur y chemine entre une double rangée de saules pyramidaux, au pied desquels coule un ruisseau qui en entretient la verdure. Il arrive ainsi à une espèce d'arc de triomphe qui marque l'entrée de la ville. Le fracas produit par les roues et les pieds des chevaux sur un pavage de cailloux arrondis nous annonça que nous en avions franchi l'enceinte. Bientôt notre omnibus nous déposa devant son bureau, et, secouant de notre mieux la poudre qui nous blanchissait, nous nous mîmes en quête d'un logement.

Lima a été si souvent décrit que je crois assez
superflu d'en parler encore. Un mot seulement,
en passant, sur les *tapadas*.

Qui ne connaît aujourd'hui la coquette *saya* et le
provoquant *manto*, qui forment le costume de ces
femmes ; ce charmant déguisement que les Limeñas
seules, dit-on, savent porter. Quelques voyageurs
modernes ont si particulièrement arrêté l'attention
sur ce sujet, j'en avais moi-même si souvent entretenu
mes compagnons de voyage durant notre promenade
sur le pont du navire, que leur curiosité s'en trouvait vivement stimulée. Quelle fut donc notre surprise, notre déception, lorsque après cinq jours
passés à parcourir les rues, les places et les promenades de la ville, nous nous vîmes obligés de
reprendre le chemin du Callao, sans avoir aperçu
d'autres *tapadas* que celles que l'on peut voir dans
les rues de Paris. Nous dûmes enfin conclure du
peu de succès de nos perquisitions, que les *saya y
manto* tendaient à devenir des objets historiques.

Le 10 avril, au matin, nous reprîmes le chemin
de Callao, et nous regagnâmes aussitôt notre
steamer qui prit le large à une heure après midi.

Le lendemain, nous étions devant Pisco, bourg
célèbre pour ses fabriques d'eau-de-vie blanche, et
connu également pour ses vins, ses dattes et ses

olives. La mer y est si houleuse, qu'on y débarque
difficilement et seulement au risque d'être inondé
par la vague, de sorte que nous n'y cherchâmes
pas à descendre à terre; et nous repartîmes après
avoir pris à bord quelques passagers et une cargaison de sucre

Le 13, nous touchâmes au port d'Islay, et le 14,
nous prîmes congé de la mer en abordant à Arica,
où devait commencer la partie terrestre de notre
expédition.

CHAPITRE IV.

D'Arica à la Paz.

Débarquement à Arica. — Désert de sable entre la côte et Tacna. Puits artésien. Auberge sur la route. — Vallée et ville de Tacna. Hôtel de la *Boule d'or*. Punaises. Rues. Maisons. Irrigation. Procession religieuse. Préparatifs de voyage à la Paz. Costume. Armes.

Le village que nous avions devant nous n'était guère plus attrayant à la vue que ceux dont il a été question précédemment; mais le débarquement y était beaucoup plus facile.

Quelques minutes après l'arrivée du steamer, nous fîmes charger notre bagage dans un canot, et nous gagnâmes une espèce de jetée, dont la pointe est occupée par un petit bureau où l'on nous arrêta pour viser nos passeports.

Vinrent ensuite les formalités de douane, si désagréables pour les voyageurs dans tous les pays civilisés. Cependant je dois à la vérité de le déclarer, les traitements que nous reçûmes des douaniers péruviens furent des plus doux. A peine surent-ils, en effet, que nous voyagions dans un but d'instruction, qu'ils laissèrent passer presque sans examen tous nos colis.

N'ayant rien de particulier à faire à Arica, nous nous décidâmes à partir immédiatement pour Tacna, capitale du département de Moquegua, éloignée de 14 lieues environ; et, en attendant qu'on nous préparât les mules que nous avions louées, nous nous mîmes en quête d'un déjeuner. Un Marseillais, quelque peu ours, qui se faisait appeler *el Filosofo*, et qui tenait à Arica une sorte d'hôtel, nous fournit ce que nous cherchions, moyennant large paiement. Un négociant que nous visitâmes ensuite nous promit de s'occuper de l'envoi des colis laissés en arrière à Panama.

La chaleur étant considérable, on nous conseilla de ne pas nous mettre en route avant l'après-midi, et de voyager la nuit, ce que nous fîmes. Nous nous mîmes en selle à trois heures, et nous abordâmes, en quittant le village, un grand désert de sable qui sépare Tacna de la côte. Ce désert s'élève graduellement vers l'intérieur, et atteint à Tacna la hauteur d'environ 550 mètres au-dessus du niveau de la mer. Aucune pluie du ciel, aucun cours d'eau ne vient humecter les sables de cette région qui semble destinée à une éternelle aridité. Deux hommes entreprenants ont cependant eu l'idée de changer cet état de choses. Un négociant de Tacna, don Jose Santiago Basadre, et le général

Santa-Cruz, convaincus de l'immense utilité que ce
pays retirerait de la présence d'une quantité suffisante d'eau, ont cherché à l'obtenir dans ces dernières années, au moyen d'un puits artésien ; mais
jusqu'à ce moment la son le n'a encore ouvert le passage à aucune source jaillissante, quoiqu'elle ait
pénétré à une profondeur de 160 mètres. Je pense
qu'on ne cherchera point à pousser l'expérience
plus loin, et qu'on se contentera d'exploiter, au
moyen d'une pompe convenablement disposée,
l'eau en nappe qui a été rencontrée à de plus faibles profondeurs.

Nos animaux étaient détestables et nos selles ne
l'étaient pas moins, de sorte que le chemin nous
semblait d'une longueur intolérable.

On nous avait dit qu'il existait vers le milieu du
trajet une espèce d'auberge en planches, portant
le nom de « *Hospicio* »; mais nos bêtes, je l'ai dit,
étaient si mauvaises, que nous désespérions de la
voir jamais. A chaque instant notre guide nous
annonçait que cette maison tant désirée était
« *ahisito*» (là, tout près), mais ce n'était que pour
nous faire marcher de déception en déception.
Nous finîmes néanmoins par y arriver, et le propriétaire du lieu, que nous eûmes quelque peine à
arracher de son lit, bien qu'il ne fût que neuf

heures, nous servit, après maints pourparlers, un
souper passable. L'hôte de l'*Hospicio* était aussi un
Français, bizarre personnage qui avait réussi plusieurs fois à amasser dans ces pays un joli avoir,
mais qui n'avait jamais pu trouver le moyen de le
conserver. Il en était à son dernier essai. Son domestique, Français également, était arrivé tout récemment de la Californie, et maudissait de bon
cœur les *placers,* où il n'avait trouvé, comme tant
d'autres, qu'à se désillusionner.

Notre souper fini, il nous sembla que nous sup-
porterions facilement le reste de la course; mais
il s'en fallut de beaucoup. On peut à peine se faire
une idée de la sensation pénible produite sur nous
par l'écartement anormal et prolongé auquel nos
membres étaient assujettis, par suite de la forme
vicieuse de nos selles. Pour changer, nous allions
à pied, mais le sable était si meuble, que nous nous
lassions bientôt, et d'autant plus vite, que, pour
nous garantir du froid qui était assez vif, nous
avions été obligés de nous couvrir de nos lourds
manteaux. Il faisait du reste un temps admirable,
et presque aussi clair qu'en plein jour, telles étaient
la limpidité de l'atmosphère et la réverbération
des rayons de la lune sur ce sol blanc.

A deux heures du matin, nous descendîmes de

la plaine dans un creux qui paraissait être le lit de quelque grand courant primitif : large ravin creusé par les eaux dans le sol d'alluvion qui constitue toute cette région.

On nous dit que nous étions dans la vallée de Tacna, nous nous crûmes arrivés, mais il fallut marcher encore pendant deux longues heures avant d'atteindre le but. Nous distinguâmes enfin, à ne pas nous y tromper, les larges masses obscures que les bosquets de saules, de poiriers, de grenadiers et de *pacayas* (1), forment autour de Tacna.

Nous foulâmes bientôt un terrain plus humide, coupé par des canaux d'irrigation que nous traversâmes successivement : nos mules haletantes y burent à longs traits. Puis nous entrâmes dans la ville, en côtoyant un canal plus considérable, le long duquel s'étend une promenade publique.

L'hôtel de la *Boule d'or (Fonda de la Bola de oro)* fut bientôt devant nous. Avec quel bonheur nous vîmes sa porte s'ouvrir pour nous recevoir. En un instant nous fûmes au lit. Je fermai l'œil. Déjà je sommeillais, quand je me sentis atteint sur tout le corps à la fois par des piqûres qui ne m'é-

---

(1) Arbre fruitier du genre *Inga*.

taient que trop connues : j'étais livré aux punaises.
J'eus beau me tourner et me retourner, chaque
mouvement nouveau semblait donner l'éveil à une
nouvelle bande de ces affreuses bêtes, qui ont toujours eu pour moi une prédilection particulière.
Chassé enfin de mon lit de souffrance, je n'eus
d'autre ressource que de m'étendre, au milieu de
la chambre, sur mon matelas de voyage, où je finis
par goûter un peu de repos, bien que harcelé encore dans mes songes par des bataillons d'hémi-
ptères. Ces insectes contribuèrent, je dois le dire,
à augmenter mon envie de ne faire à Tacna que le
plus court séjour possible.

Ainsi se passa la première journée de notre
voyage sur le continent américain, journée qui ne
fut pas des plus attrayantes, ainsi qu'on a pu le
voir ; je ne sais même si la patrie des « Vierges du
Soleil » n'a pas, dès ces premières pages, perdu un
peu de sa physionomie poétique dans l'esprit de
bien de mes lecteurs. Mais ne nous éloignons pas
trop tôt de Tacna.

Outre le défaut que j'ai cité, l'hôtel de la *Boule
d'or* en avait encore d'autres, qui le rendaient inférieur à une foule de maisons du même genre, en
France ; il était même loin de valoir les hôtels
de Lima. Cependant, il y a quelques années, on en

aurait vainement cherché un semblable sur cette
côte ; et le voyageur serait bien heureux, s'il ren-
rontrait quelque chose d'analogue dans les villes
de l'intérieur.

A mon avis, Tacna a donc fait un grand pas en
avant, en fondant dans son enceinte un établissement de ce genre.

Je ne dirai rien ici de notre nourriture moitié
européenne, moitié péruvienne ; c'est un sujet sur
lequel j'aurai peut-être l'occasion de revenir plus
tard. Quant à nos voisins de table, c'étaient pour la
plupart des réfugiés politiques de la République
bolivienne, vers laquelle nous allions nous diriger.
Ils étaient partisans du gouvernement qui avait pré-
cédé celui du général Belzu, président actuel de
ce pays.

·   Les premières visites que nous fîmes, à la suite
de celle que nous rendîmes d'abord à l'*Intendente
de policia*, furent d'abord adressées à MM. Charles
Hertzog et Hugues Wilson, pour lesquels nous
avions des lettres de recommandation : l'un Français, l'autre Anglais ; tous les deux négociants et
anciens consuls de leurs pays respectifs ; tous les
deux, enfin, pleins de prévenances pour ceux qui
ont l'avantage de leur être adressés. Grâce à eux,
mais en particulier au digne M. Hertzog, nous

pûmes nous occuper, dès notre arrivée, des préparatifs nécessaires à la continuation de notre voyage.
Les rares moments que ces occupations nous laissaient libres furent employés à vaguer dans la ville
et ses environs.

Les maisons de Tacna n'ont pour la plupart qu'un
rez-de-chaussée. Elles sont blanchies à la chaux,
et bâties en général avec de grandes briques cuites
au soleil, appelées *adobes;* mais il y a aussi quelques habitations de pierre, du moins à leur partie
inférieure, et d'autres sont de bois, pour mieux
résister aux tremblements de terre qui sont assez
fréquents. Les toits sont construits en planches
et recouverts d'une couche de terre pétrie.

Les rues sont pavées avec de gros cailloux roulés,
que fournit abondamment toute la campagne environ-
nante ; elles sont ornées sur les côtés de trottoirs,
composés de un ou deux rangs de dalles. Au milieu
est un petit canal (*asequia*) dans lequel coule deux
fois par semaine, comme moyen d'assainissement,
un courant d'eau tiré de la rivière. Tout près de
la ville, on a établi des bains froids, alimentés par
cette même eau : ce sont des bassins de quelques
mètres d'étendue où hommes, et femmes se plon-
gent ensemble.

Mais la principale application qu'on fait de l'eau

du petit rio de Tacna, c'est l'irrigation des cultures
que, grâce à elles, on a pu établir dans le voisinage
de la ville. Le sol y est naturellement si aride, que
là où l'humidité n'a pas été créée artificiellement,
la végétation est à peu près nulle. Le précieux
élément est distribué de telle manière que pas
une goutte n'en est perdue, et la rivière, épuisée
par des emprunts successifs, finit par disparaître.
Au-dessous des dernières cultures, on aperçoit
bien encore son lit, mais le sable en est à peine
humecté; plus loin il est aussi aride que les
champs qui le bordent.

On cherche depuis plusieurs années à augmenter
le volume des eaux du rio de Tacna, par l'addition
de celles d'une autre rivière, qui prend sa source
dans la même Cordillère ; mais les difficultés qu'il
y aurait à vaincre pour effectuer la communication entre les deux cours ont empêché jusqu'ici
la réalisation du plan proposé. Les fermes (chacras) qui occupent les faubourgs de Tacna sont
aujourd'hui si fertiles, qu'on a de la peine à croire
qu'autrefois il ne s'y rencontrait peut-être aucune
trace de végétation. Avec de l'eau à discrétion,
tous les déserts qui couvrent la côte du Pérou su-
biraient la même métamorphose.

Ce sont les légumes et les arbres fruitiers que

l'on cultive surtout dans ces fermes ; mais une bonne partie en est consacrée à la production de la luzerne et du maïs, dont on nourrit les troupes de mules qui arrivent journellement de la côte et de l'intérieur.

Au Pérou, si l'on veut qu'une chose se fasse vite, il est presque de nécessité qu'on la fasse soi-même. Toutes les fois qu'on est obligé d'avoir recours aux gens du pays, on court le risque d'attendre indéfiniment. C'est ce qui fut cause que les préparatifs de notre voyage à la Paz, au lieu de se faire en deux ou trois jours, se firent à peine en quatre fois ce temps. Ce retard eut néanmoins son bon côté ; car il nous mit à même d'assister à une des principales fêtes religieuses du pays, et d'être témoins, en particulier, de la grande procession nocturne qui a lieu la veille du vendredi saint. Afin de nous faire mieux voir cette scène curieuse, un pharmacien de nos amis nous avait invités à occuper avec sa famille une fenêtre donnant sur une des rues où le cortége devait passer.

Les fenêtres des vieilles maisons de ces pays semblent être disposées tout exprès pour permettre la contemplation de ce genre de cérémonies. Leur embrasure est très profonde, à cause de l'immense épaisseur des murs, et elle forme souvent, dans

la chambre, une petite alcôve sur le sol exhaussé
et élégamment tapissé de laquelle s'accroupissent
assez ordinairement les *señoras* pour travailler,
mais plus souvent encore pour regarder les pas-
sants et pour attirer leur attention.

Le sujet de la procession dont j'ai parlé était le
crucifiement, et je dois dire qu'aucun soin n'avait
été épargné pour en donner une idée aussi complète que possible. Dire que nous fûmes satisfaits
de l'essai, sous tous les rapports, ce serait aller
un peu loin ; mais le public paraissait l'être, et
c'était l'essentiel : je puis assurer, au reste, que nous
nous gardâmes bien de ne pas le paraître également.

En tête de la ligne, à la lueur de plusieurs centaines de torches ou de bougies, portées par tous
les habitants mâles de la ville, en grande toilette
et la tête nue, était une figure de Notre-Seigneur
traînant sa croix. Elle était suivie d'une bande
d'enfants armés chacun d'une monstrueuse imita-
tion de quelque instrument de la passion. Venait
ensuite une représentation complète des différentes
phases du crucifiement, au milieu de laquelle une
troupe d'Indiens déguisés produisait un assez singulier effet ; enfin, apparut la scène de la sépul-
ture, dont les autres paraissaient n'avoir été que

le prélude. Ce fut la plus brillante des trois et elle éveilla plus que toutes l'admiration tacite des spectateurs. Je ne saurais dire cependant ce qui contribua le plus à produire cet effet, si ce fut la fidélité des images ou le luxe de gaze et de brocarts d'or et d'argent qui les enveloppaient. — Mais à nos yeux, la procession tirait son caractère le plus particulier de ses longues files de moines aux masques sombres. Leur présence jetait sur la scène un voile véritablement lugubre, et elle nous eût rappelé quelque vieille cérémonie de l'inquisition, si les gesticulations grotesques des Indiens ne fussent venues presque aussitôt détruire l'illusion et nous rappeler que nous vivions dans un tout autre temps. — Une foule immense de *señoras* de tout âge, vêtues de noir, et la tête cachée sous leurs châles, complétaient le cortége.

Les préparatifs que nous avions à faire pour nous remettre en route consistaient principalement en achats de divers objets nécessaires à l'équipement de nos animaux de selle, d'ustensiles de cuisine, de provisions, etc. Nous pensâmes d'abord qu'il vaudrait mieux acheter les mules dont nous allions nous servir que de les louer ; mais nous nous décidâmes enfin pour ce dernier parti. On ne nous offrit que deux de ces bêtes à assez bon compte

pour nous tenter; elles nous coûtèrent chacune
25 piastres. La location de sept autres mules, de
Tacna à la Paz, y compris les gages du muletier ou
arriero, nous revint à 115 piastres; plus une quinzaine de piastres pour leur nourriture en route.
Nos provisions de bouche consistaient en viande
fraîche de mouton, en pommes de terre, oignons, riz,
pain, chocolat et sucre, enfin, en divers condiments
parmi lesquels nous n'avions pas oublié le piment
ou *aji,* élément presque indispensable de l'espèce
de soupe qui forme la nourriture ordinaire du voyageur au Pérou et que l'on connaît sous le nom de
chupé. Elle se fait, je puis le dire en passant, avec
des pommes de terre, des oignons et du mouton,
coupés par morceaux, bouillis ensemble dans
beaucoup d'eau et convenablement assaisonnés.

Pour ce qui est du costume, nos larges feutres,
nos bottes colossales, et nos *ponchos* (manteaux)
rayés auraient suffi pour nous faire prendre, en
Europe, pour des brigands; mais, au Pérou, nous
n'avions que la couleur locale.

Quant aux armes, elles sont regardées comme à
peu près inutiles dans ce pays; cependant je ne
laissai pas pour ma part d'avoir un air assez formidable, grâce à une paire d'instruments hypso-
métriques dont j'étais armé. L'un d'eux, un baro-

mètre aneroïde dans son étui, ressemblait en effet, à s'y méprendre, à une cartouchière ; et mon baromètre Fortin, que je portais en manière de carabine, suspendu à l'arçon de ma selle, pouvait très bien être pris pour une de ces armes meurtrières. Quant à nos fontes à tous, elles contenaient, en guise de pistolets, des bouteilles de vin ou de sirop.

Notre muletier nous conta que, dans le dernier voyage qu'il avait fait à la Paz, il avait eu en charge une somme de cinq cent mille piastres en or (deux millions et demi de francs). Des transports analogues se font continuellement sur ces routes, et cependant jamais on n'entend parler d'accidents arrivés aux gens qui en sont chargés. Ce n'est pas à dire que l'on ne vole pas au Pérou ; on y vole beaucoup, mais des objets de peu de valeur : des réaux ou des demi-piastres, des foulards, des cigares et autres objets semblables. Peut-être est-ce la hardiesse qui manque aux voleurs pour faire les choses plus en grand. Les assassinats sont également très rares ; et lorsqu'un meurtre a lieu, c'est ordinairement à la suite de quelque dispute, rarement par un autre motif.

Quelques jours avant notre arrivée, on fusilla un individu qui avait tué une femme dans une

de ces circonstancés. Cette femme, qui n'était
pas la sienne, lui aurait été infidèle. On a eu soin
de nous dire, à ce propos, que l'auteur du crime
n'était pas Péruvien, mais Bolivien. Lorsque quelque méfait a été commis dans une contrée du
Pérou voisine de la Bolivie, c'est toujours, on
peut en être certain, un Bolivien qui est le coupable ; en Bolivie, au contraire, c'est assez souvent
le Péruvien qui porte le poids de l'accusation.

CHAPITRE V.

Le 23 avril, nous nous mîmes en route pour la Paz, après avoir fait transporter chez M. Hertzog une portion de notre bagage, qui devait nous être expédiée par la suite.

Nos mules, bien reposées et presque fringantes, nous eurent bientôt fait dépasser la zone cultivée des environs de Tacna. Nous entrâmes alors de nouveau dans le désert, en nous orientant, vers le nord-est, sur un rideau de montagnes couronnées par plusieurs pics neigeux, que l'on nous avait designés sous le nom de *nevados* de Tacora. C'était au pied de l'un de ces pics que nous avions à passer.

Dans la plaine, notre chemin était tracé sur un terrain d'alluvion tout couvert de cailloux et de grosses pierres roulées et semé d'arbrisseaux à feuilles résineuses appartenant au genre des Eupatoires, de plantes grasses, et d'une petite graminée à feuilles roides et piquantes qui formait, dans quelques points, une sorte de pâturage que les mules ne dédaignaient nullement.

A une heure après midi, nous passâmes, sans nous y arrêter, par le petit village de Calama qui n'est guère qu'à deux lieues de Tacna; et à un quart de lieue au delà, nous fîmes halte dans une dépendance du même village, connue sous le nom de Cercado. Le bon M. Wilson nous avait donné une recommandation pour sa femme que les médecins y avaient envoyée pour prendre l'air de la campagne (*para tomar temperamento*), et nous eûmes beaucoup à nous louer d'en avoir profité.

En quittant cette famille aimable, nous nous dirigeâmes au plus vite vers le point où nous devions passer la nuit. Ce gîte que l'on nous avait préconisé n'était autre que l'abri d'un grand arbre appelé *Vilca* (1), qui se trouve presque sur le bord du chemin. Lorsque nous y arrivâmes, il faisait nuit

(1) *Acacia Angico ?*

close. Les mules étaient déjà déchargées, et l'on avait commencé les préparatifs du souper.

C'était réellement un magnifique arbre que celui qui allait nous prêter le couvert de ses branches et de son feuillage, et il était bien digne d'être regardé comme une merveille végétale dans un pays où les arbres sont si rares. J'eus la curiosité de mesurer son tronc, et je lui trouvai, à un mètre du sol, un diamètre de 240 centimètres. Ses rameaux s'étendaient presque horizontalement, et allaient par leurs extrémités toucher la terre, de manière à renfermer un grand espace circulaire parfaitement adapté à l'usage qu'en faisaient habituellement les voyageurs. Le seul défaut capital que nous trouvâmes à ce dortoir rustique ce fut un léger excès de poussière. La température, d'abord très agréable lorsque le thermomètre marquait 17 degrés, s'abaissa ensuite un peu trop, vers le milieu de la nuit, et descendit à 13 degrés; nous éprouvâmes alors une sensation de froid très marquée.

Le lendemain, au petit jour, nous levâmes le camp, après avoir pris chacun pour déjeuner une tasse de chocolat.

Le terrain continua pendant quelque temps encore à se montrer uni et découvert, puis il s'é-

leva sensiblement. Nous étions alors à environ
quatre lieues de Tacna.

Peu après avoir passé un petit hameau du nom
de Pachia, nous pénétrâmes dans un ravin (*quebrada*) assez profond, dépendant du rio de Tacna,
que nous longeâmes en le remontant. Le chemin
devenait à chaque moment plus escarpé, et le pays
avait un aspect des plus désolés. Néanmoins les
berges de la *quebrada*, quoique composées des
mêmes éléments que la plaine, présentaient une
végétation un peu moins rabougrie, grâce au voisinage du lit de la rivière. Les plantes qui s'y présentaient le plus fréquemment étaient une Bigno-
niacée frutescente (1) aux fleurs en trompette, le
Molle (2), à l'état nain, et plusieurs Eupatoriacées.
Un peu plus haut nous vîmes un nombre considérable de ces grands Cactus auxquels on a donné
le nom de Cierges du Pérou.

A une élévation de 3,870 mètres environ au-dessus
du niveau de la mer, nous trouvâmes, en quittant
le ravin, un de ces monticules de cailloux élevés
par la superstition des Indiens, et qui signalent,

(1) *Tecoma fulva* Don.

(2) *Schinus Molle* des botanistes. C'est un arbre qui se rapproche un
peu, par son port, de notre saule pleureur. Il est très commun dans
le sud de la Bolivie et dans la république Argentine, et on le cultive
dans le midi de l'Europe.

comme on le sait, tous les points culminants ou
apachetas des routes du Pérou (1). Les cultures de
maïs, encore visibles dans plusieurs endroits pri-
vilégiés du ravin que nous venions d'abandonner,
cessèrent dès lors complétement de se montrer.
Un charmant arbrisseau à longues fleurs orangées (2) vint en même temps caractériser par sa
présence la nouvelle région végétale dans laquelle
nous avions pénétré.

En continuant notre marche, nous passâmes une
seconde *apacheta,* située plus haut encore que la
première, pour rentrer ensuite de nouveau dans la
ravine que nous avions momentanément désertée.
Plusieurs anciens tombeaux, de forme quadrangu-
laire, mais élargis supérieurement et construits
en terre, y attirèrent notre attention. Les constructions de ce genre ne sont pas rares au Pérou,
où elles sont connues sous le nom de *chulpas.* La

(1) L'origine de ces monticules paraît être due à l'habitude qu'avaient
les Indiens d'autrefois, dès qu'ils arrivaient avec un fardeau au faite
d'une montagne, de s'y reposer et d'y offrir au grand dieu Pachacamac
le premier objet qui frappait leur vue : c'était ordinairement une pierre.
Ils prononçaient en même temps, à plusieurs reprises, le mot *Apacheeta*
qui renfermait une sorte de prière. Par la suite, ce mot un peu altéré
servit à désigner le monticule de pierres lui-même, et s'appliqua enfin au
point culminant des montagnes où ces monticules se voient ordinairement. Les Phéniciens avaient, dit-on, l'habitude d'élever sur les routes
des tas de pierres en l'honneur de Mercure.

(2) *Mutisia viciæfolia,*

végétation devient plus abondante dans cette
partie du ravin, et quoiqu'on n'y trouve pas d'arbres, les grands arbustes n'y manquent pas. Le
village de Palca, qui donne son nom à la *quebrada,*
en occupe le versant droit. Nous y entrâmes à deux
heures après midi, et nous nous décidâmes,
d'après l'avis de notre muletier, à y passer le reste
de la journée, en nous établissant à cet effet dans
une de ces maisons publiques ou caravanserais
que l'on appelle *tambos,* et dont l'idée remonte au
temps des Incas.

Quatre murs, un toit de bambou et de jonc,
voilà pour la construction générale de notre hôtel;
pas de cloison intérieure, une porte qui servait de
même temps de fenêtre, et trois couchettes en
terre comme les murs, voilà pour les détails. L'é-
lévation de Palca au-dessus du niveau de la mer
est d'environ 2,900 mètres; aussi y avons-nous
trouvé l'air infiniment plus frais que sous notre
Acacia, et avons-nous ressenti d'une manière très
marquée les effets de sa raréfaction. La sensation
pénible que cette raréfaction produit sur les fonctions circulatoires et respiratoires porte dans le
pays le nom de *soroche.* Seulement, au lieu de lui
assigner pour cause une diminution dans la pression atmosphérique, on suppose généralement

qu'elle est due à la présence dans l'air d'émana·
tions métalliques (*antimonios*).

Mes compagnons, qui avaient été très désireux,
depuis leur arrivée au Pérou, d'être témoins d'un
tremblement de terre (*un temblor*), virent s'accom-
plir leur souhait pendant la nuit que nous passâmes dans le *tambo* de Palca; mais ils ne furent, je
pense, qu'assez médiocrement satisfaits. Ce fut
vers une heure et demie du matin que le bruit de
roulement souterrain, précurseur du tremblement,
se fit entendre. Au même moment, notre muletier
qui couchait dans la rue, entr'ouvrait la porte en
criant:«*Señores! un temblor!*» M. de H... se précipita aussitôt dehors, pour voir l'effet de la commotion sur les objets extérieurs; mais il arriva trop
tard : le tremblement avait eu son commencement
et sa fin pendant les quelques secondes que mon
compagnon de voyage mit à passer de son lit à la
porte. Il ne vit donc rien et ne sentit pas davantage; tandis que s'il était resté tranquillement
blotti sous sa couverture, il aurait pu analyser le
phénomène tout à son aise.

Avant le lever du soleil nous nous remîmes en
route, et nous continuâmes à remonter le ravin
par un chemin qui devenait de plus en plus roide.
Les mules, quoique accoutumées à faire ce voyage.

témoignaient qu'elles se ressentaient de l'élévation,
en s'arrêtant à tout moment pour respirer. Des
plantes plus purement andines (1) que celles que
nous avions rencontrées jusque-là caractérisaient
déjà la végétation. A huit heures, nous avions atteint une sorte de plateau où se trouvait une pile
de pierres semblables à celles que nous avions
rencontrées précédemment ; deux ou trois Solanées
frutescentes, les derniers arbustes que nous devions voir, donnaient encore en ce lieu un peu
d'ombre, dont nous profitâmes pour échapper pendant quelque temps aux rayons trop ardents du
soleil. Le thermomètre marquait alors 17 degrés,
ce qui n'empêchait pas qu'à quelque distance de là
tous les ruisseaux ne fussent couverts d'une couche
de glace. A ce niveau la végétation était encore
composée d'un assez grand nombre d'espèces, mais
en montant davantage, celles-ci se trouvèrent ré-
duites à une demi-douzaine, parmi lesquelles le
Bolax glebaria, un *Baccharis* à feuilles courtes et
imbriquées, et un Seneçon glutineux, attiraient
presque uniquement l'attention.

Nous nous trouvâmes enfin sur le point culminant de cette partie de notre route, point connu

(1) Les *Chuquiraga* surtout, les *Bolax*, et quelques *Baccharis* d'un
faciès particulier.

sous le nom de Paso de Gualillos. Inutile de dire
qu'il avait, comme toutes les autres *apachetas,* son
tas de cailloux. Mais l'*apacheta* de Gualillos était signalée en outre par la présence de maints squelet-
tes d'ânes, de mules et de Lamas qui gisaient autour
du tas central comme des restes de victimes que
l'on aurait sacrifiées au pied de l'autel des dieux
gardiens de la montagne. C'était la fatigue qui
avait tué ces pauvres animaux, au moment d'atteindre le but. M. B… m'avoua, de son côté, en se laissant tomber de sa selle sur un monceau de ces
ossements blanchis, qu'il se sentait tout aussi disposé à y ajouter les siens propres qu'à pousser plus
loin. Je profitai de ce nouveau moment de repos
pour prendre la hauteur barométrique du lieu. Le
chiffre que je trouvai correspond à peu de chose
près à celui déjà donné par M. Pentland (environ
4,500 mètres).

En avant de la passe, le chemin commença à
descendre ; et peu après nous passâmes au pied
d'un des pics que nous avions aperçus de Tacna ;
la neige qui les couvrait descendait en quelques
points à peu de distance du niveau où nous nous
trouvions. Déjà la route ne s'inclinait presque plus.
Nous cheminions dans une de ces vastes plaines
au climat glacé qui constituent les plateaux des

Cordillères, et auxquelles on donne au Pérou le nom de *punas*. Quelques Vigognes, les premières que nous eussions vues, occupaient avant nous le terrain; mais, légères comme des chamois, elles s'enfuirent à notre approche.

Plusieurs espèces de Graminées, parmi lesquelles se faisaient surtout remarquer les touffes grisâtres d'un *Deyeuxia*, croissaient dans ces régions élevées en compagnie d'un Baccharis résineux appelé *Tola*. Cet arbrisseau, vrai type de plantes sociales, est aussi abondant dans ces lieux que le sont les Bruyères dans nos landes. Je n'ai vu, dans mes voyages entre les tropiques, que deux genres de végétaux qui puissent lui être comparés : ce sont les brillants *Microlicia* de Minas-geraës et quelques Myrtes des *campos* de Goyaz. Encore les espaces recouverts par ces plantes offriraient-ils une étendue bien minime, si on les plaçait à côté des vastes *tolares* du Pérou. La *Tola* est intéressante pour d'autres que le botaniste, car elle est à peu près le seul combustible végétal que produise le pays, et, à ce titre, elle sert au chauffage des fours dans presque toutes les régions habitées des Cordillères de cette partie de l'Amérique. Quant à la cuisine proprement dite, elle se fait en général avec le crottin desséché du Lama.

Après avoir dépassé les pics neigeux, nous continuâmes notre marche dans la *puna* pendant le reste de la journée, et nous atteignîmes, vers cinq heures et demie du soir, le village de Tacora, qui est à plusieurs portées de fusil en dehors de la route. Quand je dis que nous atteignîmes un village, je me trompe, je devrais dire les restes d'un village; car celui de Tacora était inhabité depuis longtemps, et ses maisons, à quelques exceptions près, étaient sans toits; ceux-ci étant de chaume, avaient servi tour à tour et pendant plusieurs années, à chauffer la marmite du voyageur; et les solives qui en formaient la charpente avaient été emportées sans doute pour servir à la construction d'autres habitations. On pourrait difficilement se figurer un lieu plus triste que ce hameau désert. L'église était la seule construction qui eût été entièrement respectée. Nous campâmes dans une petite hutte qui en était voisine, en cherchant de notre mieux à nous garantir du vent glacial qui entrait par ses ouvertures béantes.

Mes compagnons, accablés par la fatigue ou le *soroche,* attendirent à peine pour se coucher que leurs matelas fussent étendus sur le sol, et je n'attendis de mon côté pour en faire autant que l'arrivée du *chupé*, qui ne tarda pas à paraître,

6

grâce à l'abondance du combustible que nous fournissait notre toit. Je bouchai ensuite, aussi hermétiquement que possible, tous les hiatus de ma
cellule, et je réussis au bout de quelque temps à
avoir presque chaud.

Le lendemain, dans la matinée, nous dor-
mions encore tous, lorsque le muletier vint nous
annoncer que quatre Vigognes paissaient près
du village. Nous courûmes aussitôt, M. de H... et
moi, vers un petit enclos qui attenait à l'église,
espérant qu'en nous glissant le long de ses murs,
nous pourrions nous approcher de notre proie
assez pour que nos fusils portassent. Les quelques
pas que nous fîmes pour gagner ce poste nous es-
soufflèrent tellement, que si les Vigognes eussent
en ce moment été averties de notre présence, elles
auraient eu fort peu à craindre. Mais elles ne se
doutaient pas du danger qui les menaçait, et elles
continuèrent à paître dans une entière sécurité,
en nous donnant tout le temps nécessaire pour reprendre haleine. Ce ne fut que lorsque les canons
de nos fusils se posèrent sur le bord du mur, que
l'instinct délicat de ces animaux sembla leur ré-
véler le voisinage d'un ennemi. Leurs jolies têtes
quittèrent alors le sol comme d'un commun accord, et quatre paires d'oreilles se tendirent à la

fois de notre côté. Nos deux coups partirent au même moment, mais sans effet bien apparent, si ce n'est que trois des quatre Vigognes prirent le galop et furent en un clin d'œil hors de portée, mais pas assez pour que M. de H... ne crût devoir leur envoyer une troisième balle qui, comme les précédentes, porta trop bas.

Cependant la quatrième Vigogne restait encore immobile à sa place, et continuait de nous regarder, lorsque les autres étaient déjà loin ; si bien que je m'imaginai, mais très à tort, que quelque blessure l'empêchait de suivre l'exemple de ses compagnes. J'eus alors l'espoir de l'approcher de plus près. Je sortis de mon enclos et je courus sur elle. Son étonnement n'en parut être que plus grand, et ce ne fut que lorsque je me fus avancé d'une quinzaine de pas, qu'elle prit la fuite. J'eus cependant le temps de la viser avant qu'elle eût regagné le terrain perdu, et cette fois ma balle fit effet, car la bête tomba morte du coup. La charge avait porté à quelques pouces au-dessous de la tête, en partageant la moelle cervicale. Le muletier accourut, et j'essayai avec lui de porter ma victime jusqu'à la maison ; mais son poids était tel que je fus essoufflé en un instant. Il fallut attendre un nouveau renfort, grâce auquel la Vigogne fut enfin déposée dans la cour de notre habitation, et je m'occupai de la dépecer pour en emporter la peau.

Le motif qui avait porté l'animal à retarder sa fuite de manière à me permettre de le tuer, n'était pas, comme nous le supposions, une blessure. Lorsqu'une troupe de Vigognes est poursuivie, les mâles les plus vigoureux, qui agissent comme chefs, restent invariablement les derniers sur le lieu du danger, comme pour protéger la fuite des autres. C'est un fait dont nous avons été témoins plus d'une fois durant notre voyage, et qui est cause qu'il est bien plus facile de se procurer les Vigognes mâles que celles du sexe opposé. J'ai été à même de m'approcher vingt fois, durant notre voyage, assez près des mâles pour pouvoir les tirer, mais jamais je n'ai pu faire de même pour les femelles.

La Vigogne(1) est, avec le Guanaco, le plus largement réparti des représentants du genre Chameau, dans le nouveau monde. Elle se rencontre dans presque toutes les parties élevées des Andes, depuis l'Équateur jusqu'au détroit de Magellan. Les régions où elle se plaît le plus sont celles où l'homme et

_____

(1) *Camelus Vicogna* Gmel.

le Condor peuvent seuls la suivre; mais l'oiseau-
roi, plus friand du fumet d'une charogne que de
proies vivantes, ne lui fait que rarement la guerre;
et l'homme, jusqu'à nos jours du moins, a plutôt
cherché à favoriser la multiplication de ces animaux qu'il n'a aidé à leur destruction. C'est ce qui
explique pourquoi ils étaient si abondants à l'époque
de la conquête. Du temps des Incas, la laine de la
Vigogne servait en effet tout spécialement à la fabrication des tissus dont les nobles du pays avaient
coutume de se vêtir, et les animaux qui les fournis-
saient, quoique sauvages, étaient regardés comme
la propriété exclusive du souverain. Aucun ne pouvait les chasser sans s'exposer à des peines sévères;
et ce n'était qu'à des époques fixes, c'est-à-dire
environ une fois l'an, qu'on en faisait une chasse
générale sous la surveillance personnelle de l'Inca
ou de ses principaux officiers. Encore les battues
n'avaient-elles lieu dans le même district que tous
les quatre ans, afin que les déficits eussent le temps
de se combler. Ces chasses s'appelaient *chacus*,
d'où est venu le mot *Chaco*.

A l'époque signalée, tous les habitants de la
province, au nombre quelquefois de cinquante à
soixante mille, et même parfois davantage,
s'il faut en croire les relations, s'armaient de

perches ou de lances, et se distribuaient de manière
à former un immense cordon qui devait embrasser,
dans son enceinte, toute l'étendue du pays où la
chasse allait avoir lieu. Cela fait , tous les individus qui composaient le cercle marchaient vers
un centre commun, en battant avec soin le pays,
jusqu'à ce que les habitants consternés de la Cordillère se trouvassent tous concentrés dans quelque
espace bien uni où il était facile de s'en rendre
maître. Un tirage avait alors lieu. Les animaux
étrangers, tels que chevreuils, etc., leurs mâles
surtout, et beaucoup de Guanacos, étaient tués.
Leur peau était employée à divers usages, et leur
chair était distribuée à ceux qui avaient pris part
à la chasse ; taillée en tranches minces et séchée à
l'air, elle constituait, sous le nom de *charqui,* la
seule nourriture animale des habitants de classe
inférieure du Pérou. Quant aux Vigognes, dont le
nombre s'élevait souvent à trente ou quarante
mille, on les tondait avec soin et on leur rendait
la liberté. Leur laine était ensuite déposée dans
les magasins royaux, et répartie à mesure que le
besoin s'en faisait sentir : les qualités inférieures
aux gens du peuple, et les plus belles aux nobles,
qui seuls avaient la permission de porter des draps
fins. Ces tissus, disent les chroniques, avaient tout

le brillant des plus belles étoffes de soie, et la dé-
licatesse de leurs nuances excitait l'envie des arti-
sans d'Europe.

Les mesures prudentes dont je viens de rendre
compte ne furent plus observées après la conquête,
et le nombre des Vigognes a diminué en conséquence
d'une manière prodigieuse. Aujourd'hui, la manière ordinaire de leur faire la chasse ressemble
assez, sauf le dénoûment, à celle qui était en
usage autrefois. Elle consiste à préparer dans
un lieu convenablement choisi un enclos de
2 ou 300 mètres de circonférence, dont les murs
sont représentés par un filet très léger soutenu
sur des piquets plantés de distance en distance,
ou même par une simple ficelle à laquelle sont
suspendus des flocons de laine. Cet enclos a une
ouverture de 15 à 20 mètres de largeur, par laquelle on fait entrer les Vigognes au moyen d'un
cordon d'hommes analogue à celui dont je parlais
tout à l'heure, si ce n'est qu'il est moins étendu.

La vue seule du filet ou de la ficelle suffit pour
contenir les timides animaux; ils se laissent dès
lors entourer sans résistance, et les Indiens en font
un facile carnage, soit en les assommant à coups
de gourdin, soit en leur rompant le cou sur leur
genou. Ils les dépècent ensuite pour en retirer la

peau, qu'ils portent au marché, où elle se vend
environ 4 réaux (2 fr. 50). Isolée, la laine se vend,
sur la côte du Pérou, jusqu'à 100 piastres (500
francs) les cent livres; mais il est bon de faire remarquer qu'un individu n'en fournit que très peu.
La plus grande consommation de cet article a lieu
dans le pays même, où il sert à faire des chapeaux
de feutre très estimés et des gants qui ont un moelleux tout particulier. L'exportation en est presque
nulle, si on la compare à celle des laines de mouton et d'Alpaca; au Pérou, elle s'élève tout au plus
au chiffre de 2,000 à 2,500 piastres par année.

La Vigogne s'apprivoise avec facilité dans son
jeune âge; elle est alors d'une extrême douceur, et
suit son maître comme un chien. Cet animal a cependant dans le caractère un certain fond de ma-
lice dont on ne le prive jamais; aussi a-t-on bien
soin de ne jamais lui laisser trop de liberté, là où
ses penchants pourraient nuire. Lorsqu'on le tour-
mente, il répond assez souvent par une ruade;
mais un moyen de défense dont il fait un usage
aussi fréquent, c'est de cracher à la figure de son
adversaire la matière de sa rumination.

Les mules et les ânes mangent assez volontiers
les grands *Deyeuxia* qui constituent, avec quelques autres graminées, le *pasto brabo* des *punas;*

mais les Vigognes préfèrent les graminées plus basses, d'espèces très diverses, qui forment le gazon le plus fin de la plaine, celui que les habitants du pays appellent *pastito*.

La taille moyenne de la Vigogne est inférieure à celle du Lama, que tout le monde connaît, mais elle est à bien peu de chose près la même que celle du Guanaco. L'individu que je tuai mesurait 126 centimètres entre l'origine de la queue et le niveau des oreilles; la longueur du cou, en dessus, était de 38 centimètres; et la circonférence du corps, vers le milieu de l'abdomen, d'un peu moins d'un mètre. La couleur du poil est partout d'un brun fauve ou ferrugineux plus ou moins clair, excepté sur la poitrine, où il est (chez le mâle) d'un beau blanc. Enfin les yeux de la Vigogne, qui sont très grands et d'une douceur particulière, donnent à sa figure une expression d'intelligence qui, jointe à la grâce de son port, assigne à cet animal une place parmi les plus jolis objets de la création.

Malgré le retard occasionné par l'événement que j'ai raconté, nous réussîmes à nous mettre en route un peu après huit heures. La région qui se présentait devant nous, assez semblable à celle que nous avions parcourue le jour précédent, était cou-

verte de touffes rapprochées de *Deyeuxia* et de
Baccharis. Mes compagnons de voyage, déjà à
moitié acclimatés, souffraient bien moins du *so-*
roche qu'auparavant; mais en revanche, M. B...
se plaignait doublement de la fatigue.

A deux heures après midi, nous nous arrêtâmes
pour déjeuner, sur les bords d'une rivière appelée
Uchusuma, dans un petit marais tout émaillé de
Gentianes en fleur. Mais les nuages amoncelés depuis quelque temps sur nos têtes prirent tout à
coup un aspect si menaçant, que nous nous remîmes en selle au plus vite, et nous nous couvrîmes
de nos *ponchos* pour nous garantir du vent qui
devenait à chaque instant plus fort et plus glacial.
Bientôt de grands flocons de neige obscurcirent l'atmosphère, et la *puna* se couvrit d'une immense
nappe blanche, sous laquelle notre guide avait
bien de la peine à deviner la direction de la route.
Nous aspirions impatiemment à arriver à quelque
abri où nous pussions nous réchauffer et passer
une bonne nuit, mais le ciel en avait décidé tout
autrement. Qu'on se figure notre désespoir lorsqu'en parvenant à ce gîte anticipé, nous ne vîmes
qu'une vilaine ruine noire, encore plus nue que
celles de Tacora. Il y avait eu autrefois là, je
pense, une sorte d'auberge, mais le nom d'Hospicio

que portait ce reste de maison nous semblait
être une amère dérision. Au moment où nous y
arrivions, il avait, en grand, l'aspect d'un morceau
de gâteau à miel, avec cette différence que, au
lieu de miel, ses nombreuses cellules étaient
remplies de neige.

Il était environ cinq heures et demie, lorsque
nous nous arrêtâmes devant cet affreux réduit ; mais
la nuit nous aurait surpris bien avant que nous eussions pu en atteindre un meilleur, il fallut donc
nous résigner. D'ailleurs il ne neigeait presque
plus, et nous espérions qu'en vidant une ou deux
loges de la froide matière qui les encombrait, nous
pourrions encore y passer la nuit d'une manière
satisfaisante. Nous nous mîmes tous à l'œuvre, et
au bout d'un temps comparativement court, la
place fut déblayée et nos lits installés. Je n'ai pas
besoin de dire qu'il faisait froid ; aussi devinera-t-on
facilement le sentiment de satisfaction que nous
éprouvâmes en nous enfonçant sous nos couvertures. Bref, nous essayâmes d'oublier nos maux
dans le sommeil, car de dîner il ne pouvait être
question. Fatigué comme je l'étais, je m'endormis
bientôt en donnant un dernier coup d'œil à quelques
étoiles qui brillaient au-dessus de ma tête et dont
je m'étais plu à tirer un augure favorable. Les

astres nous trompèrent cependant, comme ils en
ont trompé tant d'autres. Vers minuit, je me réveillai subitement, en sentant une forte impression de glace au cou, impression qui se propagea
avec rapidité tout le long du dos. C'était une
poignée de neige qui venait de tomber sur moi,
par suite d'un mouvement que j'avais fait pour me
retourner, le *poncho* que j'avais étendu au-dessus
de ma figure s'étant un peu dérangé. En me sou-
levant pour constater l'état de l'atmosphère, je fis
entrer dans mon lit une nouvelle avalanche, puis
une autre, car j'étais à moitié enseveli dans la
neige qui était tombée pendant mon sommeil.
M. B..., qui occupait la même cellule que moi, avait
également presque disparu, mais mieux disposé
que moi, plus fatigué aussi, il continuait de dormir.
Après quelques réflexions assez peu agréables, je
décidai que ce que j'avais de mieux à faire était de
me rendormir, de mon côté ; et j'eus la satisfaction
d'y réussir. Cette fois, quand je me réveillai, il faisait grand jour.

Il avait alors entièrement cessé de neiger, et le
temps promettait d'être beau. Néanmoins le froid
était encore si vif (3 degrés au dessous de zéro),
que je quittai mon matelas avec un certain regret,
bien qu'il fût presque trempé. Notre muletier

en chef que j'avais plaint intérieurement, avait été cependant le mieux partagé ; il s'était fait avec les *aparejos* ou bâts de ses mules un long toit imperméable où il se trouvait si bien, que nous eûmes de la peine à l'en faire déguerpir. La neige amoncelée autour de ce dortoir improvisé n'avait fait que le garantir plus complétement.

Les mules avaient été, à ce qu'il paraît, encore moins satisfaites que nous du lieu où on leur avait fait passer la nuit, et l'une d'elles avait été chercher fortune ailleurs. L'*arriero* allait se voir obligé de partir pour s'en procurer une autre, lorsque par un hasard inespéré, il vint à passer en ce moment un autre muletier dont il obtint ce qu'il désirait. Nous déjeunâmes, en attendant, avec du chocolat à la neige, et je passai le reste du temps qui s'écoula jusqu'au moment du départ à faire avec un de nos hommes la chasse aux souris qui infestaient nos chambres à coucher. Nous prîmes plusieurs des plus petits de ces animaux, en les assommant avec des boules de neige ; mais les grands, moins téméraires, finirent par ne plus se laisser tenter par les miettes de pain dont nous amorcions l'entrée de leurs réduits. Je fus assez surpris, je l'avoue, de trouver en ces lieux ces petites créatures, car je ne pensais pas qu'une nourriture aussi simple que l'herbe de la *puna* pût leur suffire ; je ne sais pas cependant où elles en trouveraient une autre à cette hauteur.

Notre bagage étant chargé, nous nous remîmes en marche. Vers onze heures, nous quittâmes la plaine pour nous engager dans une descente aussi rude que pittoresque, conduisant au bord du rio Mauré qui forme en ce point la ligne de démarcation entre le Pérou et la Bolivie. Les flancs du ravin au fond duquel coulait ce cours d'eau étaient hérissés de grands rochers aux formes les plus bizarres. Beaucoup d'entre eux étaient plus larges supérieurement qu'à leur base, et semblaient avoir été usés par les flots d'une mer violente. Leurs cavités anfractueuses servaient de refuge à un nombre infini de Rongeurs à longue queue, de la taille de notre lapin, connus sous le nom de Viscachas et aux dépens desquels il nous aurait été facile de nous procurer un dîner copieux, mais la crainte d'un retard qui eût pu nous obliger à passer une autre nuit sans toit nous empêcha de leur nuire.

CHAPITRE VI.

Apacheta de Chulunquaiani : point culminant de la route. — Alpacas.
— Queñuas.—Estancia de Chulunquaiani. Promenades aux environs.
Végétation. Chasse aux Viscachas. — Santiago de Machaca. M. B... se
fourvoie. —San-Andrés. Curé. Oiseau-plante. — Punas cultivées. —
Guanacos. — Canal du Desaguadero. Pont de bateaux. Douane. —
Nuit passée dans une ferme indienne.—Instruments aratoires.—Bourg
et Pampa de Biacha. — Descente à la Paz.

Le rio Mauré avait une largeur de 12 à 15 mètres dans le point où nous le passâmes; mais sa
profondeur n'était nulle part de plus de 80 centimètres.

Du côté bolivien, la pente du versant était
moins rapide que du côté péruvien, mais en revanche elle était beaucoup plus longue, aussi
montâmes-nous en somme bien plus haut que nous
ne l'avions fait jusque-là ; et nous passâmes après
quelques heures de marche le point culminant de
toute la route de Tacna à la Paz , c'est-à-dire
l'*apacheta* de Chulunquaiani, dont l'élévation au-
dessus du niveau de la mer , déterminée par
M. Pentland, est d'environ 4,600 mètres.

Dans les parties marécageuses du ravin par lequel on arrive à la passe, nous vîmes un troupeau d'Alpacas, animaux qui méritèrent des conquérants le nom de moutons du Pérou. Ils sont plus petits que le Lama leur congénère ; et leur laine , celle du cou en particulier, est plus longue, ce qui leur donne un facies différent, mais assez analogue à celui de la bête à laquelle le comparaient les Espagnols.

Après avoir cheminé quelques heures dans une région ondulée, caractérisée par la présence d'un curieux petit arbre appelé *Queñua* (1), le seul de ces dimensions qui prospère à une si grande élévation, nous pénétrâmes dans un nouveau ravin qui débouchait sur une plaine étendue, appelée Pampa de Chulunquaiani, à l'extrémité de laquelle était une grande ferme. Bâtie de briques cuites au soleil, comme la plupart des constructions de ces pays, elle s'en distinguait néanmoins en ce que ces murs étaient blanchis à la chaux, ce qui fut pour nous d'un bon augure. Le maître du logis était absent, mais un majordome qui le remplaçait nous reçut avec tant d'affabilité que nous nous consolâmes facilement de ce petit contre-temps. La forme

(4) On donne ce nom , dans les Andes, à diverses espèces du genre *Polylepis* (fam. des Sanguisorbées).

était d'ailleurs disposée tout exprès pour recevoir les voyageurs, et contenait, à leur usage, un très bon logement et une petite boutique (*pulperia*) assez bien assortie. Enfin nous fûmes si satisfaits de notre trouvaille, qu'il fut décidé que toute la journée du lendemain serait consacrée à en jouir.

L'élévation à laquelle se trouve la ferme de Chulunquaiani est telle, qu'aucune espèce de culture n'y est possible; on s'y occupe exclusivement de l'élevage des bestiaux, surtout de moutons dont le chiffre monte à environ 4,000. Les bœufs y vivent, mais ils n'y prospèrent pas.

Les Indiens qui travaillent sur le sol de l'*estancia* sont dédommagés par le droit de s'y domicilier, et ils reçoivent, chaque trimestre, une livre de *coca*, une charge d'âne de pommes de terre fraîches et autant de pommes de terre gelées ou *chuñi*: préparation dont j'aurai occasion de parler en détail, plus tard, ainsi que de la *coca*.

J'ai fait l'éloge du logement destiné, dans la ferme de Chulunquaiani, aux voyageurs; mais il va sans dire que cet éloge est purement relatif. Après la nuit passée à l'Hospicio, nous ne pouvions être très difficiles. Le luxe principal de notre chambre consistait en une natte qui recouvrait l'espèce de

gradin de terre sur lequel on plaçait les matelas.
Notre mobilier proprement dit consistait en une
table, une paire de bancs et deux grossières imi-
tations de fauteuils. Quant à la *pulperia*, elle ne
nous fournit guère que des sardines à l'huile, des
œufs, du fromage de brebis assez médiocre et du
vin de Bordeaux plus médiocre encore ; mais les
troupeaux de moutons n'étaient pas loin, la viande
fraîche et le lait ne nous manquèrent donc pas.

Après le sommeil réparateur qui suivit un sage
emploi des éléments ci-dessus énumérés, nous
fîmes l'exploration des environs de notre domicile.
La matinée se passa à faire la chasse aux canards
dans la *pampa* marécageuse qui avoisinait la ferme,
et en particulier sur le bord des flaques et des
ruisselets qu'on y observait de toutes parts ; mais
le froid de la nuit les avait recouverts d'une croûte
de glace et nos palmipèdes faisaient beaucoup de
cérémonies pour s'y poser ; aussi cette chasse ne
commença-t-elle à devenir un peu fructueuse que
lorsque le soleil eut rendu l'accès de l'eau plus
libre. Sous le rapport botanique je fus plus heureux, ma collection s'étant accrue d'un assez grand
nombre d'espèces propres aux pelouses andines et
que nous n'avions jamais remarquées auparavant.
La préparation de la peau de Vigogne, qui n'avait été

qu'ébauchée, m'occupa ensuite. Je fis mon possible pour obtenir un Alpaca, sachant qu'il y en
avait dans le voisinage, sans pouvoir y réussir. Le
lecteur se ferait difficilement une idée de la peine
qu'on éprouve, en général, à persuader aux Indiens de se défaire de leurs animaux domestiques;
c'est à tel point qu'il m'est arrivé plusieurs fois, durant mon séjour en Bolivie, d'offrir cinq et six fois
la valeur d'un Alpaca, sans pouvoir l'obtenir. Les
moutons sont les seules bêtes qui fassent exception à la règle.

On sait que la laine d'Alpaca constitue une des
branches les plus importantes du commerce péruvien. C'est en Angleterre qu'il s'en fait aujour-
d'hui la plus grande consommation. Sur place, le
prix de cet article varie grandement. La couleur est
pour beaucoup dans ces variations. La laine qui
est d'un blanc pur se vend jusqu'à 30 ou 35 piastres le quintal; les autres couleurs valent en
moyenne 22 piastres. Les Alpacas noirs sont les
plus communs; puis viennent ceux de couleur café,
les gris, etc. Aux époques de la tonte, qui ne se
fait qu'à des intervalles assez éloignés, chaque individu donne de trois à sept livres de laine. J'ai
vu de ces animaux dont la toison vierge traînait
presque à terre; dans ces cas leur figure est

presque enfouie dans la laine qui l'encadre.

Ma journée se termina par une chasse très intéressante que je fis, avec notre majordome, sur une
montagne rocheuse voisine de l'habitation. Il s'a-
gissait de me procurer quelques uns de ces rongeurs à longue queue dont j'ai parlé plus haut
sous le nom de *Viscachas*. La tâche était moins
facile que je ne me l'étais imaginé, car les rochers
que ces animaux avaient choisis pour demeure
étaient tout à fait au sommet de l'éminence, et le
soroche m'obligeait de faire halte à chaque instant.
Le chemin qu'il nous fallut suivre était d'ailleurs si
escarpé, qu'il était à peine praticable. Cependant le
moment que nous avions choisi pour notre chasse
était des plus propices. Au coucher du soleil, ainsi
qu'à son lever, les *Viscachas* sortent des retraites
où elles restent ordinairement enfermées durant
le jour, et s'accroupissent, les moustaches au vent,
sur les pointes de leurs rochers. Le chasseur, qui
s'est approché avec toutes les précautions voulues,
aperçoit alors leurs petits profils avec une netteté
admirable. Mais le sens de l'ouïe est assez déve-
loppé chez ces animaux, et il faut user de quelques ménagements pour ne pas les tirer trop tôt
de leur attitude méditative. Mes énormes bottes
m'empêchèrent, je dois le dire, d'observer ces

règles autant à la lettre que cela eût été à désirer, et nous eûmes le chagrin de voir disparaître les sentinelles avancées avant d'avoir pu communiquer avec elles. Je redoublai de précautions et nous arrivâmes, enfin, à un site favorable. Un instant après, une première victime s'affaissait sur la plate-forme de sa forteresse, et, avant que l'étonnement produit par la détonation se fût dissipé, le majordome me prit le fusil des mains et en abattit une seconde qui tomba presque à nos pieds du haut de son rocher. Tout rentra alors dans le silence et l'immobilité, et la nuit étant survenue peu après, nous retournâmes au logis.

La *Viscacha* (1) appartient à la petite famille des Chinchillides ; sa fourrure, qui est d'un gris foncé, est très douce au toucher, mais elle est peu estimée des fourreurs qui font un si grand cas du *Chinchilla,* rongeur de plus petite taille que celui dont je parle, mais également propre à la Cordillère des Andes. Un des points les plus intéressants de l'histoire de la *Viscacha* me paraît être l'immense élévation à laquelle elle se rencontre, et qui est pour le moins égale à celle que fréquente habituellement la Vigogne. Sa nourriture paraît être

(1) *Lagostomus.*

la même que celle de ce dernier animal. Je comptais disséquer les deux individus que j'avais rapportés de mon expédition avec le majordome de
Chulunquaiani, pour en préparer les peaux ; mais
je ne fus pas surpris, en rentrant, de trouver qu'il
manquait à chacun un bout de la queue. Mon compagnon, qui s'était chargé de leur transport, m'expliqua alors qu'il les avait mutilés de la sorte pour
empêcher qu'ils ne se corrompissent, la partie qu'il
avait retirée ayant la propriété de produire la décomposition presque immédiate du reste de l'animal, lorsqu'on néglige de la retirer. Cette explication, comme bien on doit le penser, ne me satisfit
que médiocrement ; je dus néanmoins m'en contenter, et ce ne fut pas sans étonnement que je trouvai,
par la suite, l'usage de casser le bout de la queue
de la *Viscacha* répandu partout où cet animal se
rencontre.

Le 29, à sept heures du matin, nous quittâmes
la ferme et nous abordâmes, peu après, une vaste
puna parfaitement unie, semée de touffes de *Tola*
et présentant çà et là des grandes plaques de
Yareta (*Bolax glebaria*) et de deux autres plantes
à faciès analogue (1) et presque aussi communes

_____

(1) L'une était une petite Verveine (*Verbena minima* Meyen), et l'autre

qu'elle sur les plateaux. Une rivière serpentait dans la plaine, et quelques troupeaux de Lamas y brou-; taient un petit *Deyeuxia* qui formait un tapis velouté entre les autres plantes que j'ai nommées.

Vers onze heures, nous arrivâmes en vue du village de Santiago de Maçhaca, composé de taudis de terre et de chaume. Désirant nous reposer, nous fîmes une visite au curé, qui nous fit servir quelques œufs frits, et nous lui fîmes goûter, en retour, le vin de Bordeaux dont nous avions chargé nos fontes avant de quitter la ferme; mais il nous fut impossible de lui faire croire que ce que nous lui donnions était réellement du jus de raisin : la grimace qu'il fit, en l'avalant, portait même à croire qu'il nous soupçonnait fort d'être coupables d'une mauvaise plaisanterie à son égard. Le gros bonhomme, dont la soutane en haillons n'annonçait pas le propriétaire d'une cave richement fournie, nous avoua ensuite qu'il n'avait jamais connu d'autre vin que celui du Pérou, qui est plutôt l'analogue des vins d'Espagne, et il pensait que tous les vins devaient lui ressembler.

En sortant de ce village, nous continuâmes notre route à travers la puna, où la *Tola* et la *Paja*

un genre de Caryophyllées décrit, dans ces derniers temps, sous le nom de *Pycnophyllum*.

braba se disputaient le sol tout couvert par places
d'exsudations nitreuses.

A trois lieues de Santiago, nous nous arrêtâmes
un instant pour nous reposer, et j'en profitai
pour recueillir quelques unes des Graminées qui
constituaient les gazons de la plaine. M. B...,
resté un peu en arrière, était occupé, de son côté,
mais d'une autre façon. Or, quand notre compagnon de voyage voulut remonter sur sa mule, la
selle tourna et passa sous le ventre de l'animal ; il
cria au secours, mais nous ne l'entendîmes pas,
car nous avions commis la faute de nous remettre
en route sans nous être d'abord assurés qu'il nous
suivait. Je dirai ici que l'extrême faiblesse de sa
vue rendait nécessaires ces précautions de notre
part.

Enfin, après des efforts inouïs, notre compagnon
réussit à reharnacher sa bête, et à l'enfourcher.
Mais il n'avait pas remarqué que pendant ces opérations l'animal avait décrit un demi-tour, par
suite duquel sa queue s'était dirigée de notre côté,
et sa tête, au contraire, du côté du village que
nous avions quitté quelque temps auparavant. Il
en résulta qu'en se remettant en marche, il s'é-
loigna tout naturellement de nous, au lieu de s'en
rapprocher ; nous ne soupçonnâmes, de notre

côté, ce qui s'était passé qu'au bout d'une grande demi-heure ; et il ne me fallut guère moins d'une heure entière de galop soutenu pour rejoindre le voyageur fourvoyé. Il continuait de trotter vaillamment vers Santiago, sans paraître se douter le moins du monde de son erreur. Nous rebroussâmes chemin aussitôt, et nous nous dirigeâmes, le plus vite qu'il nous fut possible, vers un autre village du nom de San-Andres, où nous arrivâmes vers le coucher du soleil. M. de H... était installé chez le curé dont il avait été parfaitement reçu. Bientôt après, ce digne homme nous fit servir à souper ; et il nous donna ensuite des détails assez instructifs sur plusieurs points du pays qu'il avait visités. J'avoue cependant que le sérieux avec lequel il nous conta l'histoire d'une merveille observée par lui dans la province de Yungas était de nature à rendre un peu suspecte sa véracité, sinon son intelligence. Il ne s'agissait de rien moins que d'un oiseau-plante, c'est-à-dire d'un oiseau qui, s'étant posé par terre, y avait pris racine. Plus de cent personnes, disait le curé, avaient vu le phénomène et avaient constaté l'exactitude des faits signalés. L'individu qui avait trouvé l'oiseau oublia malheureusement un jour de lui donner à manger et la mort le lui ravit. Nous n'avons pas su comment il vivait avant qu'il eût un maître.

Cette journée fut des plus dures pour mes ba-
romètres. En arrivant à San-Andres je les trouvai
tous les deux dérangés ; mais aussi, après l'exercice forcé que je leur avais fait faire, j'aurais bien
pu m'attendre à les voir réduits en morceaux.
J'en fus quitte, heureusement, pour ne pas m'en
servir pendant quelques jours ; et, à mon arrivée
à La Paz, je n'eus pas de peine à les rétablir dans
leur état normal.

Le 30, après déjeuner, nous nous remîmes en
route, et nous constatâmes avec plaisir que nous
descendions sensiblement. Peu à peu la région de
la Cordillère pure fit place à celle des *punas* cultivées ; et l'orge, la *Quinoa* (1) et la pomme de terre
se montrèrent successivement sur les pentes le
mieux exposées des montagnes. Mais ce qui m'in-
téressa pour le moins autant que ce changement
de climat, ce fut la vue de plusieurs Guanacos
qui sont très rares dans cette partie de la Bolivie.
Ils se trouvaient en compagnie d'un assez grand
nombre de Vigognes. Il n'y a pas entre ces animaux
une grande différence de taille ni de forme, mais
à la couleur on les distingue du premier coup

---

(1) *Chenopodium Quinoa*, plante cultivée dans toute la région des
hautes Andes, pour son grain farineux.

d'œil. Le Guanaco, en effet, a le corps d'un ferrugineux bien moins clair que son congénère, et sa
tête est presque noire. Il est plus fort et plus agile
que la Vigogne et beaucoup plus difficile à chasser. Lorsqu'un de ces animaux pénètre avec les
Vigognes dans un des enclos en filet dont j'ai parlé,
en rapportant la méthode suivie par les Indiens
pour se procurer ces dernières, il arrive presque
constamment que la chasse est manquée ; car, ne
faisant aucun cas de la frêle barrière qui lui est
opposée, le Guanaco la rompt et ouvre le passage
à ses plus timides compagnes. Aussi a-t-on soin
d'écarter ou de tuer tout d'abord ces prisonniers
incommodes. Dans les contrées de la Bolivie où l'on
a intérêt à faire la guerre aux Guanacos, on emploie des lévriers spécialement dressés à courir ces
animaux ; leur chair est estimée, mais leur laine,
qui a plus d'analogie avec celle du Lama qu'avec
toute autre, est à peine usitée.

On nous avait recommandé, à San-Andres,
d'aller coucher à une ferme appelée Antarané ;
mais, bien que notre muletier prétendît la connaître parfaitement, il ne put la trouver.

Il faut dire aussi que nous avions perdu un
temps assez considérable au passage du singulier
canal qui porte le nom de Desaguadero et qui fait

communiquer le grand lac de Titicaca avec celui
d'Aullagas. Le point où nous le traversâmes
s'appelle Balsas de Nasakara , à cause du pont de
bateaux (*balsas*) qui en relie les rives. Ces *balsas*
sont construits avec une espèce de jonc (*Totora*),
très abondant dans quelques marais et dans les
lagunes de la Cordillère, et ressemblant, à s'y méprendre, à notre *Scirpus lacustris*. Un plancher
très épais, également en *totora*, repose sur les
balsas, et le tout est maintenu aux rives par des
câbles de la même matière.

Ce ne fut pas le passage de ce pont qui nous
retint au hameau de Nasakara , mais bien la
douane que les Boliviens y ont établie, pensant
avec raison que la ligne du Desaguadero serait infiniment plus facile à garder que la ligne frontière
même qui passe, comme on se le rappelle, au rio
Mauré. Au reste, je me plais à dire que nous ne
fûmes pas moins bien traités par la douane bolivienne que nous ne l'avions été précédemment
par celle du Pérou. Le jour ayant cependant marché plus vite que nous, la nuit nous surprit avant
que nous eussions trouvé le gîte que nous cherchions, et il nous fallut continuer, presque à tâtons, la recherche d'un abri contre le froid qui
devenait de plus en plus incisif.

Le hasard nous guida-t-il, ou notre muletier en savait-il plus que nous ne pensions au sujet des hôtels de ce canton? je ne sais; mais après avoir cheminé pendant plus d'une heure, en dehors du chemin, nous nous trouvâmes en présence d'une de ces *estancias* ou métairies indiennes que l'on trouve éparpillées sur toute la surface des *punas*, et qui ont une physionomie à peu près uniforme.

Ce n'était pas tout cependant que d'avoir trouvé une maison, il fallait y entrer, ce qui n'est pas en général chose facile, et la nuit bien moins encore que le jour. Notre demande fut accueillie par un concert de lamentations en langue aymara, mêlées de grognements de la partie la plus vénérable de la population de l'*estancia,* où les femmes étaient, je dois le dire, en très grande majorité. Selon l'habitude adoptée chez ces gens, ils voulaient nous faire croire qu'ils n'avaient absolument pas les moyens de nous héberger.

Nous commencions à nous impatienter de ce délai, lorsque tout à coup les lamentations cessèrent, et à leur place l'exclamation de « *Viracocha!* » prononcée du ton le plus respectueux, vint frapper nos oreilles (1).

_____

(1) Viracocha ou Pachacamac passait, chez les Péruviens, pour le créateur de l'univers. Lorsque, après la conquête, les Indiens cessèrent

L'*arriero* s'approcha de nous en ce moment, et nous donna la clef du changement à vue qui venait d'avoir lieu. Pour apaiser les Indiennes et se les concilier, il s'était imaginé de leur dire que l'un de nous était le fils du président de la république. On a vu l'effet presque magique que la confidence avait produit sur les manières des habitantes de la *puna*. Cependant le muletier ne s'était pas expliqué très catégoriquement à l'égard de celui d'entre nous qui était le gros personnage, en sorte que comme c'était moi qui avais les plus grandes bottes de la société, ce fut sur moi que vinrent tomber les soupçons de grandeur; aussi me trouvai-je l'objet des plus flatteuses prévenances de la part de ces estimables Indiennes. Quelques pièces de monnaie que nous insinuâmes dans les mains crasseuses des plus maussades achevèrent leur conquête, et toutes rivalisèrent de zèle pour nous rendre le séjour de l'*estancia* aussi commode que possible. A vrai dire, le palais qu'on nous prépara n'était pas vaste, mais il avait l'avantage de ne pas donner accès à trop d'air, et il ne manquait certes pas de couleur

de l'adorer, ils conservèrent son nom dans leur langue pour l'appliquer à ceux qu'ils regardaient comme leur étant très supérieurs. Dans quelques parties de la Bolivie, j'ai vu ce mot employé par les Indiens comme synonyme de « Monsieur ».

locale. C'était une petite hutte qui servait de magasin aux ornements dont se couvrent les Indiens pour célébrer leurs fêtes. Je ferai remarquer en passant que, ces jours-là, les Aymaras sont assez comparables à des papillons qui sortent de leur chrysalide, ou, pour mieux dire, ce ne sont, le reste de leur vie, que des chenilles, et de bien sales chenilles. Bref, les quatre murs et le toit de notre chambre à coucher étaient tout tapissés de colifichets, de couronnes de plumes aux vives couleurs, de baudriers, de casques, de jupes de mousseline, d'instruments de musique, de cannes, et d'une infinité d'autres objets dont la nature était à peu près incompréhensible pour nous. Le sol en était jonché aussi; mais, de ce côté-là, il y avait également une collection de pots de diverses formes et une quantité non moins notable d'immondices de toutes sortes. Je dois dire cependant, à la louange de nos hôtes, que, dès qu'ils nous eurent destiné ce logement, ils s'efforcèrent de le nettoyer des débris qui l'encombraient. Ils y étendirent des nattes pour recevoir nos matelas, et mirent le comble à leurs bons procédés en plaçant devant nous une jarre d'excellente crème que nous consommâmes en attendant le souper.

L'étendue totale de la hutte n'était guère que
de trois mètres et demi, dans le sens de sa longueur, et de deux et demi dans celui de sa largeur.
Encore les grands pots et autres ustensiles occu-
paient-ils, là-dessus, un certain espace. D'après
ces données, on pourra juger si nos cinq lits s'y
trouvaient commodément casés. La porte, qui était
formée d'un châssis de bois de *queñua,* recouvert
de cuir de bœuf, fermait au moyen d'une serrure
de bois de dimensions colossales, mais d'un usage
assez difficile pour ceux qui, comme nous, n'y
étaient point initiés; aussi ne tardâmes-nous
pas à nous apercevoir qu'il était bien plus facile
de démonter cette porte que de l'ouvrir à la manière des portes ordinaires. Un *poncho* complétait,
sous forme de rideau, la fermeture de notre établissement, qui ne laissait pas, comme on le voit,
d'être assez pittoresque.

Dans la matinée du lendemain, je fis un croquis de l'*estancia* pour mon album, et nos mules
ayant reçu, pendant ce temps, leurs charges accoutumées, nous nous mîmes en devoir de regagner
le chemin dont nous nous étions écartés la nuit
précédente.

Nous circulâmes ensuite assez longtemps au
milieu des montagnes, dans des plaines assez bien

cultivées. On préparait en ce moment le sol pour quelques semis, ce qui nous permit d'étudier les instruments employés dans l'agriculture du pays. Leur nombre se réduit à quatre ou cinq, dont les plus usités sont la charrue, une espèce de pioche appelée *ocana*, et la houe, qui porte le nom de *asadon*.

La charrue bolivienne, dans son état le plus parfait, est tout simplement un grand crochet de bois dont la petite branche, articulée avec la tige, est armée inférieurement d'une pointe de fer pour l'empêcher de s'user, et se prolonge, supérieurement, en une sorte de bras dont le laboureur se saisit pour lui imprimer la direction voulue. Une pièce de bois placée en travers de l'extrémité antérieure du timon sert de joug et s'ajuste, par des échancrures, au front des deux bœufs qui forment l'attelage ordinaire de ce grossier instrument. Quelques personnes ont essayé, m'a-t-on dit, d'y substituer un appareil un peu moins imparfait, mais les Indiens ont toujours fini par revenir à leur cher crochet. Un sol travaillé de la sorte, et d'ailleurs à peine fumé, ne doit donner, comme on le pense bien, que de maigres récoltes, mais l'espace ne manquant pas, la quantité supplée à la qualité. L'*ocana* est,

ainsi que je l'ai dit, une sorte de pioche, mais à un
seul bec. Elle consiste en un manche de bois de
80 centimètres de longueur, courbé à angle droit
à une de ses extrémités, et armé, en ce point,
d'une pointe plate de fer que l'on y fixe au moyen
d'un lien quelconque. Cet outil est le plus usité
des instruments de labour de ces pays, et il remplace au besoin tous les autres, y compris la
charrue, qu'il serait difficile de faire manœuvrer
sur quelques escarpements. Quant à notre bêche
(*lampa*), elle est presque complétement inusitée.

En poursuivant notre route, nous passâmes,
vers une heure de l'après-midi, une partie de la
puna qui se trouvait couverte d'efflorescences sa-
lines, et qui, de loin, présentait l'aspect d'un lac.
Puis nous escaladâmes une côte du sommet de
laquelle nous commençâmes à apercevoir la Cordillère intérieure des Andes et le grand pic neigeux de l'Illimani. Une vaste plaine unie, appelée
Pampa de Viacha, nous séparait alors, seule, du
ravin au fond duquel est bâtie la ville de La Paz.
Le bourg de Viacha, situé à six lieues de cette
ville, occupe l'entrée de la plaine; et comme la
journée était trop avancée pour que nous pussions
faire ce trajet avant la nuit, nous résolûmes de
nous y arrêter. Nous allâmes y demander l'hos-

pitalité au curé, mais il nous la refusa; nous
nous adressâmes alors au corrégidor, qui mit à
notre disposition la salle où avaient lieu les réunions du corps municipal, et nous y restâmes installés très commodément jusqu'au lendemain,
2 mai.

Il avait été décidé que je précéderais mes compagnons de voyage à La Paz; je déjeunai donc à
la hâte et je partis au grand trot.

Presque toute l'étendue de plaine qui sépare
Viacha de ce que l'on appelle la *bajada,* ou descente de La Paz, était occupée par des cultures
d'orge; j'y rencontrais à tout moment des Indiens
qui poussaient devant eux des ânes ou des lamas
chargés d'énormes bottes de ce fourrage, et qui
suivaient la même direction que moi.

Arrivé à l'extrémité de la *pampa,* c'est-à-dire
au bord de la *bajada,* La Paz apparut tout à coup,
presque sous mes pieds, au fond d'une immense
cavité qui est l'élargissement du ravin ou *quebrada,*
qui porte son nom.

Vue de ce point, La Paz présente un coup d'œil
très frappant; mais, si après avoir admiré la ville
elle-même, avec ses toits de tuile, ses églises,
son torrent tortueux et les longues rues qui la
coupent en bandes et en carrés réguliers, on jette

les yeux sur le pays environnant, on éprouve
presque de la frayeur, car dans le vaste amas de
montagnes déchirées, nues et ternes que l'on a
devant soi, on croit voir le résultat d'une effroyable
explosion venant de bouleverser ce coin du monde.
Le majestueux Illimani s'élève à droite de la scène,
au-dessus de toutes les autres masses visibles de
la Cordillère, et semble être le génie de ce désordre sublime. Je ne sais combien de temps je
serais resté à considérer ce spectacle, si une
troupe de mules chargées de balles (*zurrones*) de
quinquina, et en marche pour la côte, n'eût dé-
bouché tout à coup du ravin et ne fût venue me
tirer de mes rêveries. Je laissai alors passer le
précieux chargement, et je me remis aussitôt en
route.

La distance qui sépare le sommet de la *bajada*
de sa base est évaluée à une lieue; mais cette évaluation me semble exagérée. En tout cas, à partir
de la borne miliaire qui marque la terminaison de
la plaine de Viacha, il me fallut plus d'une heure
pour arriver à la ville. La route est bien entre-
tenue, malgré les difficultés que l'on éprouve à la
défendre contre les ravages des pluies; mais elle
est si escarpée, qu'il est difficile d'y avancer autrement qu'au pas. La hauteur verticale de la berge

dans laquelle ce chemin est taillé est de plus
de 400 mètres (1), et il est facile de voir, par
l'inspection de l'immense coupe géologique que
la nature y a faite, que les éléments dont elle est
composée sont partout à peu près identiques. Ils
constituent en effet un vaste amas de terre allu-
viale mêlée de cailloux en proportions variables
et sans traces de stratification régulière; ce qui
semblerait démontrer que le dépôt s'est formé
presque sans interruption. La consistance du sol
est d'ailleurs assez faible et la pluie le désagrège
facilement; d'où il est résulté que, dans quelques
points, les montagnes ont été découpées de la
façon la plus bizarre, et présentent d'innombrables
anfractuosités qui simulent assez exactement de
monstrueuses stalactites. Mais nous voici à La Paz.

(1) L'élévation du sommet de la berge, ou *Alto de La Paz*, au-dessus
du niveau de la mer est, d'après M. Pentland, de 4,175 mètres; et
l'élévation moyenne de la ville elle-même, d'après les observations du
même voyageur, complétement confirmées par les miennes, est d'environ
3,730 mètres.

CHAPITRE VII.

Séjour à La Paz.

A l'entrée de la ville, je dus m'arrêter quelques minutes pour faire viser mon passeport. Le bureau où s'accomplit cette formalité est l'équivalent de nos octrois, et porte le nom de *guarita*. Je continuai ensuite à descendre comme auparavant, si ce n'est qu'il me fallut redoubler de précaution pour empêcher ma mule de glisser sur les cailloux ronds et polis dont je trouvai toutes les rues pavées. J'arrivai ainsi à la rivière que je traversai sur un pont de pierre d'une seule arche.

Là, je fus arrêté par une autre troupe de mules à quinquina, et, immédiatement après, par une troupe de lamas; cependant il serait plus exact de dire que ce fut la troupe de lamas qui s'arrêta, car ne craignant pas d'être froissé entre deux

ballots d'écorces, je poussai bravement ma mon
ture au milieu de la gent laineuse, comme le héros
de Cervantes, et tout ce que put faire le *lla-
mero* (1), ce fut d'empêcher son troupeau de
rebrousser chemin. Ma monture était évidemment accoutumée à cette manœuvre; il y en a
d'autres sur lesquelles les lamas produisent une
impression toute différente Je me rappelle que,
lors de la visite que je fis à Potosi, en 1846, ma
vue était tellement fascinée par l'aspect de la célèbre montagne d'argent, que je remarquai à peine
les troupes de ces animaux qui s'acheminaient
du côté de la ville avec des petites charges de
briques sur le dos; tandis que mon cheval, que
l'aspect du paysage intéressait fort peu, s'occupait précisément d'une manière toute particulière de ces innocentes bêtes, et il m'avertissait
de chaque nouvelle rencontre de ce genre par de
grands bonds, soit à droite, soit à gauche; l'un
me rencontra même si peu préparé, que je faillis
dégringoler de ma selle et rouler au fond d'une
crevasse : événement qui m'eût infailliblement fait
perdre de vue, et pour longtemps peut-être, l'attrayant cône du Potose.

_____

(1) On donne ce nom au conducteur d'un troupeau de *Llamas.*

Après avoir traversé le pont, je me trouvai dans
la rue principale de La Paz, connue sous le nom
de *Calle del comercio*, et je commençai à monter,
jusqu'à ce que je fusse arrivé à la grande place
qui est, elle-même, très raisonnablement inclinée.
Je fus alors obligé de mettre ma mule au petit
pas, pour ne pas écraser les talons ou les orteils
des Indiens des deux sexes qui s'y trouvaient ras-
semblés. On y tenait le marché. Il va sans dire
que je ne m'y arrêtai pas, mais je ne pus empêcher mes yeux de s'y fixer passagèrement, et je
me promis d'y retourner bientôt. Pour le moment
il me suffira de dire que les marchandes étaient
accroupies sur le sol, derrière les marchandises
qu'elles offraient en vente, et qu'elles s'abritaient
sous des espèces de toits portatifs, en forme de
parapluies, faits avec des nattes de *totora*. Rien
de plus analogue, comme on voit, à ce qui a lieu
chez nous ; mais ce que je trouvai bien différent,
c'étaient les physionomies et les costumes.

Les Indiens Aymaras comptent au nombre des
plus laids représentants de la race rouge que
j'aie vus. Je puis hardiment affirmer que parmi
les femmes, je n'ai pas aperçu une figure qui pût
avoir la prétention de passer pour jolie. Le reste
de leur physique est à l'avenant. Sous ce rapport,

déjà, les Aymaras diffèrent des Quichuas, leurs voisins, chez lesquels on rencontre encore quelquefois des figures passables.

Le costume des femmes Aymaras et leur malpropreté contribuent à les rendre plus disgracieuses. La pièce la plus caractéristique de ce costume est indubitablement la coiffure, ou *montera*, dont l'aspect diffère beaucoup, selon qu'il est neuf, ou qu'il a été porté quelque temps. Après être entré dans la grande place de La Paz, je longeai toute une file d'étalages où ces singuliers objets se trouvaient en vente, et j'eus, plus tard, l'idée d'en placer un dans ma collection de curiosités, mais, effrayé de son volume, je fus obligé de renoncer à l'exécution de ce projet. Pour la forme, la *montera* des Indiennes de La Paz peut assez bien se comparer à une monstrueuse corolle de liseron, dont le limbe aurait un diamètre de 70 à 80 centimètres. La partie intérieure de la coupe, qui regarde en haut, est presque invariablement de velours ou de drap noir, tandis que le dehors est de quelque étoffe de couleur claire et brillante; c'est celui-ci seul que l'on aperçoit, lorsque la *montera* est neuve. Mais un usage de quelques jours change complétement l'état de choses. La

fleur se fane, le tissu en devient flasque, et ses
bords retombent en plis flottants, de façon que
l'on n'en aperçoive plus que la face sombre. Le
chapeau, ainsi métamorphosé, ressemble à une
petite table carrée recouverte d'un drap mortuaire.
Le reste du costume est d'une nuance analogue.
Il consiste en un nombre indéterminé de jupes
noires ou d'un bleu très foncé (leur nombre est
en raison du bien-être de la porteuse) et d'une
sorte de camisole de la même étoffe, recouverte,
le plus souvent, par une pièce de grosse serge de
forme oblongue; les bouts de celle-ci, ramenés sur
la poitrine, y sont fixés au moyen d'une immense
épingle, appelée *topo,* dont la tête est ordinairement en forme de cuiller. Les jupons, j'ai oublié
de le dire, sont courts et laissent voir les jambes,
qui sont nues ainsi que les pieds.

Le costume des hommes est plus simple; il consiste en un chapeau de feutre noir, rond et à larges
bords (1), en une veste ronde, et enfin en une
culotte qui descend un peu au-dessous du genou
et sous laquelle se trouve ordinairement un caleçon. Le bas des jambes et les pieds sont nus

(1) Ces chapeaux sont fabriqués à La Paz même.

VALLEE DE TIPHANI.

J. Heras Sculp.

comme chez la femme, si ce n'est en voyage, quand ces Indiens portent des sandales (*ojotas*) de cuir de bœuf non tanné, attachées avec des cordons de la même matière. Ils portent, en outre, un *poncho*. dont ils se servent aussi, à volonté, comme d'une botte pour le transport de leurs provisions de voyage ou de tout autre objet. Les femmes charrient leurs enfants de la même façon, et l'on ne peut se dissimuler que ce système ne soit très commode. Les cheveux des deux sexes sont presque toujours tressés en un grand nombre de nattes fines qui pendent sur le cou, ou bien sont réunis en queue au moyen d'un lien quelconque. Les hommes ont souvent sous leur feutre un bonnet de laine qui leur couvre les oreilles, et la plupart sont armés d'un gourdin.

Cependant j'avais traversé la place, et j'étais arrivé devant la maison d'une de mes anciennes connaissances, don Juan Granier, auquel j'avais écrit de Tacna pour le prier de vouloir bien nous chercher une habitation, et chez qui j'avais donné rendez-vous à mes compagnons de voyage. Disons, en passant, que don J. Granier est un négociant français établi depuis de longues années en Bolivie, et loué, pour son amabilité et pour son hospitalité, par tous les voyageurs qui ont fré-

quenté ce pays. Malheureusement pour nous, il
était absorbé depuis quelque temps par une affaire
de quinquinas qui n'allait pas, je crois, tout à fait
à son gré, et il n'avait pu, en conséquence, s'occuper de notre demande comme il l'aurait fait
dans les circonstances ordinaires. La maison qu'il
nous avait trouvée était presque au bout de la ville.
Elle était située tout en haut d'une rue appelée
Calle ancha (rue large), près de la *guarita* où je
m'étais arrêté, et avait, entre autres inconvénients,
celui de ne renfermer aucun meuble.

L'appartement qui nous était destiné était au premier, le rez-de-chaussée étant occupé par trois ou
quatre boutiques ; une porte cochère qui les séparait conduisait à une cour assez spacieuse, au fond
de laquelle était la porte d'une autre cour (*corral*),
disposée pour servir d'écurie et pour un autre
usage que je tairai, tout en faisant remarquer que
les architectes boliviens pourraient fort bien se
dispenser de confondre leurs clients avec des quadrupèdes. Il n'y a que trois ou quatre autres maisons à La Paz, parmi lesquelles j'aime à citer celles
de nos amis MM. Granier et Marchand, qui soient
exemptes de l'incommodité à laquelle il vient
d'être fait allusion. Une galerie ouverte, en saillie
sur la cour, faisait presque le tour de notre étage ;

un escalier construit en dehors conduisait à cette galerie, et nos chambres, au nombre de quatre, y avaient leurs portes ou leurs fenêtres.

Mes compagnons ne me rejoignirent qu'assez tard, ayant été retenus par l'examen qu'on avait fait de nos malles à la *guarita*, et ce ne fut que dans la soirée que M. Granier nous fit conduire à notre nouvelle demeure. Notre premier soin fut de la faire balayer, car les immondices y foisonnaient. Nos matelas furent ensuite étendus sur le sol nu, et nous essayâmes de dormir; mais des myriades de puces se jetèrent sur nous et ne nous laissèrent pas un moment de repos.

Nous avions, comme on le voit, plus d'une raison de nous plaindre de la maison de la *Calle ancha*. La seule chose qui pût nous consoler un peu de nos tourments, c'était la vue de l'Illimani dont nous jouissions de nos fenêtres. Mais nous ne fûmes pas longtemps à remarquer qu'il y avait peu de maisons à La Paz d'où il ne fût possible d'apercevoir l'admirable montagne; et nous prîmes unanimement la résolution de changer de domicile le plus tôt possible.

Deux jours après notre arrivée, nous fîmes une visite au général Belzu, président de la Bolivie. La maison qui lui servait de palais occupait un des coins de la place et ne présentait absolument rien qui la distinguât des autres habitations du quartier, si ce n'est un groupe de soldats qui stationnait devant la porte.

Nous remîmes à un des ministres la lettre de recommandation que M. le général Santa-Cruz, ministre plénipotentiaire de la Bolivie, à Paris, avait bien voulu nous donner pour son gouvernement, et nous fûmes admis presque aussitôt en présence du chef de la république, dont nous reçûmes l'accueil le plus bienveillant. On nous avait dit qu'il relevait de plusieurs blessures reçues dans une tentative d'assassinat commise contre sa personne, et nous cherchâmes avec curiosité les traces d'une balle qui l'avait frappé à la figure. Une cicatrice existait en effet près de l'angle du nez ; mais elle était à peine visible, et le général nous dit que, quoique cette balle lui fût restée dans la tête, il n'en éprouvait aucune gêne. Bien mieux, il nous assura que sa santé générale était meilleure qu'auparavant. Sa figure pâle offrait d'ailleurs l'empreinte de la souffrance, mais sa conversation ne s'en ressentait nullement.

Le président m'ayant consulté quelque temps après au sujet de ses blessures, j'eus occasion d'apprendre les détails de l'attentat dont il avait

failli être la victime. L'espace me manque malheureusement pour en donner plus qu'un simple
résumé.

Élevé à la présidence à la suite de la bataille de
Yamparaës, où il dérouta le parti de Velasco, le
général Belzu eut non seulement à lutter contre
les restes de ce parti, mais encore à se défendre
contre les attaques sourdes et bien plus à craindre
du général Ballivian, prédécesseur de Velasco.
C'est, dit-on, à l'instigation de ce général Ballivian que se machina l'attentat dont j'ai parlé, et
l'on cite, à l'appui de cette assertion, ce fait singulier, que, le jour même où le crime se consommait à Chuquisaca, Ballivian et un de ses affidés
quittaient Copiapo où ils s'étaient tenus jusqu'a-
lors, pour se diriger à bride abattue vers les frontières de la Bolivie.

Le jour choisi pour l'accomplissement du
crime fut le 6 septembre 1850. Dans l'après-
midi, le président quitta le palais, et se dirigea
vers la promenade publique, accompagné d'un
seul aide de camp et du colonel Laguna, un des
principaux membres du sénat. A peine y fut-il
arrivé, qu'il fut abordé par quatre individus dont
les gestes ne laissaient que trop deviner les in-
tentions. Il se mit en garde, mais au même mo-

ment une balle le frappa au milieu de la figure,
et il tomba la face contre terre. Le coup avait été
tiré de si près, qu'il en eut la barbe brûlée et que
la peau de ses joues resta criblée de grains de
poudre. Un second coup était parti, mais sans
effet. Quand les assassins le virent étendu sur le
sol, ils lui tirèrent trois nouveaux coups, mais,
chose singulière, par trois fois les amorces seules
prirent feu. Le chef de ces brigands, un mulâtre
du nom de Moralès, qui était à cheval, voulut
ensuite le fouler aux pieds de sa monture, mais
sans pouvoir y réussir. Après de nombreux efforts,
il parvint enfin à s'approcher de sa victime, et,
se penchant vers elle, il lui appuya son pistolet
sur la tête et lui tira un dernier coup. « Le tyran
est mort! » cria-t-il en se relevant, et, donnant
de l'éperon à son cheval, il s'élança au galop à
travers les rues, vers la caserne, afin d'y soulever
la garnison.

Pendant ce temps, le sénateur Laguna était resté
les bras croisés, et, quand le crime parut être
consommé, il se retira, en compagnie de ses auteurs,
donnant ainsi prise à un soupçon de complicité
qui lui valut d'être fusillé quelques jours après.

Quant au président, dont l'existence, avec deux
balles dans la tête, paraissait devoir être à peu près

impossible, il n'avait pas même perdu connais
sance, ainsi qu'il me l'a assuré lui-même; et quand
Moralès et sa bande se furent retirés, il se releva
lui-même, et gagna, baigné de sang, la hutte d'un
pauvre Indien qui se trouvait dans le voisinage.

La nouvelle que le chef de l'État vivait encore
se répandit rapidement, et la révolution projetée
fut étouffée dans son berceau.

Enfin les chirurgiens appelés à examiner l'état
du blessé constatèrent que la première balle avait
pénétré près de la pointe du nez, en traversant
son aile gauche. Elle avait ensuite coupé par sa
base l'apophyse montante de l'os maxillaire supérieur du même côté, pour traverser, d'avant en
arrière et un peu de dedans en dehors, l'antre
d'Hygmore, dont elle avait brisé la paroi posté-
rieure; elle s'était logée enfin, selon toute
apparence, au milieu de la masse des muscles
ptérygoïdiens, en fracturant l'aileron externe de
l'apophyse du même nom. Une application de
sonde que je fis, à la réquisition du président,
par une ouverture restée béante à la base de l'apophyse montante, ne m'a laissé aucun doute que le
trajet du projectile n'ait été tel que je l'ai décrit.
Quelques millimètres de plus, et la mort eût été
nécessairement instantanée. Il va sans dire qu'au-

cun instrument n'a pu aller saisir le plomb dans
une situation semblable, et il y est resté jusqu'à ce
jour. Mais sa présence ne s'y manifeste que par
la production d'un sentiment vague de pesanteur.

La seconde balle avait frappé la bosse occipi-
tale droite du crâne, mais un peu obliquement,
de sorte qu'après s'y être aplatie, en brisant la
table externe de l'os, elle avait glissé de haut en
bas sous la peau, et était allée s'arrêter dans la
nuque, à un décimètre au-dessous de son point
d'entrée ; elle fut retirée sans difficulté. Le contre-
coup de cette contusion porta sur l'os temporal
gauche, et l'ouïe se perdit complétement de ce côté.

A l'époque où le président reçut ces blessures,
il sortait presque toujours seul ; mais, depuis ce
temps, il a pris l'habitude de se faire accompagner de ses aides de camp et escorter par un piquet
de soldats.

CHAPITRE VIII.

Séjour à La Paz (suite).

Gargote de don Adolfo.—Alimentation.—Boissons.—Cuisines de La Paz.
— Climat. — Liste raisonnée des principaux produits qui se vendent
sur le marché de La Paz : fruits, légumes, viandes, etc.

Les premières démarches que nous fîmes, après notre arrivée à La Paz, n'ayant pas abouti à nous faire rencontrer un domicile plus agréable que celui de la *Calle ancha*, nous nous procurâmes quelques meubles indispensables et nous résolûmes d'attendre. La question qui nous avait amenés en Bolivie nous occupa dès lors exclusivement. Nos lettres de recommandation nous eurent bientôt ouvert les principales maisons de la ville, et nous ne tardâmes pas à lier connaissance avec la plupart des personnes dont l'expérience pouvait nous être utile. Une partie de notre temps se passait donc à faire des visites, et presque tout le reste à nous essouffler (1) en nous transpor-

(1) L'atmosphère de La Paz est en effet si déliée, et la plupart de ses rues sont si montueuses, que l'Européen non acclimaté peut à peine y faire dix pas sans s'arrêter pour prendre haleine.

tant de notre logement au centre de la ville ;
c'était là que se trouvait l'établissement où nous
prenions notre nourriture. Cette gargote était ce
que La Paz avait de mieux en son genre ; mais je
dois déclarer que le plus pauvre village de France
est aujourd'hui mieux pourvu ; nous fûmes même
obligés de convenir que la *fonda de la Bola de oro*
de Tacna, malgré sa population de punaises, valait
encore mieux que la *fonda Republicana* de La
Paz. Quoi qu'il en soit, le maître de la maison,
qui était Français et qui se nommait don Adolfo,
fit tout ce qu'il put pour être agréable à ses com-
patriotes, et s'il n'y réussit pas, il faut peut-être
s'en prendre autant à la nature des comestibles
qu'il avait à sa disposition et à l'inhabileté de son
cuisinier qu'à la bonne volonté du maître. Après
avoir essayé d'une assez grande variété de plats,
nous découvrîmes que le mieux était de nous en
tenir à ces trois ou quatre mets classiques qui
constituent le déjeuner et le dîner d'une si puissante fraction du monde civilisé. Pour la somme
de 80 francs par mois, don Adolfo nous servait
donc, tous les matins, un bifteck, des œufs et du
thé ; et, pour dîner, un potage, du bouilli avec des
légumes (*puchero*) et un morceau de rôti, plus
une paire de pêches ou de pommes en compote.

Pour boisson, nous aimions mieux l'eau que tout autre liquide. L'eau est en effet délicieuse à La Paz, tandis que le vin n'y est que rarement passable, surtout le bordeaux, qui est le vin européen que l'on y consomme le plus. En général, on préfère aux mauvaises drogues vendues sous le nom de vins de France le vin de Moquegua, qui vaut trois ou quatre réaux la bouteille, tandis que les autres se vendent ordinairement le double. Le vin de Moquegua est de deux sortes : l'une porte le nom de *vino aspero*, et l'autre celui de *vino dulce*. On y ajoute quelquefois un peu de racine d'iris qui en augmente le parfum. Dans beaucoup de maisons particulières il se trouve bien des espèces de vins que l'on ne voit pas dans les magasins ; aussi n'est-il guère de dîner *de etiqueta* où l'on ne serve du champagne, et le xérès s'y boit aussi fréquemment qu'en Angleterre.

Puisque j'ai entamé le sujet des comestibles, je vais dire quelque chose du marché ou *plaza* de La Paz, déjà présenté à mes lecteurs, et qui n'était pas le sujet le moins digne d'intérêt dans cette grande ville (1). On a vu précédemment qu'il se tenait sur la grande place, autrement dite *plaza*

(1) La population de La Paz est estimée à plus de 45,000 âmes.

de la Catedral; mais avant notre départ, il fut transporté dans un local plus approprié à cet usage, construit tout exprès, et digne d'être comparé à nos bonnes halles d'Europe.

Ordinairement les voyageurs ne donnent, dans leurs relations, qu'une bien petite place au sujet qui va nous occuper : il n'en est cependant guère de plus intéressants; je dirai plus, je ne connais pas de meilleur moyen de commencer à s'initier aux mœurs d'un peuple, que de faire une visite à ses marchés.

Sous un point de vue, le marché peut en effet être regardé comme le miroir d'une des parties les plus importantes des habitations, je veux dire de leur partie culinaire. Aussi n'eus-je pas besoin de contempler bien longtemps certains comestibles de la grande place de La Paz pour diagnostiquer, *à priori,* que les cuisines où se manipulaient ces produits devaient être très sales. Mes observations ultérieures confirmèrent pleinement, je dois le dire, cette hypothèse. Je me rappelle que, chez don Adolfo, le bifteck, un jour, s'étant fait démesurément attendre, l'un de nous voulut aller à la cuisine pour voir ce qu'il en était. « Gardez-vous-en bien, » nous cria un habitué, « si vous voyiez comme cela se fait, vous ne mangeriez plus de huit jours. » Plusieurs des cuisines de La Paz, dans lesquelles je fus obligé de pénétrer, ressemblaient, en effet, bien plutôt à des étables qu'à autre chose, et les tas de *taquia* (1) qui y gisaient à l'aventure ne contribuaient pas peu à soutenir l'illusion. Quelle différence entre ces fourneaux de terre informes et ceux de nos pays, et entre ces vilains pots entassés, noirs et huileux, et les casseroles luisantes d'une cuisine d'Europe. La cuisinière, cela va sans dire, n'est pas plus belle que son mobilier. Je ne sais même si son portrait n'est pas flatté par cette comparaison.

Ces réflexions pourraient amener à parler un peu au long des habitudes gastronomiques des Pazeños, mais le temps que j'ai passé parmi eux a été trop court pour me permettre de juger la question avec impartialité. Je me bornerai donc à cette remarque générale, qu'on se ferait une assez fausse idée de ces habitudes, si l'on se bornait à en juger d'après les dîners d'*etiqueta*, où les choses se passent, en effet, comme en Europe, moins le service toutefois, qui n'est que trop souvent confié à des Indiens crasseux et sans chaussure.

---

(1) Je crois avoir dit autre part que la *taquia*, ou crottin desséché du Lama, était le combustible le plus ordinairement en usage à La Paz.

Revenons à la *plaza*.

Une autre considération qui peut donner quelque intérêt à l'étude d'un marché, c'est que cette étude permet souvent de déterminer, au premier coup d'œil, la nature du climat de l'endroit où l'on se trouve. A La Paz, cependant, ce mode d'observation induirait nécessairement en erreur, à cause de la position tout à fait exceptionnelle de cette ville qui lui permet de jouir, à la fois et abondamment, de produits de tous les climats du monde.

On se rappelle qu'en arrivant à La Paz, nous avions eu à descendre une pente d'une hauteur absolue d'environ 1,000 mètres. Au sommet de cette pente se trouve la *puna*. Là aucune espèce de fruit proprement dit. La Paz, qui se trouve à son pied, est à la partie supérieure d'une vallée (*quebrada de La Paz*) dont le niveau s'abaisse graduellement vers le sud-est, dans la direction de l'Illimani, dont elle contourne la base avant de traverser la Cordillère, pour s'unir aux vallées toutes tropicales de la province de Yungas.

Le climat de La Paz est de ceux que l'on désigne en Bolivie par l'expression de *cabezera de valle* (tête de vallée). Sa température moyenne est d'environ 10 degrés, c'est-à-dire un peu moindre que celle de Paris, portée ordinairement à 10°,8; mais les températures extrêmes de l'année à La Paz sont très différentes de celles de la capitale de la France. A La Paz, en un mot, il fait moins chaud en été et moins froid en hiver. Une longue série d'observations faites dans cette partie de la Bolivie, et dont le résultat m'a été communiqué, en partie, dans ce voyage, y porte les extrêmes de température à —7° d'une part et à +23° d'une autre. Mais la plus basse température observée en 1850 (au mois de juin, qui est le plus froid de l'année) n'a été que de —4°,44, tandis qu'à Paris il n'y a guère d'hiver où le thermomètre ne s'abaisse à 10°. On pourrait être tenté de conclure de ces données que la température est assez uniforme à La Paz; elle le serait en effet, si la pureté habituelle du ciel ne rendait, pendant les nuits, le rayonnement céleste très considérable, d'où il résulte que les nuits sont ordinairement très froides, comparées aux jours, et par suite que les maladies des organes respiratoires y sont fréquentes.

Cependant, bien qu'à La Paz le thermomètre descende continuellement au-dessous du point de congélation de l'eau, les plantes n'y gèlent que rarement. Cela tient, comme je m'en suis assuré, à ce que, grâce à l'élévation, le froid y est très sec.

Ce qui me fit faire cette remarque, pour la première fois, ce fut de voir que pour faire geler leurs
pommes de terre, dans la préparation du *chuño,*
les Indiens étaient obligés de les arroser.

Il y a plusieurs espèces de Cactus qui croissent
très abondamment dans les environs de la ville, et
qui y supportent parfaitement toutes les températures. J'eus l'idée d'en mouiller un, pendant plusieurs nuits consécutives; le froid l'ayant alors
saisi, il ne tarda pas à jaunir. Le Sureau est un
des cinq ou six arbres qui croissent habituellement à La Paz : eh bien, ces arbres, qui ornent,
avec un certain nombre de pommiers, la promenade publique, conservent constamment des feuilles pendant l'hiver. Quand a-t-on vu pareille chose
à Paris?

Mais à côté de l'avantage que je viens de signaler, avantage précieux surtout pour l'horticulture,
le climat de La Paz offre, dans le peu d'élévation
de sa température estivale, un défaut qui le met
bien au-dessous du nôtre. Et il n'en faut pas davantage pour expliquer pourquoi, dans son voisinage immédiat, le nombre de plantes dont l'agriculture peut tirer parti est si limité. C'est ce que
l'on verra mieux en consultant la liste suivante
qui est celle des principaux produits que j'ai re-

marqués sur le marché de La Paz, pendant le séjour que j'y ai fait à diverses époques. On y verra, par exemple, que le nombre des fruits qui mûrissent sous ce ciel se borne à cinq ou six, quand à Paris on pourrait en compter pour le moins une douzaine; mais vient-on à s'éloigner de quelques lieues, en descendant la *quebrada*, alors on rencontre abondamment des produits que l'habitant de Paris ne peut se procurer qu'à prix d'or.

Liste des principaux fruits, légumes et autres produits qui se vendent sur le marché de La Paz.

PÊCHES (*Duraznos, Melocotones* et *Abrimelos*). Il y en a plusieurs variétés analogues à nos pêches de vigne, et qui se vendent à raison de vingt ou vingt-cinq pour un *medio,* ou 30 centimes. Jamais le pêcher n'est cultivé en espalier.

POIRES (*Peras*). Elles sont de deux sortes; la plus commune est la poire d'Angleterre, dont on donne, vers le mois de mars, jusqu'à cent pour un *medio.*

POMMES (*Manzanas*). Il n'y en a qu'une ou deux variétés; elles sont un peu moins communes que les poires, et sont vendues au même prix que les pêchés.

Coings (*Membrillos*). Moins abondants que les fruits précédents.

Figues p'Inde (*Tunas*). Fruits de la Raquette ou *Opuntia vulgaris*; on en a vingt-cinq pour un medio.

Fraises (*Frutillas*). Une seule sorte (la fraise du Chili). Grosses et abondantes.

Les six espèces précédentes sont cultivées dans un rayon de une à deux lieues de la ville.

Raisins (*Uvas*). Le raisin noir est beaucoup plus commun que le blanc; les grains en sont ovoïdes et assez gros, mais leur pellicule est très épaisse. Le point le plus voisin de la ville où ce fruit mûrisse bien est à une distance de cinq lieues. Les premiers raisins que l'on apporte au marché viennent d'une distance de douze lieues; ils y sont souvent mûrs dès le mois de décembre. Au mois de février, on récolte ceux de Guaricana, grande ferme qui est à huit lieues de Lá Paz. Enfin, viennent ceux des environs du village de Mécapaca, qui n'est qu'à six lieues de La Paz, dans la même vallée. La taille des ceps se fait vers le milieu d'août.

Figues (*Higos*). La grande variété brune est la seule que j'aie vue à La Paz; elle se produit deux fois l'an, dans le même climat que le raisin. Les figues qui paraissent au commencement de la saison des pluies sont les plus grandes et portent le nom de *brevas*. Les autres, qui sont d'une qualité plus ordinaire, se montrent en février et mars.

PACAES. Ce sont les gousses d'un arbre appartenant au genre *Inga*, et dont les graines sont enveloppées d'une matière blanche, pulpeuse, sucrée et très rafraîchissante. Ce fruit abonde dans tous les climats chauds de la Bolivie.

MELONS (*Melones*). Ils sont en tout analogues aux nôtres et se cultivent dans les mêmes lieux que le fruit suivant.

MELONS D'EAU ou PASTÈQUES (*Sandias*). A chair rose ou blanche. Très abondants vers le mois d'août. Ils se produisent dans la région du raisin, mais beaucoup moins bien que dans un climat plus chaud.

PEPINOS. Fruits assez insipides, ayant un peu l'apparence extérieure de quelques aubergines; ils se rencontrent dans la même région que les précédents et se mangent crus.

ORANGES (*Naranjas dulces*).

LIMES DOLCES (*Limones dulces*).

LIMONS (*Limones*). De deux sortes : l'une (*Limon sutil*) est de la grosseur d'une noix et d'une acidité extrême; l'autre (*Limon real*) est notre citron ordinaire.

CÉDRATS (*Cidras*). Employés comme chez nous à faire des confitures.

Ces quatre fruits, ainsi que la Bigarade, se produisent assez abondamment dans toutes les vallées chaudes du versant oriental de la Cordillère, connues sous le nom de Yungas, d'où on les porte, presque tous les jours à La Paz, emballés dans du foin

AVOCATS (*Paltas*). Fruits du *Laurus persea*. L'Avocat est un des meilleurs fruits des tropiques; il est commun dans les Yungas.

BANANES (*Platanos*). Il y en a plusieurs variétés que l'on apporte en abondance des Yungas.

CHIRIMOYAS. Fruits de l'*Anona Cherimolia*. On en connaît deux variétés : l'une lisse, l'autre avec un tubercule au centre de chaque squame. Cette dernière se rapproche un peu, pour l'aspect, du Corossol ordinaire ou *Sour-sop* des Antilles anglaises; mais il n'y a pas de comparaison à faire entre les deux, sous le rapport de la saveur. La *chirimoya* est généralement regardée comme le meilleur fruit de la Bolivie. Je lui ai trouvé, pour mon compte, beaucoup plus de sucre que de parfum.

ANANAS (*Piñas*). Très abondants dans les Yungas, où ils valent en moyenne un *medio* la pièce.

Ils y sont aussi parfumés qu'à Guayaquil. A La Paz, un de ces fruits se vend ordinairement de deux à quatre réaux (1 fr. 25 c. à 2 fr. 50 c.).

POMMES-LIANES (*Granadillas*). Fruits de plusieurs espèces de Passiflores ; on les importe des Yungas à La Paz en quantité considérable.

ARACHIDES OU PISTACHES DE TERRE (*Mani*). Fruits de l'*Arachis hypogœa*. Le *Mani,* que l'on cultive très abondamment dans les Yungas, est employé surtout à la confection d'une boisson fermentée, sorte de *chicha*, très aimée des habitants de cette partie de l'Amérique.

Pour compléter le catalogue des productions végétales comestibles du marché de La Paz, je vais maintenant faire la revue des principaux légumes qui s'y présentent.

POMMES DE TERRE ORDINAIRES (*Papas dulces*). Plus petites, en général, que les nôtres. La variété qui se présente le plus souvent est de forme arrondie et de couleur jaunâtre, rosée ou violâtre. La pomme de terre est cultivée aux environs de La Paz, et se vend à raison de 9 à 10 réaux le sac (*costal*) de 5 arrobes (125 livres).

POMMES DE TERRE AMÈRES (*Papas amargas*). D'un jaune pâle sale, et d'une forme souvent un peu aplatie. Ce tubercule est cultivé dans les *punas* les plus froides, et dans des terrains qui ne produisent absolument pas autre chose. L'âcreté qui le caractérise n'est pas forte, et cependant une coction prolongée ne la chasse jamais complétement. La cuisson n'enlève pas non plus sa dureté, qui est bien plus marquée qu'elle ne l'est chez les pommes de terre en général. Il n'y a guère que les Indiens qui mangent ce légume, et alors c'est ordinairement à l'état de *chuño*. Chez les Avmaras il porte le nom de *luki*. Je n'ai pas eu l'occasion de déterminer si la plante que produit la *papa amarga* est botaniquement différente de celle qui donne la *papa dulce*. Cependant on pourrait presque déduire la conclusion affirmative de la différence des climats auxquels chacune d'elles s'accommode.

Un mot sur la préparation qui porte le nom de *chuño*.

Dans les parties élevées des Andes, il gèle à peu près toutes les nuits de l'année, et l'on n'y a pas les moyens, comme chez nous, de préserver ses Pommes de terre de l'action de la gelée; de là la nécessité de les manger le plus souvent gelées, sous peine de ne pas en manger du tout; seulement, au lieu de les laisser geler, on les fait geler en favorisant l'action du froid de telle sorte qu'aucune partie du tissu des tubercules ne puisse y échapper ; puis on les sèche parfaitement. La pomme de terre, devenue *chuño* par ce traitement, se conserve indéfiniment, et elle ne perd aucune de ses qualités nutritives ; peut-être même devient-elle plus facile à digérer qu'auparavant. Quant à son goût, il change du tout au tout ; mais je déclare que je n'y trouve, pour mon compte, rien de désagréable.

On connaît deux variétés principales de *chuño* de pommes de terre : le *chuño negro* et le *chuño blanco*. Pour faire le premier, on étend les tubercules à l'air, sur une couche mince de paille ; on les arrose légèrement, et on les expose à la gelée pendant trois nuits consécutives. En dégelant ensuite au soleil, ils prennent une consistance spongieuse ; dans cet état, on les foule sous les pieds nus pour en faire tomber l'épiderme et pour en exprimer le jus ; puis on les laisse exposés à l'air jusqu'à ce qu'ils soient parfaitement secs (1) ; ils sont alors d'un brun très foncé.

Pour préparer le *chuño blanco,* il faut, après la congélation des tubercules, les faire macérer pendant une quinzaine de jours dans une eau courante. On creuse, à cet effet, des cavités peu profondes

(1) Avant sa dessiccation, le chuño porte le nom de *cachu-chuño* (chuño femelle).

dans le lit d'un ruisseau ou d'une rivière, et on les remplit de pommes de terre fraîchement congelées, de manière que l'eau puisse couler librement par-dessus; elles prennent ensuite, en séchant, une couleur parfaitement blanche.

Le goût du *chuño blanco* est moins prononcé que celui du *chuño negro;* mais, quoique plus délicat, il n'est pas généralement préféré. Le *chuño negro* a un inconvénient qu'il faut signaler : c'est qu'il demande à être plongé dans l'eau pendant six à huit jours avant d'être employé, tandis qu'une macération de trente-six heures suffit pour amollir le *chuño blanco.*

Au Pérou et dans les pays analogues, la conversion des pommes de terre en *chuño* a des avantages incontestables ; elle y est, comme on l'a vu, presque indispensable. En Europe, où les circonstances sont bien différentes, on ne tentera probablement de faire du *chuno* que par curiosité. Je ferai remarquer, d'ailleurs, que cette fabrication y serait, en général, beaucoup moins facile que sur les plateaux des Andes, par suite de la difficulté que l'on éprouverait à opérer la dessiccation des tubercules congelés, sans recourir à des moyens artificiels. A une grande hauteur, en effet, l'évaporation est rendue plus prompte par la diminution de la pression atmosphérique, et elle est encore hâtée durant le jour par l'intensité de la chaleur solaire.

Un autre moyen, employé en Bolivie pour conserver les pommes de terre, consiste à les cuire, à les peler et à les sécher à l'air. On appelle cette préparation *cucupa*.

ULLUCOS (*Ullucos* ou *Papas lisas*). Tubercules de l'*Ullucus tuberosus*. Couleur et forme de quelques pommes de terre. L'Ulluco est le moins estimé des légumes des marchés d'Amérique; aussi comprend-on difficilement comment on a pu en faire tant d'éloges en Europe. C'est à juste titre qu'il y est tombé dans l'oubli d'où il est peu probable qu'on cherche à le retirer. Le seul avantage qu'on puisse lui reconnaître est celui de supporter les climats les plus rigoureux, et de pouvoir se cultiver par conséquent à de plus grandes élévations que la pomme de terre commune.

OCAS. Tubercules de l'*Oxalis tuberosa*. Ce légume est cultivé très abondamment dans les *punas* tempérées. Il y en a plusieurs variétés, dont les deux principales sont connues sous les noms de *oca blanca* (Oca blanche) et de *oca colorada* (Oca rouge). La première est la plus estimée; les Aymaras l'appellent *Kheni-apilla* (*kheni* : farineux, *apilla* : oca). Une variété plus grande que les autres

est désignée par eux sous le nom de *Chapara apilla*,
c'est-à-dire Oca de première qualité.

Lorsqu'on arrache les Ocas, elles sont toujours
plus ou moins acides ; et si l'on essaie de les manger à cet état, on les trouve détestables ; mais il
y a un moyen facile de les priver de leur mauvais
goût, et alors elles ne le cèdent presque en rien
à la pomme de terre. La métamorphose désirée
est produite par l'exposition, suffisamment prolongée, des tubercules au soleil ; il s'y passe alors
quelque chose de tout à fait semblable à ce qui a
lieu dans la maturation des fruits. Une Oca blanche
ainsi traitée ne conserve plus aucune trace d'acidité et j'en ai même vu d'aussi farineuses que de
bonnes pommes de terre ; quelques unes ont un
goût de châtaigne très agréable.

L'exposition au soleil, qui a seulement pour but
de détruire le principe acide des Ocas, doit durer
de six à dix jours, et même un peu plus, selon la
variété à laquelle on a affaire. L'opération se fait
le mieux dans de grands sacs de laine. Les changements qui doivent s'opérer dans le tissu des
tubercules paraissent être facilités par ce moyen ;
mais le sac doit contenir assez peu de tubercules, pour qu'ils ne forment, étant étalés sur le
sol, qu'une couche très mince sous leur enveloppe.

Lorsque l'action du soleil est prolongée pendant beaucoup plus longtemps, pendant plusieurs mois, par exemple, la maturation des tubercules va plus loin. L'Oca perd alors la plus grande partie de ses sucs, et prend la consistance d'une figue, tout en acquérant un goût sucré très prononcé ; sous cette forme, on l'appelle *caui* (1).

Je n'ai pas besoin de dire que, dans les deux préparations dont il vient d'être question, il faut se garder de laisser geler les tubercules.

La gelée est, au contraire, indispensable à la préparation qui porte le nom de *caia*, et dont il me reste à parler.

La *caia* ou *chuño de ocas* se fait comme le *chuño* blanc des pommes de terre, avec cette différence que la macération des tubercules congelés ne se fait pas dans une eau courante, mais dans de l'eau tranquille. Traitée de la sorte, l'Oca se corrompt en partie et conserve, lorsqu'elle est desséchée, une odeur et un goût que je me contenterai de comparer à ceux de quelques fromages. Les Indiens font une grande consommation de la *caia*, qu'ils trouvent sans doute fort de leur goût ; quant

(1) La cuisson du *caui* doit se faire à la vapeur. A cet effet, on pose les tubercules sur une couche de paille qui les élève au-dessus de l'eau du vase dans lequel cette cuisson a lieu.

à moi, je ne puis en aucune façon la recom-
mander.

En Bolivie, le tubercule de l'*Oxalis tuberosa,*
à ses qualités intrinsèques, en joint une autre
qu'il n'a point encore acquise, que je sache,
chez nous; sa multiplication se fait plus abondamment que celle de la pomme de terre elle-
même. Aussi le sac ou *costal* de 4 à 5 arrobes
d'ocas, n'y coûte-t-il que 4 à 5 réaux, tandis que
le prix d'une même quantité de pommes de terre
est, comme je l'ai dit, du double.

Ysaño. Tubercule du *Tropæolum tuberosum.*
Ce légume, que l'on cultive en plein champ, autour de La Paz, est regardé comme si mauvais,
en Europe, que l'on croit généralement qu'il n'y
a absolument aucun parti à en tirer. En effet,
lorsqu'on le retire du sol, il est d'une âcreté
très désagréable et il possède, à un haut degré,
le fumet caractéristique des Capucines. Mais, en
Bolivie, on a trouvé le moyen de le débarrasser
de ces défauts, et l'Ysaño y est devenu, sinon un
légume très usuel, du moins un légume parfaitement mangeable. Ce moyen consiste à faire con-
geler les tubercules après les avoir fait cuire. Mais
il est indispensable de les manger avant qu'ils
ne dégèlent, c'est-à-dire pendant qu'ils sont cro-

quants. A cet état, je puis affirmer qu'ils constituent un mets assez agréable. Il n'y avait guère
de jour que je ne visse, sur mon marché, une ou
deux rangées de marchandes qui ne vendaient
autre chose que ces *ysaños* cuits et gelés, ou *taiachas*, qu'elles protégeaient contre l'action du soleil, en les enveloppant d'une étoffe de laine et
de paille.

Les *señoritas* de La Paz en sont toutes extrêmement friandes, et elles ont l'habitude, lorsque les
taiachas sont de saison, d'en prendre comme ra-
fraîchissement, pendant la chaleur du jour, en les
trempant dans de la mélasse.

RACACHAS. Racines de l'*Arracacha esculenta*. La
Racacha, que l'on appelle improprement *Arracacha*, en Europe, est cultivée très abondamment
dans les vallées tempérées et chaudes. Elle a, étant
cuite, le goût du panais, mais elle est un peu
moins farineuse.

AJIPAS. Tubercules apportés, en quantités très
considérables, au marché de La Paz, mais dont je
n'ai pu déterminer l'origine botanique. Ils ont la
forme de gros tubercules de Dahlia et sont peut-être
fournis par quelque plante de la même famille. Il y
en a deux variétés : l'une, blanche dans toute son
épaisseur; l'autre, de couleur violette, lorsqu'elle

est pelée. C'est cette dernière, désignée par le nom
de *Ajipa morada,* qui est la plus estimée. L'une
et l'autre se mangént crues, et leur saveur est
analogue à celle du navet; mais elles contiennent,
de plus, une quantité notable de fécule.

Du temps des Incas on faisait, à ce qu'il paraît,
un très grand cas de l'*Ajipa* et aucun travail n'était
épargné pour sa culture. On m'a dit que, dans les
environs de Cotaña, au pied de l'Illimani, où le climat est particulièrement favorable à la propagation
de cette plante, les anciens avaient eu la patience
d'amener d'une distance de trois lieues un canal
d'irrigation pour arroser les gradins de la montagne sur lesquels ils en faisaient la multiplication.

Yacon ou Aricoma. Autre tubercule que l'on
mange cru comme le précédent; il est natif, comme
lui, des vallées tempérées, mais il en diffère par sa
forme plus ramassée, ce qui lui donne quelque
ressemblance avec la patate, et par la couleur plus
foncée de son épiderme. Sa chair est aqueuse et
sucrée, et elle paraît ne contenir que très peu de
fécule; mais sa saveur m'a paru plus agréable que
celle de l'*Ajipa;* je lui ai trouvé quelques rapports
avec celle d'une mauvaise poire. On m'a assuré
qu'il y avait des *Aricomas* qui pesaient jusqu'à

quatre livres ; chaque plant produit quatre ou cinq tubercules.

Oignons (*Cebollas*). Une des cultures de plein champ les plus importantes des environs de La Paz.

Ail (*Ajo*). Commun dans les mêmes lieux.

Patates douces (*Camotes*). Légume abondant dans toutes les cultures des Yungas ; il y en a de plusieurs couleurs.

Manioc (*Yuca*). Racine du *Jatropha Janipha*.

Le *Jatropha Manihot* n'est pas , que je sache, cultivé en Bolivie. Sa racine se distingue de la précédente en ce qu'elle est à peine fibreuse et qu'elle contient un suc vénéneux. C'est l'espèce que l'on observe le plus fréquemment au Brésil et dans les Antilles.

Hachipa ou Achicha. Racine du *Canna edulis*. Légume cultivé dans les Yungas et dans quelques valles. Une espèce sauvage de *Canna*, dont on mange la racine ou rhizome, porte dans les Yungas le nom de *Achira*.

Gualusa. Racine du *Colocasia esculenta*. Assez commune dans les Yungas ; elle se récolte en février et mars ; les jeunes feuilles se mangent comme celles de l'épinard.

Fèves de marais (*Abas*). Culture très abondante

autour de La Paz. Les tiges de la plante y atteignent quelquefois une hauteur de près de 1 mètre et demi.

Pois verts *(Alverjas)*. Recueillis en petite quantité autour de la ville.

Pois chiches *(Garbanzos)*. Apportés du Chili.

Quinoa. Graine du *Chenopodium Quinoa*. Cette plante est très abondamment cultivée dans toutes les *punas*. On en connaît plusieurs variétés sous les noms de *Quinoa real, colorada, amarilla,* etc.

A La Paz les tiges de la Quinoa atteignent une hauteur de près de 1 mètre; lorsque la plante est jeune on la mange à la manière des épinards. Elle porte alors le nom de *Yuyu.*

Cañaba. Graine d'une espèce non décrite (?) de *Chenopodium ,* voisine du *C. Quinoa.*

Orge *(Cevada)*. Cultivé partout aux environs de la ville, l'orge, à tous ses âges, constitue la nourriture habituelle des bêtes de somme du pays. Son grain torréfié, réduit en farine et mêlé à une certaine quantité de sucre en poudre, forme un aliment très estimé du voyageur.

Je ne citerai ici que pour mémoire la Luzerne ou *Alfalfa (Medicago sativa)* que l'on cultive très abondamment, comme fourrage, dans toutes les parties tempérées de la Bolivie, c'est-à-dire dans la région où mûrit le raisin. Mais sous le climat de La Paz et dans les vallées chaudes, cette plante ne réussit pas.

FROMENT (*Trigo*). Il prospère dans beaucoup de localités peu distantes de La Paz ; mais on n'y en connaît qu'une seule variété, qui est barbue. Le grain entier ou concassé entre dans la composition de plusieurs *chupés* ; et la farine sert à la fabrication du pain, comme chez nous. Le prix de la farine de froment, à La Paz, est de 8 à 10 piastres (40 à 50 fr.) la *fanega* de 8 à 10 arrobes. En temps ordinaire, un pain de 7 onces s'y vend 10 centimes, ou, pour mieux dire, on a trois de ces pains pour un *medio*.

ARROZ (*Riz*). Cultivé en grand dans les Yungas. On en distingue deux variétés, l'*Arroz blanco* et l'*Arroz colorado*.

MAÏS (*Maiz*). Le Maïs est cultivé dans les environs de La Paz ; mais son grain n'y mûrit pas bien. On le cueille ordinairement vert, et à cet état il sert d'ingrédient de plusieurs mets très estimés.

Les variétés de couleur présentées par le Maïs sont très nombreuses ; on en remarque souvent trois ou quatre dans le même épi. L'une des plus frappantes est présentée par le *Maiz morado* ou *Culli* des

Aymaras ; il a la nuance d'une mûre et s'emploie fréquemment pour colorer les boissons. Le *Maiz blanco,* dont le grain est tendre et d'un blanc mat, et une autre variété appelée *Chulqui ,* qui a le grain demi-translucide, sont usités, de préférence aux autres, pour faire le *tostado* ou maïs torréfié, préparation qui remplace le pain dans beaucoup d'endroits. Dans les *valles* voisins de La Paz, les épis ou *mazorcas* du Maïs n'ont pas la moitié du volume qu'ils ont dans les Yungas. Sous ce dernier climat, la plante atteint souvent une hauteur de 3 ou 4 mètres et porte ordinairement trois épis. La variété la plus fréquemment cultivée est celle à grain jaune et dur, qui est le moins exposée aux attaques des insectes. C'est elle que l'on emploie pour faire la boisson appelée *chicha.*

Choux pommés (*Repollos*). Cultivés également aux environs de la ville. Quoique très petits , ces légumes coûtent ordinairement de 1 *medio* à 1 *réal* la pièce.

Choux-fleurs (*Coliflores*). Avec les précédents.

Tomates (*Tomates*). Fruits du *Lycopersicum esculentum :* variété sans côtes. Légume très abondant à La Paz.

Courges. Plusieurs espèces connues sous les noms de *Zapallos, Lacayotes* et *Escariotes* sont cultivées dans les *valles*. Le Lacayote est semblable, pour la forme, au pastèque.

CRESSONS (*Berros*). Tiges et feuilles d'un petit *Mimulus* (*M. parviflorus*), qui se produit spontanément dans tous les ruisseaux des environs de La Paz. Notre Cresson de fontaine y est inconnu.

LAITUES (*Lechugas*). La Laitue romaine et la Laitue pommée réussissent parfaitement autour de la ville.

Les autres légumes de nos climats dont je ne fais pas mention ici, tels que navets, carottes, panais, épinards, chicorée, topinambours, salsifis, céleri, etc., sont à peu près inconnus à La Paz, bien qu'ils puissent s'y cultiver. L'artichaut et le radis ne s'y voient que dans quelques jardins d'amateurs.

COCHAYUYU. Mot composé de deux mots aymaras qui signifient l'un (*cocha*) « étang » et l'autre (*yuyu*) « herbe tendre ». La *Cochayuyu* est une espèce de Nostoch qui flotte à la surface des flaques d'eau, dans les marais de la Cordillère, et constitue un légume recherché. Il entre dans la composition de plusieurs ragoûts très appréciés des Péruviens.

Il y a une autre sorte de *Cochayuyu* qui est

bien plus employée sur la côte que celle dont il vient d'être question ; mais celle-là est une plante marine, et probablement l'*Ulva Porphyra*.

Lorsque le *Cochayuyu* est cuit, son goût est assez analogue à celui de la laitue ; pour qu'il soit aussi tendre, il suffit d'ajouter à l'eau dans laquelle on le fait bouillir, le jus d'un citron. Quelquefois on le fait torréfier très légèrement avant de lui faire subir cette opération.

PIMENT (*Aji*). Fruits de diverses espèces du genre *Capsicum*. Condiment employé à l'assaisonnement de la plupart des mets péruviens. Il y en a plusieurs espèces qui proviennent toutes des *valles* ou des *yungas*. La plus piquante est celle qui porte le nom de *Ulupiqua* ; elle a la taille et la forme d'un pois, et une couleur verte ou rouge. Celle qui porte le nom de *Locoto* est de la grandeur d'un petit œuf ; sa saveur est presque aussi forte que celle de l'*Ulupiqua*. Puis vient une espèce appelée *Chinche*, qui se rapproche, par la forme, de l'*Ulupiqua*, mais qui est plus grosse. L'*Aji verde* ou *Chojnie-huaica* des Aymaras est de forme allongée et pointue : il est beaucoup moins piquant que les précédents ; mais il a de plus qu'eux un parfum délicieux ; d'abord vert, il prend ensuite une belle couleur rouge. L'*Aji ama-*

rillo, que l'on apporte tout desséché du Pérou, paraît être le même que le précédent ; cependant il est plus grand et a plus de force que celui qui se produit aux environs de La Paz ; il a une jolie nuance orangée. L'*Aji colorado* que l'on apporte de Cochabamba et l'*Aji-palpa* (*Palpa huaica* des Indiens), qui est importé du Pérou, sont, de toutes les espèces de piment, les moins piquantes. L'*Aji-palpa* est d'un rouge presque noir, lorsqu'il est sec ; il n'est guère employé que pour donner de la couleur (1) aux mets, car le piquant en est à peine sensible. Il a près d'un décimètre de longueur.

Les autres condiments végétaux employés à La Paz sont notre persil (*perejil*), la *Yerba buena* (*Mentha viridis*), le *Payco* (*Chenopodium ambrosioides*) et plusieurs Composées ou Ombellifères odorantes connues sous les noms de *Chischipa* (espèce de *Tagetes*), *Culantro* (Coriandre), *Quilquiña* et *Guagualaya.*

L'étude des comestibles tirés du règne animal offre, à La Paz, bien moins d'intérêt que celle des

(1) Deux autres produits végétaux servent plus spécialement encore, à La Paz, à donner aux ragoûts, et en particulier au riz, cette couleur orangée que les Espagnols demandent au safran ; l'un est l'*achiote* ou roucou (tégument de la graine du *Bixa Orellana*) ; l'autre, connue sous le nom de *palillo,* est la racine d'une plante herbacée indigène, l'*Escobedia scabrifolia.*

produits que je viens de passer en revue; cinq
ou six espèces de poissons, de qualité très médiocre, venant du lac de Titicaca (1), la viande
de mouton et celle de bœuf ou de cochon, voilà
la nomenclature de ceux que l'on y rencontre
journellement. Les volailles y sont comparativement rares. Les seules, pour ainsi dire, qui y
paraissent, sont les poulets. Quant aux dindes,
elles sont presque inconnues, ainsi que les canards; et l'oie domestique y est bien plus rare
encore.

Notre lapin, qui porte en Bolivie le nom de
conejo de Castilla, n'est guère qu'un objet de
curiosité. Il est remplacé, sur la table, par le cochon d'Inde qui s'appelle *conejo*, tout court. Cet
animal est l'hôte habituel des cuisines du pays,
dans lesquelles il trouve, sans se déranger, tous
les éléments de sa nourriture. Quelques tourte-
relles, plusieurs espèces de perdrix et deux ou
trois autres sortes de gibier viennent aussi, de loin
en loin, ajouter au nombre des délicatesses zoolo-
giques de la table du Pazeño. Pour compléter leur
catalogue, il ne me reste plus qu'à nommer le

---

(1) La plupart de ces poissons (*Boga*, *Boguilla*, *Caracha*, etc.),
appartiennent à un genre très curieux nommé *Orestias*; d'autres appelés
Suches et *Maures*, sont des Silures.

Caucau, qui est le frai (œufs) d'un poisson de mer, et enfin le *Chichi*, qui est la larve aquatique d'une espèce de Diptère. On la pêche en abondance dans les ruisseaux des *punas*, et l'on en fait un ragoût épicé ou *aji* que l'on dit très bon.

Le beurre est rare à La Paz ; mais on y voit assez communément une ou deux sortes de fromages blancs.

Enfin, le règne minéral vient également apporter son contingent aux marchés boliviens et il suffit de voir la place importante que ce contingent occupe dans les étalages de La Paz, pour se convaincre que le rôle qu'il joue mérite de fixer l'attention. Le produit dont je veux parler est une espèce d'argile d'un gris clair, très octueuse au toucher, et désignée sons le nom de *pahsa*. Les Indiens, qui en sont les seuls consommateurs, la mangent ordinairement avec les pommes de terre dont j'ai parlé sous le nom de *papas amargas*. Ils la laissent d'abord détremper, pendant un certain temps, dans l'eau, de manière à en faire une bouillie claire, et l'assaisonnent ensuite avec un peu de sel. Son goût est celui de l'argile ordinaire. Il se fait à Chuquisaca, m'a-t-on dit, avec une sorte de terre appelée *chaco*, analogue à la *pahsa* de La Paz, des petits pots que l'on mange comme s'ils

11

étaient de chocolat. On m'a raconté qu'une *seno-rita*, très friande de ces petits pots, s'était tuée à force d'en croquer ; mais il paraît que l'usage mo-déré de la *pahsa* ne donne lieu à aucun mauvais effet. L'examen de ces substances démontre, au reste, qu'elles ne peuvent, en aucune façon, con-tribuer à l'alimentation.

Pour terminer ce chapitre, je vais donner à mes lecteurs les recettes de quelques mets boliviens.

I. *Chupe de leche* (soupe au lait).

Prenez : Poulet coupé par morceaux.	1
Écrevisses (1) séchées au four.	1 poignée.
Pois chiches.	2 poignées.
Œufs.	8

Faites cuire chaque ingrédient à part (les œufs durs), mettez-les dans du lait bouillant, et assaisonnez-les de sel.

II. *Aji de conejos* (pimentade de cochons d'Inde).

Prenez : Sain doux.	1 cuillerée.
Pommes de terre hachées	6
Oignons hachés	6
Œufs durs	4
Poivre et sel.	quantité suffisante.
Piments rouges vidés, lavés et moulus.	10
Cochons d'Inde coupés par morceaux et frits	a

Faites cuire ensemble les six premiers ingrédients, avec un peu d'eau ; ajoutez les cochons d'Inde, et retirez le ragoût du feu après le premier bouillon.

(1) Ces écrevisses (*camarones*) sont apportées à La Paz des petites rivières de la côte du Pérou, et en particulier du voisinage d'Aréquipa.

III. *Aji de disparates* (littéralement : pimentade d'absurdités).

Prenez : *Cochayuyu*................... 1 poignée.
   Écrevisses sèches 6
   Boga (1) sèche et concassée........... 1
   Ispis secs (très petits poissons du lac de Titicaca). 6
   Oignons hachés.................. 5
   Fèves de marais vertes............. 2 cuillerées.
   Fromage .... 4 onces.
   Caucau...................... 1 poignée.
   Huile d'olives.................. 2 cuillerées.
   Piments rouges privés de leurs nervures et
    de leurs semences, lavés, torréfiés et bien
    moulus.................... 6

Faites séparément cuire à l'eau les oignons, les fèves, les écrevisses et les poissons ; laissez-les égoutter ; ajoutez le *cochayuyu*, les piments et le fromage, et faites *revenir* le tout dans l'huile. Garnissez enfin avec le *caucau*, que vous avez également eu soin de faire cuire à part, et servez chaud.

Le *cochayuyu*, pour être bien tendre, doit être traité comme il a été dit à la page 158.

IV. *Manjar blanco* (blanc-manger).

Prenez : Lait.................... 2 livres.
   Sucre.................... 1 livre.

Faites bouillir jusqu'à ce que la liqueur ait pris la consistance d'un sirop. Ajoutez douze amandes douces parfaitement moulues et autant de pepins de *chirimoya*. Continuez ensuite l'ébullition à petit feu, jusqu'à ce que la liqueur se prenne en masse par le refroidissement.

Les pépins de *chirimoya* ne sont pas indispensables ; on les remplace quelquefois par de la confiture du même fruit, et plus souvent encore on se contente d'augmenter un peu le nombre des amandes.

(1) Ce poisson est plus petit que notre hareng.

CHAPITRE IX.

Séjour à La Paz (suite).

Fêtes religieuses célébrées à La Paz. — Fiesta de la Cruz. Disfrazadas.
El Corpus. Autels monumentaux. Procession. *Dansantes*. — Fêtes de
Nuestra Señora de La Paz, de Copa-Cabana et de Guadalupe. Morenos. Callahuayas. — Martes santo. — Fiesta de San-Pedro. — Promenades. Pique-niques. — La Saint-Jean.

Quelques fêtes religieuses dont nous fûmes témoins, peu après notre arrivée à La Paz, nous firent faire un pas de plus dans l'étude des mœurs boliviennes, et elles m'ont semblé y jouer un rôle si considérable, que je me propose d'y consacrer un chapitre.

La première de ces solennités dont je doive parler, sous le nom de *fiesta de la Cruz*, est à peine connue, si je ne me trompe, dans d'autres parties du monde catholique. Anciennement il n'y avait guère que les Indiens qui prissent part aux cérémonies ou plutôt aux réjouissances qui la distinguaient, mais les blancs ont fini par s'en mêler, et aujourd'hui, comme on le verra, elle a presque remplacé le carnaval. C'est assez dire que ce n'est pas le sentiment religieux qui y domine.

Une croix, qui occupe le faîte d'une montagne assez escarpée (1), à l'ouest de la ville, fait les frais de la première partie de la fête. Le 3 mai, au matin, les Indiens s'assemblent en foule au pied de la côte, et vont en procession retirer la croix de son piédestal. Ils la portent ensuite en cérémonie à leur église, où, après avoir été bénite, elle séjourne trois jours, trois jours que les Indiens passent, de leur côté, à danser et à se réjouir. Ils reportent ensuite la croix à sa place, et la fête est finie.

Les danses et les autres divertissements de *la Cruz* ayant lieu tout près de la ville, sur une pelouse en pente douce derrière le réservoir (*caja del agua*) qui fournit l'eau aux fontaines publiques, les habitants blancs, qui n'avaient d'ailleurs que peu d'occasions de s'amuser, s'y portaient autrefois en foule pour voir danser les Indiens. Puis, las enfin de n'être que spectateurs, ils se mirent à danser aussi, si bien que la *fiesta de la Cruz* est maintenant tout autant une fête des blancs que des rouges. Cependant les *señoritas* ont encore, à ce qu'il semble, une certaine répugnance

_____

(1) On appelle cette montagne *el Calvario.*

à s'y montrer ouvertement ; et celles qui ont l'intention d'y danser y vont toujours déguisées (*disfrazadas*) en *cholas* (1), afin de s'y confondre en quelque sorte avec le peuple dont elles veulent partager les amusements. C'est ce qui m'a fait dire que *la Cruz* était devenue une espèce de carnaval.

La curiosité nous conduisit un soir du côté où la fête avait lieu. Presque toute la population de la ville paraissait s'être donné rendez-vous du même côté, et elle formait la haie de chaque côté du chemin de la *Caja del agua,* pour voir passer les *disfrazadas.* On avait improvisé des cabarets (*chicherias*) de toutes parts, et, comme les maisons déjà existantes ne suffisaient pas, on avait élevé des tentes dans le voisinage. La *chicha,* ou bière indigène, coulait à grands flots, ainsi que le *resacado,* ou eau-de-vie blanche, et l'on entendait de tous côtés les sons de la guitare et les chants ou les battements de mains qui accompagnaient les airs de *bailesitos,* ou danses nationales. Quelques groupes attiraient d'une manière toute particulière l'attention des curieux qui formaient autour d'eux des haies bien plus

(1) Les *cholos* sont, comme on sait, les métis de blancs et d'Indiens.

épaisses. C'était là que dansaient les *disfrazadas,*
et les propos équivoques y pleuvaient, comme on
peut le croire. Tout cela devait durer jusqu'au
matin ; on devait alors se séparer, pour recom-
mencer de plus belle à l'entrée de la nuit, jusqu'à
la fin des fêtes. Nous nous contentâmes, pour
notre part, de jeter quelques coups d'œil sur la
scène, et nous regagnâmes notre maison de la
Calle ancha.

Outre les danses de nuit que nous avions été
voir à la *Caja del agua,* il y en avait d'autres qui
avaient lieu dans les rues, à toute heure de la
journée ; il nous suffit pour en être témoins de
nous mettre à nos fenêtres. Les acteurs étaient
costumés d'une façon assez bizarre ; ils portaient
une jupe de mousseline plissée et empesée, avec
une espèce de cuirasse en peau de jaguar, sur
laquelle était jetée, ainsi que sur la coiffure, un
large ruban en plumes de perroquet ; et chacun
avait, pour accompagner sa danse (vraie danse
d'ours), une sorte de flageolet (*khena*) ou une
flûte de Pan (*zampoña*).

Nous avions eu le temps d'oublier *la Cruz,* lorsqu'on célébra une fête bien autrement importante,
puisque toutes les autorités civiles et militaires,
y compris le chef de la République, étaient te

nues d'y assister ; je veux parler de la Fête-Dieu,
que les Espagnols nomment *el Corpus*.

On avait élevé pour cette cérémonie, dans plusieurs points du pourtour de la place, d'immenses
autels devant lesquels devait stationner la procession durant la promenade qu'elle allait faire à
travers divers quartiers de la ville. Plusieurs de
ces autels atteignaient jusqu'aux toits des maisons (1). Ils n'étaient pas construits, ainsi que je
le crus d'abord, aux frais de la ville, mais à ceux
de quelques riches Indiens qui sacrifient volontiers
une somme de deux ou même de quatre cents
piastres, afin de se faire mieux remarquer parmi
les leurs. D'autres fois, ces monuments sont faits
par des associations d'ouvriers de même métier.
Ce sont les cordonniers, les chocolatiers, les cha-
peliers ou les muletiers, qui se cotisent à cet
effet.

Quoi qu'il en soit, jusqu'à la veille de la fête,
il n'y avait encore en place que la membrure des
autels, c'est-à-dire une collection de grandes perches verticales ou horizontales, reliées par des

---

(1) Il faut dire que les maisons de La Paz, à une ou deux exceptions
près, n'ont qu'un seul étage au-dessus du rez-de-chaussée : et beaucoup
d'entre elles n'ont que le rez-de-chaussée tout seul. On pourra d'ailleurs
se former une idée de leur disposition intérieure par ce que j'ai dit de
notre habitation de la *Calle ancha*.

cordes en poil de lama, et un certain nombre de tables, de vieilles portes ou de planches qui constituaient les gradins ou les étages destinés aux ornements ; on tendit ensuite, entre les perches, des tapis et des couvertures, en les recouvrant de toile rouge ; et tous les points culminants furent surmontés de drapeaux aux couleurs boliviennes (vert, jaune et rouge). Puis on s'occupa de la distribution des décors. L'image du saint sous le patronage duquel se trouvait la corporation ou l'individu qui élevait l'autel, était mise dans une position avantageuse au centre de l'édifice, entre deux anges. D'autres anges assez curieusement costumés étaient posés de l'un et l'autre côté de la façade. Le reste de la toile rouge était couvert du haut en bas d'images de saints, ornées de cadres d'argent ou de verre de Venise. L'ensemble de cette décoration donnait assez exactement, mais en grand, l'idée des étalages de gravures coloriées que l'on voit si souvent dans les foires de nos pays. Des vases de fleurs naturelles ou artificielles, des guirlandes de même nature, des candélabres et un pêle-mêle d'objets précieux de toute sorte complétait l'ornementation, où l'on peut dire, en somme, que rien ne manquait, si ce n'est le goût : pour donner une idée de celui qui avait présidé au choix des images qui couvraient l'un des monuments, je dirai que l'on y avait fait figurer une revue de la garde nationale par le roi Louis-Philippe.

Une particularité digne de remarque était la part que l'on avait faite, dans les décorations, aux fruits de la terre. Je n'oserai décider cependant si les grands régimes de bananes, les ananas, les potirons et les épis de maïs y avaient trouvé place à simple titre d'ornements ou comme une sorte d'offrande; les feuilles de canne à sucre ou de bananier que portaient quelques anges étaient vraisemblablement dans le premier cas. Une de ces figures ailées tenait à la main, au lieu de feuille, un vase domestique d'une forme bien connue dont je n'ai pu, je l'avoue, bien m'expliquer la présence dans la fête.

La procession ayant été annoncée pour onze heures, nous allâmes nous poster, quelques minutes auparavant, à un coin de la place, devant la pharmacie de notre ami Marchand.

A dix heures, les fanfares avaient sonné; les troupes s'étaient mises en ligne, et le président, en grand uniforme, s'était rendu à la cathédrale. C'était là que la procession allait se former et elle devait aussitôt se diriger vers les autels. Mais ce moment, si impatiemment attendu, n'arriva que deux heures après l'instant fixé.

La grande place, que l'on avait fait nettoyer le jour précédent, était remplie de spectateurs et l'accès en était assez difficile. La *Custodia,* ou Tabernacle, portée en tête de la procession, parut enfin à l'entrée de la place, et les chapeaux s'abaissèrent aussitôt comme par enchantement. Cette *Custodia* était en or massif et elle était ornée de bijoux d'un grand prix, légués à la cathédrale par l'évêque Indaburu, un des hommes les plus distingués qu'ait produits la Bolivie. Les grands dignitaires de l'Église (parmi lesquels se remarquaient plusieurs évêques) et une troupe de choristes accompagnaient cet objet précieux; le président venait immédiatement après, suivi des principaux officiers de l'armée et des autorités civiles de La Paz. La troupe armée marchait ensuite, et la procession était fermée par un cortége considérable d'habitants de la ville, en habits noirs, et armés de bougies que le vent avait empêché de tenir allumées.

Chaque fois que la ligne s'arrêtait devant un des autels, le peuple se mettait à genoux et gardait cette position jusqu'à ce que la procession se remît en mouvement. Une pluie de fleurs de genêt, lancées du sommet de la charpente, couvrait le prêtre

officiant, au moment où il descendait les marches
de l'autel pour rentrer sous son dais. Mais l'Indien
qui était chargé de répandre cette pluie parfumée
était caché avec si peu d'artifice que l'on voyait, à
chaque moment, au-dessus de la frise, son bonnet
de coton ou son bras crasseux, ce qui nuisait singulièrement à l'illusion.

Les Indiens, qui ont une manière à eux de comprendre la religion, avaient ajouté un autre élément
à la procession, et ce n'était pas celui qui excitait
le moins la curiosité publique. Il s'y trouvait, en
effet, un certain nombre de ces indigènes dans
un costume bien fait pour attirer l'attention. C'é-
taient ce que l'on appelle des *dansantes*. La partie
capitale de leur équipement consistait en une
coiffure qui n'avait guère moins de 1 mètre et
demi de hauteur, et dont le poids dépassait 10 kilogrammes. Sa partie inférieure représentait une
tête de monstre à la gueule béante, et dont les
oreilles s'épataient au pied d'un grand faisceau de
plumes d'autruche qui lui formaient une vaste
crête.

Ce chapeau bizarre était posé sur une perruque
blanche en laine de lama; et la figure de l'Indien qui portait tout cela était cachée par un mas-
que ordinaire. Sur le corps il avait une robe à

basques, d'ancienne mode espagnole, composée
d'étoffes de toutes les couleurs imaginables, et
garnie d'une profusion de dentelles. Les jambes
de ces singuliers personnages contrastaient un peu
avec le reste, leur nudité accoutumée n'étant voi-
lée que par quelques grelots qui sonnaient à tout
moment. Aux pieds ils ne portaient que les sandales, ou *ojotas,* que chaussent ordinairement les
Indiens quand ils sont en marche. Enfin, un morceau d'étoffe carrée, de même couleur que la robe,
pendait sur le dos des *dansantes,* et ils tenaient à
la main deux petites baguettes qu'ils entre-cho-
quaient en mesure.

Leur orchestre était aussi équipé d'une manière
particulière. Quelques musiciens portaient la cuirasse en peau de jaguar avec le baudrier dont j'ai
parlé en décrivant les acteurs de la fête de *la
Cruz,* et un chapeau rond couvert de plumes d'ara.
Ceux-là avaient des tambours et jouaient en même
temps d'une sorte de flûteau. D'autres qui souf-
flaient dans des flûtes de Pan à trois tuyaux,
avaient, au lieu du chapeau précédent, un casque
monumental en forme de cône renversé, orné de
morceaux de miroir et terminé supérieurement par
une couronne de plumes rouges. Leur caleçon était
dissimulé sous une jupe de mousseline plissée et

ils portaient des souliers au lieu de sandales. Quelques uns brandissaient d'une main un arc et des
flèches.

Les *dansantes* gambadent plutôt qu'ils ne dan-
sent, mais l'exercice qu'ils font n'en doit pas moins
être extrêmement fatigant par suite du poids extraordinaire de leur couvre-chef ; aussi, dès que
les nôtres eurent fait une ou deux évolutions dans
la place, ils remplacèrent leur coiffure par les
monteras ordinaires des femmes aymaras.

Sous le dernier gouvernement on défendit aux
dansantes de paraître à la procession du *Corpus,*
leurs singeries étant regardées comme peu en harmonie avec les cérémonies en usage dans une fête
religieuse ; mais aujourd'hui on les tolère comme
autrefois. On m'a assuré qu'ils étaient entretenus
par d'autres individus de leur caste, pour danser
dans des occasions semblables à celles dont il a été
question, et ils se regardent, à ce qu'il paraît, et
sont regardés comme des êtres de nature exceptionnelle.

Cependant, bien que les merveilleux chapeaux
de ces caricatures eussent pour nous un attrait
incontestable, nous ne pouvions en dire autant de
leur musique dont la monotonie, tout indienne,
finit par nous chasser de la place. Les Indiens seuls

ne s'en lassaient point; et je ne doute pas que si les *dansantes* eussent eu assez de muscles, et leur orchestre assez de souffle pour continuer la représentation jusqu'au lendemain, je ne doute pas qu'il ne se fût trouvé des Aymaras pour continuer à les admirer.

Plusieurs autres fêtes que l'on célèbre à La Paz mériteraient encore que l'on en fît une description détaillée; mais comme je n'en ai pas été témoin durant le voyage qui fait le sujet de cette narration, je me contenterai de citer les principales, et notamment celles qui peuvent être considérées comme fêtes locales.

La fête de la patronne de La Paz (*fiesta de Nuestra Señora de La Paz*) est peut-être la plus remarquable. Elle commence le 22 janvier et se prolonge jusqu'au 24. Pendant qu'elle dure, on vend partout des représentations diminutives de toutes les choses qui se fabriquent dans la ville. L'ouvrier qui ne réussit pas à se défaire alors des objets qu'il fabrique habituellement demeure persuadé qu'il sera malheureux pendant tout le reste de l'année. Celui qui ne vend pas doit au moins acheter, s'il veut se concilier l'année nouvelle : aussi se fait-il ces jours-là, en petit, un commerce considérable, et ce qui lui donne un cachet particulier, c'est que, pour faciliter les transactions, on est convenu de recevoir des boutons comme change des monnaies courantes, dont la plus faible (1) ne l'est pas à beaucoup près assez pour permettre l'achat de certains objets. Les marchands de boutons ne sont pas, sans doute, les derniers à se louer de cet arrangement.

Les ouvriers tailleurs, qui appartiennent presque tous à la classe des métis ou *cholos*, s'habillent avec une recherche aristocratique aux fêtes de *Nuestra Señora de La Paz* et s'y promènent toute la journée avec des masques noirs. Sous cette forme, on les appelle des *morenos*. Il y en a qui portent d'énormes crécelles, d'autres des fusils ou des pistolets ; mais la plupart n'ont d'autres armes que des instruments ordinaires de musique. J'aperçus une fois (c'était le jour de l'Assomption) une troupe de ces beaux tailleurs dans la cour du palais, où elle donnait une sérénade au président ; mais je ne fus pas, à beaucoup près, aussi satisfait de leur déguisement que de celui des *dansantes*. Au mois d'août, les tailleurs de La Paz célèbrent toute une série de fêtes, et beau-

(1) Il n'y a en Bolivie aucune monnaie de cuivre, et la plus petite pièce d'argent, qui est le *medio* ou demi-réal, a encore une valeur d'environ 30 centimes.

coup d'entre eux se ruinent alors, en voulant se faire plus beaux que leurs confrères. Leur première représentation de *morenos* a lieu le 5 du mois d'août, à la fête de Copa-Cabana, petite ville de la presqu'île du lac de Titicaca, où ils se transportent en masse. Ils retournent ensuite à La Paz pour se montrer à la fête de l'Assomption (*Asuncion de Nuestra Señora*), et ne terminent enfin ce qu'ils appellent leur période de dévotion (*epoca de devocion*) que le 8 du mois suivant, c'est-à-dire à la *fiesta de la Guadalupe* qu'ils vont passer à Chuchulaya, dans la province de Larecaja.

Ce que je viens de dire des tailleurs peut s'appliquer, à peu de chose près, aux autres classes d'ouvriers de La Paz, dont la plupart passent un bon tiers de l'année en «dévotions» du genre de celles que j'ai signalées; je n'ajouterai donc, à ce que j'ai déjà dit des amusements de la *cholada*, qu'un mot sur le déguisement qu'ils portent quelquefois dans le but de singer les Indiens dits *Callahuayas*.

Ces Indiens Callahuayas, dont l'histoire est à peine connue, constituent une nation particulière enclavée au milieu de celles des Quichuas et des Aymaras, et dont les membres se sont acquis une espèce de célébrité comme médecins et comme sorciers. Aussi inspirent-ils, à ce dernier titre,

un respect si remarquable, que, si l'un d'eux venant à s'enivrer (ce qui est un cas fréquent) passe
la nuit étendu sur la voie publique, jamais en
revenant à lui, il ne se trouve dévalisé.

Les Callahuayas sont essentiellement voyageurs,
et à tel point que l'on en voit, chose rare pour des
Indiens, quitter leur pays et atteindre, avec leur
fortune sur le dos, aux extrêmes limites de la république Argentine. Leur costume, que revêtent
souvent, pour se distraire, les *cholos* de La Paz,
consiste en une culotte noire sur laquelle retombe
un *poncho* rouge, en une grande cravate de laine
de vigogne et un bonnet auriculé surmonté d'un
chapeau à grands bords. Enfin une besace ornée
d'anciennes monnaies d'argent contient leur
petite pharmacie, et ils portent invariablement au
cou, comme marque distinctive, un crucifix d'argent massif.

Parmi les fêtes que célèbre plus particulièrement la partie indienne de la ville, je dois citer
le jour du mardi saint (*Martes santo*), et le 29 juin,
ou *fiesta de San Pedro*. A la première de ces solennités, il y a une procession où il ne figure pas
moins d'une quinzaine d'images colossales de
saints, que quelques Indiens riches ont obtenues
en location des églises de la ville.

La fête de San-Pedro a lieu dans un faubourg de
La Paz qui porte ce même nom, et, ce jour-là, presque toute la population de la ville s'y promène pour
admirer les déguisements dont les indigènes s'af-
fublent en l'honneur de leur saint favori.

A propos des promenades ou *paseos* à San-
Pedro, je vais citer plusieurs autres promenades
qui ont lieu dans d'autres points des environs de
la ville, à l'occasion de fêtes particulières, et où
la partie blanche du peuple pazeño ne manque
presque jamais de se montrer.

Ainsi, le mercredi des Cendres, c'est à la petite
ville de Poto-Poto, dont j'aurai occasion de reparler,
que se porte le courant des promeneurs. Le jour de
la Saint-Jacques (*Santiago*), c'est sur le chemin
de Potosi, à un endroit appelé Achocalla; et aux
fêtes de *la Concepcion*, du 8 au 10 décembre,
c'est à la promenade publique ou *alameda* que l'on
voit se diriger le flot des *señoritas* et des *caballeros* de l'endroit; un peu au delà de la *alameda* on
rencontre, sur une éminence, une petite chapelle
(*la Capilla*) jusqu'à laquelle se prolonge ordinairement l'excursion. Enfin, le 14 septembre, ou jour
de la *Exaltacion de la santa Cruz,* il est d'usage
que la *gente decente* (les gens comme il faut) fasse
une promenade au village de *Los Obrages* qui est à

une lieue au-dessous de La Paz, dans la même *que-brada*. L'objet de quelques unes de ces promenades est de cueillir et de manger sur place les fruits de la saison, tels que pommes, poires ou fraises. Les premières promenades à fraises (*paseos para tomar frutillas*) se font à Tembladerani, un peu au-dessus du niveau de La Paz, vers la fin du mois d'octobre ; celles de Poto-Poto commencent peu après.

Considérées dans leur mobile, ces promenades représentent assez fidèlement, à La Paz, le Longchamps des Parisiens.

Un des amusements favoris des Pazeños, dans leurs *pique-niques,* c'est de faire nager une fraise dans un verre de vin et de jouer à qui *se la chupara* (la gobera). Il y a des gens maladroits, du moins passent-ils pour tels, qui avalent toute la liqueur avant d'attraper le fruit ; mais je pense bien que la maladresse de ceux-là dépend, en grande partie, de la qualité du vin qui sert de véhicule.

Pour terminer cet aperçu des fêtes de La Paz, je signalerai encore la coutume qu'ont les Pazeñas, la veille de la Saint-Jean, de consulter la fortune (*echar suertes*). Beaucoup d'entre elles en font une affaire très sérieuse, et ne manqueraient pas, pour beaucoup, l'occasion qu'elles ont, ce jour là,

de lire le livre de leurs destinées. Le moyen ordinairement mis en usage pour arriver à la fin désirée est de jeter de l'étain fondu dans un vase d'eau,
et d'y étudier les figures variées que le métal y a
prises en se figeant. Pour être tout à fait probante,
l'épreuve doit être faite, m'a-t-on dit, avec de
l'étain bien pur, et, autant que possible, entre
minuit et une heure du matin.

Les fleurs de la menthe (*Yerba buena*), cueillies
le jour de saint Jean, avant le lever du soleil, pré-
disent, assure-t-on, félicité sans fin à celles qui
ont la chance de les rencontrer. La fête de San
Juan elle-même n'est, au reste, caractérisée par
aucune particularité remarquable, si ce n'est peut-
être par l'amusement que les enfants se procurent
en jetant impunément des seaux d'eau sur les pas-
sants, et par le grand nombre de feux de joie qui
illuminent, la veille, les rues, les places et les
montagnes environnantes.

CHAPITRE X.

Les promenades dont il a été question dans le
chapitre précédent constituent une partie essentielle des amusements du Pazeño. Il en a cependant d'autres, parmi lesquels il serait injuste de
ne pas placer le théâtre. Par malheur, il ne se
trouvait pas de comédiens en Bolivie, durant mon
dernier séjour, et je me vois obligé de ne mention-
ner que pour mémoire l'existence à La Paz d'un
établissement de cette nature.

Les combats de coqs paraissent avoir pour un
grand nombre d'habitants plus d'attraits que les
jeux scéniques; on m'a assuré qu'à La Paz, en
particulier, l'amusement dont je parle est plus en
honneur que partout ailleurs. Il est, du reste, permis de dire que les coqs ont remplacé, en général,

chez les descendants des conquérants, les tau-
reaux du vieux temps.

L'endroit où ont lieu, à La Paz, les combats modernes, porte le nom de *Cancha de gallos* : c'est
un hippodrome en miniature. Les jeudis et diman-
ches, on y est admis moyennant une légère rétri-
bution, et il est rare, ces jours-là, que les bancs
échelonnés qui entourent circulairement l'arène
ne soient pas complétement garnis de spectateurs.
Les propriétaires de l'établissement sont tenus de
fournir eux-mêmes des coqs pour un certain nombre de combats ; après quoi ce sont des champions
appartenant à des amateurs qui entrent en lice.
Comme on peut le penser, les luttes qui ont lieu
entre ces derniers sont les plus intéressantes ; car
les combattants sont ordinairement des oiseaux
d'élite, et ont même coûté parfois des prix exorbitants.

De toutes les classes qui composent le peuple
bolivien, c'est celle des militaires qui a le goût le
plus décidé pour les combats de coqs. Lorsqu'un
corps d'armée se transporte d'un point de la république à un autre, on peut être certain, si on le
rencontre en route, de voir entre les mains des
soldats un certain nombre de ces oiseaux belli-
queux. Il est peu de maisons aussi à La Paz, pour

peu qu'elles soient habitées par des officiers, dans
la cour desquelles on ne puisse voir attaché par
la patte quelqu'un de ces gladiateurs emplumés.
Enfin, dans la *Cancha de gallos* elle-même, les uni-
formes brodés sont souvent en assez grande majorité. C'est ce dont je fus témoin le jour où j'allai
visiter l'établissement. J'assistai alors aux préparatifs minutieux d'un des combats qui nous occupent.

Les champions amenés devant le public eurent d'abord à subir l'examen des amateurs ; il
fallut les peser à plusieurs reprises avant qu'on
se trouvât d'accord sur leurs mérites. Les paris
furent bientôt faits, et leur montant fut déposé
entre les mains de l'intendant des jeux. L'ergot
de l'une des pattes des pauvres *gallos* fut ensuite
remplacé par une longue et large lancette qu'une
gaîne recouvrit jusqu'au moment de la lutte fatale.
Lorsque tout fut prêt, la sonnette de l'intendant
se fit entendre et il y eut dans la *cancha* un silence
profond. Les deux coqs étaient restés seuls dans
l'arène. Ils becquetaient le sable d'un air indif-
férent. Mais à peine leurs regards se furent-ils
rencontrés, que les plumes se dressèrent sur
leurs cous tendus et la bataille s'engagea ; elle ne
dura que quelques instants. Ces oiseaux intelli-
gents savaient trop bien la puissance de l'arme

civilisée dont on avait armé leur talon pour ne pas en faire bon usage. Le premier coup assené fut mortel, et le vainqueur sortit sans atteinte de la lice. Une terminaison semblable n'est pas des plus fréquentes ; le plus souvent les deux ferrailleurs sont presque également maltraités, et il est bien rare que l'un d'eux au moins ne succombe pas à ses blessures. Enfin il est plus rare encore que l'un des coqs refuse absolument de se défendre ; dans ce cas, il est déclaré vaincu, et tous les paris faits en sa faveur sont adjugés aux patrons de son adversaire.

Le mouvement de curiosité qui m'avait amené à la *Cancha de gallos* fut bientôt satisfait, et je profitai de l'entr'acte qui succéda au premier combat pour m'échapper, en me promettant bien de ne pas y remettre les pieds de sitôt.

Peu de temps après, je reçus une invitation pour un bal qui devait être donné le jour de la fête d'une jeune et aimable Péruvienne alliée depuis peu à une des meilleures familles de La Paz.

Jusque-là je m'étais porté à merveille, et j'osais espérer que mon séjour en Bolivie allait se passer sans que ma santé générale en souffrît ; mais j'étais loin de compte, comme on le verra.

Le 22 juin, j'allai avec M. B... chercher une

plante médicinale (1) au village de Los Obrages, à
une lieue et demie de la ville ; pour y arriver, on
descend continuellement, et le climat de la *quebrada* y subit des modifications assez notables,
aussi y observe-t-on quelques végétaux qui ne
prospèrent pas plus haut. On y cultive entre autres
le Cactus connu sous le nom de Raquette (2), dont
les fruits succulents sont assez analogues, pour la
saveur, à certaines poires.

Arrivés près de l'entrée du village, à un petit
pont jeté sur le rio Chuquiaguillo, affluent du rio
de La Paz, je trouvai plusieurs touffes de la plante
que j'étais venu cueillir, et nous nous décidâmes
à ne pas pousser plus loin.

Au-dessus de ce point se dressait une berge très
élevée, au flanc de laquelle pendaient de grandes
touffes d'une Broméliacée à feuilles d'Ananas.
Cette plante, qui paraissait faite pour un climat

---

(1) La plante en question était une espèce de Tabac, le *Nicotiana glauca*.
J'avais entendu dire que son suc, pris intérieurement, avait la propriété
singulière de priver momentanément les muscles de leur faculté contrac-
tile, sans affecter en rien l'action des sens, et j'eus l'idée de mettre ses
vertus à l'épreuve dans un cas remarquable de rétraction des muscles de
la mâchoire que j'avais été appelé à traiter. Je réussis à vaincre cette
rétraction, en partie au moyen de l'application de cataplasmes faits avec
les feuilles de la plante, mais je ne trouvai pas que leur action fût bien
différente de celle qu'auraient eue des applications de tabac ordinaire dans
des circonstances analogues.

(2) *Opuntia vulgaris.*

plus chaud, frappa mon attention, et l'envie me vint tout à coup de m'en procurer des échantillons. Laissant donc M. B... suivre, pour gagner le sommet de la berge, les longs circuits de la route, je m'élançai vers ma proie en suivant une direction beaucoup plus verticale. Je pourrais difficilement dire ce que je souffris par suite du *soroche,* dans cette ascension qui exigea de ma part des efforts gymnastiques auxquels j'étais bien loin de m'attendre.

Toujours est-il que lorsque j'eus atteint avec mes fleurs le sommet du précipice, et que je me fus étendu tout épuisé et haletant sur le sol, je jurai, mais un peu tard, que l'on ne m'y prendrait plus. Dans les premiers moments qui suivirent mon excursion, je ne pensai qu'à ressaisir mon haleine qui semblait sur le point de m'abandonner, et, quelques minutes après, quand j'eus l'idée d'examiner mon pouls, il battait encore cent soixante coups à la minute. Je ne me souviens pas d'avoir jamais été plus oppressé que dans cette herborisation improvisée.

A partir de ce jour, j'éprouvai dans le corps un dérangement dont je ne pouvais me rendre compte, et je pressentis que j'allais être malade.

La fête dont j'ai parlé devait avoir lieu le **26.**

Ce jour-là l'appétit m'abandonna, et l'heure du
dîner se passa sans que je pusse me décider à
rien prendre. Une légère fièvre se déclara, et je
pensai que ce que j'avais de mieux à faire était de
me mettre au lit ; mais persuadé que je n'y trou-
verais pas le repos que je voulais lui demander, je
changeai tout à coup d'avis, et je me décidai à
aller au bal.

Oubliant donc, pour un moment, mes maux, je
me mis à me raser, à cirer mes bottes (oui, lecteur, à me cirer les bottes !) et à me faire, en un
mot, aussi présentable que possible. M. de H...
devait être de la partie ; il avait aussi commencé
ses préparatifs, mais au moment où je venais
d'endosser l'indispensable habit noir, il vint me
dire que, tout bien considéré, il préférait se coucher. Quant à M. B..., il avait depuis longtemps
pris le même parti. Il était huit heures du soir,
c'était le moment de la réunion. Je me couvris à
la hâte de mon grand manteau, dont je jetai un
coin sur l'épaule gauche et je sortis en quête de
la maison où devait avoir lieu la fête, mais que je
ne connaissais pas encore. Je pensais qu'il ne me
serait pas difficile de la trouver ; car la musique
militaire ayant été engagée pour y jouer, ses
accents martiaux devaient me servir de guide ;

cependant j'eus beau tendre l'oreille, je n'entendis rien. Du reste, pas de voitures ni de laquais comme chez nous pour indiquer le point où avait lieu la fête, ce luxe est inconnu à La Paz. La rue était noire et déserte.

Des renseignements que je pris à une boutique du voisinage me conduisirent enfin à la porte que je cherchais. Elle était ouverte. Une petite Indienne que je trouvai dans la cour, jugeant à mon gilet blanc (j'avais ouvert mon manteau) que j'étais au nombre des invités, m'indiqua aussitôt la nouvelle direction que je devais suivre, et je grimpai, dans une obscurité presque complète, jusqu'à la galerie du premier étage, au fond de laquelle j'aperçus une faible lueur; elle acheva de me mettre dans la bonne voie.

Deux nouvelles portes entre-bâillées que je poussai successivement me menèrent enfin à un point habité : c'était une petite chambre au milieu de laquelle, près d'une table garnie de tasses et de verres demi-vides, plusieurs invités fumaient leurs cigares. Dans un coin étaient accroupies deux *senoras* qui s'occupaient à faire des glaces, pendant qu'une vieille négresse sucrait un peu plus loin, sur un réchaud, une marmite de punch. Telle était la première antichambre de la salle

du bal; mais, avant de la quitter, disons que les
señoras qui faisaient les glaces étaient la mère et
la sœur de l'héroïne de la fête.

Après avoir présenté mes compliments à ces
dames, ainsi qu'au maître de, la maison, qui faisait partie du groupe de fumeurs, et qui voulut
bien se charger de mettre mon manteau en lieu
de sûreté, je fus introduit dans l'antichambre
n° 2. Elle n'était éclairée que par les rayons de
lumière qui s'échappaient des pièces contiguës.
Je fus donc quelques instants sans pouvoir définir
bien clairement ce qu'elle contenait. Mon indéci-
sion momentanée fut cause qu'en voulant la traverser trop rapidement, j'allai frapper un peu
rudement contre un corps mou que je reconnus
aussitôt être une *señora*, enveloppée, jusqu'à la
couronne de la tête, d'un grand châle. Je m'empressai d'offrir des excuses de ma maladresse, et
je constatai, ce faisant, que la chambre obscure
était à moitié remplie de *señoras* en grands châles.
Elles étaient en demi-cercle de chaque côté de
l'espace laissé libre pour le passage, les unes assises sur des chaises, d'autres, moins fortunées,
sur des malles, et deux ou trois sur un lit. J'appris
que ces *señoras* étaient des parentes ou des amies
des invitées ou bien leurs mères, qui, n'étant pas

assez « habillées » pour paraître sur le premier plan
de la fête, voulaient au moins en avoir la vue.
Elles y venaient, comme on dit, en *mosquete-
ras* (1). L'antichambre nº 2 contenait, en un mot,
ce que l'on appelle dans le pays *la mosqueteria.*

Un pas de plus me porta dans la salle de bal.
Là, plus de cigares, plus de grands châles.

Ce n'était que soie et dentelles, que gants blancs
et bottes vernies (excepté les miennes toutefois);
mais, en revanche, un silence complet. Les *señoritas* étaient assises d'un côté de la salle. Les
hommes, à quelques exceptions près, occupaient
le côté opposé. Les uns et les autres attendaient
la musique militaire qui ne paraissait pas. Nous
apprîmes bientôt qu'elle n'arriverait qu'à neuf
heures et demie, étant retenue autre part par des
devoirs plus exigeants. Le cas n'ayant pas été prévu,
on avait négligé de se pourvoir d'autres instruments. Le triste silence qui régnait, à mon entrée,
continua donc après que je me fus assis, et se
prolongea jusqu'à l'arrivée de cette musique si
impatiemment attendue. Je ne puis dépeindre
l'effet qu'elle produisit. Le premier roulement de
tambour sembla faire couler de l'électricité dans

(1) Les Espagnols donnent le nom de *mosqueteros* à ceux qui, dans
un théâtre, sont au parterre.

les nerfs de tous les assistants ; et le sourire de
l'animation reparut comme par enchantement sur
toutes les figures, y compris, je crois, la mienne.
En même temps le punch parut. Les jeunes gens
s'emparèrent chacun d'une ou deux tasses du
breuvage animant, et les présentèrent aux *señoritas*. Puis l'orchestre ayant entonné un air de
quadrille, les danses se formèrent et le bal commença.

Lorsque j'entrai dans le salon, j'étais bien décidé
à n'être que spectateur de la fête, et je comptais
me retirer dès que je pourrais le faire sans être
observé ; mais le torrent m'entraîna, je ne sais ma
foi comment, et, prenant une *pareja* (danseuse),
je fis comme les autres. J'avais déjà presque oublié
ma fièvre. A une première danse en succéda une
autre ; une seconde distribution de punch suivit
également la première, et l'exaltation des *señoritas*
s'éleva en raison directe des doses d'alcool qui
leur étaient distribuées ; cependant elle était loin
d'être à son maximum.

Il y eut un moment de repos, pendant lequel on
apporta les glaces qui furent déclarées excellentes.
On fit venir ensuite des bouteilles de champagne
et de xérès. Chaque *caballero* s'arma aussitôt d'autant de verres qu'il en pouvait porter, et les *seño-*

ritas eurent à répondre successivement, et sans qu'il y eût moyen de s'en défendre, à toutes les invitations qui venaient tour à tour, ou simultanément, les assaillir.

Les têtes s'échauffaient à mesure. Une nouvelle phase du bal allait commencer. Les danses nationales ou *bailesitos* furent introduites. Celles-ci n'ont véritablement du mérite que lorsqu'elles sont dansées à chaud, si je puis parler ainsi. Il s'y tient alors un certain langage que l'on y chercherait en vain lorsque les danseurs ont la tête froide et reposée.

Notre orchestre militaire jouait admirablement les airs de *bailesitos;* on eût dit qu'il ne s'était jamais exercé que dans ce genre. Le tic-tac du tambour, dont les baguettes frappaient alternativement sur le bois et le parchemin, leur donnait un entrain inimaginable. Enfin, les couplets que l'un de nos musiciens chantait en même temps, bien qu'ils ne fussent pas tous des plus chastes, ne laissaient pas que d'être très piquants (1).

Les danseurs ne sont ordinairement qu'au nom-

---

(1) Il faudrait entendre débiter ces couplets, de sa voix stridente, par un *cholo* du Pérou, pour en avoir une idée un peu correcte; aussi ne les reproduirai-je pas ici. J'en ai d'ailleurs donné un exemple dans mon *Voyage dans le sud de la Bolivie*, auquel je renvoie mes lecteurs.

bre de deux ou de quatre pour chaque *bailesito*,
mais ils ne sont pas les seuls qui y prennent part.
Il vient un moment (on appelle ce passage de la
figure le *zapateado*) où, à un signal des musiciens
(*jaleo!*) (1), toute la salle se met à battre des mains
en mesure, à se trémousser et à exciter de la voix
et du geste les *bailarinos*. C'est surtout à cet instant que l'on reconnaît jusqu'à quel point est
montée la bonne humeur de l'assemblée. Je m'a-
perçus que celle de la nôtre l'était déjà d'une manière très distinguée, et je pensais qu'on en res-
terait là ; mais je me trompais.

Pendant un entr'acte, les *senoritas* réunies en
conseil décidèrent qu'un certain colonel, qui était
déjà très gai, ne l'était pas à beaucoup près assez,
et il fut condamné à être fusillé (*fusillado*). Elles
entourèrent aussitôt leur victime et le firent asseoir
sur une chaise au milieu du salon. L'orchestre
préluda en même temps à une marche funèbre.
Puis le malheureux ou trop heureux colonel eut à
avaler, coup sur coup, autant de verres de champagne ou de xérès qu'il y avait de *señoritas*. Cela
fait, la musique cessa et le condamné fut mis en
liberté.

(1) On nomme ainsi l'action de battre des mains.

Il pouvait être deux heures du matin, plusieurs des danseurs s'étaient retirés, vaincus par
l'effet surexcitant des boissons, et reposaient leurs
têtes appesanties sur les lits de notre hôte. Les autres cherchaient à prendre de nouvelles forces, en
s'escrimant, dans une pièce adjacente, contre un
jambon et des volailles froides dont ils offraient, en
galants *caballeros*, les morceaux les plus délicats
aux *señoritas*. Plus d'une blanche main me tendit
alors, au bout de sa fourchette, une tranche de
canard ou de porc, et bien que j'eusse assez peu
de disposition à accepter des présents de cette nature, il n'en fallut pas moins les avaler.

Malgré le soin que je mis à dissimuler mon état
on remarqua, sans doute, qu'il manquait quelque
chose à mon humeur; car, au moment où je m'y
attendais le moins, les *señoritas* s'emparèrent de
moi et me firent asseoir sur le siége fatal, en
m'apprenant que moi aussi j'étais condamné à
être *fusillado*, et l'orchestre aussitôt de jouer la
marche funèbre qui avait accompagné le supplice
du colonel. Il ne me restait qu'à me résigner; j'ab-
sorbai donc sans résistance tous les liquides qui me
furent présentés. Ma bonne volonté fut telle, que
l'on me donna, je crois bien, plus que mon compte.
D'autres fusillades suivirent la mienne, et à cha-

cune d'elles l'*humour* montait d'un nouveau cran ;
les *caballeros* la mirent enfin à son apogée en or-
donnant la fusillade en masse de toutes les *señoritas*. Il est juste néanmoins de faire remarquer
que la peine ne put être appliquée qu'après une
honnête résistance de la part des condamnées.
Les danses reprirent de plus belle après cette victoire, et le bal se continua avec tout son entrain
jusqu'à cinq heures du matin. En ce moment la
musique battit en retraite, et j'en fis autant ; mais
la maîtresse de la maison et deux ou trois de ses
amies, avec quatre ou cinq des *caballeros* les plus
actifs, continuèrent encore la fête, et j'appris
que, s'étant procuré une guitare, ils n'avaient
cessé de danser qu'à une heure après midi.

Quant à moi, j'avais regagné en hâte mon logis,
mais je me sentais si mal à l'aise que je dormis à
peine. Tous les symptômes que j'avais éprouvés
précédemment s'étant exaspérés, je me fis faire,
dans la journée, une saignée, à laquelle le mal
parut céder. Sept jours après, je crus en effet que
j'étais guéri. Vain espoir ! soit imprudence de ma
part, soit caprice de la nature, je retombai, et ce
ne fut, en définitive, qu'au bout de quarante jours
que je pus mettre le pied hors du lit. Arrivé à ce
terme, les forces me revinrent rapidement, et dix

jours s'étaient à peine passés, que déjà je m'étais hasardé à sortir.

Je m'abstiendrai de tout commentaire sur les scènes dont j'ai cherché à donner une idée dans les pages précédentes, car on pourrait peut-être y entrevoir une critique qui est certes loin de ma pensée. Mon rôle se bornant à celui de narrateur, je laisse à ceux qui me lisent le soin d'établir des comparaisons s'ils le jugent à propos.

Les autres soirées dans lesquelles j'ai eu occasion de me trouver à La Paz, soit seul, soit avec mes compagnons, et où nous avons même eu l'honneur quelquefois de rencontrer le président, furent tous la reproduction plus ou moins complète de celle que j'ai décrite ; il est donc superflu que je m'y arrête.

La musique instrumentale et vocale est moins cultivée à La Paz que sur la côte ; on y voit néanmoins un assez grand nombre de pianos, malgré le prix considérable que la difficulté des transports donne à cet instrument.

Dans cette ville intérieure, la guitare est encore l'instrument que les *señoritas* emploient le plus habituellement pour accompagner leurs chants, qui ne manquent pas d'originalité, bien qu'ils soient quelquefois un peu monotones.

Comme on peut le supposer, les airs que l'on
entend le plus ordinairement, dans les réunions
boliviennes, sont importés de la mère-patrie ; ce
n'est pas à dire cependant qu'il n'en existe pas de
purement nationaux, mais ceux-ci, bannis, je ne
sais pourquoi, des réunions dites *de etiqueta,* sont
réservés pour les petits comités ou réunions *de
confianza;* encore, là, n'y a-t-il qu'un petit nombre
des compositions dont je parle qui aient véritablement droit de cité. Tels sont, en particulier, les
waiños des Indiens Quichuas, mélodies senti-
mentales devenues populaires dans toute la Bolivie, quelques airs de danse ou *bailes*, et enfin
les *yarabis,* qu'il est souvent difficile de distinguer des *waiños.* Le chant de ces derniers est
néanmoins, en général, plus sympathique que
celui des *yarabis,* et il forme à ce titre le com-
plément indispensable de toute sérénade.

S'il est enfin une mélodie qui aille au cœur du
Bolivien expatrié, c'est encore celle du *waiño,*
qui est en quelque sorte, pour l'habitant de la
Cordillère, ce qu'est le *ranz des vaches* pour le
montagnard de l'Helvétie.

Mes lecteurs me sauront gré, je crois, de leur
donner ici un exemple de ce genre de musique.

WAIÑO,

MÉLODIE INDIENNE

Arrangée pour le piano par don Mariano Virreyra, de Cochabamba.

Voici trois stances détachées d'un *waiño*, en langue quichua, avec leur traduction :

> *Tichaska tchilijtchi wiwakuskai*
> *Pitan maitan llanthunaiki?*
> *Ujta llanthunaiki pajtchu*
> *Wakainiiwan kharparkaiki ?*

« Arbre touffu que j'ai planté, dis, ton ombre n'est elle pas mienne ? T'ai-je arrosé de mes larmes pour que tu couvres un autre que moi ? »

> *Itcha mai puriskaikipi*
> *Tineuwaj munakuskaita,*
> *Kanmanta lloyscj hinalla*
> *Willarinki wakaskaita.*

« Sur le chemin que tu parcours, si tu rencontres celle que j'aime, dis-lui combien je la pleure, mais ne lui dis pas qui t'envoie. »

> *Imapajtchuj rejserkaiki ?*
> *S'onkoipa phusikunampoj ?*
> *Tchaska koillu gnawisniiki*
> *Mana gnokaipa kanampoj !*

« Pourquoi, hélas ! t'ai-je connu ? Mon cœur, pourquoi s'inquiète-t-il ? Tes yeux, deux étoiles du matin, que ne sont-ils encore à moi ! »

D'autres mélodies, très populaires dans plusieurs parties de la Bolivie, ont pris naissance parmi les Indiens Callahuayas (1) et portent leur nom. Ces airs ne s'entendent, je dois le dire, qu'accidentellement dans les salons ; mais, en revanche, il n'y a pas de fête parmi *la cholada* où ils ne soient joués. En voici un exemple :

(1) J'ai parlé plus haut de cette petite nation qui occupe deux villages de la province de Muñecas : Curbas et Charazani.

CALLAHUAYA,

MÉLODIE INDIENNE

Arrangée pour le piano par don Pablo Rodriguez, de La Paz.

CHAPITRE XI.

J'ai dit que le but principal de notre voyage en Bolivie était d'obtenir des concessions de terrains sur la rivière aurifère de Tipuani; mais les démarches que nous fîmes tout d'abord pour arriver à cette fin furent loin d'avoir le résultat que nous en attendions. Nous crûmes alors utile de diriger provisoirement notre attention d'un autre côté, et en particulier vers le rio Chuquiaguillo, où de nombreux renseignements nous portaient à croire que l'on pourrait établir des exploitations bien plus avantageuses que celles qui y ont existé jusqu'à ce jour.

Un point connu sous le nom de *la Lancha*, situé à quatre lieues au nord-est de La Paz, dans la partie supérieure de cette petite rivière, nous parut être, avant tous les autres, digne de nos investigations. Je ne rapporterai pas tous les discours fabuleux que nous avons entendu faire à son sujet. Il suffira de dire que, dans l'opinion de presque tous les gens du pays, la Lancha passe pour un vrai puits d'or (*un pozo de oro*). Tout en ne faisant des *on dit* que le cas qu'ils méritaient, nous ne pouvions pas ne pas être frappés de leur unanimité; nous résolûmes donc de faire au moins une visite à la localité en question. M. Marchand eut l'obligeance de s'offrir pour nous servir de guide; et, ne voulant pas faire les choses à demi, il se chargea des provisions pour la route. Un jour du mois de mai, nous nous levâmes donc de grand matin, et, montés sur nos mules, nous nous dirigeâmes vers la maison de notre ami, où nous attendait un plat de *chupé*. Il était cinq heures lorsque nous sortîmes de la ville. Passant par la *guarita* de Coroico, nous grimpâmes sur une colline élevée qui sépare la *quebrada* de La Paz de celle de Poto-Poto ou de Chuquiaguillo.

Cette colline est remarquable en ce que toute la partie qui regarde la ville glissa, il y a vingt ans, sur sa base, et continua, pendant quelque temps, à s'avancer graduellement vers la ville. Je laisse à

penser quelle dut être l'émotion des habitants à
la vue de ce phénomène. La masse s'arrêta fort
heureusement à temps, mais les traces de son
glissement sont encore très visibles dans plusieurs
parties de la montagne, surtout vers sa partie supérieure.

Une fois dans la vallée de Poto-Poto, nous n'avions
qu'à la remonter pour arriver à notre destination,
la rivière qui l'arrose étant la même que celle qui
passe à la Lancha.

Le climat de Poto-Poto et celui de La Paz sont
à peu près semblables, bien que Poto-Poto soit,
à ce que l'on assure, un peu moins abrité. On
s'étonne néanmoins que, malgré cette considération, l'on n'y ait pas bâti la ville de La Paz ;
elle y aurait été bien mieux que dans son site
actuel.

Le sol de Poto-Poto, ainsi que celui de la *quebrada* voisine, est formé partout d'un immense dépôt
d'alluvion de nature assez homogène ; si ce n'est,
à une certaine hauteur, où la masse est coupée horizontalement par un banc de trachyte dont l'épaisseur peut être d'un ou deux mètres. Au-dessus et
au-dessous de ce banc, le dépôt alluvial paraît
être de même nature. Le fond du ravin continuant
à s'élever, il arrive un moment où il se trouve au

niveau du trachyte, que l'on cesse dès lors d'apercevoir.

Pendant la première partie de la route, et surtout au niveau des parties cultivées de la *quebrada*,
la vue est égayée par la présence de plusieurs arbustes à fleurs éclatantes, parmi lesquels le *Mutisia viciæfolia* aux fleurs orangées tient le premier rang. Un *Solanum* à corolles lilas, un *Adesmia*
à fruits violets et un *Flottovia* épineux concourent
aussi à rendre ce point des environs de La Paz un
peu moins nu que ceux que l'on y traverse habituellement. Je ferai remarquer, en passant, que
les végétaux que je viens de nommer sont, avec
un ou deux autres, les seules plantes ligneuses
marquantes du pays.

A deux lieues de La Paz se trouve, sur le chemin
que nous suivions, le petit village de Chuquiaguillo,
et, au-dessous de lui, dans le fond même de la
quebrada, l'exploitation de même nom, aujour-
d'hui la propriété des adjudicataires de l'ancien
monopole des quinquinas boliviens.

Le temps ne nous permit pas d'examiner les
travaux de ce *lavadero* le jour de notre visite à la
Lancha ; mais nous eûmes occasion de les étudier
quelque temps après. Afin d'éviter des redites,
je demanderai à mes lecteurs la permission de les

initier dès ce moment aux connaissances que nous y acquîmes; les détails dans lesquels je vais entrer rendront plus compréhensible ce que j'aurai à dire de la Lancha elle-même.

L'or de Chuquiaguillo se rencontre à l'état de pépites de forme et de poids très divers, dans des strates horizontales de sable argileux appelées *venerillos*, séparées par d'autres strates presque complétement stériles.

Le nombre de *venerillos* n'est, en général, que de deux ou de trois; mais leur épaisseur peut varier de 1 décimètre à 1 mètre, et leur richesse d'une manière plus notable encore. Leur couleur est assez ordinairement ochracée, et l'on y rencontre constamment des cailloux arrondis ou de forme allongée (1), qui, étudiés en place, paraissent souvent se disposer en lignes horizontales, comme la couche elle-même; particularité qui n'a jamais lieu dans les couches, presque constamment stériles, intermédiaires.

Ces dernières sont d'une nature bien plus argileuse que les *venerillos*, et elles contiennent des galets en bien plus grand nombre. Selon qu'elles

---

(1) Ces cailloux allongés, qui sont des fragments de schiste phylladien, sont regardés comme particulièrement caractéristiques des couches aurifères; les mineurs les ont comparés à des briquets (*eslabones*).

sont plus ou moins meubles ou qu'elles passent en se pétrifiant à l'état de poudingue, on leur donne les noms de *lama* et de *greda* (1) ou de *cangalli*.

Supérieurement, les *venerillos*, ou les couches qui les accompagnent peuvent être à nu, mais cette circonstance est rare ; ils sont ordinairement recouverts par un dépôt plus ou moins considérable de sable stérile appelé *tierra muerta*. Puis enfin, au-dessous de la zone aurifère, on voit un autre dépôt terreux, stérile aussi, que l'on nomme *plan de tierra*, sous la surface duquel on a reconnu qu'il n'existait jamais de *venerillos*, et que l'on se garde bien, par conséquent, d'entamer.

Dans quelques points de la rivière on a été arrêté à une certaine profondeur par des roches de grès ; mais jamais on n'a découvert de sable aurifère en contact avec elles. Quant aux roches schisteuses ou *phylladiques*, sur lesquelles, dans les Andes, reposent immédiatement les grès, et qui constituent le *plan de peña* des mineurs, elles n'ont jamais été rencontrées à Chuquiaguillo ; mais on est théoriquement d'opinion que ce plan doit porter des sables d'une grande richesse, con-

---

(1) Les Espagnols se servent de ce mot pour désigner la craie (en latin *creta*) ; il est rare qu'ils l'emploient, comme on le fait ici, pour signifier un sable argileux.

stituant ce que l'on est convenu de nommer un *venero* (1).

Le chemin qui nous conduisit au point de la rivière actuellement en exploitation, passait, dans le fond même du ravin, sur d'immenses monceaux de galets et de rochers arrondis qui résultaient de lavages antérieurs.

Nous entrâmes ensuite dans une espèce de chemin creux ou *callejon*, encombré de galets, et sur les berges perpendiculaires duquel se dessinaient les tranches de plusieurs strates de *greda* ou de *lama*, séparées par de minces *venerillos*; ce chemin se terminait bientôt au pied d'un mur construit en pierre sèche dont la partie inférieure servait de mur de soutènement; mais, supérieurement, ce même mur formait l'écluse d'un réservoir dans lequel on accumulait à volonté les eaux de la rivière. Une vanne, ouverte directement sur le *callejon*, leur permettait de s'y précipiter en masse, à un moment voulu, et de le balayer, en enlevant toutes les matières dont la densité ou le volume n'opposaient pas à son action un obstacle invincible.

(1) Le *venero* ne diffère du *venerillo* que par le seul fait de reposer sur un plan de roc au lieu d'être situé, comme le *venerillo*, sur un plan de gravier ou d'argile.

La coupe suivante servira à fixer les idées sur les objets dont il vient d'être question.

Coupe du terrain aurifère de Chuquiaguillo.

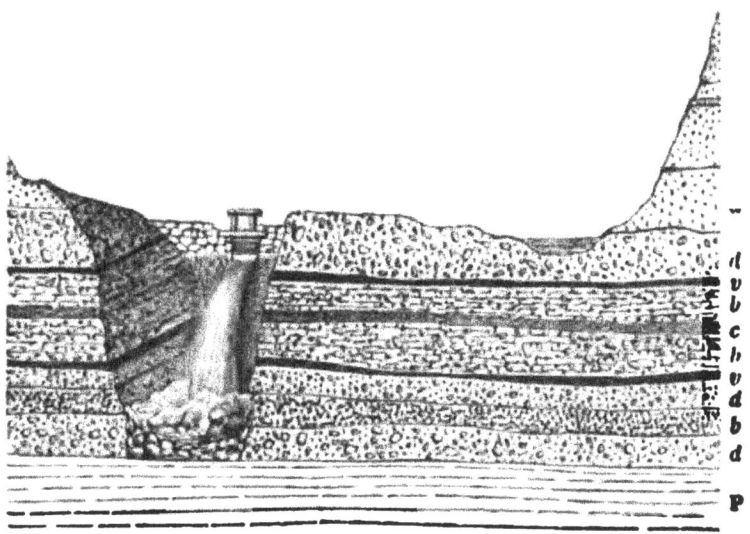

C, vanne d'une *cocha*, ouverte sur le *callejon*.

R, rio de Chuquiaguillo.

P, *plan de tierra.*

v, *venerillos.*

a, *tierra muerta.*

b, *lama.*

c, *cangalli.*

d, *greda.*

Rien de plus facile maintenant que de comprendre la méthode employée pour obtenir la séparation de l'or du sable qui le contient. Elle consiste en un lavage à trois temps.

1*er temps.* Lavage de la terre en masse, dans le *callejon*, ou lavage par *cocheo*, ou par chasses.

2* temps.* Lavage du résidu du lavage précédent, dans un appareil particulier connu sous le nom de *aviraña.*

3ᵉ *temps.* Lavage du résidu de l'*aviraña* à la sébille ou *batea.*

1° Pendant que l'eau s'accumule dans le réservoir supérieur ou *cocha*, des hommes placés dans le *callejon* font ébouler des portions de ses berges (*greda, lama* et *venerillos*) et en minent d'autres, afin que le moindre effort puisse les faire tomber. Quand tout est prêt, la vanne est ouverte, et la *cocha* s'y précipite comme il a été dit. L'or et les éléments les plus denses ou les plus pesants du sol restent seuls sur place, en formant une couche plus ou moins épaisse sur la strate qui constitue le plancher ou fond du *callejon*. Presque tout le reste est emporté par la *cocha*. Les parties les plus légères sont précipitées jusqu'à la rivière (1) qui les entraîne au loin ; les autres, qui finiraient par engorger la voie si on ne les enlevait, sont empilées en bon ordre dans les points de l'exploitation déjà dépouillés de leurs richesses.

Quand le réservoir est vide, on referme la vanne, et, pendant qu'il s'emplit de nouveau, on désagrége de nouvelles portïons du sol ; puis, nouvelle chasse, et ainsi de suite.

---

(1) On comprend que, pour tirer du rio de Chuquiaguillo le parti que j'ai indiqué, il faut que sa pente soit considérable et que le *callejon* ait été commencé assez loin au-dessous du point en exploitation.

Il arrive enfin un moment où toute la partie exploitable des berges du *callejon* se trouve enlevée. Il n'y a alors d'autre ressource que de bâtir plus haut un autre réservoir, et de prolonger le *callejon,* au moyen de nouvelles *cochas,* dans un sol vierge encore.

2° Lorsque la terre concentrée par l'action des chasses forme dans le fond du *callejon* une épaisseur notable, elle est soumise au second lavage qui se fait, ai-je dit, dans un appareil appelé *aviraña.* C'est une longue caisse à fleur de terre dont le fond, légèrement incliné, est recouvert d'une toile épaisse et garni de pavés qui laissent entre eux des intervalles de un à deux pouces. Le sable du *callejon* est jeté par pelletées à la tête de cette espèce de canal, où il rencontre un fort courant d'eau qui entraîne en un clin d'œil toutes les matières légères échappées à l'action de la *cocha ;* des ouvriers armés de houlettes et de houes jettent de côté les galets plus pesants. L'or seul, quelques petits cailloux et les éléments les plus denses du *venerillo,* tels que des cristaux de grenat, de zircon et de fer oxydulé et titané, s'enterrent dans les interstices que laissent entre eux les pavés.

3° A la fin de la journée, le pavage est enlevé

avec soin, et tout ce qui reste sur la toile est soumis à un lavage à la main dans des sébilles de bois ou *bateas*, au moyen desquelles on effectue très facilement la séparation définitive du métal.

La richesse du sable qui résulte du lavage en gros opérée par les *cochas*, varie beaucoup. En effet, tel point du *callejon* ne donnera tout au plus que quelques centigrammes de métal par *batea*, tandis que tel autre pourra en livrer plusieurs grammes. C'est ce qui eut lieu lors de notre visite. Dans les premières *bateadas* de sable que nous vîmes essayer, il ne se montra en effet tout au plus qu'un demi-gramme d'or, c'est-à-dire un vingt millième du poids du sable analysé, tandis que dans une autre *batea*, que don Felipe, le directeur de l'exploitation, fit également laver devant nous, il se trouva 25 décigrammes de pépites, ou un quatre millième du poids du sable contenu dans la sébille.

Quant à la terre brute des *venerillos* de Chuquiaguillo, en général, c'est à peine si l'analyse d'une *batea* y fait découvrir quelques atomes de métal. Mais aussi y rencontre-t-on quelquefois accidentellement des pépites d'un volume considérable. Il me suffira, par exemple, de citer ici la fameuse pépite envoyée jadis de ce point en Espagne par le comte de la Moncloa, et dont le poids était, dit-on, de plus de 20 kilogrammes. A d'autres époques, et bien plus récemment, le hasard y a fait découvrir d'autres pépites du poids de plusieurs livres.

Pendant la présidence du général Ballivian, un Indien venait, de temps à autre, vendre à La Paz des morceaux d'or qui paraissaient avoir été enlevés, au ciseau, d'une masse considérable de ce métal, et plusieurs personnes jugèrent, à la couleur de l'or, que la masse en question devait aussi provenir de la rivière de Chuquiaguillo. On essaya de faire parler l'Indien, mais on ne réussit, par aucune promesse, par aucune séduction, à le déterminer à lâcher son secret. L'histoire étant parvenue aux oreilles du président, celui-ci espéra qu'il obtiendrait sans peine ce qui avait été refusé à d'autres ; mais l'Indien tint bon. Voyant enfin que les moyens doux ne suffisaient pas, le général employa les menaces, la prison, etc., mais sans obtenir davantage. Le pauvre homme fut enfin condamné à servir toute sa vie dans l'armée, comme coupable de désobéissance et de s'être joué du chef de l'État ! Depuis lors, on n'a plus entendu parler ni de l'Indien ni de sa trouvaille (1).

Le titre de l'or de Chuquiaguillo varie beaucoup; mais en général il est très bas et contient
quelquefois, m'a-t-on dit, plus de la moitié de
son poids d'argent. A La Paz, il est très rare
qu'il se vende à un plus haut prix que quatorze
piastres (70 francs) l'once.

Les sommes dépensées annuellement dans l'exploitation de Chuquiaguillo ne dépassent pas, à ce
que l'on m'a assuré, trois mille piastres, et les
bénéfices nets seraient, en moyenne, d'environ
la moitié de cette somme.

Reprenons le chemin de la Lancha dont, à
Chuquiaguillo, nous étions encore éloignés de deux
bonnes lieues.

Continuant à remonter la direction du ravin,
en suivant un chemin qui semblait collé à un de
ses versants, nous nous élevâmes successivement
dans des couches d'atmosphère de plus en plus
déliées, et nous arrivâmes enfin en vue de l'objet
de notre excursion. Nous étions alors environ à
5,000 mètres au-dessus du niveau de la mer, par
conséquent, en pleine Cordillère; aussi pouvions-

---

(1) Quelques personnes de La Paz m'ont affirmé que l'Indien était
mort sous le fouet.

nous à peine faire six pas sans nous arrêter pour prendre haleine.

La première chose qui attira notre attention fut une immense digue de roc qui coupait le ravin en travers, et vers une des extrémités de laquelle la rivière s'était frayé un étroit passage. Évidemment cette digue a été pendant longtemps un obstacle immense aux flots qui ont parcouru le ravin de Chuquiaguillo, ainsi que le témoigne l'usure évidente de toutes ses parties, et il était rationnel d'admettre que, pour peu que les eaux entraînassent de l'or, il devait en être resté beaucoup derrière cette barrière naturelle.

Que les torrents en question aient charrié de l'or, il ne peut y avoir le plus léger doute; les *lavaderos* de Chuquiaguillo et d'autres sont là pour le prouver. Mais tout est de savoir si l'or extrait de ces *lavaderos* a ou non traversé la Lancha actuelle. Quant à moi, je suis fortement disposé à croire que si la pépite du comte de la Moncloa avait eu à passer par là, elle aurait été la première à s'arrêter derrière la grande digue dont j'ai parlé.

Quoi qu'il en soit, lorsque nous eûmes fait quelques pas de plus pour chercher de nouvelles indications de l'existence de notre chimère, nous n'aperçûmes qu'un grand marais. C'est lui qui porte, à proprement parler, le nom de *Lancha*, mot qui signifie littéralement « bateau ».

A un quart de lieue au-dessus de la digue, le marais se termine, en se rétrécissant, au pied d'une autre roche qui s'élève verticalement à la hauteur d'une dizaine de mètres. La rivière se jette par-dessus, en laissant sa surface couverte de grandes stalactites de glace, puis son courant suit en serpentant le bord droit du marais, où il s'est ouvert un petit canal.

Enfin la Lancha s'étrangle dans un point de sa surface, et offre ainsi dans son contour la forme d'un huit de chiffre. Peut-être doit-on chercher la figure du bateau auquel on a comparé ce site dans l'ensemble que le marais forme avec les grandes montagnes de schiste bleuâtre qui s'élèvent abruptement autour de lui. Dans cette manière de voir, la surface du marais constituerait le pont du navire, et ce serait dans la cale que se trouverait l'or, c'est-à-dire, sur le plan de rocher que l'on suppose devoir former le fond du bassin.

On a fait, à diverses époques, quelques essais qui ont eu pour but de s'assurer de l'existence du précieux métal, et l'on nous a conté, à ce sujet, une infinité d'histoires très attrayantes, trop at-

trayantes pour qu'il nous fût possible d'y ajouter
foi. On ne s'accordait néanmoins tout à fait que
sur un seul point, c'est que les tentatives faites
échouèrent définitivement toutes, par suite des
infiltrations qui venaient remplir les puits au moyen
desquels on cherchait à gagner le niveau du *venero*,
et dont il est resté plusieurs traces.

Quelque temps après notre première excursion
à la Lancha, M. de H... et moi y en fîmes, avec
Franck, notre charpentier, une seconde, et nous
y restâmes plusieurs jours, afin de l'étudier à
notre aise. Nous couchions, pendant ce temps,
sous une tente de serge du pays, exposés pendant
la nuit, même sous cet abri, à une température
qui se maintenait presque constamment à 3 degrés
au-dessous de zéro. Je dois dire, au reste, que
nous ne souffrîmes nullement de ce froid, tant
nous étions bien garantis par les couvertures dont
nous avions composé nos lits. Une fois le soleil
levé, et le verglas et la neige dissipés sous ses
rayons bienfaisants, nous jouissions d'une température aussi agréable que dans les vallées les plus
tempérées.

Cela durait jusqu'à trois heures de l'après-midi,
heure à laquelle l'astre du jour se cachait derrière
les montagnes. Alors commençait régulièrement

notre hiver diurne, et nous nous empressions de rentrer au bercail, où nous nous enfermions aussi hermétiquement que possible. Puis, à demi enfoncés sous nos couvertures, nous nous gorgions, à l'envi, d'un *chupé* chaud, que notre cuisinier indien avait passé la journée à nous préparer.

Malgré le petit nombre de commodités que présentait la Lancha, nous n'en étions pas les seuls habitants ; plusieurs Indiens y avaient fixé leur domicile, dans de petites huttes nichées sur les gradins de la montagne, et tous les jours ils faisaient paître leurs moutons et leurs Alpacas sur le tapis vert du marais. Ce fut de l'un d'eux que j'obtins, plus tard, pour ma collection, un de ces derniers animaux. Les vigognes s'approchaient également de temps à autre de notre campement, et Franck fut, un jour, assez heureux pour en abattre une.

Les Viscaches n'étaient pas rares sur les rochers qui formaient la limite supérieure du marais, et elles vinrent plusieurs fois varier notre menu, en compagnie de quelques canards (1), propres comme elles à ces régions élevées. Mais parmi tous les habitants ailés du pays, le plus curieux, sans

(1) *Anas speculoides* et *A. flavirostris.*

contredit, est une espèce de Pic (*Picus rupicola*) bariolé, qui, malgré son nom de *Carpintero* (char- pentier), a toutes les allures d'un maçon ; en effet, au lieu de travailler les arbres, comme le font ses congénères, ce n'est, dans cette région de grami- nées, que le roc et la terre que son bec peut mar- teler. On rencontre invariablement ces oiseaux par paires isolées ; ils volent en rasant la terre, et se posent, au bout de quelques instants, sur une motte de terre ou sur un rocher, en faisant en- tendre un long roucoulement aigu. Si l'on tue l'un des époux, il est rare que l'autre ne vienne pas se placer à côté de son cadavre, où il semble demander le même sort, prière que le chasseur n'a ordinai- rement garde de repousser, car le *Carpintero* de la Cordillère est un morceau friand.

Il était naturel que je m'attendisse à ne rencon- trer qu'un assez petit nombre de végétaux dans une région dont le niveau est aussi élevé que le sommet du Mont-Blanc. Aussi fut-ce tout à fait contre mon attente qu'en faisant le compte des es- pèces que je recueillis sur les pelouses de la Lan- cha, dans les flaques d'eau qui y étaient éparses, ou sur les rochers qui l'environnent, je trouvai que j'avais ajouté près de cent espèces à ma col- lection. Je ne doute même pas que je n'en aie en-

core laissé autant à découvrir aux botanistes qui
visiteront cette localité après moi, et à d'autres
époques de l'année.

Pendant que je cueillais des fleurs, M. de H...
étudiait la Lancha sous un autre point de vue, et
il résulta de son examen une détermination d'y
faire un sondage en règle. M. B... demanda aussitôt et obtint du gouvernement une autorisation à
cet effet. En d'autres termes on lui accorda le
droit de fouille (*el derecho de cateo*) dans toute
l'étendue de la Lancha, pendant un temps déterminé, au bout duquel il pouvait, s'il le jugeait
convenable, se rendre possesseur, à tout jamais,
des lieux, en ne payant au propriétaire actuel que
la valeur brute du terrain, ainsi que le veut le
Code des mineurs.

Les préparatifs pour la fouille furent commen-
cés quelques jours après. Franck, d'un côté,
se mit à l'œuvre pour tailler les pièces de bois
nécessaires au cuvelage d'un puits destiné à traverser les couches stériles que l'on supposait exister au-dessus de la couche aurifère. D'un autre
côté, notre forgeron, avec l'assistance d'un ouvrier du pays, entreprit de faire une sonde arté-
sienne dont l'usage devait être d'aider à déterminer le lieu le plus propre à des explorations plus

minutieuses. Les difficultés qui accompagnèrent la confection de cet instrument furent très grandes, mais elles eurent cela de bon qu'elles nous donnèrent la mesure exacte de ce que l'on pouvait tirer du pays, dans des cas analogues. Je me contenterai de dire ici que ce ne fut qu'après un mois et demi de travail assidu que M. de H... parvint à faire faire, dans une forge de La Paz, un outil des plus grossiers, que l'on aurait construit en trois jours dans tout atelier bien monté de Paris, où il n'aurait certes pas coûté aussi cher que le charbon seul employé pour le fabriquer dans la forge bolivienne. Si j'ajoute que la location de cette forge, indépendamment de tout travail manuel, si ce n'est de celui du souffleur, coûta quatre piastres (20 fr.) par jour, on se fera facilement une idée du prix de l'appareil complet.

Enfin, tout étant prêt, M. de H... partit pour la Lancha et se mit à l'œuvre. Je ne rendrai pas compte de toutes les nouvelles tribulations, toutes les souffrances mêmes par lesquelles il eut à passer avant d'atteindre son but. La connaissance que l'on a déjà des lieux les fera trop facilement deviner. Une fois entre autres, il se vit obligé de suspendre son travail pendant plusieurs jours de suite et de rester enfermé, par suite de l'abondance de la neige sous le poids de laquelle sa tente fut au moment de s'affaisser.

Les cinq premières piqûres de la sonde furent faites dans la direction d'une ligne partant du pied de la digue, et dirigée parallèlement à l'axe du marais, à une vingtaine de mètres sur la droite d'un ancien puits. Dans toutes ces expériences, l'extrémité de la sonde alla frapper la roche avant d'avoir dépassé la profondeur de trois mètres, et après avoir traversé une épaisse couche d'argile solide, recouverte d'une autre couche bien moins forte de terre tourbeuse souvent presque entièrement formée des souches de quelques plantes aquatiques (1). Dans la sixième expérience, la sonde rencontra encore le roc à trois mètres, mais en traversant, au-dessous de l'argile, une couche très mince de sable noirâtre. Enfin, dans le septième essai et dans tous les suivants, l'instrument n'arriva plus au plan solide, se trouvant arrêté, au-dessous de trois mètres, par une bouillie épaisse d'argile diffluente qui pressait de toute part sur la tête de la sonde, et qu'il fut impossible de traverser.

M. de H... crut, avec raison, que cette couche

_____

(1) En particulier d'une espèce de Joncée acaule, du genre *Distichia* (*D. macrocarpa* N. mss.).

d'argile diffluente qu'il rencontrait partout à la même profondeur devait exister dans toute l'étendue de la Lancha, et il ne se dissimula pas les difficultés qu'elle pourrait opposer à la suite de ses explorations. Enfin, après quelques nouveaux tâtonnements, il se décida à percer son puits dans l'endroit même où l'on avait déjà fait antérieurement une tentative du même genre, détermination qui ne laissait pas que de faire honneur à la sagacité de ceux qui les premiers avaient fait choix de ce lieu pour leurs recherches.

Une tranchée circulaire qui communiquait avec la rivière fut d'abord ouverte, afin d'empêcher les infiltrations superficielles; la pompe devint ainsi presque inutile. On commença ensuite le creusement du puits lui-même. La couche d'argile solide fut traversée sans obstacle, mais il n'en fut pas de même de la bouillie; elle pressait si fort sur les pièces de bois employées pour la maintenir, que plus d'une fois celles-ci craquèrent comme des allumettes, et il fallut plusieurs jours de travail pour en venir à bout. L'épaisseur de ce dépôt était d'environ trois mètres. Le terrain supérieur, en s'affaissant peu à peu, vint heureusement en aide aux travailleurs, qui eurent le plaisir de toucher enfin un sol plus résistant. Ils l'examinèrent avi-

dement, mais, hélas! les formes anguleuses des
premières pierres qui en furent retirées ne laissèrent bientôt aucun doute sur sa stérilité. Ce ne
pouvait être qu'un dépôt tout moderne, résultant,
selon toute probabilité, de l'éboulement des berges
mêmes du ravin. Les couches supérieures étaient
plus modernes encore. Il devenait dès lors infiniment probable que les strates réellement aurifères
étaient à une profondeur incomparablement plus
grande que l'on ne se l'était imaginé, et la faus-
seté de toutes les histoires dorées que l'on s'était
plu à faire circuler au sujet des anciennes trou-
vailles devint, dès ce moment, évidente pour
tout le monde. Il semblait même plus que probable que ceux qui, avant nous, avaient exploré
la Lancha, n'avaient jamais plongé plus profon
dément que la surface de la couche diffluente.
Quoi qu'il en soit, M. de H... ne crut pas devoir
s'arrêter là, et il fit pénétrer son puits, dont le
creusement n'offrait plus aucune difficulté sérieuse, à plusieurs mètres plus bas, mais sans
réussir à rencontrer d'autres matières que ces dé-
tritus modernes. Il était déjà arrivé à une profondeur telle qu'il ne lui eût pas fallu moins qu'une
entière certitude de rencontrer un riche *venero*,
pour qu'il pût s'engager à pousser au delà, et cette

certitude, il était loin de la posséder ; aussi bientôt jugea-t-il prudent de mettre fin à ses recherches.

Peut-être, dans le siècle prochain, quelque autre spéculateur reprendra-t-il l'expérience, en entendant ajouter aux traditions déjà en vogue, au sujet de ce « puits d'or », l'énumération des « trésors » que nous y avons rencontrés.

CHAPITRE XII.

Lavages d'or du rio de La Paz. — Mines de cuivre et d'argent de Corocoro et de la Chacarilla. Titre et valeur de la *barilla*. — Mines d'argent de Pacoani. — Carrières de marbre. — Pierre de Berenguela.

Ce n'est pas seulement dans le rio de Chuquiaguillo que, près de La Paz, on rencontre de l'or;
tous les autres cours d'eau de cette région, et notamment le rio de La Paz lui-même, en contiennent
dans leur lit une quantité plus ou moins considérable. Le village de Los Obrages dont il a été question, doit son nom à une exploitation lucrative de
ce métal qui y a existé pendant longtemps. Dans un
autre point du cours de la même rivière, situé au
confluent du rio de Caracoto, et connu sous le
nom de Aranjuez, il y aurait même d'immenses
trésors, d'après le calcul des mineurs du pays; il
se pourrait bien cependant qu'il en fût de ceux-là
comme des trésors de la Lancha : s'ils existent, ils
sont probablement à une trop grande profondeur
pour qu'il soit possible d'y atteindre.

Par le peu que j'en ai dit, on peut déjà se former une idée de la position occupée par l'or dans les alluvions de cette partie de l'Amérique. Cette position est en effet presque constamment assez profonde; si parfois on trouve de l'or dans les couches superficielles du sol ou du lit des rivières, c'est en général en quantités comparativement minimes. On se tromperait donc presque constamment si l'on supposait que toutes les rivières du Pérou qui contiennent de l'or charrient actuellement ce métal. L'or véritablement exploitable, résultant incontestablement de la destruction de filons de quartz encaissés dans les schistes phylladiques, se trouve toujours dans les alluvions anciennes et a été déposé dans ses gisements actuels par des courants diluviens dont les plus formidables torrents de nos jours ne sont que de faibles images. Je reviendrai sur ce sujet.

Le voisinage de La Paz présente encore de riches exploitations de plusieurs autres métaux; mais je ne dois guère en parler ici que pour mémoire. Les plus intéressantes, sous le point de vue scientifique, sont, sans contredit, celles de cuivre natif de Corocoro, village situé à environ vingt-deux lieues au sud-ouest de La Paz, et celles de la Chacarilla, qui sont à dix lieues environ au sud-

sud-est des précédentes, dont elles sont séparées par le canal du Desaguadero.

Le métal, au lieu de s'y présenter, comme cela a lieu presque généralement, dans des filons enclavés dans des roches primitives, s'y rencontre dans une roche sédimentaire, friable, qui n'est autre qu'un grès légèrement argileux, ou ce que les géologues appellent une *psammite* (1). Tantôt, et c'est le cas le plus ordinaire, le cuivre y est à l'état de petits grains irréguliers et comme spongieux (*barilla*) disséminés au milieu de la pâte sableuse, qui peut prendre alors l'aspect de quelques granits. D'autres fois il forme des grumeaux ou des rognons plus ou moins arrondis (*papas*), ou bien des cristaux qui constituent des arborisa-

(1) Les strates dont cette roche est composée ont une puissance qui varie de quelques décimètres à plusieurs mètres, et constituent par leur inclinaison différente deux systèmes que les mineurs du pays ont désignés par les noms de *vetas* (filons) et de *ramos*. Il y a, à l'extrémité septentrionale du ravin de Corocoro, une coupe naturelle de la formation, où le rapport de ces deux systèmes de strates est parfaitement visible, et où il est facile de constater que les *vetas*, relevées de près de 75 degrés, appuient sur les crêtes des *ramos* (la direction de ces crêtes est N.-N.-O.), dont l'inclinaison n'est que de 50 à 60 degrés. C'est vers ce point de contact que, dans les *vetas* et les *ramos*, se rencontrent surtout les métaux dont j'ai parlé; et leur présence y est due, selon toute probabilité, à des dissolutions de ces métaux infiltrées dans les fissures ou dans la pâte même de la roche. Il est même vraisemblable que la réduction du cuivre et de l'argent s'est faite à la faveur des matières organiques dont ces grès étaient autrefois imprégnés, et dont on trouve encore des restes dans plusieurs parties du gisement. Le métal est souvent accompagné de gypse.

tions ou des groupes de la plus grande élégance ;
il forme enfin, très souvent, des plaques irrégulières appelées *charques*, dont l'épaisseur peut
arriver à être telle, qu'elles constituent des
bancs considérables. C'est ainsi, par exemple,
qu'il se présente dans la mine de San-José, à la
Chacarilla ; il se montre, cependant, le plus
ordinairement, à l'état de *barrilla*, et c'est à
cet état qu'après l'avoir débarrassé de sa gangue
par le broiement et le lavage, on le transporte à
la côte et on l'embarque pour l'Europe, où il subit
l'affinage avant d'être mis en lingots. Il n'y a
qu'une très petite quantité de métal qui soit
fondu (1) à Corocoro même, faute de combustible.

La *barrilla* contient, en moyenne, 70 à 80
pour 100 de cuivre pur ; mais il y en a qui en renferment jusqu'à 85 et même 86 pour 100. C'est le
titre qui en détermine le prix. Le quintal de *barrilla*, au titre de 70 pour 100, se paie six piastres
à Corocoro, et chaque 1 pour 100 qu'elle marque
en sus de 70 ajoute un réal (60 centimes) à sa valeur. Lorsque je me trouvai sur la côte du Pérou,
la *barrilla* à 70 pour 100 se vendait huit piastres et

---

(1) C'est encore la *taquia* ou le charbon de *taquia* que l'on emploie pour
opérer cette fusion.

demie à neuf piastres ; mais ce chiffre a bien pu
être augmenté par la raison qu'un nouveau décret,
émané, depuis, du gouvernement bolivien, a imposé tout le cuivre exporté de Corocoro à raison
de trois réaux (?) le quintal.

Les renseignements que j'ai pu me procurer
portent la somme totale du cuivre retiré des mines
de Corocoro et de la Chacarilla, à environ cinquante-
cinq mille quintaux (5,500,000 livres espagnoles)
par an ; quantité très importante à noter, quoiqu'elle soit au-dessous de celle fournie par les
exploitations de Coquimbo, au Chili, qui s'élève
à près de deux cent cinquante mille quintaux
par an (1).

Une circonstance qui a vivement appelé l'attention sur les mines de Corocoro, dans ces dernières
années, c'est la découverte de l'argent natif dans
la roche où jusque-là il ne s'était présenté que
du cuivre. On peut facilement se figurer l'émoi
que dut produire une nouvelle semblable parmi
ceux qui possédaient quelque filon dans ces montagnes. Il n'en fallut pas davantage pour que l'on crût

---

(1) Le cuivre de Coquimbo se trouve à l'état de pyrites ou de carbo-
nates impurs et dont le titre n'est souvent que de 3 à 5 pour 100, mais
les facilités que l'on y rencontre pour l'exportation permettent souvent
de l'embarquer tel qu'il se retire des mines ; le reste est travaillé sur place
et converti en barres qui contiennent de 90 à 95 pour 100 de métal pur.

au retour prochain de ces beaux jours où le seul *Cerro* de Potosi donnait en quints (20 pour 100) au gouvernement espagnol autant que tous les droits que l'on perçoit actuellement en Bolivie; mais le rêve ne se réalisa point, car, bien que l'on ait retiré une assez grande quantité d'argent des grès de Corocoro, le chiffre n'en a pas été assez important pour que ces mines aient jamais pu être regardées comme autre chose que des mines de cuivre. La forme sous laquelle l'argent se présente le plus ordinairement est celle de grains très fins disséminés dans le grès; c'est ce que l'on nomme *barrilla de plata*. On l'isole par l'amalgamation. Quelquefois l'argent se trouve seul; d'autres fois, ses grains sont mêlés à ceux du cuivre, dans la même pâte; jamais il ne s'est montré en masses considérables. Dans le principe on supposait qu'à mesure que l'on creuserait davantage, la richesse des strates augmenterait; mais les expériences faites jusqu'ici n'ont pas répondu à ces espérances, l'abondance du métal ayant, au contraire, paru diminuer à mesure que l'on gagnait une plus grande profondeur.

En ce moment, les plus riches mines d'argent du département de La Paz sont celles de Pacoani dans la province de Sicasica; des filons y renfer-

ment le métal en combinaison avec le soufre, l'an-
timoine, le plomb, etc.; mais on m'a assuré qu'elles
étaient loin d'être aussi productives que par le
passé.

L'abondance de la Bournonite, dans les filons
dont il vient d'être question, mérite de fixer l'attention.

Je ne dirai rien ici des carrières de marbre qui
existent également dans cette région, les difficultés du transport rendant leur usage extrêmement
restreint. Un de ces calcaires, connu sous le nom de
piedra de Berenguela, est d'une grande beauté. Sa
blancheur et sa translucidité l'ont fait employer,
lorsque le verre à vitre était plus rare, à rempla-
cer cette substance dans les fenêtres de quelques
églises. J'ai vu des plaques de *berenguela* qui
avaient servi à cet usage, et que l'on avait conver-
ties depuis en dessus de tables.

CHAPITRE XIII.

Séjour à La Paz (Suite).

Commerce du quinquina. Histoire de ce commerce en Bolivie. Commerce libre Lois de 1834 et de 1844. Monopole. Compagnie Pinto ; compagnie Aramayo ; compagnie Blaye. — Quantités d'écorce de quinquina extraites récemment des forêts de la Bolivie. — Résultats.

Une source de richesse tout aussi abondante que ses mines, pour le département de La Paz, se trouve dans son commerce d'écorces de quinquina. L'immense importance que l'exploitation de ce produit a acquise en Bolivie est un motif suffisant pour que j'y arrête quelques instants l'attention de mes lecteurs ; de plus, lors de mon dernier séjour à La Paz, le quinquina formait le sujet principal de toutes les 'conversations, par suite des différends élevés entre les coupeurs de quinquina ou *cascarilleros* et la compagnie qui avait acquis du gouvernement le privilége d'exporter cette écorce précieuse. C'est à ce propos que je vais surtout en parler.

Ce ne fut, comme l'a dit M. de Humboldt, que vers l'année 1776, que les quinquinas du bas Pérou

furent présentés sur les marchés européens. Jusque-là ces marchés s'étaient fournis presque exclusivement aux dépens des forêts de Loxa; les écorces
de la Nouvelle-Grenade y parurent vers la même
époque; mais ce ne fut que bien plus tard que les
quinquinas de la Bolivie ou du haut Pérou vinrent
leur faire concurrence, concurrence qui devint
formidable, dès que, par la découverte, en 1820,
de la quinine, principe fébrifuge par excellence
de ce médicament, on vint à obtenir l'assurance
que le quinquina-calisaya l'emportait de beaucoup
sur toutes les autres espèces connues. Les forêts
de certaines parties de la Bolivie sont, en effet, les
seules où la nature ait fait croître, en quelque
abondance, l'arbre qui produit cette qualité supérieure; et, sous ce rapport encore, le département de La Paz est particulièrement privilégie.

Peu après l'époque que j'ai signalée, l'affluence
des *cascarilleros*, dans les forêts, devint si considérable, qu'en peu de temps il resta à peine
un arbre à quinquina dans le voisinage des lieux
habités, et les exportations de la drogue devinrent
tellement considérables qu'elle tomba à vil prix.
Le gouvernement qui régissait alors le pays ne fit
rien cependant pour remédier à cet état de choses,
et la position resta la même jusque vers l'année 1830.

L'administration du général Santa-Cruz, jugeant alors qu'il devenait absolument nécessaire de prendre quelques mesures pour empêcher le tarissement subit d'une si précieuse source de richesses, eut l'idée de défendre le commerce libre du quinquina, et de limiter à un chiffre déterminé la quantité d'écorces qui, dorénavant, serait extraite des forêts et exportée de la république ; mais les moyens employés n'ayant pas produit le résultat qu'on attendait, il fut décidé que le droit exclusif d'exportation serait concédé à une compagnie nationale. En novembre 1834, le congrès décréta en effet une loi à ce sujet, mais elle resta sans effet.

La libre extraction ayant ensuite repris son cours destructeur, il fallut qu'un nouveau décret vînt la suspendre. La coupe du quinquina fut, en conséquence, prohibée pour cinq ans ; mais bien avant l'expiration du terme, le décret fut abrogé et on se contenta de frapper l'exportation d'un droit de 12 à 20 piastres sur chaque quintal qui sortirait du pays.

En 1841, le général Ballivian arriva au pouvoir ; mais il n'apporta au commerce des écorces aucune modification importante, jusqu'à ce que le congrès législatif de 1844 eût autorisé le gouver-

nement à négocier lui-même le capital nécessaire
à la création d'une banque nationale qui devait
acheter et exporter tout le quinquina produit dans
le pays, en le payant à un taux fixé par elle, et qui
serait en rapport, disait la loi, avec les fonds
qu'elle aurait à sa disposition, et avec l'intérêt
des *cascarilleros*.

Cependant, le capital nécessaire à cette opération n'ayant pas été rencontré, l'administration
de Ballivian mit peu après en adjudication publique le privilége exclusif d'exporter les quinquinas de la république, en limitant à deux ans la
durée du contrat ; mais personne ne se présenta
pour l'accepter.

L'année suivante (1845), les bases du traité présenté par le gouvernement furent modifiées et l'adjudication du *monopole* fut enfin faite à D. Jorge
Tesanos Pinto et compagnie, pour la somme
annuelle de 119,000 piastres, et pour le laps de
cinq ans, pendant lequel il ne devait être exporté que quatre mille quintaux d'écorces par an :
en tout vingt mille quintaux ou deux millions de
livres.

Il paraît que le congrès de 1846, auquel Ballivian soumit le plan adopté par son gouvernement,
lui donna son approbation ; mais le bas prix au-

quel la compagnie payait les écorces à ceux qui les retiraient avec une peine infinie du sein des forêts, rendit celle-ci très impopulaire, et elle ne cessa, dès le moment de sa fondation, d'exciter contre elle la clameur publique, jusqu'à ce qu'enfin, un décret du général Belzu, daté du 17 mars 1849, mit fin à son existence. Par bonheur pour elle, ses coffres étaient pleins depuis longtemps.

Le commerce libre avec un impôt de 20 piastres par quintal fut ensuite rétabli, en attendant que l'on pût créer une compagnie nouvelle sur les bases proposées par les lois de 1834 et 1844 ; ce que l'on tenta en effet, mais sans plus de succès que la première fois. On recourut alors de nouveau au public, et les propositions faites par MM. Aramayo frères et compagnie, vers la fin de l'année 1849, obtinrent la préférence.

La nouvelle société, dont les opérations commencèrent le 1er avril 1850, devait payer au gouvernement une somme annuelle de 142,000 piastres pour le droit d'exporter annuellement sept mille quintaux d'écorces, en s'engageant à acheter lesdites écorces à tout offrant : les grosses ou la *calisaya tabla* à raison de 60 piastres par quintal, et les écorces minces ou roulées connues sous le

nom de *charque* et *canuto*, à raison de 36 ou
30 piastres le quintal (100 livres espagnoles).

Or la compagnie Pinto ne payait la *tabla* que
18 à 22 piastres, et le *canuto* que 8 à 10 piastres le
quintal. On peut donc juger sous quels auspices favorables les nouveaux monopoleurs commencèrent
leurs opérations ; mais la bonne harmonie ne devait
pas durer longtemps. Les conditions avantageuses
qui étaient offertes aux *cascarilleros*, si différentes de celles auxquelles ils étaient accoutumés,
portèrent un si grand nombre de personnes à se livrer à l'extraction, qu'avant la fin de la première
année on vit arriver à La Paz plus de vingt mille
quintaux d'écorce, c'est-à-dire deux fois plus que
la compagnie ne s'était engagée et n'était prête à
en acheter dans ce laps de temps, et autant que
la compagnie Pinto en aurait exporté en cinq
années. C'est alors que les choses prirent une
autre face. En présence de cette nouvelle crise,
qui aurait dû être prévue longtemps d'avance, le
gouvernement crut tout d'abord qu'il était de son
devoir de soutenir le monopole, et il prêta, en
conséquence, son appui aux diverses mesures qui
lui furent suggérées à cet effet. Il ordonna, en particulier, que tous les quinquinas retirés des forêts
fussent aussitôt déposés dans les magasins de la

compagnie, sauf à être achetés par elle au fur et à mesure de ses besoins. Il défendit ensuite la coupe des écorces dans toutes les forêts de la république pour quatre ans.

Le premier de ces décrets était destiné à empêcher la contrebande, qui, bien que moins facile qu'on ne pourrait le supposer, était néanmoins praticable. Il exaspéra particulièrement les habitants de La Paz.

Le second décret, qui attaquait plus spécialement les intérêts des habitants des villes intérieures qui avaient encore un nombre considérable d'ouvriers dans les forêts, fut reçu par eux avec la même défaveur, et les plaintes étant devenues générales, le faible président se laissa aller à faire, au préjudice du monopole, plusieurs concessions qui préludèrent à sa chute. En effet, le congrès extraordinaire qui se réunit à La Paz durant notre séjour, ayant décidé que le pouvoir exécutif avait dépassé la limite de ses facultés, en faisant avec la compagnie Aramayo le traité dont il a été question, en prononça la résiliation.

A cette époque, le *banco Aramayo* avait acheté 14,000 quintaux d'écorces, et il avait proposé d'en prendre 14,000 autres quintaux (formant les lots des deux années suivantes), en en payant le tiers

comptant et les deux autres tiers en traites ; mais
tous les commerçants ne voulurent point consentir
à cet arrangement, et une nouvelle compagnie, qui
offrait de payer la marchandise au comptant, s'étant
présentée et ayant été acceptée, les ventes opérées
à crédit par l'ancien *banco* furent aussitôt annu-
lées. A mon départ de La Paz, la compagnie
nouvelle venait de se constituer sous la dénomination de Pedro Blaye et Cie, et comme elle s'était
engagée à acheter, à peu près aux mêmes conditions que la compagnie Aramayo, tous les quinquinas calisayas qui se trouvaient alors en vente,
soit à La Paz, soit à Cochabamba, ainsi que ceux
qui seraient retirés des forêts avant la fin de l'année 1851, on craignait que les marchés n'en de-
vinssent surchargés, et que le prix de la précieuse
drogue ne tombât de telle façon que l'un et l'autre
des *bancos* ne fissent de mauvaises affaires (1).

Dans les deux années qui achevaient de s'écouler, les seules forêts de la Bolivie avaient produit
plus de trois millions de livres de quinquina !
Tel fut le résultat de la hausse subite qui eut lieu

(1) La compagnie Blaye est tombée à son tour, et j'ai appris que le
gouvernement s'était décidé à faire lui-même l'exportation des écorces
qui restaient en magasin, en les payant au même prix que les avaient
payées les compagnies.

dans le prix des écorces, à la suite de la chute du monopole Pinto.

Ce ne furent pas, cependant, les pauvres *cascarilleros*, malheureux ouvriers qui, au prix de mille fatigues, rapportaient du centre des forêts l'écorce tant recherchée ; ce ne furent pas eux, dis-je, qui, en général, profitèrent du changement, mais bien les riches qui les employaient : c'est ce qui fait encore plus regretter les ravages commis dans plusieurs des forêts de cette région, et dont je vais citer un exemple.

J'ai dit que le quinquina *tabla,* c'est-à-dire les grosses écorces qui proviennent du tronc de l'arbre, se payaient à raison de 60 piastres, et que le *charque* ou *charquesillo* (1) et le *canuto,* c'est-à-dire les écorces plus minces qui se retirent des parties supérieures des mêmes arbres, ne se payaient guère que la moitié de cette somme. Qu'est-il résulté de cette différence de prix ? C'est que, dans beaucoup d'endroits, on a abandonné, sur l'arbre abattu, toutes ces écorces minces plus difficiles à arracher, pour ne prendre que les

_____

(1) *Charque* est le nom que l'on donne, dans l'Amérique espagnole, à la viande sèche qui est ordinairement sous forme de lames ; c'est à elle que l'on a comparé les écorces minces de quinquina qui ont séché sans se rouler. Le mot *charquesillo* est un diminutif du précédent.

grosses. On m'a raconté que, dans les forêts à quinquina nouvellement découvertes du département
de Cochabamba, on se contentait très souvent,
pour ne pas avoir la peine de couper l'arbre, d'en
retirer l'écorce jusqu'à la hauteur où la main pouvait facilement atteindre, et, si l'arbre était abattu,
on négligeait de prendre toute la partie de son
écorce qui se trouvait du côté du sol, afin d'éviter le
travail de retourner le tronc.

Quoi qu'on en dise, les forêts de la Bolivie,
toutes riches qu'elles sont, ne peuvent résister
longtemps à des attaques continues du genre de
celles qu'elles ont eu à subir récemment. Celui
qui, en Europe, voit arriver ces masses énormes
et toujours croissantes de quinquina, peut bien
croire qu'il en sera toujours ainsi ; mais celui qui
cherche, dans les lieux mêmes où le quinquina se
produit, à savoir ce qui en est, se voit obligé de
penser autrement. Il suffit effectivement d'un seul
fait pour montrer la diminution constamment pro-
gressive des arbres à quinquina (1), c'est qu'autrefois on en rencontrait partout aux environs des
lieux habités de la région, tandis qu'aujourd'hui,
pour trouver un arbre de quelques décimètres de

(1) Je ne parle ici que du *Cinchona Calisaya*, car plusieurs autres
espèces sont encore très communes.

diamètre, il faut, en général, faire plusieurs journées de chemin au sein des forêts. Or, à moins
que ces forêts ne soient sans limites, ce qui n'est
pas, ou que les arbres abattus soient remplacés par
d'autres, ce qui, par malheur, n'a lieu que très
rarement, comment une exploitation conduite
comme celle dont j'ai parlé pourrait-elle trouver
à s'alimenter indéfiniment? Il est de toute évi-
dence que le quinquina calisaya, si l'on continue
à l'exploiter de la sorte, finira tôt ou tard par disparaître plus ou moins complétement de nos marchés, à moins toutefois qu'on ne s'occupe adminis-
trativement de sa reproduction, et les espèces de
quinquina plus ordinaires qui le remplaceront
finiront sans doute, à leur tour, par avoir le
même sort.

Avant que le malheur que je prévois n'arrive
(et ce ne sera pas de notre temps), la science aura
peut-être fait la conquête de quelque nouveau
médicament qui rendra moins regrettable la perte
de l'écorce du Pérou.

Pour l'exportation, le quinquina est emballé
dans des cuirs de bœuf frais, après avoir été préa-
lablement cousu dans des sacs de toile épaisse dont
le contenu, à La Paz, est de 6 arrobes 5 livres. Le
ballot ou suron complet, pesant environ 6 arrobes

15 livres, forme une demi-charge de mule. La charge entière est donc d'un peu plus de 13 ar-robes, dont le transport jusqu'à la côte coûte, en moyenne, 10 piastres.

CHAPITRE XIV.

Séjour à La Paz (suite).

J'ai dit que le commerce du quinquina rapportait au trésor bolivien un droit annuel de 142,000 piastres, ou 710,000 francs. C'est la quinzième partie du revenu du pays. Eh bien, il est un autre produit végétal que fournit encore presque exclusivement le département de La Paz, et qui contribue à la formation du revenu pour une part encore plus considérable que le quinquina lui-même : c'est la Coca, qui est, comme on sait, la feuille desséchée d'un petit arbuste que les Indiens des Andes cultivent avec autant de soin que les Chinois cultivent le thé. Je me réserve d'en traiter au long lorsque j'arriverai à parler de notre visite à la province de Yungas où se cultive spécialement ce

précieux végétal. Je ne le mentionne, en ce moment, que pour appeler l'attention sur la place
importante occupée, sur le rôle du revenu public,
par l'impôt dont ce produit est affecté, impôt
dont le chiffre a atteint, dans ces dernières années, la somme de 200,000 piastres.

Si à ces premiers chiffres on ajoute maintenant
les produits de la douane de Cobija, les droits
perçus sur les importations faites par le port
d'Arica ou par les pays limitrophes ; si l'on y réunit
les droits prélevés sur quelques autres produits
du pays, et sur l'exportation des métaux précieux ;
si surtout on y ajoute le produit de la contribution des dîmes, les bénéfices résultant du mon-
nayage de l'argent, et enfin la contribution des
indigènes, on aura une idée assez nette des sources principales auxquelles le gouvernement de la
république bolivienne puise ses moyens pécuniai-
res. Elles se trouvent résumées et complétées
dans le tableau suivant que j'ai extrait d'un mémoire très intéressant présenté au congrès bolivien par le ministre des finances de la république,
don Rafael Bustillos. Les matériaux de quelques
unes des observations dont j'ai fait suivre ce tableau ont été puisés à un autre mémoire du même
auteur, lu à la chambre en 1850.

*Tableau approximatif des recettes du gouvernement bolivien
pendant l'année* 1850.

	Francs.
Droits sur le quinquina.	710,000
Droits sur la coca.	900,000
Droits sur d'autres produits indigènes, tels que sucre, eau-de-vie, vin, etc.	137,000
Droits sur les effets importés de l'étranger par les ports de Cobija et d'Arica.	1,900,000
Droits sur l'exportation des piastres fortes.	90,000
Impôt sur les propriétés à Cochabamba et à Santa-Cruz de la Sierra.	77,500
Papier timbré et patentes.	143,000
Bénéfices sur l'achat des métaux précieux dans le *banco de rescates* de Potosi.	49,000
Bénéfices sur la fabrication des monnaies.	1,000,000
Vente du guano	100,000
Impôt des dîmes.	818,300
Tribut des Indiens.	4,595,000
Rentrées diverses.	100,000
Total.	10,619,800

Je vais ajouter quelques remarques sur plusieurs articles de ce tableau dont il n'a pas été
question précédemment.

DROITS SUR L'EAU-DE-VIE, LE SUCRE, ETC. — La
plus grande partie de l'eau-de-vie consommée en
Bolivie vient de la province péruvienne de Moquegua. Elle payait autrefois des droits d'entrée
très considérables, mais depuis le traité conclu avec
le Pérou, en 1847, à Arequipa, elle est admise en
franchise, et cependant, chose singulière, l'eau-

de-vie fabriquée dans le pays n'en a pas moins
continué d'être imposée tout comme auparavant.

L'eau-de-vie de Moquegua est tirée du raisin, et
on l'apporte du Pérou à La Paz dans des peaux
de bouc (*chibatos*) qui contiennent chacune environ un quintal et demi de liquide. La perte qui
a lieu dans ces outres, par l'évaporation durant le
voyage, est de 6 à 8 livres.

Le sucre consommé dans le nord de la Bolivie
est apporté de Cuzco ; celui que l'on emploie dans
le sud vient, au contraire, presque exclusivement,
de Santa-Cruz de la Sierra. Depuis quelques années on fait aussi du sucre dans les Yungas de La
Paz ; mais, en général, on y trouve plus de
profit à employer la canne à la fabrication de l'eau-
de-vie.

Le seul vin bolivien dont il se fasse un commerce est celui de Cinti, dans le département de
Chuquisaca ; encore ce commerce est-il très restreint. C'est aussi le Pérou qui fournit la plus
grande partie du vin qui se consomme dans le nord
de la Bolivie.

Droits perçus sur les effets étrangers importés par les ports de Cobija et d'Arica. — Cobija
étant le seul port que possède la Bolivie, le gouvernement a pensé qu'il était de son devoir de

favoriser par des impôts plus modérés les importations qui se feraient par cette voie. Depuis l'année 1849, les droits *ad valorem* perçus sur les effets importés par Cobija ne dépassent pas 20 pour 100, et ils peuvent descendre jusqu'à 3 pour 100, tandis que les droits perçus sur les effets qui arrivent à la république par les frontières de terre peuvent atteindre 30 pour 100, et ne baissent jamais au-dessous de 6 pour 100.

Les droits prélevés sur les marchandises importées par Cobija sont encore allégés par la faculté qui a été accordée aux importateurs d'en satisfaire le tiers au moyen de bons sur le trésor qui, bien qu'à très bas prix dans le commerce, sont acceptés au pair à la douane.

Enfin, pour que l'évaluation des marchandises ne soit pas sujette au caprice, le gouvernement a eu soin de la déterminer approximativement dans un tarif imprimé (*arancel de aforos*) qu'il renouvelle quand il y a lieu. Le dernier tarif a paru en 1851.

BANQUE D'ÉCHANGE DE POTOSI, ou *Banco de rescates*. — Cet utile établissement est destiné à fournir aux mineurs un marché où ils puissent obtenir sur-le-champ, en échange du produit de leurs filons, l'argent monnayé dont ils ont besoin pour continuer leurs travaux; et il leur fournit également, presque au prix coûtant, tout le mercure nécessaire pour exploiter.

En 1849, le *banco de rescates* de Potosi reçut 147,493 marcs 7 onces d'argent, en échange de 1,233,883 piastres 7 réaux, et il réalisa dans cette opération un bénéfice net de 9,794 piastres. Pendant les années antérieures, les profits nets annuels que cet établissement procurait au gouvernement dépassèrent 100,000 piastres, un droit de 5 pour 100 étant perçu sur tout l'argent qui y était présenté, en sus des bénéfices qui pouvaient résulter de l'échange lui-même. En l'année 1846, ces droits atteignirent encore le chiffre de 82,529 piastres, tandis qu'aujourd'hui les produits du *banco* sont à peine de 10,000 piastres. Cette différence remarquable provient de ce qu'au lieu d'être payé à raison de 8 piastres le marc, comme auparavant, l'argent vierge est reçu à la banque, depuis 1848, à raison de 8 piastres 4 réaux par le *banco,* augmentation équivalente à la renonciation des droits perçus jusque-là sur les métaux achetés.

Un décret daté du 26 février 1850 a rétabli la banque d'Oruro ; et il est probable que l'on créera un autre de ces établissement à La Paz, où l'on s'occupe également de placer une Monnaie.

BÉNÉFICES SUR LA FABRICATION DES MONNAIES. —
En l'année 1849, la monnaie de Potosi frappa pour
une somme de 1,621,536 piastres 4 réaux de monnaies d'argent, et l'État réalisa, par suite de cette
opération, un bénéfice net de 278,439 piastres
1 réal, ou près d'un sixième de l'argent travaillé.
Pour faire comprendre un résultat semblable, il
est nécessaire d'entrer dans quelques explications.

Au temps du roi Philippe II, le titre de la monnaie courante, en Espagne et dans les colonies,
était de 11 deniers (1); plus tard, une falsification
secrète pratiquée à la monnaie de Potosi, à l'époque de sa prospérité, par un marchand d'argent
du nom de Rocha et par un essayeur de l'établissement nommé Arellano, fit baisser le titre des
monnaies qui s'y fabriquaient à 10 deniers
20 grains. Cette fraude fut découverte, et les coupables furent punis du dernier supplice. Puis,
comme le mal était fait et que, vu son étendue, il
paraissait impossible d'y remédier, le gouvernement espagnol se décida, tout d'abord, à laisser
les choses telles qu'elles étaient; il alla ensuite

---

(1) L'argent tout à fait pur est de l'argent à 12 deniers. L'argent à
11 deniers est celui dans lequel il entre un douzième d'alliage. Le denier
se divise en vingt-quatre parties (grains).

plus loin et adopta lui-même, comme titre normal
de ses monnaies, celui que leur avaient donné les
faussaires; mais il eut soin de couvrir du plus profond mystère cette décision en en imposant le secret à tous les essayeurs du pays.

Jusque-là, le mal n'était pas grand; car, bien
que l'argent de Rocha et d'Arellano fût inférieur
en titre à celui de Philippe II, il avait cependant
encore moins d'alliage que le nôtre; mais les choses ne devaient pas en rester là.

En l'année 1830, le gouvernement bolivien,
dans le but, dit-on, de mettre obstacle à l'exportation de l'argent monnayé nécessaire au commerce
intérieur du pays, fit frapper pour une somme
de 200,000 piastres de menues pièces de monnaie
qui, tout en ayant le poids normal, n'avaient que
le titre de 8 deniers. Les bons résultats que l'on
crut avoir obtenus du premier essai, son innocuité
apparente, les nombreuses crises financières qui
vinrent successivement ébranler la république, et
les facilités que les gouvernements avaient d'y remédier en continuant l'usage de la même fraude,
firent ensuite persister dans la même voie, et aujourd'hui la fabrication par l'État de cette fausse
monnaie forme une des principales sources de son
revenu. En effet, il obtient pour cet argent à 8 de-

niers un poids presque égal d'argent dont le titre
est de plus de 11 deniers. C'est, comme on voit,
un bénéfice de plus de 25 pour 100. Cependant,
comme l'argent à 8 deniers a la même valeur no-
minale que s'il avait son titre normal, on ne peut
pas dire que le mineur qui le reçoit perde à l'é-
change. Les mauvais effets résultant de l'altéra-
tion doivent se rechercher ailleurs.

Avec le temps, les émissions d'argent de bas
aloi faites par la monnaie de Potosi, loin de diminuer, allèrent toujours en augmentant, de telle
sorte qu'en 1849 il en avait déjà été fabriqué,
dans cet établissement, pour la somme énorme
de 13,185,684 piastres ou 65,928,220 francs.
Malheureusement, ce chiffre, quelque grand qu'il
paraisse, est loin d'exprimer la quantité d'argent
faible actuellement en circulation en Bolivie et
dans plusieurs autres républiques espagnoles de
l'Amérique du Sud; puisque au Pérou seul il en
circule, s'il est permis d'en croire les calculs ré-
cents, plus de 8 millions.

Qu'est-il résulté, en effet, dans ces pays, du
cours de deux monnaies de titres différents? Un
mal inévitable dans des circonstances semblables,
une contrefaçon dont on a peine à se faire une
idée. Je ne dis pas une falsification, car les pièces

boliviennes fabriquées aux États-Unis et autre part sont si exactement semblables à celles qui sont frappées à Potosi, qu'il n'y a, à ce qu'il paraît, aucun moyen de les distinguer. Il y a plus ; pendant la présidence du général Ballivian, et sous sa protection, assure-t-on, un individu du nom de Borda établit à La Paz même une concurrence secrète à la monnaie de Potosi , qui fonctionna pendant plusieurs années sans que la police parût se douter de son existence. Ce n'est qu'après l'arrivée au pouvoir du général Belzu, que la chose se découvrit, par suite de la trahison d'un ouvrier; mais Borda, qui avait eu le temps de fuir, eut ensuite l'impudence de déclarer que le gouvernement avait eu grand tort de détruire sa fabrique, les pièces qu'il frappait valant beaucoup mieux que la monnaie légale. Une justice à rendre au gouvernement, c'est qu'il eut la conscience de ne pas faire subir aux coupables le sort de Rocha et d'Arellano. Il avait, comme je l'ai dit, laissé s'échapper le principal coupable ; quant au second, qui était un serrurier mécanicien de quelque habileté, on l'obligea, pour toute punition, à diriger gratuitement les travaux de serrurerie qui s'exécutaient alors à La Paz pour le compte de l'État. Il est difficile de préciser exactement la proportion dans laquelle la contrefaçon a fait augmenter la somme d'argent de bas aloi sur les marchés de l'Amérique espagnole; mais il paraît indubitable qu'elle l'a au moins doublée. Au contraire, l'argent de bon aloi a disparu peu à peu du pays, emporté par un courant opposé; de sorte qu'en Bolivie, ce n'est que de loin en loin que l'on rencontre quelques menues pièces de cette espèce; et, pour ce qui est des piastres fortes, dont le gouvernement est encore obligé de frapper un certain nombre pour subvenir aux paiements qui se font à l'étranger, elles disparaissent aussitôt qu'elles sont faites.

Déjà, depuis longtemps, les Péruviens, par la voie de leurs journaux, lancent des clameurs contre ce flot impur que la Bolivie envoie chez eux et qui, tous les jours plus envahissant, menace de faire bientôt disparaître leur propre monnaie. Enfin, le gouvernement bolivien s'engagea, par le traité d'Arequipa, conclu vers la fin de l'année 1847, à ne plus frapper que de l'argent à 10 deniers 20 grains; mais les difficultés inséparables de l'opération, pour la rendre réellement utile, ont empêché de lui donner, jusqu'ici, un commencement d'exécution. Si, en effet, la monnaie de Potosi mettait aujourd'hui en circulation un

argent de bon aloi, il n'y aurait pas de raison pour
qu'il ne s'en allât pas comme auparavant, à moins
que, par un moyen quelconque, on ne fît disparaître d'abord la monnaie faible, ce qui, dans l'état
actuel des choses, est tout ce qu'il y a de plus impossible. Le ministre des finances, qui a été pendant longtemps essayeur à la Monnaie de Potosi,
a proposé le moyen suivant de répondre à l'engagement pris envers le Pérou. Il voudrait que,
dorénavant, la monnaie à 8 deniers fût remplacée
par une monnaie dont le titre serait celui qu'exige
le traité, mais dont la valeur intrinsèque ainsi que
la valeur légale resteraient les mêmes. La quantité
d'argent ne changerait point, mais on y mettrait
moins de cuivre. Le moyen est ingénieux, il faut
l'avouer, mais je ne sais si les Péruviens se con-
tenteraient de cette manière d'interpréter la lettre
de leur traité.

VENTE DU GUANO. — On sait que c'est à la·vente
du guano, précieux engrais dont les îles Chincha,
en face de Pisco, sont presque exclusivement
formées, que le Pérou doit le règlement définitif
de sa dette étrangère et l'état satisfaisant de son
trésor; il s'en faut de beaucoup que les *guaneras*
de la Bolivie aient une importance comparable à
celle-là. Si on les ménage, elles pourront, néan-

moins, pendant longtemps, donner des bénéfices considérables.

Dans ces dernières années, ces dépôts ont été exploités par deux maisons anglaises qui en ont tiré près de 60,000 tonneaux de guano, pour prix desquels elles avaient avancé, à différentes épo-ques, la somme de 350,000 piastres. Depuis lors, le gouvernement bolivien, peu satisfait de son premier marché, semble décidé à ne plus céder à personne le monopole de l'exploitation de cette matière précieuse, et paraît vouloir en faire lui-même la vente.

L'immense volume des dépôts formés par le guano, dans quelques îles des côtes péruviennes a fait douter à beaucoup de personnes qu'ils fus-sent simplement le résultat de l'accumulation des excréments des oiseaux qui habitent cette région. Sous ce rapport, les Incas paraissent avoir été bien mieux informés, car, parmi les règlements aux-quels était soumise l'exploitation de cet engrais parfaitement connu et apprécié par eux, il s'en trouve un qui défend, sous peine de mort, d'abor-der aux îles pendant la saison de la ponte, et celui qui, à une époque quelconque, se rendait coupa-ble de la mort d'un oiseau *guanero* était puni de la même peine. Depuis que l'on exploite, en grand, le

guano des îles Chincha, on a rencontré plusieurs
fois, à quelque profondeur au-dessous de la surface de la couche excrémentitielle, les outils dont se
servaient les anciens Péruviens pour l'exploitation de cette matière, et il paraît indubitable que
ces instruments ne doivent leur enfouissement
qu'à la formation d'une nouvelle couche déposée
sur eux postérieurement à l'époque où on les avait
abandonnés. Celui qui se voit le plus fréquemment est une espèce de trident en bois dur, dont
on faisait sans doute usage pour désagréger le
guano, avant de l'enlever.

TRIBUT INDIEN (*Contribucion* ou *Tributo indige-
nal*). — La loi bolivienne veut que tout Indien,
Quichua et Aymara, âgé de dix-huit à cinquante
ans, paie, chaque année, à son gouvernement, une
somme de 6 à 10 piastres, s'il est propriétaire (ou
originario), et de 5 piastres seulement, s'il ne
l'est pas, ou s'il est *forastero;* le versement de ces
sommes devant se faire par semestre aux mois de
juin et de décembre, entre les mains des corrégidors. De toutes les sources auxquelles la Bolivie
va puiser son revenu, cette imposition sur les têtes
est la plus assurée et la plus féconde, puisqu'elle
fournit annuellement au trésor une somme de
4 à 5 millions de francs. Quelques réformes ren-

draient même ce rameau des contributions encore plus lucratif; et si l'on pouvait, en même temps, lui ôter le caractère odieux que lui imprime sa nature, il ne laisserait presque rien à désirer.

On ne peut se le dissimuler, bien que le sort des Indiens soit incomparablement plus doux qu'il ne l'était du temps des Espagnols, et, meilleur même, sous bien des rapports, qu'il ne l'était au temps des Incas, il est encore pénible. Une obligation, quelque légère qu'elle soit, une obligation surtout qui, comme celle dont je viens de parler, fait sortir l'Indien de la routine ordinaire dans laquelle se plaît son caractère apathique, lui répugne plus qu'on ne pourrait le supposer, et il se regarde nécessairement comme un être opprimé. Il est difficile d'avoir vécu pendant quelque temps au milieu de ces hommes, sans avoir été frappé de l'expression de mélancolie concentrée qui se lit sur leurs traits et qui semble accuser une souffrance vague mais constante. Cette physionomie est surtout remarquable chez les Aymaras, dont le caractère est d'ailleurs plus taciturne que celui des Quichuas qui habitent avec eux les plateaux des Andes.

Quelques voyageurs, parmi lesquels il faut citer en premier lieu La Condamine et ses compagnons,

trompés par ces apparences, ont présenté les Péruviens comme des êtres stupides et lâches. Mais
l'une et l'autre de ces épithètes ont été faussement
appliquées. Le régime particulier auquel les Péruviens (Quichuas et Aymaras) étaient assujettis
par les Incas, les façonna sans doute à des habitudes de soumission passive dont on trouverait difficilement autre part des exemples plus frappants.
Mais cette habitude acquise de soumission, cette
docilité apparente se continuent, je pense, chez
ces Indiens, bien plus par l'absence d'initiative
que par toute autre cause; et si, un jour, il s'élevait parmi eux un chef populaire et habile, il ne
serait pas impossible qu'on vît se renouveler la tentative hardie qu'ils firent, en 1780, pour secouer
le joug espagnol. Les faits qui signalèrent cette
insurrection extraordinaire sont si peu connus, et
donnent une idée si exacte du caractère des Indiens,
que je ne puis résister au désir d'y consacrer quelques pages. On décidera, après les avoir lues, si
les Indiens firent preuve de pusillanimité, et on
jugera si une puissance semblable existant à côté
d'un gouvernement aussi faible et aussi mal assis
que l'est celui de la Bolivie, n'est pas de nature à
inspirer une certaine inquiétude.

CHAPITRE XV.

Lorsque l'autorité de la cour d'Espagne s'établit au Pérou, les indigènes furent soumis à trois sortes d'impositions connues sous les noms de *tributo, mita* et *repartimientos.*

J'ai déjà parlé du tribut; il est inutile que j'y revienne. Qu'il me suffise de dire que cette taxe n'excita jamais bien ouvertement le mécontente-

(1) Ce chapitre est résumé de la volumineuse collection de documents originaux publiés, en 1836, par Pedro de Angelis, à Buenos-Ayres.

ment des Indiens, bien différente, sous ce rapport, des *repartimientos* et de la taxe personnelle appelée *mita de Potosi*. Cette dernière, qui n'était rien moins qu'une conscription pour le travail des mines, pesait surtout bien lourdement sur les Indiens. Ces malheureux étaient conduits chaque année, par troupeaux immenses, aux souterrains de Potosi et de Huancavelica, et ils y étaient soumis à des traitements si rudes et à un travail si excessif, que quelquefois, sur cinq hommes nouvellement arrivés, il en survivait à peine un au bout de l'année. On a affirmé que plus de six millions de Péruviens périrent victimes de cet affreux système, et il paraît démontré que dans les districts où la *mita* avait lieu habituellement, la population diminua de moitié ou même des deux tiers.

Il est à observer cependant que la *mita*, ainsi que le tribut, trouvait, jusqu'à un certain point, son analogue sous le régime des Incas, justification qui ne pouvait en aucune façon être alléguée à l'égard du genre d'impôt connu sous le nom de *repartimientos,* impôt d'autant plus insupportable que les vexations auxquelles il donnait lieu ne profitaient qu'à quelques individus.

Dans l'origine, les *repartos* ou *repartimientos*

constituaient un privilége accordé aux corrégidors ou gouverneurs de provinces, en vertu duquel ceux-ci pouvaient fournir aux indigènes, à des conditions raisonnables (1), les objets nécessaires à leur consommation. Mais peu à peu le privilége venant à dégénérer, il ne fut qu'un prétexte d'exactions iniques , puisqu'il n'était plus permis à l'Indien de choisir les objets qui pouvaient lui être de quelque utilité, et qu'ensuite tout moyen était jugé bon pour le forcer au remboursement.

Je me contenterai de dire que, dans quelques lieux, les *repartimientos* ont consisté en lunettes, en poudre à cheveux, en cartes à jouer, en bas de soie et autres objets de même nature. On conviendra que c'était aller un peu loin.

Les curés ne restaient pas en arrière des corrégidors ; non contents d'user des moyens les plus durs pour recouvrer les contributions ordinaires de l'Église, qu'ils avaient le talent d'augmenter sans cesse, ils allèrent jusqu'à inventer des fêtes afin d'avoir un prétexte pour exiger quelque nouvelle taxe. L'Indien qui tardait à payer ses droits

---

(1) D'après la loi, les corrégidors n'avaient le droit d'exiger qu'un tiers en sus de la valeur réelle des marchandises fournies, et cela , sous la condition qu'ils accorderaient à leurs chalands un crédit de cinq années. Chaque corrégidor devait , en outre , limiter le chiffre de ses *repartimientos* à une certaine somme.

arriérés était saisi quand il se présentait à l'église,
et on séquestrait souvent ses enfants jusqu'à ce
qu'il eût satisfait aux paiements exigés de lui.

Par suite de cette tyrannie, les indigènes ne tardèrent pas à manifester pour leurs gouverneurs
subalternes une haine profonde ; mais les tentatives
qu'ils avaient faites pour secouer le joug étaient
isolées.

Il était réservé à l'Indien Tupac-Amaru de donner le signal d'une révolte générale. Sa voix allait
rappeler pendant quelques jours, à ses compa-
triotes asservis, de brillants souvenirs de liberté (1),
pour s'éteindre ensuite sur un échafaud, au milieu
de tourments affreux.

Tupac-Amaru (2), appelé communément Tupa-
maru, était cacique de Tungasuca, dans la province de Tinta (département de Cuzco). Descendant en ligne directe des Incas (3), son esprit
hautain se révoltait contre la nécessité de se soumettre à des usages qui blessaient sa dignité, et il
conçut de bonne heure le projet d'une grande ven-

---

(1) Il doit être bien entendu que je ne me sers ici du mot *liberté* que
d'une manière comparative, car, même sous le gouvernement « paternel »
de leurs Incas, les Indiens n'étaient guère que des serfs.

(2) Ce nom est dérivé de deux mots quichuas, qui signifient, le premier (*thupac*) « resplendissant » et l'autre (*amaru*) « couleuvre ».

(3) Quelques auteurs ont contesté ce fait, mais je suis ici l'opinion le
plus généralement admise.

geance. Élevé dans les universités de Lima et de Cuzco, il avait acquis quelque instruction ; et cet avantage, joint à un maintien noble et même majestueux, suffisait pour le mettre en relief parmi les siens. Mais cet homme manquait au fond de plusieurs des qualités les plus essentielles au rôle régénérateur qu'il avait l'ambition de jouer ; et certes, sans l'inconcevable négligence, la mollesse et l'impéritie de la plupart des Espagnols qui habitaient alors le pays, jamais il ne serait arrivé à imprimer une aussi forte secousse à la domination étrangère. C'était donc surtout par la forme que l'Inca cherchait à en imposer à ses prosélytes ignorants ; et, à cette fin, il était parvenu à se faire reconnaître officiellement comme descendant légitime des anciens rois du Pérou, et on lui avait permis de prendre le titre de marquis d'Oropesa qui avait appartenu à ses ancêtres. Préoccupé, d'ailleurs, depuis longtemps, des mêmes idées, il ne négligea aucun moyen de se rendre populaire et d'augmenter le nombre de ses partisans.

Enfin, une vaste conspiration dont l'Inca tenait tous les fils, couvrit d'un immense réseau les vice-royautés du Pérou et de Buenos-Ayres, et continua à s'ourdir dans le secret le plus profond, pendant que, pour mieux donner le change sur ses inten-

tions réelles, Tupac-Amaru laissait paraître que
son but était d'obtenir par une intercession directe auprès du chef du gouvernement lui-même,
un autre état de choses.

Émus par ses doléances, les évêques de La
Paz et de Cuzco se chargèrent de les exposer au
roi d'Espagne, Charles III, qui les reçut favora-
blement; et Blas Tupac-Amaru, parent de Gabriel,
étant allé à Madrid pour demander, en personne,
l'abolition de la *mita* et des *repartos*, on eut lieu
de croire qu'il y aurait quelque changement favorable; mais la mort subite de Blas, ainsi que celle
du gouverneur de Potosi (1) qui s'était intéressé
aussi au sort des Indiens, détruisirent les espérances que l'on avait conçues à ce sujet.

Le désir de l'Inca était de temporiser encore,
mais des circonstances imprévues étant venues
accélérer les événements, il résolut de lever,
sans plus de retard, l'étendard de la rébellion.

Il y avait à cette époque, dans la province de
Tinta, un corrégidor nommé Arriaga, qui abusait
du pouvoir dont il était revêtu pour satisfaire
la soif de richesses qui le possédait. Tupac jeta
les yeux sur cet homme pour porter le premier

---

(1) On croit qu'ils furent empoisonnés.

coup, et l'ayant attiré à Tungasuca, le 4 novembre 1780, sous prétexte de célébrer avec plus de pompe la fête du roi, il s'empara de lui et l'emprisonna avec son lieutenant et ses affidés.

Six jours après, le corrégidor fut pendu au milieu de la grande place du village, et Tupac-Amaru agissant, disait-il, par ordre de Sa Majesté, fit publier l'abolition générale de la *mita* et des *repartos*.

Un sort pareil à celui de Arriaga était réservé au corrégidor de Quispicanchi; mais, averti à temps, il prit la fuite en laissant derrière lui la caisse du gouvernement qui renfermait environ 25,000 piastres. Cette somme, ainsi que 200,000 piastres, prises dans la caisse du corrégidor de Tinta, fournit aux premiers frais de l'insurrection, et notamment à solder les hommes qui accouraient de toute part sous son drapeau. Les riches magasins des deux corrégidors regorgeaient d'objets destinés au prochain *reparto*. Les dépouilles tombées aux mains de Tupac furent généreusement distribuées à ses soldats et augmentèrent encore sa popularité.

Le feu de la révolte était allumé, il fallait le propager.

Des édits préparés par l'Inca lui-même étaient

distribués dans toutes les provinces des vice-
royautés et collés aux portes des églises. Des
chefs nommés par lui étaient, en outre, chargés
d'exécuter ses ordres sur tous les points du pays
à la fois. On pourra juger de la simplicité de ces
ordres par la lettre suivante que l'Inca adressait à
un de ses cousins :

« Cher monsieur, étant chargé, en vertu d'un
» ordre supérieur, de l'extinction des corrégidors,
» je vous en fais part afin que vous agissiez en con-
» séquence. Prenez connaissance de l'édit ci-joint;
» publiez-le dans toutes les villes, et faites élever
» des gibets pour les récalcitrants. Cela fait, au
» nom du roi, notre seigneur, convoquez les habi-
» tants de la province, emparez-vous des per-
» sonnes du corrégidor actuel et de son prédéces-
» seur, et mettez leurs biens sous bonne garde.
» Cet ordre n'est ni contre Dieu, ni contre le roi,
» mais contre l'introduction de mauvaises lois. Je
» souhaite que Dieu vous donne une longue vie.

• Tungasuca, 15 novembre 1780.

» Votre affectionné cousin qui vous baise
» les mains.

» José Gabriel Tupac-Amaru. »

« Faites faire des copies de l'édit et qu'elles
» soient affichées dans toutes les villes de la pro-
» vince et sur les portes des églises, afin que mes
» ordres arrivant à la connaissance de tous, aucun
» ne puisse alléguer qu'il en était ignorant. L'ori-
» ginal devra être placé dans la capitale de la pro-
» vince. »

Les édits étaient à peu de chose près de la même
teneur que les lettres dont j'ai donné un modèle.

La nouvelle du soulèvement n'avait pas tardé à
arriver à Cuzco et y avait jeté le plus grand émoi.
Lorsqu'on y apprit que les révoltés se proposaient
de marcher sur la ville, on réunit, à la hâte, les
soldats qui s'y trouvaient pour les envoyer au devant des Indiens.

Partie, le 15 novembre, la petite armée qui
comptait six cents hommes environ, arriva, le 17,
au village de Sangarara, sur la place duquel elle
campa. Le lendemain, au matin, la troupe se vit
entourée d'Indiens et jugea prudent de se fortifier
dans l'église. Le curé et une trentaine de femmes
l'y suivirent. Tupac fit des offres de paix; mais
une partie des assiégés les ayant refusées, tandis
que d'autres voulaient en profiter, la division s'é-
tablit entre eux, et, au milieu du désordre, un
baril de poudre prit feu et fit sauter une partie du

toit et des murs de l'église, sans toutefois causer
un grand dommage parmi les soldats. On profita
de l'ouverture ainsi faite pour tirer sur les troupes de Tupac-Amaru ; il s'ensuivit une mêlée générale qui se termina par la mort de tous les
Espagnols ; du côté des Indiens il ne périt que
quinze individus.

L'effet produit par la nouvelle 'de ce résultat,
tant à Cuzco qu'ailleurs, est facile à comprendre.
Toute la campagne resta ouverte, et Tupac en profita pour la parcourir dans tous les sens, mettant
à feu et à sac toutes les propriétés espagnoles qu'il
rencontrait, ne respectant pas même les églises, et
répandant partout le sang, sans distinction d'âge
ni de sexe.

L'insurrection n'avait pas tardé à devenir générale. Elle éclata, presque simultanément, dans
toutes les provinces qui séparent Cuzco des frontières du Tucuman.

Dans le sud de la province de Chayanta, le soulèvement était conduit par un Indien nommé Catari qui avait été longtemps en correspondance
secrète avec Tupac-Amaru. La guerre contre les
corrégidors y était plus violente encore, si cela
était possible, que dans le Nord. Plusieurs de ces
malheureux saisis au milieu de la sécurité trom-

peuse que leur inspirait l'autorité, avaient été sacrifiés dès le mois de septembre, et le 10 de ce mois les habitants de La Plata (1) virent avec horreur une de leurs croix surmontée de la tête d'un de ces martyrs. La panique produite par ce fait fut si grande, que la *Real audiencia* ayant décrété la peine de mort contre tout individu qui n'accourrait pas à la défense du pays, un des sénateurs fut obligé de se charger des fonctions de crieur public. Dans une autre circonstance, le président lui-même s'offrit volontairement pour remplir des fonctions analogues.

Les petites villes et tous les villages abandonnés de leurs habitants valides qui se réfugiaient dans les capitales, restèrent bientôt au pouvoir discrétionnaire des rebelles.

Le meurtre, le pillage, l'incendie, aggravés par des atrocités inouïes, se succédaient sans interruption. Le besoin de vengeance allumé spontanément dans tous les cœurs s'exerçait avec impunité et consolait de ses misères passées, cette race si longtemps comprimée.

Cependant deux siècles et demi traînés dans la servitude n'avaient pas effacé de la mémoire

_____

(1) C'est le nom que portait autrefois la ville de Chuquisaca ou Sucre.

des indigènes du Pérou le souvenir de leurs Incas.
Ce souvenir était gravé sur les ruines de Cuzco, la
ville impériale. Cuzco était pour tous l'objet d'une
vénération superstitieuse, et Tupac-Amaru résolut
d'y conduire ses soldats pour y enflammer encore
leur ardeur.

La course dévastatrice de l'Inca s'était prolongée jusqu'à Ayaviri, dans la province de Lampa.
Orellana, corrégidor de Paucarcollo, était le seul
qui n'eût pas pris la fuite ; retiré dans la ville du
Puno qu'il chercha à fortifier, il forma la résolution
de se défendre jusqu'à la dernière extrémité.

Mais c'était vers Cuzco que les vues de Tupac
se tournaient alors, et pensant que ses troupes
étaient assez nombreuses pour s'en emparer, il s'y
porta rapidement. Son intention était, après s'en
être rendu maître, de s'y faire couronner avec les
solennités en usage chez ses ancêtres. Manuel
Villalta, corrégidor d'Abancay et ancien colonel,
qui s'y était retiré, l'empêcha de réaliser ce rêve
ambitieux. A son appel, les habitants intimidés
qui n'avaient pensé jusque-là qu'à la fuite, reprirent soudain courage, et après plusieurs attaques
infructueuses, le chef indien dut abandonner son
entreprise, et reprendre dans les campagnes désertes le cours de plus faciles victoires.

Sur ces entrefaites, les vice-rois de Lima et de Buenos-Ayres, vivement préoccupés des suites du soulèvement, nommèrent chacun de leur côté des officiers capables pour commander de nouvelles troupes destinées à le combattre, et, peu après, deux corps de vétérans partirent de Lima et de Buenos-Ayres, le premier sous les ordres immédiats du maréchal-de-camp Don Jose del Valle, le second sous ceux du commandant Reseguin.

Pendant que ces détachements cherchaient, par des marches forcées, à gagner le théâtre de la rébellion, de nouveaux événements y avaient lieu.

La ville d'Oruro, entre autres, était la scène de désastres terribles. La population indigène, soulevée par ses anciens alcades, s'ameuta contre son corrégidor et contre les Européens, ou *chapetones* ; ces derniers étaient possesseurs de capitaux considérables qui tentèrent la cupidité des révoltés, et les infortunés furent massacrés jusque sur les marches des autels où ils avaient cherché un refuge. Plusieurs d'entre eux avaient réuni leurs trésors dans une maison qu'ils habitèrent en commun et où ils eurent un instant l'idée de se défendre ; mais assaillis à la fois par près de 4,000 ennemis, ils perdirent bientôt toute espérance de salut. Les assiégeants mirent le feu à la maison et ses habitants périrent jusqu'au dernier.

Les sommes tombées au pouvoir des Indiens, dans cette occasion seule, dépassèrent 700,000 piastres (3,500,000 fr.). Toutes les autres propriétés des Espagnols eurent le même sort, et l'on n'eut pas de peine à y comprendre celles de plusieurs créoles dont les richesses inspiraient de l'envie aux spoliateurs, bien décidés d'ailleurs à ne point s'arrêter en si belle voie.

Le corrégidor d'Oruro avait réussi à s'échapper de la ville et s'était réfugié à Cochabamba. Persuadés qu'il était caché dans la cathédrale, les Indiens y entrèrent par force, et se dirigèrent vers les caveaux, malgré les protestations du curé, qui ajouta, cependant, quelque peu malicieusement, que ces caveaux renfermaient uniquement quatre Européens confessés. Les Indiens s'y précipitèrent pleins de nouvelles idées de vengeance; mais ils ne rencontrèrent que des cercueils qu'ils brisèrent; et furieux de n'y trouver que des cadavres, ils assouvirent sur eux leur rage impuissante.

Quand il n'y eut plus d'Européens à tuer, les Indiens se jetèrent sur les nègres esclaves de ceux-ci; tous ceux qui tombèrent entre leurs mains partagèrent le sort de leurs maîtres. Enfin, les couvents qui jusque-là avaient joui, comme les églises, du droit d'asile, furent profanés aussi bien que ces dernières.

Les vols commis pendant les quelques jours que les Indiens occupèrent Oruro, s'élevaient déjà au chiffre de plus de 2,000,000 de piastres (10,000,000 de francs). Le nombre des rebelles croissait sans cesse ; les nouvelles du riche butin fait dans les maisons des *chapetones* attirèrent des recrues de tous côtés. En un seul jour, il en arriva 6,000, et toutes voulurent prendre part à la curée.

Cependant, un des alcades rebelles, devenu de son propre chef grand justicier, commençant à craindre que le monstre qu'il avait contribué à éveiller ne tournât enfin ses griffes contre lui, songea à s'en débarrasser. Il y réussit en promettant une gratification d'une piastre à chacun des insurgés qui se retirerait, leurs services, si utiles jusque-là, n'étant plus nécessaires. Les Indiens y consentirent ; mais la nouvelle des succès de Tupac-Amaru étant arrivée presque en même temps, l'insolence des révoltés redoubla, et le pillage fut repris jusqu'à ce que, de guerre lasse, ils se fussent dispersés.

Des scènes analogues à celles qui se passaient à

Oruro se reproduisaient en cent autres lieux. Un volume suffirait à peine pour en donner les détails. A San Pedro de Buena-Vista, dans la province de Chayanta, les habitants résistèrent longtemps aux attaques des Indiens ; fatigués enfin de lutter contre une armée qui se renouvelait sans cesse, et pressés par la famine, ils n'eurent d'autre ressource que de se retirer dans leur église où, au nombre de mille, ils furent impitoyablement massacrés. Le curé et cinq autres prêtres partagèrent leur sort. A Caracato, dans la province de Sicasica, il se passa une scène tout à fait semblable ; et il en fut de même à Tapacari, dans la province de Cochabamba. Dans ce dernier lieu, les Indiens eurent la cruauté de creuser une fosse, au milieu de la place, pour y enterrer vives les femmes de ceux qu'ils avaient mis à mort. Ce fut là aussi que, découvrant un Espagnol caché avec ses fils dans une église, derrière le grand autel, ils le traînèrent dehors et l'armèrent d'un couteau afin qu'en présence de sa femme enceinte, et sous l'influence de la torture, il se fît le bourreau de ses enfants. Il résista et fut égorgé sans pitié. Ses six fils eurent le même sort, ainsi que l'enfant auquel la malheureuse femme avait donné le jour durant cet horrible drame. Par un

raffinement de cruauté, ils laissèrent la vie à la
mère.

Ne dirait-on pas, en lisant les détails de ces
fureurs, que les souvenirs de la conquête et des
leçons de cruauté que les Indiens y reçurent des
Espagnols, ne dataient que de la veille? Deux cent
cinquante ans s'étaient cependant écoulés depuis
cette époque.

Jusque-là les Espagnols avaient été battus ou
refoulés sur presque tous les points, mais aussi
les Indiens n'avaient eu jusqu'alors à lutter que
contre les troupes mal organisées auxquelles on
avait eu la coupable négligence de confier la garde
de l'intérieur des vice-royautés, ou bien contre
quelques corps de volontaires. L'arrivée sur les
lieux de troupes bien disciplinées allait, dès ce
moment, imprimer un nouveau cours aux événements.

La cause du roi ne devait pas tarder à reprendre
le dessus. Pendant que le maréchal de-camp del
Valle s'avançait vers Cuzco, avec le *visitador*
Areche et les troupes amenées de Lima, le com-
mandant Reseguin arrivait, avec celles de Buenos-
Ayres, dans le voisinage de la ville de Tupiza, où
les rebelles, commandés par le métis Luis Laso de
La Vega, venaient de mettre à mort le corrégidor

Revilla. Reseguin y pénétra, la nuit, par surprise, s'empara des principaux chefs, y compris
Luis Laso, qui étaient plongés dans le sommeil,
et les fit immédiatement passer par les armes.
Les milices des provinces voisines reprirent courage à la nouvelle de ce succès et accoururent autour de Reseguin.

Le 20 avril, enfin, après la pacification complète des provinces de Chichas, de Lipez, de Cinti
et de Porco, il entra presque triomphalement dans
la ville de la Plata, que la victoire décisive de
Punilla, remportée par les habitants sur les frères
Catari, venait de délivrer pour toujours de la
crainte d'un pillage général.

Dans la vice-royauté de Lima, les troupes du
maréchal del Valle allaient remporter des avantages encore plus notables. Tupac-Amaru continuait à y répandre la terreur et la désolation. Ses
soldats, qu'il payait avec exactitude, formaient
déjà un corps considérable; ils étaient armés de
lances et de fusils, et avaient, en outre, plusieurs
canons de petit calibre que leur chef avait lui-
même fait fabriquer.

A peine le maréchal fut-il arrivé à Cuzco, qu'il
se prépara à attaquer les rebelles sur plusieurs
points à la fois; il dirigea donc son armée, qui se

montait à 15,000 hommes environ, en six colonnes qui devaient traverser le pays révolutionné par autant de chemins différents, pour se réunir devant Tinta, où l'Inca avait son quartier général et ses magasins de guerre.

La rareté des vivres et des combustibles, les pluies continuelles, les attaques auxquelles ces troupes furent en butte de la part des petits corps de révoltés qui gardaient tous les points difficiles de la route, rendirent la manœuvre de del Valle très difficile à réaliser. On arriva enfin devant la ville de Quiquijana dont les habitants, se fiant sans doute à l'avantage de leur position, avaient été d'ardents auxiliaires de l'insurrection. Le général royaliste pensait que cette ville l'arrêterait plusieurs jours, et il se préparait à en faire le siège, lorsqu'il apprit que les rebelles l'avaient abandonnée pour se réunir à l'armée de Tupac-Amaru, alors à Cinta. Avant de partir, ils avaient coupé le pont qui traversait le rio de Quiquijana. Les femmes et les vieillards, seuls habitants qui fussent restés dans la ville, s'étaient retirés dans l'église, pour y attendre l'entrée de l'armée du roi. Ils implorèrent leur pardon, et l'on se borna à leur administrer le fouet.

Deux jours après, del Valle apprit, par un déserteur, que l'armée rebelle, forte de dix mille hommes, sous le commandement de Tupac-Amaru lui-même, occupait le versant d'une montagne au pied de laquelle devait passer l'armée royaliste; on marcha à sa rencontre, et telle fut la vigueur de l'assaut, que les troupes indiennes furent presque aussitôt culbutées. Peu s'en fallut que l'Inca n'y fût pris, et il ne dut même son salut qu'à la légèreté de son cheval. Sa défaite subite l'avait tellement mis hors de lui, qu'il oublia la position du gué du rio de Cinta et se jeta étourdiment dans un endroit profond où il faillit être englouti. Ce dernier accident augmenta encore sa consternation, et il résolut de fuir sans passer par son quartier général. Il écrivit alors à sa femme ces mots : « Beaucoup de soldats très braves sont en marche contre nous, nous n'avons d'autre ressource que la mort, » à la réception desquels toute sa famille se mit en fuite.

Le lendemain même, le maréchal del Valle eut connaissance de leur départ, à une lieue de Cinta, où il entra sans coup férir, et il envoya aussitôt à leur poursuite.

Leur seule voie de salut aurait été de gagner les forêts impénétrables de l'intérieur, mais il ne paraît pas qu'ils aient eu cette intention; car ils furent pris sur le chemin de Langui, par quelques habitants de ce district qui avaient été avertis à temps de leur déroute. Ils arrivèrent au camp des royalistes au moment où l'on venait de faire justice de 67 rebelles d'un rang inférieur dont les têtes furent exposées dans les lieux publics.

La plupart des capitaines de l'Inca furent également faits prisonniers, et le commandant général, José del Valle, les envoya sans retard à Cuzco, où ils devaient être jugés.

Malgré la capture du chef principal de l'insurrection, celle-ci n'était pas encore apaisée. Elle obéissait à la voix de Diego Cristoval Tupac-Amaru, oncle de l'Inca, ainsi qu'à un neveu du même, du nom d'Andres, qui avaient réussi à échapper aux poursuites des royalistes. Diego avait gagné, en sûreté, la province d'Azangaro et avait réuni autour de lui un grand nombre de partisans plus exaltés encore qu'auparavant, par la défaite de leur grand chef, et déterminés à l'arracher au sort qui l'attendait. Les précautions prises par les vainqueurs empêchèrent la réalisation de ce plan.

Les opérations des révoltés se concentrèrent alors sur la région qui environne le grand lac de

Titicaca. Un Indien qui se faisait appeler Tupac-Catari conduisait les mouvements des insurgés en commun avec les parents de l'Inca. Les siéges qu'ils mirent devant Puno, Sorata et La Paz comptent parmi les épisodes les plus intéressants de ce grand drame. Puno, énergiquement défendue par le corrégidor Orellana, fut délivrée enfin par l'apparition opportune du maréchal del Valle; mais le commandant royaliste ne pouvant laisser dans cette ville les troupes nécessaires à une plus longue défense, il fut résolu que la population se transporterait en masse à Cuzco, opération qui ne s'effectua qu'avec de grandes difficultés et des pertes considérables.

La petite ville de Sorata s'était vue assaillie par quatorze mille Indiens à la fois; mais elle tenait bon, grâce à la vaillance de sa population. Andres Tupac-Amaru, qui dirigeait l'armée assiégeante, irrité de la résistance obstinée que lui opposait cette poignée d'individus, se servit, pour la détruire, d'un moyen qui eût fait honneur à la science moderne. Il recueillit, dit l'histoire, dans un vaste réservoir creusé au-dessus de la ville, les eaux qui provenaient de la fonte des neiges de l'Il lampù; puis, quand cet étang se trouva plein, il en rompit les digues. La masse liquide se préci-

pita avec une force irrésistible sur la malheureuse Sorata et renversa en un clin d'œil ses rem-
parts de terre et les maisons qu'ils protégeaient.
Les Indiens qui suivaient de près le torrent,
s'abattirent comme la foudre sur les habitants
consternés et les massacrèrent jusqu'au dernier.

La Paz eut à supporter deux siéges qui durè-
rent ensemble cent neuf jours. Douze mille Indiens gardaient les hauteurs qui dominaient la
ville, et en interceptaient toutes les communications. L'habileté et la fermeté du commandant de
la place, don Sébastien Segurola, empêchèrent
seules que ses habitants ne fussent livrés à la
boucherie par cette horde féroce. Lorsque la
ville fut investie, pour la seconde fois, sous
la direction de la fameuse Bartolina, femme
de Catari, les assiégeants voulurent employer
le moyen qui leur avait si bien réussi contre
Sorata. Ils mirent des barrages à la rivière qui
traverse la ville et les rompirent dès que l'eau se
fut suffisamment accumulée; les ponts furent
ainsi emportés, et un grand nombre de maisons
minées par le courant, furent entraînées avec
les berges qui les soutenaient. Reseguin arriva
enfin avec ses vétérans au secours de la place,
et la prise de Tupac-Catari mit fin, peu après,

à la guerre qui désolait cette partie du pays.

De tous les chefs de la rébellion, Diego Cristoval était le seul qui tînt encore la campagne ; mais désespérant enfin de sa cause, il se livra volontairement au général del Valle dans son camp de Sicuani. Il avait espéré sauver sa vie par cet acte de confiance, mais il ne tarda pas à être désabusé.

De son côté, Tupac-Amaru et la plupart des siens avaient déjà expié par un cruel supplice leurs rêves de grandeur.

Les détails de l'exécution de l'Inca et de sa famille, donnés au long dans les documents de l'époque, rappellent les siècles barbares, et Angelis, qui les rapporte, ne trouve pas de termes assez forts pour flétrir le magistrat espagnol qui les avait imaginés et qui eut le cruel sang-froid d'y assister.

Bref, après avoir vu souffrir et expirer un à un sous leurs yeux leurs plus proches parents, l'Inca et sa femme montèrent à leur tour sur l'échafaud. La malheureuse Micaela, après avoir eu la langue arrachée, devait mourir du supplice du garrot ; mais l'anneau se trouva être trop grand pour son cou, et la suffocation ne se produisit qu'imparfaitement ; pour l'achever, on lui brisa alors la poitrine à coups de pied.

Le supplice de l'Inca fut plus horrible encore. On lui arracha d'abord la langue comme à sa compagne et on tenta de l'écarteler; mais soit que les chevaux qui le tiraient manquassent de vigueur ou que l'Indien fût de fer, pas un de ses membres ne se rompit, et il resta pendant long-temps, disent les historiens de cette scène, « suspendu en l'air comme une araignée. » On termina enfin ses souffrances en lui tranchant la tête.

Les membres des victimes furent ensuite séparés et exposés dans les différentes villes du pays; et les corps de l'Inca et de sa femme ayant été brûlés publiquement, leurs cendres furent jetées au vent.

Une foule immense était accourue pour être témoin de ces supplices, mais on ne vit parmi elle aucun Indien. On ajoute qu'au moment où les chevaux soulevaient en l'air le corps de l'Inca, il s'éleva un grand vent; puis un orage furieux éclata sur la ville et dispersa la multitude.

Diego Cristoval Tupac-Amaru ne jouit pas long-temps du pardon apparent qu'on lui avait accordé. Il vivait depuis quelque temps tranquille et re-tiré, au sein de sa famille, lorsqu'on se saisit de lui et de tous les siens. Jugé ensuite pour des crimes imaginaires, il fut condamné à mort. Ce fut le dernier épisode de cette lutte sanglante.

Cependant, bien que l'insurrection eût été vaincue de la manière la plus complète, son but principal, qui était l'abolition des *repartimientos*, fut promptement atteint, et le sort des Indiens fut amélioré sous bien d'autres rapports. La *mita* ne fut entièrement abolie, il est vrai, qu'en l'année 1823, lors de l'entrée à Lima 'du général patriote San 'Martin; mais les enrôlements ne se firent plus avec la même rigueur.

Disons, pour terminer, que les documents trouvés en possession des chefs indiens prouvèrent que la rebellion se tramait depuis au moins dix ans; et l'on croit qu'elle aurait été différée encore, sans l'imprudence de l'un des chefs (Tupac-Catari) avec lequel Tupac-Amaru était en correspondance continuelle. Ce fait dut inspirer des réflexions sérieuses à la cour d'Espagne, et l'amena sans doute à des concessions pour prévenir le retour de troubles qui l'avaient tenue en émoi pendant près de deux années, et avaient coûté la vie à plus de 40,000 individus.

CHAPITRE XVI.

De La Paz à Tipuani.

Le baiser de la Convention. — Préparatifs de voyage. Provisions de bouche, etc. Départ pour Sorata. — La *puna*. — *Pulperia* de Patamanta. — L'Illampù. — Lac de Titicaca. — Ferme de los Molinos. — Vallée d'Hilabaya. Végétation. — Vallée de Sorata. Séjour dans la ville du même nom. Moyens de transport entre Sorata et Tipuani. Marché. Végétation des environs. — Population et division de la province de Larecaja. Embauchage des ouvriers employés aux *lavaderos* de Tipuani.

Pendant que, séquestré dans ma chambre, j'espérais lasser la fièvre dont il a été question dans un des chapitres précédents, la grippe, qui faisait le tour du monde, arriva tout à coup à La Paz; et les membres de la Convention nationale, qui siégeait en ce moment, en ayant été attaqués avant le gros de la population, quelques mauvais plaisants la désignèrent sous le nom de *abrazo de la Convencion* (baiser de la Convention); elle fut cependant plus généralement connue sous celui de *peste*.

Affaibli par ma dernière maladie, je fus une des premières victimes de l'épidémie, et l'on me conseilla alors de quitter La Paz, et de gagner quelque

19

climat plus doux. Je pensai à la province de Yungas,
ce beau pays de vallées que l'on a appelé, avec tant
de raison, le jardin de La Paz. M. B... devait m'accompagner dans cet exil agréable, et il avait été
décidé qu'après une station de quelques jours à
Cotaña, site ravissant au pied de l'Illimani, nous
passerions à Chulumani, capitale de la province,
et que nous rentrerions à La Paz en passant par le
joli bourg de Coroico.

Sur ces entrefaites, nous apprîmes l'effet négatif
des sondages que M. de H... venait de pratiquer à la Lancha, et, dans la crainte que le puits
qu'il était sur le point de percer ne donnât pas
des résultats plus favorables, nous résolûmes d'entreprendre sans délai le voyage de Tipuani, différé
par suite des raisons signalées plus haut.

Cette détermination prise, nous commençâmes
les préparatifs du départ : préparatifs très simples, du reste, puisqu'ils se bornaient, pour ainsi
dire, à l'achat de provisions de bouche, le pays
que nous allions traverser étant, sous ce rapport,
un des plus pauvres de la république.

Pour ceux qui seraient curieux de savoir en
quoi consistaient les comestibles qui allaient former pendant six semaines le fond de notre nourriture, je dirai qu'il s'y trouvait six moutons secs

ou *chalonas* (1), environ 25 livres de biscuit
(*pan abiscochado*), 25 livres de chocolat, 20 livres
de sucre, quelques boîtes de conserves Appert,
importées de Nantes, 3 livres de saucisson, du
riz, des pommes de terre, des oignons, des confitures sèches, 5 livres de café, 1 livre de thé,
4 bouteilles de cognac, des épices, etc. Quant à nos
ustensiles, ils se bornaient à un chaudron pour le
chupé, une poêle à frire, une chocolatière, une
cafetière, un réchaud à esprit-de-vin, des tim-
bales de fer-blanc, quelques tasses et des assiettes
de faïence, des cuillers, etc. Nous avions engagé,
pour cumuler les fonctions de cuisinier, de valet
de chambre et de palefrenier, un garçon du nom
de Leandro, auquel il fut convenu que nous don-
nerions, outre sa nourriture, etc., une solde men-
suelle de 18 piastres. Enfin, nous emmenions
comme animaux de selle trois mules qui nous appartenaient. Nos lits et le reste de notre bagage,
contenus dans quatre malles de cuir non tanné,
étaient portés par des mules louées qui devaient
nous accompagner jusqu'à Sorata, à trente lieues
de La Paz ; et notre cortége était complété par
un postillon mi-blanc, mi-indien, j'allais dire

_____

(1) Le poids d'un de ces moutons secs n'est que de 12 à 15 livres.

mi-homme, tant il était bossu et contrefait, qui
devait surveiller les bêtes de charge durant le
voyage et les ramener à leur maître.

Le 16 août, tout étant prêt, nous fîmes charger
nos bêtes et nous nous mîmes en route. A onze
heures du matin, nous quittâmes La Paz, et ayant
dépassé le cimetière, près duquel nous prîmes
congé de quelques amis qui nous avaient escortés,
nous nous mîmes à grimper pour atteindre le niveau du plateau.

Trois chemins partent de la borne milliaire
(*pilar*) qui marque le sommet de la côte et l'entrée de la *puna*. Nous prîmes celui du milieu qui
menait au village de Peñas. Il traverse une plaine
parfaitement unie, toute semée de touffes d'une
herbe roide (1) que la gelée avait jaunie et qui
donnait à l'immense étendue qu'elle couvrait une
teinte uniforme. Telle était la végétation de cette
triste campagne; aucun arbre, pas un arbuste ne s'y
montrait pour en varier la monotonie, et il fallait
se baisser pour voir que çà et là, au milieu de ces
touffes dont chaque lama qui passait retranchait
quelques brins, il y avait encore une plante : c'était
là *Yareta* (*Bolax glebaria*) dont les mottes convexes

(1) Espèce de *Deyeuxia*.

laissaient suinter au soleil des larmes d'une résine jaune et odorante.

A peine eûmes-nous fait quelques pas dans cette plaine, que nous sentîmes le besoin de nous couvrir la figure pour préserver notre peau, nos lèvres surtout, de l'action desséchante du vent glacé qui.nous avait assaillis à notre sortie du ravin.

La route étant excellente, nos bêtes prirent bientôt le trot, et elles maintinrent cette allure pendant presque toute la journée. Du reste, rien de bien remarquable ne se présenta durant notre course, si ce n'est la masse superbe que forme le mont Sorata ou Illampù, à l'extrémité de la ligne de pics neigeux qui bornait l'horizon à notre droite. Nous commençâmes à l'apercevoir à environ deux lieues et demie de La Paz, et à partir de ce moment nous ne le perdîmes guère de vue. Le pic de Challana se faisait également remarquer par sa grande élévation au-dessus de ses voisins; il nous sembla même plusieurs fois, grâce à sa proximité, qu'il l'emportait sur le géant que je mentionnais tout à l'heure, ainsi que sur son confrère l'Illimani, que nous laissions en arrière. A la distance de cinq lieues, nous passâmes une vieille ferme au chaume noirci, appelée Cucuta; quelques huttes misérables l'entouraient, et sur

les buttes voisines s'étendaient quelques terres
labourées, les premières qui eussent attiré notre
attention depuis notre sortie de la ville.

Après quelques minutes de repos, pendant
lesquelles Leandro et notre postillon bossu redres-
sèrent les charges que les secousses du trot avaient
un peu dérangées, nous continuâmes d'avancer à
travers la plaine jaunie, et vers cinq heures et
demie nous arrivâmes, avec l'intention d'y sé-
journer, à une petite *estancia* (ferme à bestiaux)
connue sous le nom de Patamanta. Elle appartenait à des Indiens, et consistait en deux huttes
séparées par une petite cour. Les maîtres de l'établissement habitaient l'une des huttes, qui servait
en même temps de *pulperia*, c'est-à-dire que l'on
était censé y vendre des objets d'épicerie; mais,
inspection faite, nous nous assurâmes que les ap-
provisionnements en vente se réduisaient à deux
douzaines d'œufs dont nous nous emparâmes aussitôt pour notre souper, et à trois bouteilles d'eau-
de-vie. L'autre hutte, bâtie, ainsi que sa sœur
jumelle, de terre et de cailloux, et, comme elle,
recouverte de chaume que nos mules attaquèrent
à belles dents, dès qu'elles purent y atteindre,
l'autre hutte, dis-je, servait de logement aux
voyageurs qui s'arrêtaient à la *pulperia*. Intérieu-

rement, il y avait à chaque extrémité de ce réduit un large banc de terre destiné à servir de couchette; et l'ouverture unique qui faisait communiquer avec l'extérieur ce dortoir primitif était fermée par une porte sans serrure et à gonds de cuir, qui laissait entrer l'air presque aussi librement que si elle n'eût point existé. Grâce à cette disposition et à un reste de grippe, je passai une nuit abominable, la toux m'ayant tenu presque jusqu'au matin.

Nous nous levâmes néanmoins de bonne heure, et, pendant que l'on rechargeait les mules, Leandro nous servit un excellent déjeuner d'œufs et de chocolat, que nous prîmes, il est vrai, en plein air, mais sous l'influence bénigne des premiers rayons du soleil, et en vue du majestueux Illampu, qui se distinguait avec une netteté admirable. La figure de cette montagne est bien loin de représenter un cône, comme on pourrait le supposer; elle forme au contraire une masse de forme irrégulière dont l'étendue, dans le sens de l'horizon, est quatre ou cinq fois plus grande qu'elle ne l'est verticalement; son profil et son aspect général varient, d'ailleurs, de la manière la plus complète, en raison de la position occupée par le spectateur et en raison de la neige qui la recouvre et de la lumière qu'elle reçoit. Supérieurement

elle se termine par trois éminences ou pics de hauteurs inégales. M. Pentland, à qui l'on doit presque
toutes les mesures que l'on possède des Andes
boliviennes, assigne au pic sud de l'Illampù qu'il
appelle avec quelques uns Ancohuma, une élévation de 21,286 pieds anglais (6,488 mètres)
au-dessus du niveau de la mer, et il donne au pic
nord une élévation de 21,043 pieds.

Le chargement des animaux ayant duré près
de deux heures, nous ne quittâmes notre *pulperia*
qu'un peu avant huit heures, et après avoir cheminé pendant environ une heure dans la direction suivie le jour précédent, nous changeâmes
de rhumb, pour marcher droit sur l'Illampù que
nous avions, en ce moment, presque au nord.

Déjà, avant d'arriver à Palamanta, nous avions
aperçu quelques collines sur un des côtés de la
route, mais elles se trouvaient encore à une certaine distance; en avançant davantage, nous les
vîmes se rapprocher, et il nous fut facile de
reconnaître qu'elles étaient entièrement formées
de grès rouge. Le village de Peñas, situé à treize
lieues de La Paz, tire son nom des montagnes à
pic (*peñas*) de cette même roche qui s'élèvent au-
dessus de lui. Nous le laissâmes à notre gauche.
Les *estancias* se présentaient plus nombreuses de

ce côté, et de petits troupeaux de moutons, ainsi que quelques vaches qui paissaient dans leur voisinage, rompaient un peu la monotonie du paysage.

Vers le soir, nous arrivâmes en vue d'une montagne conique qui marque la position de la ville d'Hachacache, capitale de la province d'Omasuyos, et, à peine l'eûmes-nous dépassée, que le grand lac de Titicaca, la Méditerranée du plateau péruvien, nous apparut à l'ouest. Éclairées par les rayons du soleil couchant, ses eaux se dessinaient à nos yeux sous la forme d'un ruban d'or. En face, et plus richement éclairé encore, s'élevait le colosse des Andes boliviennes. Nous restâmes quelques moments en admiration entre ces deux merveilles; puis, l'heure s'avançant, nous pressâmes nos montures afin de gagner avant la nuit la ferme de los Molinos, où nous devions coucher. Il était six heures quand nous y arrivâmes, et le froid était devenu si piquant, le vent soufflait si fort, que je constatai avec une vive satisfaction que le *tambo*, ou salle des voyageurs, où nous avait conduits notre bossu, pouvait être clos presque hermétiquement. Nous regrettâmes néanmoins que notre guide ne nous eût pas menés de préférence au chef-lieu de la *hacienda*, à l'administrateur de laquelle nous étions recommandés. L'apparition du *chupé* calma enfin nos regrets, et je passai sur mon lit de brique une nuit satisfaisante, troublée néanmoins de temps à autre par les plaintes de M. B..., qui, se souvenant sans doute de notre chambre à coucher de Patamanta, se plaignait vivement des courants d'air et des imperfections du chaume; mais le temps superbe qui nous accueillit au sortir de notre gîte fit reparaître sa bonne humeur. Le vent continuait cependant à souffler avec violence, mais, tempéré par la chaleur bienfaisante du soleil, il n'avait alors rien de désagréable. La ferme de los Molinos était sur une légère éminence, d'où nous discernions avec assez de netteté la ville d'Hachacache s'étendant au pied de son cône de grès. Les contours de la grande baie d'Hachacache, que le lac de Titicaca forme de ce côté, et ses grands îlots noirs, étaient de même parfaitement visibles. Les eaux du lac lui-même paraissaient alors aussi bleues que celles d'une mer tropicale. A l'ouest elles semblaient se confondre avec la ligne de l'horizon.

Peu après notre départ de los Molinos, nous distinguâmes, du sommet de plusieurs collines sur lesquelles nous grimpâmes successivement, une plus grande étendue encore de cette mer intérieure, et nous crûmes même en voir la rive opposée.

Quelques plaines abritées, parsemées de fermes ou de petites cultures, s'étaient montrées au milieu des collines ; mais à mesure que, de plateau en plateau, nous nous élevions vers des climats moins tempérés, à mesure que nous approchions du sommet de la chaîne qui limite d'un côté la plaine d'Hachacache et qui la sépare de la vallée d'Hilabaya, les points habités devinrent de plus en plus rares. Le plateau supérieur ne nous présenta plus qu'une surface déserte et balayée par une brise glaciale. Quelques grandes flaques d'eau, sur lesquelles jouaient de grandes oies (*Gollatas*) (1) au plumage blanc, en interrompaient seules l'uniformité. Nous pressâmes le pas pour atteindre plus tôt les limites de cette froide région, et notre vue put plonger enfin sur la vallée dont les nuages remplissaient toutes les profondeurs. Nous ne distinguions nettement que la partie de l'immense ravin qui était immédiatement à nos pieds, et dont le fond était occupé par le rio Hilabaya, petit affluent du rio de Sorata ; le

(1) *Bernicla melanoptera.*

sentier que nous allions suivre semblait appliqué, comme un fil, à l'un des flancs du précipice.

Le sol était partout couvert dans ce point d'un gazon fin, semé de plaques de *Bolax*, de Gentianes et de petites Composées acaules aux fleurs étoilées; ce tapis, bien que maigre, avait dans son ensemble, et surtout dans son coloris, quelque chose d'harmonieux qui préludait agréablement aux productions de climats plus doux.

A peine nous fûmes-nous enfoncés dans l'ouverture béante de la vallée, que nous cessâmes de sentir le souffle du vent qui nous battait le visage à quelques mètres au-dessus, et nous nous empressâmes d'avancer pour jouir de nouvelles surprises.

La descente devint de plus en plus rapide.

Les premières terres labourées qui se présentèrent sur les flancs escarpés de la montagne apparurent à une élévation d'environ 4,100 mètres au-dessus du niveau de la mer; et, un peu plus bas, nous commençâmes à voir quelques arbrisseaux; en particulier, une Labiée aromatique à fleurs blanches, très fréquente dans les environs de La Paz, où elle s'élève aussi plus qu'aucune autre plante ligneuse. Une Eupatoire à feuilles résineuses, nommée *Chilca*, se montra ensuite; puis une grande Calcéolaire chargée de bouquets de fleurs jaunes. Celles-ci furent suivies d'une seconde La-biée, d'un *Mutisia* épineux à fleurs roses, et d'un grand Lobélia (*Siphocampylus*) aux longues corolles purpurines. Les plantes herbacées les plus communes, à ce niveau, étaient une Ombel-lifère (*Eryngium*) à feuilles de Broméliacée, un *Loasa* à corolles orangées, un *Oxalis* et une petite Gentiane à fleurs d'un bleu pâle que l'on observe dans presque tous les marais de la Cordillère. Les arbrisseaux et arbustes que j'ai nommés for-maient une haie dans une grande étendue de notre route, et lui donnaient une physionomie que nous avions perdue de vue depuis longtemps ; les ruisselets qui tombaient en cascades, sur la pente escarpée de la montagne, ajoutaient encore à l'agrément du paysage.

En pénétrant dans le ravin, notre sentier était tracé sur sa berge gauche ; mais il n'y était pas resté fidèle longtemps : au bout d'un certain par-cours, il s'inclina rapidement vers le petit rio de Hilabaya, que nous traversâmes ; puis, s'élevant du côté opposé, il alla passer au-dessus du village du même nom. Un peu plus loin, il quitta la vallée qui l'avait contenu jusqu'alors, pour entrer, en doublant une crête, dans celle de Sorata. Cette vallée, ce ravin ou cette *quebrada*, comme on voudra l'appeler, est encore plus profonde que celle d'Hilabaya, mais elle a le même aspect, ou peu s'en faut. A peine y fûmes-nous, que nous nous trouvâmes face à face avec le pic nord de l'Illampü, et, à gauche, sur une sorte de terrasse située un peu au-dessus du torrent, nous vîmes la ville de Sorata elle-même, avec ses maisons blanches et ses toits de tuile. Elle paraît perdue au milieu du chaos de montagnes qui l'entourent de toute part, et, en l'apercevant, il est difficile que l'on ne se demande pas dans quel but on a pu asseoir une ville sur un point semblable. Mais c'est là une question que l'on se posera, je pense, toujours, à la première vue des villes de cette partie du monde, et la réponse sera presque invariablement la même : Toutes ces villes ne doivent leur naissance qu'à l'or ou à l'argent que recèle leur sol.

Une des descentes les plus roides que j'aie rencontrées mène de la crête au fond de la *quebrada*. Nous en parcourûmes la première partie sans quitter nos selles; mais nous eûmes bientôt les genoux si fatigués des efforts qu'il fallait faire pour ne pas glisser sur le cou de nos mules, que nous préférâmes faire la route à pied. Nous ne remontâmes sur nos bêtes qu'en arrivant au torrent, sur lequel on a jeté un pont excellent. Une montée assez courte nous conduisit ensuite promptement au petit plateau où est bâti Sorata.

Au passage de la rivière, notre odorat avait été délicieusement affecté par le parfum de plusieurs grands arbustes que je pris de loin pour des Lilas, mais que, de plus près, je reconnus appartenir au groupe des Eupatoires. Nos yeux ne furent pas moins agréablement frappés à la vue des bosquets de pêchers en pleine fleur qui ornaient, au-dessous de la ville, le flanc de la montagne. Notre pensée nous reportait alors au premier printemps de notre pays.

L'entrée de Sorata n'est pas attrayante : des maisons basses, aux murs d'adobes brutes, des toits de chaume ou de tuiles avariées par l'humidité, des rues pavées de cailloux en désordre, et sur lesquels les pieds glissaient sans cesse ; tout cela n'était pas fait pour donner une très bonne idée du reste. Cependant, en pénétrant plus avant, notre jugement devint plus favorable ; et quand nous arrivâmes à la grande place, dont toutes les maisons étaient blanchies à la chaux, nous n'hésitâmes pas à dire que pour une petite ville de province, Sorata n'était pas à mépriser. Nous nous

arrêtâmes à l'entrée de la place, devant la maison
que nous allions habiter. Elle appartenait à un
mineur de quelque célébrité, nommé Ildefonso
Villamil, qui avait bien voulu insister pour que
nous y logeassions, et qui nous avait donné à cet
effet une recommandation écrite pour son majordome. L'habitation dont je parle était d'ailleurs
regardée, avec raison, comme la meilleure de la
ville, et avait été occupée par le président quelques mois auparavant.

Le majordome s'empressa de nous ouvrir toutes
les pièces habitables de la maison, et, ayant choisi
pour y coucher celle qui nous parut être le plus à
l'abri des vents coulis, nous cherchâmes à nous
y dédommager des fatigues de la journée; mais
tourmenté par ma grippe, je dormis à peine, et
je passai mon temps à écouter le bruit monotone
d'une cascade projetée dans le bassin d'une fontaine
voisine, ou le grésillement plus triste que faisaient
les gouttes de pluie en se brisant sur nos car-
reaux.

En effet, à peine étions-nous entrés à Sorata,
que la sérénité de l'atmosphère se troubla, et au
lieu de la température douce à laquelle je m'étais
attendu en mettant les pieds dans cette vallée,
je rencontrai un froid humide et pénétrant; aussi

me décidai-je à attendre la fin de la bourrasque enfermé dans notre maison où la température ne s'abaissait guère au-dessous de 17 degrés centigrades. Inutile de dire que le pic qui s'élève si majestueusement au-dessus de la ville, et que j'avais eu occasion de dessiner, quelques années auparavant, resta complétement invisible à nos yeux tant que le mauvais temps dura.

A Sorata, nous étions encore à quarante lieues de Tipuani ; de La Paz à Sorata on en compte trente. Mais autant ces dernières sont faciles à parcourir, autant celles qui nous restaient à faire étaient difficiles. En un mot, le chemin de Sorata à Tipuani est généralement regardé comme le plus abominable du pays. Les mules peuvent néanmoins y passer, bien qu'on soit obligé de les décharger de temps à autre pour qu'elles puissent avancer ; mais les mules de Tipuani ne portent jamais un fardeau aussi lourd que celles de la côte. Quatorze arrobes (350 livres), voilà le poids d'une charge de *mula costeña*, tandis que la *mula tipuanera* ne porte que cinq ou tout au plus six arrobes.

Quand on peut les trouver, il vaut encore mieux se servir d'Indiens pour le transport des charges. Chacun de ces *cargadores* porte très facilement une demi-charge de mule, et il a, si cela se

peut, le pied encore plus sûr que ces animaux.
La dépense est du reste la même dans les deux
cas, le transport de cinq arrobes, d'une de ces
localités à l'autre, étant généralement fixé à cinq
piastres. Lorsque nous arrivâmes, on était malheureusement à l'époque des semailles, et, malgré
toute l'activité et la bonne volonté qu'y mirent
notre hôte, le majordome, et une autre personne
à laquelle nous avions été également recommandés, il nous fut impossible de réunir un nombre
suffisant d'Indiens pour porter tous nos paquets.
Il fallut donc nous décider à compléter avec des
mules le nombre de nos porteurs; et même,
en agissant ainsi, les retards inévitables que
nous eûmes à subir, nous obligèrent à prolonger
notre séjour au delà de nos prévisions. Quant
aux mules de selle, nous n'eûmes aucune difficulté à en trouver; et un des Indiens engagés fut
spécialement chargé de prendre soin de M. B.,
auquel la faiblesse de sa vue ne permettait pas
d'aborder le chemin de Tipuani tout aussi impunément qu'un autre.

En attendant, le régime que je suivais ayant
produit un résultat favorable, je pus bientôt sortir
comme à l'ordinaire; mais les dernières pluies
avaient couvert les rues d'une boue si épaisse que

c'était une affaire que de s'y aventurer. Les habitants, pour s'en garantir, portaient des socques à hauts talons.

Une de mes premières visites fut consacrée au marché qui se tenait, comme presque partout, sur la grande place ; une foule d'Indiens et d'Indiennes y étaient accroupis en longues files, derrière leurs marchandises, sur le sol humide et nu. La moitié de ces vendeurs n'avaient, devant eux, que des épis de maïs, mais de toutes les couleurs imaginables, depuis le blanc le plus pur jusqu'au noir pourpré le plus intense. Les oignons venaient en seconde ligne, puis les ocas, les pommes de terre, les *yacones*, les *ysaños*, les *racachas*, le manioc, les patates, etc. Les fruits consistaient en bananes, en *chirimoyas*, en *granadillas* et en *pacaes*. En fait de viande, il ne s'y trouvait guère que de la *chalona,* avec quelques poissons apportés du lac de Titicaca ; mais le pain était assez abondant.

Le 23, le soleil perça plusieurs fois les nuages qui avaient jusque-là intercepté sa lumière ; une éclaircie momentanée nous permit même d'entrevoir une petite partie du pic. Nous allâmes, dès le matin, rôder sur la montagne qui s'élève derrière la ville, et après bien des haltes, nous réussîmes à en

escalader le premier échelon. Il s'y trouva, au gré
de nos désirs, une petite terrasse en pente douce,
couverte de gazon, sur lequel nous nous étendî-
mes, comme des lézards sur un mur. Nous y restâmes toute la journée, en contemplation devant les
grandes montagnes crevassées qui se dressaient
autour de nous, et au milieu desquelles, Sorata,
avec son torrent, ses pêchers roses et ses champs
de luzerne, n'occupait qu'une bien humble
position. En retournant à la ville , nous suivîmes
un chemin bordé, des deux côtés, de haies de
cette Eupatoriacée que j'avais prise pour du Lilas. Les Sorateños ont de l'affection pour cet
arbuste; j'ai remarqué qu'ils en forment presque
tous leurs enclos. Les arbres sont rares dans le
pays ; presque tous ceux qui s'y rencontrent y ont
été plantés. Celui qui arrive à la plus grande
taille est un noyer à très gros fruit. Les saules
sont communs, mais il n'y en a pas de bien élevés;
les Ricins, par contre, y prospèrent, car j'en ai vu
dont le tronc avait un diamètre de deux décimètres. Un Mimosa à fruits épineux et une Labiée à
feuille de Sauge sont les arbustes les plus répan-
dus des environs. J'y ai aperçu très communément
plusieurs plantes herbacées d'Europe, entre autres
notre Laiteron commun (*Sonchus oleraceus*), plante

cosmopolite par excellence, une petite espèce de Luzerne (*Medicago minima*), et le Mouron ordinaire (*Alsine media*).'

La population de la province de Larecaja (1), dont Sorata est la capitale, paraît être de 35 à 40,000 âmes, celle du canton est de 3,000, et celle de la ville elle-même, d'environ 1,200. Les autres cantons de Larecaja sont Hilabaya, Timusi, Combaya, Chuchulaya, Conzata, Mapiri, Yani, Chinijo, Ananea, Quiabaya, Tacacoma, Linata, Songo, Challana, Tipuani et Guanay.

La hauteur de la ville de Sorata, au-dessus du niveau de la mer, est d'environ 2730 mètres, et son climat, qui est agréablement tempéré, a une réputation de salubrité qui a souvent engagé les médecins de La Paz à y envoyer leurs malades, pour y passer le temps de leur convalescence.

Sous le rapport du commerce, Sorata est un point assez insignifiant, puisqu'il ne produit guère que quelques légumes (2); mais sa situation sur la route des forêts à quinquina et des mines de Tipuani, le rend, pendant quelques mois de l'année, le

(1) Elle se compose surtout d'Indiens Aymaras.
(2) Il y a cependant, sur les flancs de l'Illampù, quelques riches filons d'argent et d'autres métaux, mais on manque de capitaux et d'intelligence pour les exploiter.

siége d'un mouvement assez actif, auquel contribue particulièrement le passage des ouvriers destinés aux *lavaderos*. La plupart de ces ouvriers
sont tirés des provinces de Muñecas, d'Omasuyos
et de Larecaja, leur embauchage se faisant en
général par l'intermédiaire des corrégidors qui
reçoivent, à titre de prime, une piastre pour chaque homme qu'ils enrôlent.

On croit sans doute que les engagements dont
je parle se font pour toute la durée de la saison
d'exploitation ; il n'en est rien cependant. La plupart des Indiens qui quittent, pour Tipuani, leur
famille, leurs lamas et leurs petits champs, ne
sont engagés que pour seize jours, c'est-à-dire,
juste le temps nécessaire pour gagner de quoi
payer cette taxe dont il a été question sous le
nom de tribut. Il résulte de là que si un exploitant voulait avoir cent de ces Indiens constamment employés sur son terrain, il faudrait qu'il
en fît engager quinze cents dans le cours de l'année. C'est en effet ce qui a lieu.

L'Indien reçoit à l'avance la somme de dix piastres pour ses seize journées de travail à Tipuani ;
c'est cinq réaux par jour ; mais sa nourriture est
à ses frais, et il ne reçoit aucune indemnité pour
le temps qu'il passe à se rendre aux *lavaderos*,

ni pour celui qu'il emploie à regagner ses foyers à l'expiration de son engagement.

Or, il faut à l'Indien embauché à Guaichu, dans le nord de la province d'Omasuyos, environ douze jours pour se transporter, avec ses provisions, etc., à Tipuani; et pour retourner à son village, il lui faut au moins sept jours. De sorte que ce pauvre homme reçoit en réalité moins de deux réaux et demi (1 fr. 50 c.) par jour pour son temps, somme dont il doit encore distraire une partie pour sa nourriture. On peut se figurer ce qu'il faut attendre de mineurs rémunérés de la sorte. Nous aurons, un peu plus loin, l'occasion de les voir à l'œuvre.

CHAPITRE XVII.

De La Paz à Tipuani (*suite*).

Départ de Sorata. — Composition de notre caravane. — Ascension de la Cordillère. Végétation. — L'auteur surpris par un brouillard, dans la région des Graminées. Aboiement opportun. M. B... perdu et retrouvé. — Ferme de Lacatia. Voyageurs affamés. — Apacheta de la Cordillère de Sorata ; passage à son versant oriental. — Rio Tipuani. — *Esponjadas* et *avenidas*. — Premières cultures. — Hameau de Tusuaya. Notre demeure. *Cargadores* retardataires. Végétation des environs, climat, etc. — Le *macho chucaro*.

Notre départ de Sorata avait été fixé au 23 août, mais plusieurs de nos Indiens refusèrent absolument de se mettre sitôt en route, et bon gré mal gré, nous nous vîmes obligés d'attendre jusqu'au lundi 25. Nous nous levâmes, ce jour-là, de meilleure heure que de coutume, afin d'avoir le temps d'arriver avant la nuit à la première étape, connue sous le nom de Tusuaya : mais notre peine ne fut pas récompensée, car le déjeuner fini, aucun *cargador* n'avait encore paru. Enfin, au bout de deux heures d'attente, l'un d'eux arriva, puis un autre, et quelque temps après un troisième, tous accompagnés de leurs femmes qui portaient le petit bagage et les provisions dont ils allaient avoir besoin sur la route. Il n'en manquait plus qu'un. On harnacha, en attendant, les mules, que nous avions eu la précaution d'enfermer le jour précédent, et nous nous occupâmes à alléger nos colis auxquels nos Indiens avaient trouvé plus que le poids voulu.

A deux heures après midi, le *cargador* qui manquait à l'appel n'était pas encore arrivé, et on nous engagea fortement à remettre notre départ au lendemain : conseil qu'il eût été d'autant plus prudent de suivre, qu'un des hommes présents (c'était l'Indien de M. B...) avait été atteint, le matin même, de la grippe, et qu'il était à craindre que nous n'eussions à le laisser en route ; mais nous restâmes sourds à tout raisonnement, et, à deux heures et demie, nous quittâmes Sorata.

Nous savions qu'il existait, à environ trois lieues de la ville, vers le sommet de la Cordillère que nous allions traverser, une petite ferme nommée Lacatia, et nous étions décidés à pousser au moins jusque-là.

Notre caravane consistait, d'abord, en nos propres personnes et en celle de notre *mozo* (garçon) Leandro, montées sur des mules *tipuaneras*, en-

suite en trois mules de charge avec leur conducteur, en trois Indiens *cargadores* dont l'un (celui
de M. B...) ne portait que sa grippe, et enfin, en
un âne que conduisait une petite fille de dix à
onze ans nommée Emilia. Ces dernières créatures
appartenaient au muletier et portaient son bagage
et ses provisions; les mules étaient chargées de
notre propre avoir.

La première partie de la montée de Sorata à la
crête de la Cordillère fut assez facile; le sol y
était presque uni; quelques arbustes en composaient toute la végétation. Il s'y joignit bientôt
l'Ombellifère à feuilles d'Ananas, que nous avions
vue en descendant à Hilabaya, et dont le terrain
schisteux était complétement couvert par places.
Plus haut, les arbustes se rapprochaient et constituaient des taillis bas, mais assez épais, dans
lesquels se rencontraient en abondance une grande
Calcéolaire et un Baccharis qui n'existaient pas
sur l'étage inférieur.

La ville de Sorata resta longtemps en vue; et
ses rues et sa place continuaient à se dessiner
si nettement, qu'il semblait que nous n'en étions
qu'à une portée de fusil. A une hauteur de 3,600
mètres, un accident de terrain la déroba enfin à
nos regards. Les taillis cessèrent de se montrer à

peu près en même temps, et les ondulations du
sol se couvrirent d'un joli gazon semé de quelques arbustes ou de petits arbres. A une hauteur
plus grande encore, le Baccharis, dont je parlais
plus haut, se voyait seul. Il était alors quatre
heures et demie, et la température s'était abais-
sée considérablement.[1]

Une heure après, nous avions atteint la région
des Graminées que de grands *Deyeuxia*, en touffes clairsemées, peuplaient presque seuls ; çà et
là, cependant, apparaissait encore quelque arbrisseau délaissé. L'humidité était grande, et les
rochers de schiste perçaient partout ce sol demi-
nu que des torrents sillonnaient sans cesse.

Je l'ai dit, la végétation ligneuse n'avait pas
disparu tout à fait, et je cherchai à reconnaître quel
serait son dernier représentant dans ce point des
Andes. Plein de cette idée, je m'éloignai un moment du sentier, pour reconnaître une Composée
dont la silhouette avait appelé mon attention ;
mais pendant cet instant, le brouillard qui s'a-
massait depuis quelque temps, autour de nous,
s'était épaissi encore ; et les mules de charge
ayant passé en avant avec M. B..., je restai en
arrière avec Leandro.

Le soleil se couchait. A chaque pas que nous

faisions, l'obscurité devenait plus grande, et nous
perdîmes bientôt l'espoir de rejoindre la caravane. Je me décidai alors à attendre la venue de
l'Indien grippé qui était resté à quelque distance
en arrière, car je ne connaissais pas suffisamment
la position de la ferme, pour la trouver à tâtons, au
milieu d'un pays semblable ; mais l'Indien ne parut
pas, et il nous fallut songer à passer la nuit dehors,
sans autre couvert que le brouillard dont nous
étions déjà imbibés. Le point où nous avions fait
une halte provisoire était cependant trop humide
pour y coucher, puisque c'était le lit d'un ruisseau. Nous en sortîmes donc, tant bien que mal,
pour en trouver un plus convenable, et, couverts
de nos manteaux, nous poussâmes en avant, en
traînant nos mules après nous. Notre sentier, que
les meilleurs yeux n'auraient pu discerner à deux
pas, était tracé sur le versant très escarpé d'une
montagne qui s'abaissait jusqu'au lit d'un torrent,
affluent du rio de Sorata. Dans un endroit semblable, un faux pas pouvait mener loin ; je laisse
donc à deviner si nous marchâmes avec précaution ;
mais le brouillard et les nuages qui nous enveloppaient augmentèrent encore d'épaisseur, et
semblèrent vouloir nous défier d'aller plus loin.

Nous en étions là, lorsque nous entendîmes un

aboiement qui paraissait partir de l'autre côté du ravin. Presque au même moment, il nous sembla qu'une voix nous appelait à quelque distance. Le chemin commençait à descendre à partir du point où nous étions arrêtés, et devenait encore plus difficile à suivre ; mais, en entendant ces sons de bon augure, cet aboiement surtout, qui nous parut si harmonieux, nous nous précipitâmes en en avant, malgré les obstacles.

La voix d'homme continuait d'arriver jusqu'à nous, et comme elle ne changeait pas de place, nous en conclûmes qu'elle venait de la caravane arrivée au gîte. C'était une erreur. La voix était celle de M. B... qui s'était encore plus fourvoyé que nous, puisqu'il était sorti du chemin, après avoir perdu les traces du reste de la troupe ; mais aussi, encore plus résigné que nous à son sort, il s'était décidé à attendre du ciel sa délivrance. Guidés par sa voix, à laquelle nous n'avions pas manqué de répondre, nous le trouvâmes stoïquement assis sur sa mule, du haut de laquelle il nous avait hélés d'une manière si opportune. Nous réussîmes, mais non sans difficulté, à le remettre dans la bonne voie, et, résolus cette fois de ne plus nous séparer, nous continuâmes d'avancer, afin de rejoindre nos mules de charge que nous

ne pouvions croire bien éloignées. En effet, nous
eûmes la satisfaction de les rencontrer à peu de
distance, en pleine halte aussi, et éparpillées de loin
en loin, dans la direction du chemin. L'Indien qui
les conduisait les avait laissées aux soins d'un petit sourd-muet, son fils, dont j'ai oublié de parler
dans l'énumération de notre personnel, et il avait
pris, tout seul, le chemin de Lacatia. Les sourds-
muets ne manquent pas d'intelligence ; ce ne fut
pas, néanmoins, sans quelque peine que, dans ce
brouillard, nous réussîmes à faire comprendre au
nôtre qu'il eût à nous piloter ; et nous parvînmes,
après être sortis vingt fois du sentier, et y être rentrés
autant de fois, à nos risques et périls, car la pente
était des plus rapides, nous parvînmes, dis-je, en
vue d'une lueur qui semblait provenir d'un grand
feu allumé pour nous guider. En descendant encore, nous atteignîmes le bord du torrent que nous
traversâmes, et, en continuant de marcher vers la
lueur bienfaisante, nous arrivâmes à la porte de
la ferme de Lacatia, c'est-à-dire d'une mauvaise
hutte délabrée qui portait ce nom, mais qui n'était
habitée depuis bien longtemps que par des voyageurs que la nuit ou quelque autre obstacle
obligeait de s'arrêter en ces lieux. Ce jour-là, précisément, les voyageurs y abondaient, et on com-

prendra notre surprise, lorsqu'en pénétrant sous un chaume noirci par l'humidité et la fumée, nous nous entendîmes adresser la parole en français.

Auprès du feu qui avait dirigé notre marche, étaient couchés deux hommes et une femme. L'un de ces individus était un ouvrier charpentier français qui avait quitté les mines de Tipuani, quelques jours auparavant, et qui se rendait à pied à La Paz ; c'était lui qui nous avait parlé. Il se disait comte, mais son langage n'appuyait guère une semblable prétention de noblesse, et nous apprîmes ensuite que, non content d'être paresseux et ivrogne, le soi-disant gentilhomme se laissait aller à d'autres penchants infiniment plus répréhensibles.

Nos montres marquaient sept heures et demie à notre arrivée à Lacatia, et il eût été d'autant plus difficile, à une heure semblable, de nous faire préparer à dîner, que notre seul combustible était, comme à Tacora, le chaume de notre cabane, qu'il fallait d'ailleurs économiser, d'autres, avant nous, lui ayant fait de nombreux emprunts. Nous nous contentâmes de préparer, avec son aide, une marmite de chocolat que nous partageâmes, en frères, avec le comte et ses deux compagnons de

voyage. L'avidité avec laquelle ils se jetèrent sur
leur portion nous fit soupçonner que ce repas
était le premier qu'ils eussent fait de la journée.
Quelques œufs apportés de Sorata, que je fis cuire
au feu de la lampe à alcool, complétèrent notre
souper, après lequel nous ne tardâmes pas à nous
endormir, tout en pensant à l'affreuse nuit que
nous eussions tous passée, si le chien n'eût pas
aboyé.

Comme il n'y avait pas de fenêtre à notre chambre à coucher, le jour n'y entra qu'assez tard, le
lendemain, c'est-à-dire lorsqu'on eut ouvert la
porte ; et nous ne nous réveillâmes complétement qu'en sentant pénétrer dans nos poumons
la fumée du feu que Leandro venait d'allumer
avec une nouvelle portion du toit. On nous préparait une seconde marmite de chocolat, dont nous
disposâmes de la même façon que la première,
et qui servit de base à notre premier déjeuner sur
la route de Sorata à Tipuani.

En sortant de la hutte, nous vîmes les montagnes
qui nous entouraient couvertes de neige, mais elle
n'arrivait pas tout à fait jusqu'à nous. Les gazons
découverts présentaient une surface uniformément
jaunie par les froids de l'hiver qui venait de
finir. A peu de distance de nous, il y avait une

autre hutte encore plus misérable que la nôtre,
et au-dessus de laquelle s'élevait une petite colonne de fumée bleue. Nous jugeâmes que ce devait être là que logeait l'animal qui avait joué un
si beau rôle dans notre histoire de la nuit précédente; mais ni son maître ni lui ne parurent sur le
seuil de leur pauvre cabane.

A neuf heures et demie, nous reprîmes l'ascension de la Cordillère, qui allait devenir de plus en
plus pénible. Nos mules avaient même déjà la respiration si difficile qu'elles ne pouvaient faire plus
de trois ou quatre pas sans s'arrêter pour prendre
haleine.

Une plante ligneuse, un Seneçon glutineux et
fétide de plusieurs décimètres de hauteur (*Senecio
adenotrichius*), se voyait encore dans ces régions,
et nous accompagna jusqu'à la ligne des neiges
perpétuelles au-dessus du niveau de laquelle nous
passâmes, vers midi, par une température de
+6 degrés et demi centigrades, au versant oriental
des Andes. L'élévation de l'*apacheta*, ou col, au-
dessus du niveau de la mer est de 5,105 mètres, et
sa position, par rapport à Sorata, est à peu près
est-nord-est. Le temps n'était pas assez clair pour
que nous pussions distinguer les objets bien au
loin, mais nous jugeâmes un instant ce que devait

être le panorama, en apercevant par-dessus les montagnes que nous avions traversées un des jours précédents la grande nappe d'eau du lac de Titicaca.

Dès que nous eûmes passé l'*apacheta*, où je m'arrêtai quelques minutes pour herboriser et pour consulter mon baromètre, une descente rapide, mais facile, nous conduisit, dans quelques minutes, sur les bords d'un ruisseau prenant sa source dans les neiges voisines. C'était le rio Tipuani, que nous allions suivre à partir de ce point jusqu'à son embouchure. Le ravin au fond duquel il coule est très évasé à son origine, et ses versants étaient revêtus d'un gazon court, tout semé de petites Composées sans tiges, à fleurs jaunes ou lilas. Dans d'autres points, les schistes phylladiques présentaient seuls à l'œil leurs tranches noires et déchirées.

Le rio Tipuani se dirige d'abord vers le nord ; mais en recevant, à gauche, son premier affluent, il se coude brusquement à l'est-sud-est. Le sentier continue de suivre la droite du ravin, et la végétation reste à peu près la même que plus haut, si ce n'est que quelques petites Mélocactées, dont les masses globuleuses font à peine saillie au-dessus de la surface gelée du sol, viennent s'y ajouter.

Dans l'après-midi, le temps se gâta un peu, et, le vent et le brouillard qui survinrent successivement rendirent nécessaire l'usage de nos grands *ponchos*. Le ravin s'était considérablement rétréci après avoir reçu par son côté droit deux nouveaux torrents. A une lieue du petit hameau de Tusuaya, et à une élévation de 4,090 mètres, il s'élargit de nouveau, et l'on y aperçoit des terres labourées ; mais le sol est partout si pierreux, qu'il a fallu une patience peu commune pour l'amener à produire quelque chose. La Labiée odorante dont j'ai fait mention plus haut comme la première plante ligneuse que nous eussions rencontrée dans notre descente à Hilabaya marque de même dans celle-ci le commencement de la région des arbustes.

Vers ce niveau, le Tipuani reçoit par sa droite un nouvel affluent, et nous remarquâmes que ses eaux, limpides jusqu'alors, avaient perdu leur transparence pour prendre une teinte laiteuse.

Lorsqu'ils sont en crue, les torrents se colorent toujours plus ou moins. Ils charrient alors de nombreuses particules des terrains qu'ils traversent, et en prennent la nuance. Les petites crues, caractérisées surtout par la teinte laiteuse ou rougeâtre de l'eau, portent dans le pays le nom de

esponjadas; mais quand elles sont plus considérables, et quand surtout il v a débordement, on les
appelle *avenidas.* Il y a quelques torrents dont
les eaux sont constamment plus ou moins opali-
nes jusqu'à une certaine distance de leur source ;
et comme j'avais remarqué que ceux qui présentaient cette particularité étaient aussi ceux dont
le cours était le plus impétueux , je supposai que
leur couleur pouvait tenir à quelque autre cause
que celle que j'ai citée : par exemple, à une certaine quantité d'air qui se trouverait en suspension dans l'eau ; mais je me suis assuré depuis de
mon erreur.

A cinq heures du soir, nous arrivâmes à Tusuaya. Ce ne fut pas sans difficulté que nous trouvâmes enfin à nous loger dans une des huttes
noires qui composaient ce petit hameau; encore
eûmes-nous à en partager l'atmosphère enfumée
avec plusieurs générations de cochons d'Inde, et
avec une demi-douzaine d'Indiens des deux sexes
couchés pêle-mêle par terre à côté de nous. Nous
eussions pu, il est vrai, nous établir dehors, mais
le froid était si vif, que quelque incommode que
fût notre abri, nous nous regardâmes encore comme
heureux de le posséder.

En quittant Sorata, nous nous étions vus obli-

gés, ainsi qu'il a été dit, de laisser un de nos Indiens *cargadores* en arrière, avec un des colis de
provisions. Le majordome de don Ildefonso Villamil s'était cependant engagé à le faire partir le
jour même, et il devait nous rejoindre à Lacatia;
mais il n'en fit rien. Un autre Indien (celui de
M. B...) était resté, comme on se le rappelle, sur
la route, où il dut passer une fort mauvaise nuit.
Celui-là nous rejoignit le lendemain, au moment
où nous consommions notre seconde marmite de
chocolat, et il nous déclara qu'il ne pouvait faire
un pas de plus; nous le laissâmes donc à Lacatia.
Enfin, dans la matinée du 27, au moment où nous
finissions nos préparatifs de départ de Tusuaya,
le conducteur des mules, qui avait gémi comme un
enfant pendant toute la nuit, refusa aussi de marcher. C'était la grippe qui l'avait attaqué à son
tour. Il nous demanda un jour de repos pour se
remettre en état de continuer la route. Le sourd-
muet nous avait aussi quittés à Lacatia, où il ne
nous avait accompagnés que pour épargner à son
père une partie de son travail, pendant l'ascension
de la Cordillère. Il ne nous restait ainsi, pour tout
muletier, que la petite Emilia, et ce n'était pas
assez. Nous dûmes donc prendre patience; mais en
attendant, et par voie de précaution, nous envoyâmes

à la recherche d'un autre Indien, car nous voulions au moins assurer notre voyage pour le
lendemain ; peine inutile : il ne s'en trouva aucun
qui voulût consentir à nous accompagner, tant ils
s'effrayaient de la perspective des difficultés que
nous allions rencontrer avec des animaux aussi
volumineusement chargés que leur paraissaient
être les nôtres.

Notre journée se passa à nous promener parmi
les arbustes fleuris des environs, à herboriser ou
à contempler le torrent qui roulait à nos pieds ses
eaux lactescentes. De grands rochers couverts de
mousse et de fougères, et ornés des longues corolles
écarlates d'une Gesneriée, s'élevaient partout autour de nous, et les Queñuas (*Polylepis*), les Oli-
viers sylvestres (*Buddleia*), les Cantuas (1) aux
corolles pendantes d'un rose satiné, et une magnifique espèce de *Siphocampylus* à fleurs purpurines,
leur formaient des cadres pittoresques sur lesquels
bourdonnaient des Colibris et des Oiseaux-Mouches. Cet ensemble formait, au soleil, un paysage
assez riant, et pour que nous le trouvassions
tout à fait de notre goût, il n'y manquait peut-
être qu'une condition, c'est que nous n'y fussions

(1) *Cantua dependens.*

point retenus contre notre gré ; peut-être aussi au-
rions-nous désiré une température un peu plus
douce. Sous ce dernier rapport, nous ne pouvions
néanmoins trop nous plaindre, puisque , dans le
jour, le thermomètre se tenait, dehors, au-dessus
de 15°, et dans notre hutte, la nuit , nous avions
encore plus chaud. Je fus surpris des variations
de température qui se manifestaient dans l'eau de
la rivière. Le matin, en effet, celle-ci n'accusait au
thermomètre que 4°,5, tandis que, dans l'après-
midi, la température en était montée à 10°,4. Un
ruisseau qui coulait près de notre habitation était
à 5°,2 le matin, et à cinq heures de l'après-
midi il était de 9°,2.

L'élévation de Tusuaya au-dessus du niveau de
la mer, déduite de l'observation du point d'ébullition de l'eau et des indications de mon baromètre
anéroïde, est un peu moins grande que celle de La
Paz, n'étant que de 3,570 mètres. La hauteur
moyenne de La Paz est, comme je l'ai dit, de
8,730 mètres.

Outre les plantes que j'ai déjà citées comme habitant ce niveau, je mentionnerai encore, à cause
de leur abondance, le Sureau commun, l'Eupatoriacée dont il a été plusieurs fois question sous le
nom de *Chilca,* un *Berberis,* un Groseillier et une

curieuse Araliacée qui croissait communément
parmi les Buddleias, sur les berges du torrent;
enfin un *Baccharis* et un *Peperomia*.

Les seules plantes que nous ayons vu cultiver à
Tusuaya sont la Pomme de terre et l'Orge. On m'a
cependant assuré que le Pêcher y fructifiait.

En rentrant de notre promenade, nous apprîmes
avec la plus grande satisfaction que l'Indien resté
à Sorata était enfin arrivé avec la caisse de provisions restée à sa charge.

Le lendemain, nous trouvâmes notre muletier
encore plus accablé qu'auparavant, et il nous fut
tout aussi impossible que dans la matinée précédente de le décider à se mettre sur ses jambes
pour charger les animaux. Nous fûmes enfin obligés, Leandro et moi, de le faire nous-mêmes avec
l'aide d'Emilia. Cette opération, assez simple en
elle-même, bien que moins facile que ne le pen-
sent sans doute quelques uns de mes lecteurs,
nous présenta des difficultés plus grandes qu'à
l'ordinaire, à cause de l'état très imparfait de do-
mestication auquel avait été amené l'un des mu-
lets. C'était, comme on dit, un *macho chucaro;* aussi
les coups de pied et les ruades ne firent pas défaut, mais nous en fûmes quittes pour la peur.

Notre petite caravane se remit enfin en route,

et l'Indien gémisseur se décida à se lever et à prendre le licou du *macho chucaro* ; mais, à peine eûmes-nous fait cent pas, que celui-ci fut pris d'une belle envie de faire des siennes, et nous eûmes la douleur de voir en un instant nos malles lancées au loin et traînées sur les rochers par l'animal furibond. Nous parvînmes, après quelques difficultés, à le recharger, et nous continuâmes notre route pour voir se renouveler une scène semblable quelques minutes après. Nous y mîmes de la patience, et la victoire resta en définitive de notre côté.

CHAPITRE XVIII.

De La Paz à Tipuani (*suite*).

En nous éloignant de Tusuaya, nous gagnions
graduellement un climat plus doux. A 150 mètres
plus bas, nous vîmes se joindre aux Buddleias, des
Bambous, des Polygalées frutescentes, des Gaultherias, un *Myrica*, un *Clusia* et une grande Cap-
paridée. Les taillis devinrent en même temps
plus épais, et les branches se montrèrent chargées de Tillandsias et d'autres plantes épiphytes
qui mêlaient leurs fleurs aux vertes frondes des
Fougères. Les Buddleias eux-mêmes prirent des
dimensions plus considérables, pour disparaître
ensuite tout à coup.

A une lieue environ de Tusuaya, nous traversâmes le rio Tipuani sur un pont rustique formé de quelques troncs, sur lesquels on avait jeté en travers des fagots et de la terre. Mais nous ne suivîmes pas longtemps la rive gauche, où l'on a dirigé la route pour éviter une passe difficile ; un nouveau pont nous ramena à la rive droite, que nous suivîmes dès lors jusqu'à Tipuani. La rivière avait encore, en ce point, la teinte laiteuse que lui avait communiquée son affluent, et son lit était partout hérissé de grands rochers contre lesquels le courant se brisait avec un fracas qui dominait tous les bruits d'alentour.

La végétation prenait sans cesse de nouveaux développements, et les espèces se multipliaient à vue d'œil. Les Mélastomes à corolles violettes (*Chætogastra*) caractérisaient les taillis ; un Myrte à feuilles de buis les accompagnait, ainsi que plusieurs Ericinées frutescentes, telles que des Gaultherias et des Andromedas, auxquelles se joignirent, un peu plus bas, plusieurs superbes espèces de *Thibaudia*, genre ravissant d'une famille qui renferme quelques uns des objets les plus admirables de la nature végétale.

Enfin, près d'Aniscapa, petite ferme située à trois lieues de Tusuaya, et à une élévation de 2,830 mètres, les grandes forêts commencèrent à

succéder aux taillis. Les Aunes (*Alisos*) et les
Escallonias y étaient les arbres dominants ; les
Sénécionées et les Eupatoires arborescentes, les
Bocconias au suc orangé, les Clusias aux feuilles
charnues et une Papilionacée frutescente, à corolles écarlates, contribuaient de leur part à attirer l'attention du voyageur. C'est également à ce
niveau que j'aperçus les premières Rubiacées ligneuses. L'Orge n'y prospère plus ; mais, en revanche, le Maïs s'y cultive déjà avec succès, ainsi
que le Bigaradier (*Naranjo agrio*). La Luzerne et
le Pommier s'y cultivent également.

Avant de passer à Aniscapa, le chemin, qui
avait continué de se montrer passable, commença
à présenter çà et là quelques unes de ces inégalités
qui en ont rendu les difficultés presque prover-
biales en Bolivie. Ces inégalités consistent principalement en escaliers irréguliers et très étroits dont
les degrés, sculptés dans le schiste, sont si glissants et si élevés, qu'en les descendant les animaux courent le risque, s'ils ne sont bien retenus,
de passer par-dessus le bord du précipice qui limite ordinairement le chemin sur un de ses côtés,
et de rouler de là jusqu'au fond du ravin. Près
d'Aniscapa, il y avait un de ces escaliers qui présentait une particularité : au lieu d'être taillé,

comme c'est le cas ordinaire, dans le versant du ravin, il y est comme suspendu sur des pieux enfoncés horizontalement dans la face verticale du rocher.

J'ai prononcé le mot «précipice»; je dois faire remarquer, cependant, que les précipices dont il est question ici n'ont pas, à beaucoup près, la physionomie effrayante que l'on serait tenté de leur supposer, la plupart d'entre eux étant couverts d'un voile de fleurs ou de verdure.

On compte deux lieués d'Aniscapa à l'endroit appelé Sumata, où nous fîmes halte pour la nuit; deux ou trois petites fermes, aux noms barbares, se présentent durant ce trajet, et la végétation y prend un caractère un peu plus tropical, par l'apparition des Poivriers, des Aroïdées grimpantes et de quelques Cannées. Les cultures y étaient encore, en grande partie, celles des régions tempérées. C'étaient des Pêchers que l'on y voyait le plus abondamment, des Racachas et des Choux. La Patate douce (*Batatas edulis*) commence à s'y montrer.

La partie habitée de Sumata consiste en plusieurs huttes échelonnées sur le versant de la montagne, et occupées par des Indiens ou des métis. L'un de ces derniers, vieillard très bavard,

parlait l'espagnol, contrairement à l'habitude des
habitants de la *quebrada*, et nous l'écoutâmes
avec d'autant plus de plaisir, qu'il nous fit espérer
que nous pourrions trouver, dans les alentours, un
eargador pour aider le muletier malade. Les recherches que nous fîmes en conséquence furent
couronnées de succès ; bien mieux, avec l'Indien
que le sort nous envoya, nous trouvâmes une
mule que nous louâmes aussi, et qui nous fut plus
tard d'un grand secours, en ce qu'il nous fut
possible, grâce à elle, de diminuer encore le volume de nos charges et d'éviter ainsi bien des difficultés. Nous espérâmes enfin, dès ce moment, ne
plus rencontrer de retards, mais nous comptions
sans les *cargadores*.

Le 29, nous continuâmes notre marche sans
obstacle, jusqu'à la petite ferme de Guaynapata,
demeure du corrégidor du canton de Chinijo, dont
dépend cette partie de la vallée.

Les escaliers de schiste s'étaient succédé rapidement; mais le temps était si beau, que les aspé-
rités du chemin passaient presque inaperçues. Je
me trouvais, pour ma part, tout ranimé en pénétrant sous ce climat tiède et au milieu de cette
belle végétation ; et bien que nous fussions
obligés de faire à pied une grande partie de la

route, tant pour notre sécurité personnelle que pour ne pas soumettre à de trop rudes épreuves les forces de nos mules, la fatigue que je redoutais se laissait encore à peine sentir.

Mon compagnon de voyage, lui aussi, poussait bravement en avant, et démontrait, au passage de chaque nouveau *mal-paso*, la vérité de ce que je lui avais dit en partant : que ce n'était pas des yeux qu'il fallait pour aller de Sorata à Tipuani, mais des jambes. Ce voyage est en effet une affaire de tâtonnement et rien de plus.

Au contraire, pour jouir pleinement de toutes les merveilles que la nature a accumulées dans ces régions pittoresques, la vue devient le plus précieux des sens. Le voyageur qui chemine sur les versants de ces ravins sinueux, au-dessus desquels il est comme suspendu, voit le paysage changer d'aspect à chaque instant. Il lui semble qu'il parcourt une galerie sans fin des plus beaux tableaux.

Je ne sais si l'Indien est sensible aux beautés naturelles de son pays, mais je ne me souviens pas d'avoir vu nulle part une série de sites plus charmants que ceux que les *cargadores* du chemin de Tipuani ont choisis pour s'y reposer ou pour prendre leur prise de *coca*. J'ai déjà plusieurs fois fait allusion à l'habitude qu'ont les Péruviens de mâ-

cher cette feuille. Dans beaucoup d'endroits, l'Indien chargé ne fait guère une lieue sans renouveler la *chique* qu'il tient presque constamment à la
bouche, ou comme il dit, pour faire un *aculli;*
aussi n'y compte-t-on plus par lieues, mais par
acullis. Je me rappelle que, quelque temps après
avoir quitté Aniscapa (c'était dans la matinée
du 28), nous nous arrêtâmes pour *acullicar* sur un
petit plateau qui n'avait que quelques mètres d'é-
tendue, et au-dessous duquel nous entendions,
sans le voir, le rio Tipuani roulant à une immense
profondeur, sous un abîme de verdure. Au-dessus
de nous s'élevait un rocher à pic tapissé de Fougères, d'Orchidées et de Callas en fleurs, de Pepe-
romias aux feuilles veloutées et panachées, et de
grandes touffes de Tillandsias. Une cascade s'en
précipitait, et le ruisseau qu'elle formait allait,
en rebondissant à nos pieds, se perdre dans les
profondeurs de la vallée. Des Bambous, des Ingas,
des Passiflores et plusieurs grands Mélastomes
formaient sur nos têtes un berceau délicieux.

Il manquait cependant au paysage deux plantes
très caractéristiques d'une région tropicale : le
Palmier et la Fougère en arbre; mais dans l'après-
midi nous vîmes les premiers représentants de ces
formes végétales près d'un ruisseau ombragé, à une

élévation de 2168 mètres. Je rencontrai aussi, dans cette journée, et pour la première fois durant notre voyage, quelques arbres à quinquina, à une hauteur de 2180 mètres; mais aucun de nos Indiens ne voulut les reconnaître pour tels, l'espèce que je leur montrais (le *Cinchona ovata*) n'étant pas celle qu'ils connaissent sous le nom de *Calisaya*, la seule dont l'écorce soit reçue sur le marché bolivien. Je remarquai, chemin faisant, plusieurs assez gros troncs de ce même Quinquina, que le hasard avait fait croître presque en travers de la route, et, en les évitant, l'idée me vint que plus d'un pauvre fiévreux, à son retour des mines, avait dû les heurter, sans songer qu'il insultait l'arbre qui pouvait le guérir.

Nous étions arrivés à la demeure du corrégidor de Chinijo, vers quatre heures et demie, mais ce personnage important était absent. Sa femme, une Indienne de proportions athlétiques, nous apprit qu'il était occupé, depuis plusieurs jours, à rétablir un pont sur le rio Quilapituni, que nous devions passer prochainement, la charpente de celui qui s'y trouvait auparavant étant pourrie. Cette nouvelle nous consola un peu des retards que nous avions éprouvés à Sorata.

Le domicile du premier magistrat du canton

était composé de plusieurs petites huttes indépen
dantes les unes des autres, dont l'une formait sa
chambre à coucher, une autre la cuisine, et dont
une troisième semblait destinée à servir de magasin de vivres, etc. Elles étaient formées de perches
placées côte à côte; mais la hutte principale,
celle qu'on nous donna pour logement, avait ses
perches entrelacées de feuilles de fougère, pour
intercepter l'air de la nuit, dont la fraîcheur était
encore assez grande à ce niveau ; dans quelques
parties du mur, la fougère était même remplacée
par de la terre. L'intérieur de la cabane, dont la
longueur pouvait être de trois à quatre mètres,
contenait, de part et d'autre, une plate-forme de
bambous, élevée sur des pieux pour servir de
couchette; une table, un tabouret, une natte et
un encrier en complétaient l'ameublement. C'était
là un logement de prince pour des gens qui
avaient passé leurs dernières nuits dans des endroits comme Lacatia et Tusuaya. Mais le luxe
du corrégidor avait attiré chez lui un si grand
nombre de puces, que nous éprouvâmes un chagrin véritable de ce que l'épouse du digne fonc-
tionnaire se fût dérangée pour nous faire place;
que dis-je, nous regrettâmes presque les cochons
d'Inde de Tusuaya. Au reste, nous en fûmes quittes

pour déserter nos couches un peu plus tôt qu'à
l'ordinaire, et nous pressâmes nos Indiens d'accélérer les préparatifs du départ. Nous comptions
en effet entreprendre, ce jour-là, une des parties
les plus difficiles de la route, et notamment la
descente de Quilapituni, au bas de laquelle coule
la rivière du même nom; cette descente est l'effroi des muletiers du pays, et il est rare qu'on
manque de la citer, lorsqu'il est question des difficultés du chemin de Tipuani. Nous cherchâmes
donc à stimuler nos *cargadores;* mais ils paraissaient
fort peu disposés à se remuer, et pour faire excu-
ser leur nonchalance, ils nous dirent que le pont
n'était pas encore rétabli; nous voyant insister,
ils prétendirent que nos animaux étaient perdus.
C'est le moyen habituel employé par les muletiers
d'Amérique pour soumettre à leurs caprices l'heure
du départ. Le corrégidor arriva à point nommé
pour nous tirer d'embarras. Il nous apprit que le
pont serait terminé dans la journée; et, bien qu'il
fût déjà tard, il nous recommanda de nous mettre
en marche, afin de nous rapprocher de la mauvaise passe, qu'il nous conseilla, cependant, de
n'attaquer que le lendemain. Quelques mots de
lui firent ensuite reparaître, comme par enchantement, les mules perdues.

La répugnance de nos Indiens à continuer la
marche provenait en partie de ce que l'incapacité du muletier leur donnait un surcroît de travail, sans que leurs bénéfices augmentassent dans
la même proportion. Les explications que nous
eûmes avec ces gens, par l'intermédiaire de notre
hôte, nous décidèrent à modifier un peu notre
engagement avec eux, et à laisser définitivement
en arrière le muletier malade. Le soin des animaux de charge fut alors confié au *cargador* Poma,
enrôlé le jour précédent à Sumata.

Je ne connais pas d'Indiens avec lesquels il
soit plus difficile de traiter que les Aymaras,
même lorsqu'on a le moyen de s'entretenir avec eux
dans leur propre langue. Avec d'autres, quelques
mots à moitié saisis, complétés par des signes,
suffisent; mais l'Aymara a un caractère si défiant
que, bien que vous lui répétiez la même chose
vingt fois, il secoue la tête et semble douter encore. C'est bien pire, comme on le pense, lorsqu'on lui parle une langue étrangère. Or, aucun
de nos *cargadores,* si ce n'est Poma, ne compre-
nait plus de dix à douze mots espagnols, et pas
un de nous ne savait plus de deux ou trois mots
d'Aymara. On verra par là à quel point nous devions nous entendre; aussi le **corrégidor** de Guay-

napata nous fut-il d'un secours réel, et nous ne manquâmes pas, en le quittant, de l'en remercier cordialement.

La distance que nous avions à parcourir jusqu'à Capaguaya, station voisine de la passe de Quila-pituni, étant très courte, nous y arrivâmes vers une heure de l'après-midi, et j'employai le reste de la journée à sécher mes paquets de plantes, qui avaient été un peu négligés les jours pré-cédents. Le gibier n'était pas très abondant; dans la soirée, j'eus cependant l'occasion de voir un assez grand nombre de ces grands gallinacés connus sous le nom de Pénélopes, mais que, de ces côtés, on appelle *Velocos* ou *Pavas del monte* (dindons sauvages). Leurs chants discordants m'ap-pelèrent du côté d'un petit bosquet situé à une centaine de mètres au-dessus de l'habitation. J'étais sur le point d'y arriver, lorsque je me vis tout à coup arrêté par un grand massif d'herbes grimpantes (Cypéracées) dont les tiges et les feuilles tranchaient comme des rasoirs, ce qui leur a fait donner le nom de *cortadera*. Ne me sentant pas de force à prendre d'assaut des retranche-ments semblables, je battis en retraite, au milieu d'un brouhaha général des gallinacés, qui sem-blaient rire à gorge déployée de l'insuccès de mon

attaque. Je me consolai du reste d'autant plus ai-
sément de ma défaite, qu'il y avait à Capaguaya
une *pulperia* où nous pouvions nous procurer des
œufs, des bananes, des *racachas*, et même du
pain, que nous mangeâmes, malgré sa dureté,
pour économiser le nôtre.

J'ai oublié de dire qu'à notre arrivée à Guaynapata nous avions été salués par les cris d'une
nuée de perruches, les premiers oiseaux de ce
genre que nous apercevions; nous ·en revîmes
encore à Capaguaya; et ils allaient devenir d'autant plus fréquents, que nous allions descendre
davantage.

Les huttes de Capaguaya étaient d'une fabrique
moins compliquée que celle qui nous avait servi
d'abri, la veille, étant entièrement à jour, comme
des cages. Leur intérieur paraissait être assez
propre, mais nous préférâmes étendre nos matelas
sous un hangar ouvert des quatre côtés, espérant
y être moins tourmentés par nos petites ennemies;
nous n'y gagnâmes cependant rien, si ce n'est d'y
être un peu plus au frais.

Un habitant de Tipuani, arrivé dans la soirée,
nous donna d'utiles renseignements sur le reste
de la route. Le manque de pont l'avait obligé de
s'arrêter plusieurs jours sur les bords du rio

Quilapituni, ainsi que plusieurs troupes d'Indiens et de mules que le corrégidor avait aussitôt enrôlés pour aider au travail. Nous vîmes arriver successivement à notre *pascana* (étape) ces caravanes retardataires, et leurs feux de bivouac allumés de distance en distance sur le petit plateau ceint de bois où se trouve Capaguaya, produisaient un effet des plus pittoresques. Mais, s'il était pittoresque, notre camp était loin d'avoir une physionomie civilisée. Les haillons qui pendaient au corps de la plupart des voyageurs basanés qui gisaient, éparpillés, autour des feux de la clairière, lui donnaient plutôt l'aspect d'un campement de brigands. Afin que rien ne nous retardât, le lendemain, nous avions fait coucher près de nous nos animaux, attachés à des arbres, et pour satisfaire leur appétit, on leur avait donné quelques bottes d'une grande graminée appelée *cachi,* que nous avions fait couper dans la forêt; aussi tout se passa-t-il le mieux du monde.

Le 31, à quatre heures du matin, c'est-à-dire bien avant le lever du soleil, nos hommes étaient debout, occupés à garnir le dos des mules des peaux de mouton qui remplacent, chez les Indiens, l'*aparejo* ou le bât des Espagnols. Pendant ce temps, Leandro préparait notre chocolat

et sellait nos modestes montures. Il va sans dire
que ces deux opérations étaient terminées, et
notre déjeuner fini, bien avant que nos lents
cargadores eussent achevé leur part de la besogne.
Je devançai alors la caravane, et j'allai l'attendre,
à la tête de la descente, sur une petite terrasse
où quelques muletiers, déjà sortis de la passe,
s'occupaient à recharger leurs animaux.

La station de Capaguaya, que nous venions de
quitter, et surtout celle de Guaynapata, sont intéressantes dans l'histoire botanique du ravin de
Tipuani, car elles constituent un passage entre la
région tempérée que nous avions parcourue, les
jours précédents, et la région purement tropicale
dans laquelle nous allions pénétrer; ou bien, si
l'on veut, elles lient le climat que les Péruviens
appellent *valle,* avec celui des *yungas,* entre lesquels la descente de Quilapituni forme une séparation bien tranchée.

A Guaynapata, en effet, dont la hauteur au-
dessus de la mer est de 2030 mètres, on cultive encore la pomme de terre, l'Oca (*Oxalis tube-*
rosa) et le pêcher; mais, à côté de ces plantes,
on voit déjà paraître le Bananier de Guinée (*Musa*
sapientum), le *Goyavier,* la Coca et la Canne à
sucre; tandis qu'à Capaguaya, qui est à 450 mètres

plus bas, on ne voit plus ni pommes de terre, ni
Ocas, ni pêchers, et, aux plantes des régions
chaudes que j'ai citées, viennent s'ajouter encore
le Manioc et le Limonier doux. Deux des plus
beaux arbres forestiers des climats tropicaux de
la Bolivie commencent à se montrer à partir de
Guaynapata : ce sont le *Cedrela brasiliensis*, qui
fournit le *cedro*, un des bois les plus usités du
pays, et le *Laplacea quinoderma*, ou *Chulquisa*
des Indiens, que l'on trouve ordinairement en
société avec l'arbre qui donne le quinquina-
calisaya, et dont l'écorce sert à tanner.

M. B..., avec Leandro et le reste de la troupe,
ne tardèrent pas à me rejoindre sur la petite terrasse où je les attendais, et les animaux ayant été
déchargés, on leur fit descendre en file l'affreux
escalier, au pied duquel ils arrivèrent fort heureusement sans accident. Les Indiens qui les
avaient accompagnés revinrent ensuite, et portèrent les paquets un à un jusqu'au pied de la descente où les attendaient les mules, et où nous
arrivâmes bientôt nous-mêmes.

En somme, la descente de Quilapituni nous parut
bien moins formidable qu'on ne nous l'avait représentée ; mais il est bon de faire remarquer
qu'il n'y a aucune similitude à établir entre l'esca-

lier de Quilapituni, tel que nous l'avons vu, et ce
même *mal-paso*, après quelques jours de pluie ;
c'est alors véritablement qu'on peut l'appeler infernal, et que chaque mule et chaque âne doivent
être tenus à la fois par le licou et par la queue,
si l'on veut leur épargner une chute dans l'abîme.

Dans le point où se rencontre la descente dont
il vient d'être question, la montagne, constituée
par des schistes argileux et micacés, ainsi que
beaucoup de celles que l'on rencontre dans cette
région, est taillée à pic, de son sommet à sa base ;
on dirait qu'elle a été fendue avec un coin, pour
donner passage au torrent qui roule tumultueusement à ses pieds. Eh bien ! c'est sur la face presque verticale de ce rocher monstrueux, sur laquelle il décrit une diagonale, que le chemin se
trouve sculpté. Il ne faut pas croire cependant
que toute cette surface est nue ; il s'en faut beaucoup ; ses points les plus inaccessibles offrent
encore à la vue quelques traces de végétation, et
l'on voit des groupes de Tillandsiées (*OEchmea*) à
fleurs roses, étaler sur chaque crevasse leurs immenses rosaces de feuilles rubanées. Les bords
mêmes du sentier sont partout ornés de fleurs si
brillantes qu'elles attiraient l'attention de M. B
lui-même, qui oubliait parfois le précipice voisin

pour admirer quelques uns de ces objets ravis-
sants. J'arrivai, pour mon compte, au pied de la
descente chargé d'un des plus jolis bouquets que
j'aie cueillis de ma vie (1).

Entre le rocher et la rivière, il y avait un espace ouvert, entouré de *Pacaes* (Ingas) en fleurs,
où nous réunîmes notre bagage et nos animaux.
Pendant que l'on chargeait ces derniers, je serrai
ma récolte dans mon cartable, et je traversai
ensuite le pont rustique que l'on venait de recon-
struire, afin de faire un croquis du paysage où
nous venions de figurer comme des atômes.

A neuf heures et demie, c'est-à-dire deux heures
seulement après avoir commencé l'opération de
la descente, notre petite troupe avait également
passé la rivière, et entreprenait l'ascension d'une
vilaine côte qui fait pendant au rocher dont il a
été parlé; puis, après une marche de trois quarts
d'heure, nous arrivions à une pente qui aboutit
à la rivière de Joya, et qui ne vaut guère mieux
que le *mal-paso* de Quilapituni, bien qu'elle soit

(1) Le *Lasiandra Fontanesiana* et plusieurs autres Melastomées, des
Orchidées aux fleurs bigarrées et quelques superbes *Thibaudia* n'en formaient pas les moindres ornements. Parmi d'autres plantes que je remarquai encore dans notre descente, et notamment à son niveau inférieur,
c'est-à-dire vers 1340 mètres, je ne citerai ici que le *Jatropha urens*, un
Condaminea, et les représentants de deux familles qui ne s'étaient pas
encore montrées : les Commélinées et les Amomées.

moins longue. A Joya, on est cependant rarement
obligé de décharger les animaux.

La pluie, qui nous menaçait depuis le matin,
nous surprit au moment où nous passions cette
rivière. Son courant est moins large et moins profond que celui de Quilapituni, et on n'a pas cru
nécessaire d'y jeter un pont, qui serait cependant
bien utile, car, lorsque la rivière est en crue, les
nombreux rochers qui embarrassent son lit en
rendent le passage extrêmement dangereux. Nous
n'en fûmes pas, nous-mêmes, quittes tout à fait
sans dommage, puisque, au moment de mettre
les pieds sur la rive opposée, où il y a une roche
large et très inclinée que la pluie venait de rendre
glissante, le *macho chucaro* fit un faux pas et
tomba à l'eau avec mon matelas; mais le mal ne
fut pas grand, l'animal ayant repris pied presque
aussitôt. A quelques centaines de mètres de là, se
trouvaient quelques habitations, dont l'une était
occupée par un commis de la banque des quinquinas (*banco de cascarilla*), destiné à la garde de
la route, et en particulier, à l'exercice d'une
sorte d'inquisition sur les écorces qui y passent.
La pluie ayant augmenté outre mesure, nous nous
réfugiâmes chez lui.

A partir de ce moment, notre voyage allait

prendre un nouvel aspect. Les nuages nous avaient
déclaré la guerre, et allaient singulièrement
augmenter les difficultés qu'il nous restait à surmonter, puisque ce n'était plus seulement sur les
schistes savonneux que nous allions glisser, mais
encore sur les glaises détrempées qui les recou-
vraient; aussi M. B..., qui avait hésité jusque-là
à formuler nettement son opinion personnelle sur
l'affreux chemin que nous suivions, avoua-t-il
bientôt hautement qu'il n'avait pas d'idée qu'il
pût en exister un. pareil. Nous abordions, en
ce moment, ce *mal-paso* auquel on a donné le
nom de Calayusta ou Calayuta (pierre glissante),
mais un autre fragment de route, appelé Umai-
puta, qui se présenta dans la même journée,
mérita une attention tout aussi particulière de la
part de mon compagnon de voyage, et appela sur
ses lèvres quelques paroles encore plus significa-
tives de l'impression qu'il éprouvait.

CHAPITRE XIX.

De La Paz à Tipuani (*suite*).

J'ai dit qu'en descendant l'escalier de Quila-pituni nous nous étions plongés davantage dans le domaine de la végétation tropicale ; cependant, il y a plusieurs plantes cultivées de la zone torride qui ne peuvent encore prospérer au niveau où nous nous trouvions (1340 mètres), telles, par exemple, que le Cotonnier, l'Ananas, le Riz, le Cacaoyer et quelques autres. Le Cotonnier se montre, à la vérité, à partir de Capaguaya, mais il n'y fructifie pas bien. Un fait à noter, c'est que l'Oranger à fruits doux ne se rencontre et ne peut se cultiver dans cette vallée qu'à une élévation inférieure à celle où les fruits du Bananier de Guinée (*Musa sapientum*) mûrissent déjà parfaitement. C'est au moins ce que l'on m'a assuré.

L'apparition du *Lasiandra Fontanesiana* m'avait annoncé la rencontre prochaine d'un autre Quinquina, le *Cinchona Josephiana*, dédié par moi, il y a quelques années, au botaniste Joseph de Jussieu, compagnon de La Condamine. Je rencontrai en effet ce joli arbuste à environ une lieue et demie au delà de Joya, et à une élévation de moins de 1500 mètres.

A la suite du rio de Joya, nous traversâmes plusieurs autres rivières qui avaient avec lui plus ou moins de ressemblance, et qui soumirent à diverses épreuves la constance de M. B.

Une autre partie du chemin avait un défaut de nature contraire; car, au lieu de présenter trop d'eau, les ruisseaux, quand nous en rencontrions, n'en contenaient pas du tout; de là une suite de déceptions cruelles pour mon pauvre compagnon de voyage, que ses efforts maintenaient dans un état de transpiration continuelle, et dont la soif était devenue presque insatiable; dans chaque nouveau ravin, au fond duquel nous descendions, il se croyait sûr de l'apaiser, et il voyait autant de fois ses espérances trompées. Cependant, il

trouva enfin de l'eau, et il fut même sur le point
d'en avoir plus qu'il n'en voulait; car Leandro ayant
voulu lui faire traverser la rivière à laquelle il
venait de se désaltérer, sans lui faire mettre pied
à terre, la mule qui le portait glissa sur la pente
d'un rocher à fleur d'eau et faillit rouler avec lui
dans l'onde. Ceci se passait dans le rio de Yuna,
aux bords duquel nous étions arrivés par un chemin tellement creux et étroit, qu'il ressemblait
fort à un souterrain. Le fond de ce sentier ou
callejon, creusé dans une terre argilo-sableuse
fortement colorée, n'avait, tout au plus, que 2
ou 3 décimètres de largeur, et formait un escalier dont chaque marche présentait un trou profond rempli d'une boue rouge et diffluente, dans
laquelle les jambes des mules allaient successivement s'immerger jusqu'aux genoux. Les passages
de ce genre abondent sur la route de Tipuani; en
décrivant celui de Yuna, je les ai décrits tous.

Le jour baissait au moment où la mule de M. B...
glissait de la façon qu'il a été dit plus haut; et nous
désespérions presque de gagner notre gîte avant
que l'obscurité survînt. Cependant, après quelques nouvelles montées, alternant avec autant de
descentes, une cabane se montra, puis une autre,
et nous sûmes que nous étions arrivés à Simaco

où nous nous proposions de passer la nuit. C'é-
taient encore des huttes à claire-voie qui composaient ce petit hameau, mais elles étaient entourées
d'épais bosquets de bananiers qui leur donnaient
un caractère nouveau. Il y avait aussi, dans le
voisinage, des cultures de cannes à sucre dont on
nous apporta le jus fermenté. Cette boisson, appelée *guarapo,* est très rafraîchissante et rappelle
assez, par son goût, certains cidres. Un des côtés
de la cabane qui nous servit de logement était
occupé par une rangée d'immenses pots, bou-
chés avec des tampons de feuilles de bananier,
et remplis du même jus, à divers degrés d'al-
coolisation; il était destiné à la fabrication du
tafia.

J'ai oublié de dire qu'au moment d'entrer
dans le chemin creux du rio de Yuna, nous entendîmes, tout près de nous, des cris de Pénélopes,
et que, m'étant insinué tout doucement dans la
forêt, j'en avais abattu un. Leandro le pluma
sur-le-champ, et, en arrivant à Simaco, il nous en
fit une soupe, mais sa chair trop fraîche était
si dure qu'il nous fut impossible de la manger.
Pour nous consoler, notre cuisinier nous servit
une douzaine d'œufs de poule qu'il s'était pro-
curés dans une hutte voisine. Il avait apporté

en même temps une grande cruche de lait de
vache pour le déjeuner du jour suivant.

Un orage se déclara pendant la nuit, et la pluie
continua de tomber avec tant de violence, le lendemain, 1ᵉʳ septembre, que nous jugeâmes à propos d'attendre, pour quitter notre abri, que le
temps se remît. Pendant les intervalles de calme
qui eurent lieu, dans l'après-midi, je fis une tentative de chasse dans les environs. Un Indien, que
j'avais pris pour guide, me mena à la poursuite
d'un grand rongeur appelé *Sari*, nuisant beaucoup aux plantations de Manioc qu'il déracine;
mais, après une très longue course, nous ne réussîmes à trouver que les crottes de cet animal. Les
oiseaux-mouches étaient très abondants, malgré
la pluie, autour de quelques arbres chargés de
fleurs roses qui s'élevaient solitaires sur certains
points de la montagne, et je restai longtemps à les
observer à l'abri de quelques hautes Fougères
sous lesquelles je m'étais réfugié; je n'attentai
néanmoins à la vie d'aucune de ces charmantes
petites créatures. En définitive, le seul coup que
je tirai fut adressé à une volée de plusieurs centaines de perroquets qui vint à passer juste au-
dessus de ma tête; mais ils étaient trop haut
pour que je pusse les atteindre, et ils continuè-

rent leur chemin en criant à qui mieux mieux.

A défaut d'oiseaux, je rapportai cependant de ma course un objet curieux : c'était une pomme de terre, différente de l'espèce ordinaire. Elle croissait abondamment dans un semis de maïs, où je la pris, tout d'abord, pour celle que tout le monde connaît, bien qu'elle me parût avoir les fleurs plus grandes ; et je m'étonnais d'autant plus de la voir en ces lieux, que tout le monde m'avait assuré qu'on ne la trouvait plus du tout, au-dessous de Guaynapata. On me dit alors que ce n'était pas la pomme de terre commune que j'avais ramassée, mais une espèce sauvage, connue sous le nom de *Papa sylvestre* ou *Lilicoya*, qui levait spontanément dans les cultures; et on m'assura que chaque fois que, dans ce ravin, on détruisait une forêt par le feu pour y faire des semis, il était très rare que la *Lilicoya* n'y parût pas peu après. Les gens du pays expliquaient ce phénomène en supposant que, du temps de *los gentiles* (1), c'est-à-dire avant la conquête, il y avait en ces lieux des cultures étendues, sur l'emplacement desquelles la forêt a repris son empire, et que les germes de la Lilicoya s'y sont conservés jusqu'à

(1) C'est de ce nom qu'on appelle encore aujourd'hui les Indiens non convertis au christianisme.

nos jours, pour se montrer à la lumière, toutes les fois que des conditions favorables à leur développement viennent à se présenter. Les tubercules de la Lilicoya sont de la grosseur de la pomme de terre commune, mais ils en diffèrent par la saveur; ils sont âcres comme les *papas amargas* des *punas*, et on les recueille très rarement pour cette raison, et surtout parce que la gelée n'est pas là pour en corriger le goût.

Il s'en faut beaucoup que la Lilicoya soit la seule plante étrangère qui se montre après la destruction d'une forêt vierge, dans ces régions ; mais l'apparition des autres végétaux dont je veux parler est, je crois, bien moins difficile à expliquer.

Un des premiers soins de l'homme qui établit son domicile au milieu des bois est de nettoyer, par le feu, une certaine partie du sol, pour y établir ses semis. Cette opération, qui a plusieurs temps, s'appelle la *roza* (1), et a simplement pour

(1) Voici l'énumération des différentes phases de l'opération de la *roza* : 1° *chupear*, c'est-à-dire abattre les broussailles et les bois taillis (*monte pequeño*) ; 2° *rozar*, ou couper les gros arbres ; 3° *ramear*, couper les branches des arbres abattus ; 4° *dejar secar*, laisser sécher le tout au soleil ; 5° *prender fuego*, y mettre le feu ; enfin 6° *chalquear*, réunir en tas les branches et les petits arbres épargnés par l'incendie et y mettre de nouveau le feu. Quant aux gros troncs, ce n'est qu'avec le temps qu'on en est complétement débarrassé.

L'opération de la *roza*, commencée dans les premiers jours d'avril, but de se débarrasser de la forêt ; mais on comprend que les cendres de celles-ci doivent augmenter encore la fertilité du sol (1) qu'elles recouvrent. Sur les terrains dénudés de la sorte, une des premières plantes qui paraisse est, comme je l'ai dit, la Lilicoya ; mais avec elle, et bien plus généralement surtout qu'elle, vers le niveau où se trouve Simaco, on voit se développer une grande Fougère, très semblable à notre *Pteris aquilina* ou au *Pteris caudata* du Brésil, que M. Aug. de Saint-Hilaire nous a montré se développant dans des circonstances précisément analogues.

En Bolivie, la Fougère est accompagnée d'une petite graminée traînante à feuilles lancéolées et glabres dont je n'ai pu déterminer le genre. Dans des régions plus chaudes, j'ai vu le *Pteris* remplacé par un *Anemia*. Si le terrain est négligé, on voit bientôt, à ces plantes, se joindre des arbustes et de petits arbres, parmi lesquels les Composées, les Eupatoriacées surtout, sont en grande majorité. Avec eux on remarque quelques

doit être terminée en juillet : et, en août, c'est-à-dire à l'époque des premières pluies, on fait les semis et plantations.

(1) Le sol des forêts vierges, dans la région dont je parle, est presque uniquement constitué par une terre argilo-sableuse, ou franche, en tout semblable à celle dont j'aurai l'occasion de parler, en traitant de la culture de la Coca. L'humus proprement dit ne s'y observe que rarement, bien qu'il semble rationnel de supposer le contraire.

Malvacées suffrutescentes, le *Baccharis genistel-
loïdes* et une Ronce à feuilles tomenteuses. Enfin,
dans les régions plus chaudes, une Bombacéc
(*Ochroma piscatorum*), dont je parlerai plus tard
sous le nom de *Palo de balsa*, vient encore s'y
mêler. Ce n'est qu'à la longue que la Fougère est
définitivement expulsée du terrain, avec la petite
Graminée sa compagne.

Maintenant, laisse-t-on la nature seule continuer
le travail, on verra une des deux terminaisons
suivantes se présenter : ou bien, la forêt primitive envahit de nouveau le sol ; et alors, après un
laps de quelques années, le hasard seul peut
faire découvrir qu'elle n'y a pas toujours existé ;
ou bien, le taillis temporaire disparaissant, une
partie plus ou moins grande du terrain se conver-
tit en ce que l'on appelle un *pajonal*. J'ai dit
autre part que les Péruviens donnaient ce nom à
des districts de leurs montagnes dont la physionomie générale rappelait tout à fait celle des *campos* du Brésil, dont elles ne diffèrent que par la
plus grande inégalité du sol. Que l'on se figure
une nappe de gazon de laquelle s'élèvent, çà et là,
comme dans un beau parc, des arbres ou des arbustes, tantôt isolés, tantôt groupés, et presque
toujours remarquables par le brillant de leurs

fleurs, on aura quelque idée de ces localités. Le magnifique *Lasiandra Fontanesiana*, ou *Flor de mayo* aux grandes corolles violettes, les *Befaria* aux fleurs roses, les Vochysiées aux grappes dorées, enfin le *Cinchona Josephiana* ou *Cascarilla del pajonal*, au parfum délicieux, peuvent être cités parmi les habitants les plus constants des lieux ainsi caractérisés.

L'insuffisance d'humidité doit sans doute être regardée comme la cause principale de la production des *pajonales* sur le sol qui portait auparavant des forêts; mais j'attribuerais volontiers à l'épuisement de sa couche superficielle, et peut-être aussi à un nouvel incendie, la disparition préalable du taillis temporaire.

Le temps s'étant un peu remis dans la matinée du 2 septembre, nous reprîmes notre voyage. Les chemins s'étaient bien ressentis de l'espèce d'inondation qu'ils avaient subie, et il nous fallut employer de la précaution pour ne pas glisser à chaque pas. On nous avait promis, à la vérité, que le reste du chemin serait *hualiqui* (1), c'est-à-dire excellent, mais nous le trouvâmes, en général, tout aussi détestable que la partie que nous

(1) Mot aymara.

avions laissée en arrière; en un mot, lorsque
nous ne cheminions pas sur un de ces escaliers
de schiste dont j'ai donné une description générale, nous pataugions dans la boue, ce qui ne valait guère mieux. Toujours est-il que, vers midi,
après avoir fait une lieue sous un soleil étouffant,
nous arrivâmes à une petite ferme appelée Yaycoya
où l'on nous vendit quelques bouteilles de jus de
canne. Cette localité, dont l'élévation au-dessus
du niveau de la mer est d'environ 1270 mètres,
produit la meilleure Coca de toute la *quebrada*, et
l'on commence à y trouver des orangers à fruits
doux.

En quittant Yaycoya, nous grimpâmes, vers
notre droite, sur la crête d'une montagne très
étroite qui sépare la vallée du rio Tipuani de celle
du rio Yabia; et nous la suivîmes jusqu'à ce qu'une
descente pierreuse de trois quarts de lieue de
longueur nous eût conduits sur la rive même du
rio de Yabia que l'on traverse sur un pont aussi
hardi que pittoresque. La largeur de cette passe-
relle est d'environ un mètre, et le plancher en
est formé d'échelons assez écartés pour qu'il soit
impossible à des animaux de s'y aventurer. Pour
un homme même ce n'est pas une opération tout
à fait insignifiante que celle de la traverser, et il

en est peu, je crois, s'ils ne sont *tipuaneros*, qui n'éprouvent une légère émotion lorsqu'en arrivant vers son milieu, ils voient le torrent rouler avec fracas sous l'appareil oscillant qui les soutient. En se mettant à quatre pattes, on diminue considérablement l'effet de la situation. Ce fut le moyen qu'employa mon compagnon de voyage. Les mules, déchargées, passèrent la rivière à la nage, un peu plus bas, et le bagage les ayant rejointes par le pont, porté sur le dos des Indiens, tout fut remis en place, et la caravane reprit sa marche.

La largeur du rio de Yabia, inférieure à celle du rio Quilapituni, n'est guère que le tiers de celle du Tipuani, et on a choisi, pour l'emplacement du pont, un endroit où un rocher s'y projette et le rend encore plus étroit. Ses eaux vertes offraient un contraste remarquable avec celles du Tipuani, qui conservait encore sa teinte opaline.

Je pourrais difficilement donner une idée de la beauté du site que nous venons d'atteindre : ces rivières mêlant tumultueusement leurs courants en se brisant sur les rochers qui leur barraient le passage, ces montagnes qui s'élevaient presque perpendiculairement de tous les côtés, cette forêt

sombre, ces lianes qui se balançaient sur l'eau,
ce pont aérien, tout cela formait un ensemble des
plus saisissants. Mais il n'est guère de tableau
qui n'ait son mauvais côté, et les rives de l'Yabia
devaient le leur aux taons et aux moustiques qui
peuplaient le voisinage, aussi contribuèrent-ils
puissamment à nous faire précipiter notre départ.

Un autre insecte habitant les mêmes localités
produisit sur nous une impression bien différente;
c'était un grand papillon aux ailes d'un bleu
satiné, qui passe pour le plus beau des Lépidop-
tères ; lorsqu'il planait au-dessus de l'écume jaillissante du torrent, ses voiles d'azur jetaient des
reflets admirables.

Nous nous remîmes en marche vers deux heures
et demie, et nous arrivâmes, un peu avant le
coucher du soleil, à une petite ferme indienne
appelée Hulo, où l'on nous conseilla de passer la
nuit, bien qu'il ne s'y trouvât aucune espèce de
provisions. Elle était cachée au milieu d'une forêt
de bananiers, et il y passait un petit ruisseau
alimenté par une source vive dans laquelle nous
nous plongeâmes avec délices.

Le lendemain, notre voyage fut poursuivi à
travers un pays encore plus pittoresque que celui
que nous laissions en arrière. Le chemin, par

contre, continuait à être détestable. Fasciné par
les beautés naturelles qui se renouvelaient sans
cesse sous mes yeux, je me trouvais personnelle-
ment assez disposé à prendre mon parti de la
boue et des pierres qui accidentaient la route;
mais M. B... était loin de partager mon avis sur
les jouissances du voyage, et la bonne opinion
qu'il s'était plu à concevoir de la voie Tipuanienne,
pendant les premiers pas qu'il y avait faits, se mo-
difiant de plus en plus, il arriva enfin à déclarer
que le chemin était positivement infernal. Chaque
fois qu'il était obligé, par la nature du sentier,
d'aller à pied, la sueur ruisselait de son corps,
et le besoin d'eau, s'il tardait à le satisfaire, lui
causait une véritable torture. Mon pauvre *compañero* émettait dans ces circonstances un *Oh-là-là!*
d'une tristesse inimitable. — Enfin, peu s'en fallut
qu'il ne trouvât dans cette journée la fin de ses
peines, car, au moment où nous venions d'escalader une côte élevée, sa mule fit un faux pas et
faillit rouler avec lui jusque dans le torrent. Un
arbre arrêta bien à propos le maladroit animal,
et M. B... put alors se retirer sans danger de la
position périlleuse où il s'était inopinément trouvé.
Je dois dire, au reste, qu'il montra, dans cette
épreuve, une présence d'esprit digne d'éloges.

Dans l'après-midi, nous fîmes halte au milieu d'une clairière charmante, dont le sol en pente douce permettait à la vue de s'étendre sur une nappe de forêts verdoyantes. De grands arbres hérissés de plantes parasites ou festonnés de lianes à fleurs écarlates (1), semblables à des bouquets de corail, l'entouraient de toutes parts, et la brise y apportait sans cesse des bouffées de parfums. Nous nous reposâmes avec délices sous ces ombrages, après une journée de fatigue, mais le manque d'eau nous empêcha d'y passer la nuit.

Les clairières analogues à celle dont je viens de parler sont fréquentes dans cette partie de la route, et servent souvent aux haltes des voyageurs. Peu après avoir repris notre marche, nous en passâmes une qui était occupée par une troupe d'Indiens et de mules, et, à une demi-lieue de celle-ci, nous en vîmes une autre où nous nous établîmes nous-mêmes. Nous y couchâmes à la belle étoile, et notre sommeil ne fut troublé que par les puces que nous avions apportées des *pas-canas* précédentes.

Le lendemain, vers dix heures, une descente

---

(1) Diverses espèces de *Thibaudia*.

rapide nous menait aux bords de la rivière de Tora, sur laquelle il y a un pont. Il s'y trouve un bureau de péage où sont imposés tous les voyageurs qui se rendent à Tipuani. Le passage de notre caravane nous coûta 14 réaux, mais un voyageur seul avec sa monture n'y est taxé que 1 *medio* (30 centimes); les ânes et les mules chargés le sont à raison de 2 réaux.

On a commencé une exploitation de sables aurifères, dans le voisinage de cette rivière; mais nous ne nous y arrêtâmes pas, et, continuant notre marche par une chaleur intense, nous arrivâmes à quatre heures et demie après midi, à un petit groupe de maisons connu sous le nom de Tuanani. La case la plus importante était une espèce de cabaret où notre muletier, arrivé un peu avant nous, venait de s'enivrer. Il s'y trouvait même si fort à l'aise, que ce ne fut pas sans peine que nous parvînmes à l'en arracher, pour lui faire prendre, avec nous, le chemin de l'exploitation de Romanplaya, où nous voulions coucher.

Je dois dire, cependant, que la résistance que l'Indien opposait à nos injonctions provenait aussi de ce que le point où nous voulions qu'il nous conduisît était en dehors de la route, ce que nous ignorions; et nous regrettâmes d'autant plus de

nous y être fait suivre par notre bagage, que le
chemin de la mine était assez difficile,

Enfin nous partîmes, et nous réussîmes à atteindre avec le jour le but de notre course. Le
propriétaire de l'exploitation de Romanplaya, un
Irlandais du nom de Wheatley, était alors malade
de la fièvre, mais il ne nous en reçut pas moins
de bon cœur dans sa maison, où il nous fit préparer à souper ; et nous passâmes ensuite plusieurs
heures à converser avec lui sur les lavages de la
vallée.

Je dois entrer, dès à présent, dans quelques
détails à ce sujet.

CHAPITRE XX.

Considérations générales sur les exploitations et les alluvions aurifères de la vallée de Tipuani. — *Playas de banqueria.* — Détails sur l'exploitation de Romanplaya. Nombre d'ouvriers employés, etc. — Mégacéphales. — *Pajonales.* — *Labor de banqueria* de San Juanito ; résultats malheureux obtenus par don Juan Santos Villamil dans cette exploitation. — Tinamou. — Arrivée au village de Tipuani.

Les travaux entrepris sur les alluvions aurifères de la *quebrada* de Tipuani sont de deux classes. Ceux de la première ont pour but d'isoler le métal disséminé dans les berges (*faldas* ou *faldeos*) de la vallée ; on les appelle *trabajos de falda* (travaux de berge ou de montagne). Par l'expression *trabajos de playa* (travaux de plage), on désigne, au contraire, les travaux pratiqués dans le but d'extraire l'or mêlé au sol qui constitue le fond de la vallée. Ce qui distingue essentiellement ces deux ordres d'exploitations, c'est que, dans les premières, toutes les couches intéressées se trouvent situées à un niveau supérieur à celui de la rivière ; tandis que, dans les secondes, les points

attaqués sont en grande partie au-dessous de ce
niveau, et, par conséquent, constamment exposés
à être noyés par des eaux d'infiltration. On comprend que le système d'exploitation doit différer
dans ces deux cas, et qu'il doit être bien plus
coûteux dans le dernier cas que dans le premier.

Le désavantage que l'on rencontre, sous ce
rapport, dans l'exploitation des plages, est néanmoins amplement compensé par la plus grande
richesse de leurs sables : richesse telle que, dans
certains cas, elle semble fabuleuse. Ceci demande
quelques éclaircissements.

Lorsque, dans un des chapitres précédents, j'ai
parlé de l'exploitation des sables aurifères de Chuquiaguillo, j'ai dit que l'or disséminé dans les
alluvions de la Bolivie provenait, en général, de
la dislocation et du broiement de filons de quartz
encaissés dans des schistes phylladiens. Ces
schistes (quartzeux, micacés ou argileux) constituent la masse principale du soulèvement des
Andes boliviennes ; et la vallée de Tipuani, ainsi
que tous les autres ravins du versant oriental de
cette chaîne, peuvent être regardés comme d'immenses sillons que les eaux y ont creusés. Mais
avant que ces sillons fussent ouverts, le sol pri-

mitif s'était recouvert, déjà, d'une couche plus ou moins épaisse de terres aurifères, que les torrents diluviens (1) ont dû lacérer, avant d'arriver à la roche qui constituait le squelette de la montagne, et qu'ils ont lacéré à son tour. Une grande partie du sol alluvial, et même des schistes sousjacents, a été alors entraînée vers les plaines. Mais, à mesure que les courants ont diminué de vitesse, les éléments les plus denses des terrains entraînés se sont déposés, chemin faisant, et ont constitué, dans le fond du sillon, et sur la surface même de la roche primitive (*peña*), une couche d'une épaisseur variable, ordinairement très riche en or, à laquelle, en un mot, on donne le nom de *venero*.

L'or des plages provient donc, il est facile maintenant de le comprendre, de la concentration d'une partie des terrains (sables, schistes, etc.) qui comblaient, à une époque, le vide de la vallée actuelle. La nature, si l'on veut, a opéré, là, un lavage d'or en grand, dont on n'a plus guère qu'à recueillir les bénéfices aujourd'hui.

Sur les berges ou *faldeos* de la vallée, au con-

(1) Ces torrents provenaient peut-être de l'écoulement des eaux d'une grande mer intérieure dont le lac de Titicaca serait un vestige, et dont le fond aurait été soulevé, soit graduellement, soit par secousses plus ou moins brusques.

traire, c'est encore, si je puis m'exprimer ainsi,
de l'or très étendu, ou très délayé de sable, que
l'on rencontre, et les exploitants ont à y faire,
artificiellement, ce que la nature a déjà si bien
fait pour les mineurs de la *playa*.

A un premier courant en ont succédé d'autres,
qui ont écrit, en quelque sorte, leur énergie,
leur nature même, sur la tranche des couches
successivement stratifiées au-dessus du *venero*.
Ces couches sont ordinairement stériles, c'est-à-
dire qu'elles ne contiennent point d'or ; parfois aussi, on y trouve intercalée une nouvelle
strate de sable aurifère, souvent aussi riche que
le *venero* lui-même, mais en général moins épaisse
que lui, que l'on appelle *venerillo*, par cette
raison. On devine que, pour la former, la nature
a dû remplir, de nouveau, le ravin, à pleins bords,
et que de nouveaux monceaux d'alluvions ont été
entraînés des escarpements (1).

Quoi qu'il en soit, pour arriver à un *venerillo*
ou à un *venero*, le mineur doit toujours traverser
une épaisseur plus ou moins grande de couches
stériles ; et, ici, deux cas peuvent se présenter.
Tantôt, en effet, l'épaisseur de toutes ces couches

(1) La formation des *venerillos* a pu coïncider avec un nouveau soulèvement brusque du fond de la mer intérieure.

réunies ne dépasse pas 6 à 8 mètres, et l'exploitation du *venero* peut se faire à ciel ouvert ; c'est, comme nous le verrons, ce qui a lieu dans le voisinage même de Tipuani. D'autres fois, l'épaisseur des couches stériles, ou de *la carga* (1), comme on les appelle, est beaucoup plus considérable, et le terrassement en devient impossible. Le *venero* se travaille alors comme un filon d'une mine ordinaire. La plage de Romanplaya et la plupart de celles qui se rencontrent au-dessus du village de Tipuani sont dans ce cas ; leur sol présente, en outre, dans la constitution de ses strates, une quantité considérable de grandes roches roulées, ou *bancos*, ce qui a fait désigner ces plages par le nom de *playas de banqueria*, et les exploitations qui s'y trouvent par celui de *labores de banqueria*.

La coupe suivante peut donner une idée de la composition du terrain, dans les lieux dont il vient d'être question.

(1) Les strates qui constituent la *carga*, formées d'ailleurs d'éléments très nombreux, ont une puissance extrêmement variable ; mais un point très important à noter dans leur étude, c'est que leur nombre et leur nature varient beaucoup d'un point de la vallée à un autre : fait qui n'a, du reste, rien de surprenant, puisqu'il trouve une explication toute naturelle dans les variations de vitesse auxquelles ont pu être soumis, en ces points, les courants qui les ont déposées. Je dirai ici que, de toutes les couches qui composent le terrain alluvial des plages de Tipuani, la strate aurifère est celle qui m'a paru être la plus constante ; mais celle-ci même peut aussi manquer quelquefois, ainsi qu'on le verra plus loin.

Coupe (1) *d'un terrain aurifère de la vallée de Tipuani.*

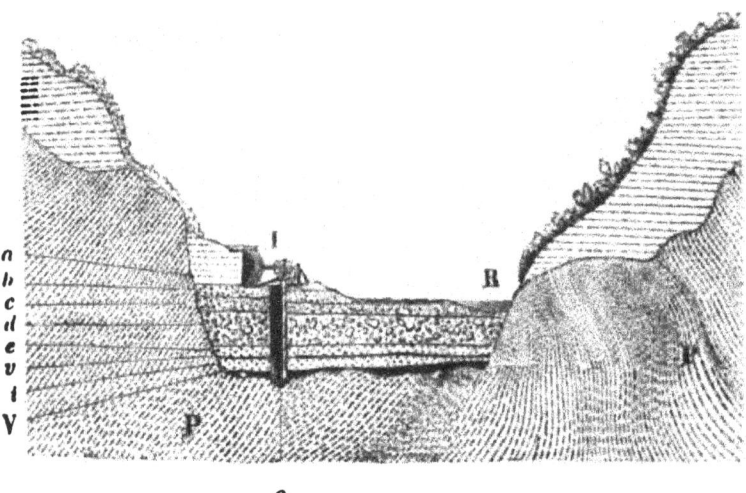

I, machine à épuisement; on voit un corps de pompe traverser, par un
large puits, le terrain aurifère, et plonger, au-dessous du *venero*, dans
le bassin *o*, creusé dans le roc, où se rendent les eaux d'infiltration.

R, rio Tipuani.

P, *peña* (schistes).

A, alluvions anciennes des *faldeos.*

a, alluvions modernes.

b, *relave*, gravier grisâtre ou bleuâtre formé d'éléments très divers.

c, *toreria*, couche formée de galets de grosseur différente, et souvent
arrondis, de granit, de schiste, de grès dur (*amoladera*) et de quartz.

d, *banqueria*, couche puissante formée surtout de grands blocs de
granit, parmi lesquels se voient quelques masses de schiste et plus
rarement de quartz (*metal*).

e, *tiquita*, gravier essentiellement formé de fragments arrondis de granit,
de la grosseur d'un pois et au-dessous.

i, *greda*, couche composée de fragments irréguliers de granit et de schiste,
reliés par du sable argileux.

v, *venerillo*.

V, *venero*.

La première opération à pratiquer, dans l'ex-

(1) Il est, je crois, presque inutile de dire que cette coupe, ainsi que
celle que j'ai donnée (page 214) du terrain de Chuquiaguillo, est faite
perpendiculairement à la direction de la rivière.

ploitation d'une plage de *banqueria*, est le fon-
cement d'un puits vertical qui pénètre jusqu'au
plan de roc sur lequel repose le *venero*. Une pompe
maintient ensuite le fond de ce puits à sec, et
facilite l'exploitation de la couche aurifère.

Pour nous faire une idée du mode d'extraction
du *venero,* dans ces circonstances, nous deman-
dâmes à notre hôte de Romanplaya la permission
de visiter ses travaux, et il nous eut bientôt mis
en mesure de satisfaire notre curiosité. Suivant
ses directions, nous nous enveloppâmes la tête d'un
mouchoir, pour la préserver du choc des voûtes,
et nous étant munis de lampes, c'est-à-dire de
petites soucoupes contenant de la graisse et une
mèche, nous suivîmes les pas de notre guide.

J'ai dit que, dans les travaux de *banqueria*, il y
avait un puits vertical, creusé jusqu'au plan aurifère ; le puits de Romanplaya avait une profondeur
d'environ 18 *varas* (15 mètres). Une galerie dont
le sol était incliné de 15 à 20 degrés, nous mena
sans trop de difficulté à sa partie inférieure ; là,
se rendaient les corps de deux immenses pompes
à chapelet, qu'une roue hydraulique maintenait sans cesse en activité. De ce point central
rayonnaient une foule de boyaux qui traversaient
le *venero* dans tous les sens, et que l'on prolon-

geait, surtout, du côté où cette couche avait la
plus grande épaisseur, et où l'on avait constaté
que son titre était le plus élevé : ce dont on s'assurait, de temps à autre, par des essais faits à la
sébile.

Le plan de schistes sur lequel reposait le *venero*
n'était pas horizontal ; tantôt il s'élevait un peu ;
l'écoulement des eaux d'infiltration se faisait alors
très facilement vers le point où elles étaient ab-
sorbées par les pompes. Dans d'autres points,
la surface du roc s'abaissait plus ou moins, et l'on
était obligé alors de se servir de seaux pour
mettre l'eau infiltrée à portée des machines. Les
vases qui servent à cet usage sont en cuir et portent le nom de *baldes*.

Les galeries, ou *frontones*, dans lesquelles on
nous fit promener, avaient, en moyenne, une hauteur de 120 à 130 centimètres, et le conglomérat
dans lequel elles étaient surtout creusées (car
l'épaisseur du *venero* lui-même était peu considérable) avait partout assez de consistance pour qu'il
fût inutile de les soutenir artificiellement. En
même temps, la dureté du sol n'était nulle part
assez grande pour qu'il fût nécessaire d'employer,
à le percer, d'autre instrument que la pince ordinaire.

Après avoir visité plusieurs *frontones* où les travaux avaient été suspendus pour divers motifs, on nous conduisit à l'un de ceux où l'on travaillait alors ; le plan de schiste y était très anfractueux, et il s'abaissait tellement, vers l'extrémité de la galerie, que l'eau s'y amassait sans cesse, et qu'on était obligé d'y faire la chaîne pour enlever, au moyen de *baldes*, le produit des infiltrations. Malgré ces précautions, nous y avions encore de l'eau presque jusqu'à mi-jambe. La ventilation était d'ailleurs si mauvaise dans cette partie de l'excavation, que notre respiration se trouvait gênée, et que nos lampes brûlaient avec difficulté. Nous nous vîmes plusieurs fois obligés de nous arrêter, pour rallumer les mèches qui s'éteignaient tout à coup. Une fois, même, nous nous trouvâmes, pendant plusieurs minutes, dans l'obscurité la plus complète, toutes nos lumières étant mortes à la fois.

L'étendue des *frontones* en exploitation n'étant pas considérable, nous les eûmes bientôt parcourus, et nous nous empressâmes de regagner le grand air, très satisfaits, en somme, de notre expédition.

Le nombre des ouvriers employés à Romanplaya était de 80, mais, sur ce nombre, il n'y

en avait guère que 25 qui travaillassent en même
temps dans les excavations. En faisant alterner
ainsi le travail des ouvriers, l'exploitation pouvait
être continuée nuit et jour.

Pressé à la fois par le désir d'arriver au but de
notre voyage et par nos Indiens eux-mêmes qui
commençaient sans doute à trouver la course
longue, nous reprîmes, dans la matinée du lendemain, la route du hameau de Tuanani, devant
lequel nous passâmes vers neuf heures. Une descente assez mauvaise nous mena ensuite au rio
de Yratini, près duquel se trouve une petite ferme
appelée Pan-y-Agua, où nous nous arrêtâmes pour
donner du repos aux Indiens. Plus loin, nous
cheminâmes, quelque temps, dans le lit d'une
autre rivière, sur le sable brillant duquel je vis
courir un grand nombre de charmants coléoptères
de couleur bleue et cuivrée ; mais leur agilité
était si grande que j'eus de la peine à en saisir.
Le genre auquel appartiennent ces insectes porte
le nom de Mégacéphale (1); il est un des plus caractéristiques de la faune des rivières de l'Amérique tropicale, mais c'était la première fois que
je le rencontrais en Bolivie.

_____

(1) Littéralement « grosse tête ».

En nous éloignant davantage de Romanplaya, nous vîmes les forêts disparaître dans certains points pour faire place à des gazons verdoyants, semés d'arbustes en fleur ou d'arbres isolés.

L'aspect de ces localités est naturellement égayant; mais le voyageur qui vient de passer des journées entières dans les forêts sombres et humides, éprouve à leur vue une joie pleine d'émotions. Ce fut l'effet qu'elles produisirent sur nous, et, sous ce rapport, les *pajonales* m'offraient encore une ressemblance de plus avec les *campos* du Brésil. Un soleil brûlant dardait cependant sur nous ses rayons verticaux, pendant que nous traversions ces lieux découverts, et donnait un nouveau charme aux bosquets qui se présentaient, de loin en loin, sur notre passage; aussi, chacun d'eux motivait une nouvelle halte.

La végétation des *pajonales* se caractérisa de plus en plus à mesure que nous avançâmes. Un arbre de la famille des Lithraires (*Diplusodon*) y attirait, en particulier, l'attention, par ses magnifiques bouquets de fleurs roses qu'aucune feuille ne voilait. Des Vochysias aux longues grappes dorées apparaissaient aussi çà et là, et les Cecropias aux troncs et aux feuilles argentées y balançaient leurs cimes en candélabre.

Le but de notre course de cette journée était
une exploitation de sables aurifères de la même
nature que celle que nous venions de visiter, et
connue sous le nom de San-Juanito. Nous y arrivâmes d'assez bonne heure, et nous fûmes reçus
très amicalement par le maître de l'endroit, avec
lequel nous eûmes le plaisir de nous entretenir en
français. Il était fils du mineur don Ildefonso
Villamil, et avait dirigé, pendant quatre années,
un travail de *banqueria* qu'il venait enfin de suspendre. Une mauvaise chance lui avait fait choisir,
pour le percement de son puits, un point où le
plan aurifère, constitué d'une manière très défa-
vorable, n'avait reçu aucun dépôt du précieux *venero*. L'infortuné mineur eut beau diriger des
galeries en tous les sens, dans l'espoir de trouver
quelque dépôt accidentel, tous ses efforts n'abou-
tirent qu'à lui démontrer qu'il était tombé sur un
sillon creusé dans le lit originaire de la rivière,
et disposé de telle sorte que le courant diluvien
avait pu le balayer de la manière la plus complète.
L'or en avait été soufflé (*soplado*), comme disent
les mineurs. Il ne rencontra, je crois, en définitive, que huit onces de paillettes enfouies dans
quelques fissures, et, cela, après y avoir dépensé
environ vingt mille piastres. Ce revers ne l'avait

cependant pas rebuté ; car nous le trouvâmes occupé aux préparatifs de l'exploitation d'une plage voisine, où il comptait trouver amassé tout l'or que le torrent avait *soplado* de celle qu'il quittait.

C'est à cette nouvelle plage, appelée el Gritado, que nous abordâmes, après avoir descendu la côte qui menait aux bords de la rivière ; mais comme don Juan Santos (c'est le nom de notre hôte) n'y avait point encore transporté son domicile, il nous fallut passer la rivière pour nous loger, ce que nous fîmes au moyen d'un radeau (*balsa*) composé de plusieurs troncs d'arbres légers rapprochés et fermement liés. La maison à laquelle nous fûmes menés était construite en bambous un peu écartés, de manière que l'air pût en traverser les murs sans obstacle ; aussi y régnait-il une fraîcheur très agréable. La pièce qui servait de salle à manger était même complétement ouverte d'un côté. On nous y servit à notre arrivée une bouteille de vin de Bordeaux, qui fut pour nous un vrai régal. Un taillis épais de bananiers de différentes espèces séparait l'habitation de la rivière, et il y avait, sur le devant, un petit parterre, dans lequel végétaient plusieurs légumes d'Europe Les haricots verts et les oignons étaient ceux qui semblaient y prospérer le mieux ;

mais les choux, les choux-fleurs et les navets dé-
dommageaient aussi le colon de la peine que pouvait donner leur culture.

Le temps qui nous resta fut employé, en attendant le dîner, à visiter l'exploitation et à nous
baigner dans l'onde tiède du torrent.

Dans la soirée, un chasseur nous apporta une
perdrix (1) magnifique, appelée *Coloma*, qu'il avait
tuée dans la forêt, et dont la taille était supérieure
à celle de nos plus grandes perdrix d'Europe. Sa
chair, que nous mangeâmes à déjeuner, le lendemain, était aussi blanche que celle d'un poulet, et
avait un goût exquis.

Après ce repas, nous reprîmes notre marche vers
Tipuani, dont nous n'étions éloignés que d'une
lieue et demie.

A quelque distance du village, la rivière se
trouve étroitement encaissée par les berges verticales du ravin, qui forment en ce point une gorge,
connue sous le nom de *encañada de la Cueva* (2).
Au-dessous de ce rétrécissement, le fond du ravin
s'épanouit, au contraire, tout à coup, et forme, si
je puis ainsi dire, une sorte d'ampoule, où le chemin côtoie la rivière, sur un sol plat, faiblement

(1) Espèce nouvelle du genre Tinamou.
(2) La rivière a, dans ce point, une largeur d'environ 30 mètres.

élevé au-dessus du niveau de l'eau, et couvert de bois taillis. Ce terrain plat s'étend, sur une largeur variable, jusqu'à environ un quart ou un tiers de lieue au-dessous de Tipuani, où le ravin se contracte de nouveau, pour former la gorge, ou *encañada, de Chacapunco*. Enfin, du côté opposé de la rivière, il y a une bande de terrain, ou plage, analogue à celle où nous nous trouvions, et qui porte, comme elle, de nombreuses traces des exploitations dont elle a été le siége ; mais, malgré tout l'intérêt que nous inspiraient ces lieux, nous étions trop près du but, pour y arrêter beaucoup notre attention, et, nous étant promis d'y revenir, nous pressâmes le pas pour atteindre le village.

CHAPITRE XXI.

Séjour à Tipuani.

Description du village. — Prix de divers objets de consommation.—Visite
à l'exploitation d'Ancota. Don Ildefonso Villamil. — Exploitation des
alluvions aurifères des berges de la vallée, ou *trabajo de falda*. Opérations diverses qui la caractérisent.— Travaux d'amélioration récemment entrepris à Ancota.

Le village de Tipuani est situé vers le milieu de
la plus large des deux plages, dont il a été parlé,
à la fin du chapitre précédent, et sur la rive même
que nous côtoyions. Je le trouvai un peu grandi,
depuis la visite que je lui avais faite en 1847, mais,
sous le rapport de la malpropreté et de l'insalu-
brité, rien ne paraissait y être changé. De larges
flaques d'eau amassées à la place d'anciennes excavations, ou *diggings*, et couvertes d'une écume verte,
en occupaient l'entrée, et laissaient deviner que
là, comme en Californie, la fièvre et l'or étaient
inséparables. Il nous suffit, au surplus, de voir la
figure blême des habitants du lieu, pour juger
l'atmosphère que nous respirions.

Les maisons de Tipuani, au nombre de cinquante

à soixante, étaient construites, pour la plupart, en troncs de palmiers, placés debout, et côte à côte ; les feuilles de ces mêmes arbres en formaient le chaume, et les cloisons, quand il y en avait, étaient en bambou. Après avoir parcouru une rue de quelque étendue, mais affreusement boueuse et jonchée d'immondices de toutes sortes, nous entrâmes dans la place du village, sur un des côtés de laquelle il y avait une hutte un peu plus grande que les autres et surmontée d'une croix : c'était l'église. Tout le reste du pourtour de cette place était occupé par les maisons décrites plus haut, et son centre, où l'herbe croissait à foison, semblait être le rendez-vous ordinaire des animaux domestiques du pays.

Le curé de Tipuani, pour lequel nous avions une lettre de recommandation, était un moine franciscain qui m'avait témoigné beaucoup de bonté lors de mon premier voyage à Tipuani, et nous comptions nous adresser à lui pour qu'il nous indiquât un logement ; mais il était en course depuis deux jours. Grâce à notre jeune hôte de San-Juanito, nous ne restâmes néanmoins pas longtemps au dépourvu, et, une demi-heure après notre arrivée, nous nous établissions dans une des meilleures habitations de la *plaza,* qui se trouvait, par bon-

heur, inoccupée. Elle n'était composée, à la vérité,
que d'une seule pièce qui avait servi de boutique,
mais elle était assez grande pour nous, et nous y
trouvâmes les meubles indispensables : une table,
entre autres, et plusieurs bancs, puis enfin quelques claies, ou tablettes, de bambou, qui servaient
habituellement à recevoir des marchandises, et
dont je m'emparai pour étaler mes collections.
Une petite cour séparait ce corps-de-logis d'une
hutte plus petite qui devait nous servir de cuisine,
et, à droite de la cour, il y avait un bosquet d'orangers, de caféiers et de limoniers doux, qui avait
aussi son usage particulier. Presque toutes les habitations de Tipuani sont entourées de jolis groupes des arbres que je viens de nommer, ou de
Cacaoyers ; mais, en général, ces vergers ne sont
guère que des repaires de cochons.

Le reste de cette journée fut employé à arrêter
nos plans pour la suite de notre voyage, à faire une
visite au corrégidor, et enfin quelques achats indispensables. On nous avait beaucoup parlé du
prix un peu exorbitant auquel se vendaient les
objets de première nécessité, à Tipuani. Le tableau
suivant pourra en donner quelque idée à ceux de
mes lecteurs que le sujet pourrait intéresser ; j'y
ai noté le prix courant d'une douzaine d'articles

de consommation ou d'usage habituel, à Tipuani,
en ayant soin, pour la plupart, d'indiquer, en regard, le prix des mêmes articles dans deux autres
points de notre route, c'est-à-dire à La Paz et à
Sorata.

	LA PAZ.		SORATA.		TIPUANI.	
	fr.	c.	fr.	c.	fr.	c.
Farine de froment(la *fanega* de 200 livres. . . .	40 à 50	»	»	»	120 à 150	»
Un pain de 7 onces.	»	10	»	»	»	30
Une *chalona* (mouton sec).	4	60	6	»	10 à 15	»
Un gigot (du poids de 2 li-vres).	»	60	1	20	1	50
Sucre (la livre).	1	20	1	50	3	»
Pommes de terre (le cent). .	1	20	2	10	3 60 à 4	80
Œufs (la dizaine)	»	60	»	60	1	80
Eau-de-vie de raisin (la bou teille)	1 50 à 1 80		1 80 à 2	10	2	40
Vin de Bordeaux ordinai-re (1)	3 60 à 4 80		»	»	7	50
Une bouteille vide.	»	60	1	20	1	80
Une assiette de faïence. . .	»	»	»	»	3	»
Plomb de chasse (la livre)..	»	»	»	»	2	50

Les seuls comestibles dont le prix, à Tipuani, ne
diffère pas très sensiblement de celui auquel ils se
vendent à La Paz et à Sorata, sont le riz et le cho-

(1) A Bordeaux même, la caisse de 12 bouteilles de ce vin, mise à
bord, ne coûte que 5 fr., mais les frais de son transport de Bordeaux à
Tipuani, en y comprenant les droits d'entrée, de transit, etc., mon-
tent à plus de dix fois cette somme. Maintenant, si l'on prend en considération le nombre de mains par lesquelles la marchandise doit passer avant
d'arriver à destination, et les accidents auxquels elle est exposée, il sera
facile de voir, qu'en vendant à 7 fr. 50 ce qui a coûté 30 à 40 centimes à
Bordeaux, le marchand ne fait pas un très gros bénéfice.

colat, que cette partie du pays fournit elle-même
assez abondamment; il en est de même de l'eau-
de-vie de sucre, ou *resacado*.

Avant de nous quitter, don Juan Villamil nous
avait donné rendez-vous, pour le lendemain, à une
exploitation que dirigeait son père, dans le voisinage. Nous nous disposions à nous y rendre, lorsque nous fûmes rejoints par un autre mineur de
la vallée, nommé Zavala, qui s'offrit pour nous y
accompagner, et, chemin faisant, il nous invita à
visiter aussi son exploitation, ce que nous remîmes
à faire le jour suivant.

Pour arriver à la *labor* de don Ildefonso, il nous
fallut retracer une petite partie du chemin que
nous avions fait pour gagner Tipuani. Un peu au-
dessous de la gorge de la Cueva, nous traversâmes
la rivière sur une *balsa,* ainsi que nous l'avions
fait à San-Juanito, et nous nous trouvâmes presque aussitôt en vue de l'habitation de M. Villamil.
Celle-ci se trouvait sur une petite éminence qui
constitue une sorte d'échelon (*mesada*) entre la
plage proprement dite et la montagne voisine. Le
nom de *Ancoota* ou *Ancota,* donné à l'exploitation,
est dérivé des mots avmaras *honca* (blanc) et *uta*
(maison); les maisons qui s'y rencontrent sont, en
effet, crépies avec une argile blanche que l'on

rencontre sur les lieux, et paraissent de loin avoir
été blanchies à la chaux. Don Ildefonso nous reçut
à notre sortie de la *balsa,* et nous fit les honneurs
de son domicile. Malgré son âge avancé, il était
encore d'une activité peu commune, et la longue
série d'années pendant laquelle il avait fouillé ce
sol lui avait donné une telle connaissance pratique
de sa manière d'être, que son jugement était devenu aussi sûr, dans les questions qui touchaient
à cette matière, que s'il eût été conduit par des
données scientifiques ; aussi la conversation du
vieux mineur, lorsqu'elle roulait sur le thème des
veneros, était-elle pleine d'intérêt pour moi, et
je regardai les heures que je passai à parcourir
avec lui les sites de ses exploitations, comme des
mieux employées de mon voyage.

Les travaux exécutés à Ancota sont de la classe
de ceux dont j'ai parlé sous le nom de *trabajos de*
falda ou de *faldeo*. J'ai dit que ces travaux avaient
pour but de séparer l'or du sol alluvial qui entre
dans la constitution des berges de ravin, et j'ai
donné à entendre que le sable aurifère y était,
relativement, à un degré de concentration beaucoup moindre que dans le lit même de la rivière.
Cependant, de ce que j'ai dit, il ne faudrait pas
conclure que le métal se trouve répandu indiffé-

remment dans toutes les parties des dépôts qui
concourent à former les *faldeos*. Là, comme dans
les *playas*, l'or se trouve presque constamment
dans des strates particulières, qui sont ou des *veneros* ou des *venerillos* : des *veneros,* quand elles
reposent immédiatement sur la roche; des *venerillos*, lorsqu'elles sont placées entre d'autres couches alluviales. Quant au plan de roche sur lequel
repose le *venero*, et qui se présente ordinairement
sous forme de gradin, c'est tantôt le schiste qui le
forme, et d'autres fois, mais plus rarement, un
conglomérat extrêmement dur, superposé aux
schistes, un véritable poudingue, auquel on donne
le nom de *cangalli*. Dans le premier cas, on dit
que le *venero* est *sobre plan de pena,* et, dans
l'autre, qu'il est *sobre plan de cangalli.* Tantôt, la
berge ne présente qu'un seul gradin, dans toute sa
hauteur, et, par conséquent, un seul *venero;* d'autres fois, il en a plusieurs. Lorsque, enfin, le niveau du gradin inférieur est peu élevé au-dessus
de celui de la rivière, on lui donne souvent le nom
de *playa alta* (plage haute).

Jetons maintenant un coup d'œil sur le mode
d'exploitation en usage dans les travaux de *faldeos*
de Tipuani. Il comprend la même série d'opérations que celle que j'ai fait connaître en parlant

des lavages de Chuquiaguillo; néanmoins, les différences qui existent dans la constitution du sol des deux localités entraînant, nécessairement, quelques différences dans les détails du traitement qu'on lui fait subir, je ne crois pas inutile d'entrer dans quelques nouvelles explications ; et, afin que l'ensemble des opérations apparaisse sous un point de vue un peu autre, je vais faire l'énumération de celles-ci dans l'ordre où le mineur lui-même les pratique, et en leur appliquant les termes qui servent à les désigner dans le pays.

Celui qui entreprend l'exploitation d'un *venero de faldeo* doit donc :

1° *Sacar una acequia.* — La première et la plus importante des opérations dont se compose le travail de *faldeo* consiste à amener de l'eau en quantité suffisante au-dessus du point que l'on se propose de travailler, ce qui se fait au moyen d'une rigole ou *acequia.*

2° *Hacer la cocha.* — L'*acequia* doit se terminer à un réservoir dont un des côtés, celui qui regarde le point à exploiter, est armé d'une vanne. Ce réservoir, dans lequel l'eau s'accumule lorsque l'écluse est fermée, s'appelle *la cocha.*

3° *Hacer haberos.* — Un ou plusieurs caniveaux (*haberos*) sont ensuite ouverts, pour faire commu-

niquer la *cochu* avec le *trabajo,* ou point en exploitation ; et l'on a soin de leur donner une pente telle,
que l'eau qui les parcourt puisse acquérir promptement une grande vélocité.

4° *Sacar el callejon.* — Un dernier canal, ou
tranchée, appelé *callejon,* ayant invariablement
sa pente du côté de la rivière, est enfin destiné à
porter vers celle-ci toute l'eau jetée de la *cocha*
dans le sein du *trabajo,* ainsi que les corps que
cette eau peut tenir en suspension.

Ces quatre premières opérations sont purement
préparatoires ; les suivantes ont pour but la concentration des sables aurifères et la séparation
définitive du métal.

5° *Cochear.* — Lorsque le réservoir supérieur
est plein, un homme ouvre la vanne, et l'eau qu'il
contient se précipite presque en masse par les *haberos,* dans le sein du *trabajo,* en culbutant tout
devant elle. Les parties terreuses du *faldeo,* que
l'on a eu soin d'ameublir ou de faire ébouler sur
le passage de la *cocha* (1), sont, pour ainsi dire,
dissoutes et emportées instantanément par le torrent, ainsi que la presque totalité des petites
pierres qui s'y rencontrent, tandis que l'or, s'il

---

(1) Le mot *cocha* est employé, comme on le voit, à désigner le torrent qui se précipite du réservoir, aussi bien que le réservoir lui-même.

s'en trouve, n'est entraîné qu'à une faible distance, ou reste même sur place, sous les galets les plus pesants, avec une certaine quantité du sable le plus dense. Comme on le voit, ces chasses, ou ces *cocheos*, ainsi qu'on les appelle encore, ont une action double, puisqu'elles constituent un moyen de terrassement et de lavage à la fois ; et, lorsqu'elles sont dirigées avec intelligence, elles produisent un effet auquel la main-d'œuvre suppléerait difficilement. Afin qu'elles aient toute l'utilité voulue, il faut qu'elles puissent être répétées un grand nombre de fois dans la journée, et même plusieurs fois par heure.

Le résultat des chasses est, en définitive, de réduire à un volume comparativement petit, toutes les couches de sol qui reposent sur le plan aurifère. Les diverses phases de cette réduction portent cependant des noms spéciaux ; ainsi, le *cocheo* de la couche terreuse superficielle, qui est le plus facile, s'appelle ordinairement *auqueo*, tandis que le *cocheo* des couches pierreuses du *venero* et des *venerillos* est désigné plus particulièrement sous le nom de *chuancha*. Le *cocheo* du résidu de l'*auqueo* et de la *chuancha* s'appelle *uaua-chuancha*.

Dans l'intervalle des chasses, un certain nom-

bre d'ouvriers armés de pinces minent ou désa-
grégent de nouvelles portions de sol, pendant que
d'autres enlèvent les pierres que le torrent n'a
pu entraîner, ou bien ils les disposent de façon
qu'elles puissent modifier au besoin la direction
des chasses subséquentes et en rendre l'action
plus utile. Quelques autres enfin séparent soi-
gneusement le sable déjà concentré. Les galets,
arrêtés dans le *callejon*, sont également rejetés de
côté, toutes les fois qu'ils menacent de l'obstruer.

6° *Quebrar, raspar y escovillar* (casser, racler
et brosser). — Lorsqu'une portion suffisante du
plan a été mise à nu, on enlève avec précaution
le sable qui en remplit les fissures, et l'on entame
toute la surface de la roche à coups de pince, afin
d'en recueillir les débris qui sont ordinairement
très riches. Tout cela est porté sur les côtés de la
partie supérieure du *callejon*, où se trouve déjà
empilé le sable concentré qui a été enlevé du
trabajo.

La partie du plan nettoyée comme je viens de
l'indiquer porte le nom de *raspaldo*.

7° *Lavar.* Cette opération se fait presque en
entier dans le *callejon*, dont la partie supérieure,
appelée *pampeo*, a son radier formé par la roche
elle-même qui fait suite au plan du *trabajo*. C'est

dans cette partie que s'est déposée la plus grande portion de l'or entraîné ; car, quelle que soit la puissance des chasses, le métal ne dépasse que très rarement, dans le caniveau, une distance de 30 à 40 mètres. Pour dernier travail, les amas de sable réunis sur les bords du *pampeo* y sont également jetés, et concentrés de nouveau sous un fort courant d'eau, jusqu'à ce qu'il ne reste plus guère, avec l'or, qu'un sable très dense d'un noir brillant, appelé *arenilla*, composé en grande partie de fer oxydulé et titané, et mêlé d'un grand nombre de cristaux de grenat (*granza*) et de petits cailloux de quartz, de fer oligiste (1), etc. La séparation de ces matières se fait par un lavage à la main, dans une sebille, ou auge de bois arrondie et très déprimée, connue sous le nom de *batea*.

Enfin, on gratte avec soin le radier du *pampeo* comme on l'a fait pour les autres parties du *plan;* et, en dernier lieu, le pavage de la partie du caniveau qui fait suite au *pampeo* ayant été retiré, le sable accumulé dans les joints des pierres est également soumis au lavage.

(1) Ces cailloux de fer oligiste, que les mineurs boliviens appellent *sinchos*, indiquent sûrement, d'après eux, la présence de l'or. Les Brésiliens disent que ces pierres pesantes et de couleur foncée qui accompagnent si constamment l'or, sont les esclaves de ce métal, et ils ne les désignent jamais que par le nom de *cautivos*.

Don Ildefonso Villamil commença l'exploitation
du *faldeo* de Ancota en l'année 1834, et à partir
de cette époque jusqu'à l'année 1847, il paraît en
avoir retiré annuellement de 100 à 150 livres
d'or. Obligé ensuite de quitter le pays, il dut abandonner la direction des travaux à des personnes
incapables, et dès lors le produit des lavages a
suffi à peine pour couvrir les frais d'exploitation,
qui sont d'environ 10 à 12 mille piastres par an.
Il était occupé, lors de notre visite, à faire à son
exploitation des travaux d'amélioration très impor-
tants et sur lesquels il comptait beaucoup pour
réparer ses désastres passés ; il nous montra surtout avec orgueil une ancienne *acequia* qu'il venait
de remettre en état de service, et qui amenait de
l'eau à son réservoir d'une distance de plusieurs
milles. A la source de ce petit canal, il avait, en
barrant une ravine, formé un dépôt d'eau considérable, qu'il regardait avec raison comme devant
lui être d'un immense secours. Mais, hélas ! la
satisfaction qu'il éprouvait à la vue de son œuvre
achevée, ne devait pas être de longue durée. Car,
deux jours après, une averse vint à gonfler outre
mesure les ruisseaux de la montagne, et la digue
fut enlevée.

CHAPITRE XXII.

Séjour à Tipuani (suite).

Visite aux *lavaderos* de Cangalli. — *Playas anchas*. Mode d'exploitation
de ces plages. — Pompes à chapelet. — Moyens d'épuisement en usage
chez les anciens mineurs de Tipuani. Baquetage. *Callejon*. — Mise à
nu du *venero*. — Lavage. — Formes sous lesquelles se présente ordinairement l'or à Tipuani. *Lentejuelos. Oro soplado*. Pépites. — Titre
de l'or de Tipuani. — Essais divers du *venero* de Cangalli. — Exemple
de grande richesse du sable aurifère dans les plages d'Ilumani, de
Cama-deseada et de Salomon. — La *busca*.

Le lendemain de notre promenade à Ancola,
nous fîmes, comme nous nous l'étions proposé,
une visite à la *labor* de M. Zavala, connue sous le
nom de Cangalli, à cause de la nature du *plan* sur
lequel les sables reposent.

L'exploitation de Cangalli est à une demi-lieue
au-dessous du village de Tipuani et sur la même
rive. Pour y parvenir, on traverse d'abord les riches
plages aurifères de San-Agustin et de San Carlos
del Recodo, et on longe ensuite, à mi-côte, la
gorge dont il a été fait mention, précédemment,
sous le nom de Encañada de Chacapunco. Cette
gorge sépare les plages de Tipuani proprement

dites de la plage de Cangalli, et la nouvelle ampoule du ravin que l'on y observe se termine, un
peu plus bas, par un nouveau rétrécissement.

J'avais vu les *lavaderos* de Cangalli quelques
années auparavant, mais de grands changements
s'y étaient opérés depuis ma première visite; et
j'eus quelque peine à m'y reconnaître. En effet,
les travaux ayant été portés à une autre partie
de la plage, les mineurs y avaient également
transféré leurs habitations, ce qui changeait nota-
blement la physionomie des lieux.

Les huttes occupées par les ouvriers, construites
d'ailleurs sur le même modèle que celles de Tipuani, formaient alors une sorte de village au
pied d'un petit monticule où s'élevait la *casa de
hacienda*, c'est-à-dire la maison du maître de
l'établissement et de ses principaux employés (1).

M. Zavala sortit pour nous recevoir, dès qu'il
eut entendu les pas de nos mules, et, à peine
eûmes-nous déjeuné, qu'il proposa de nous faire
parcourir l'exploitation. Il faisait une chaleur brûlante, assez peu propre à une promenade dans ces
lieux découverts; la plus grande partie de la journée y fut néanmoins employée. Un très bon dîner,

(1) Voir le frontispice.

où figurait un chou-palmiste, termina nos travaux,
et nous retournâmes coucher à Tipuani. Le jour
suivant la visite à la *labor* fut renouvelée, et nous
complétâmes, par son étude, les connaissances
que nous cherchions à nous procurer sur les différents modes d'exploitation en usage dans cette
partie de la Bolivie.

Mes lecteurs se rappelleront que j'ai distingué
deux ordres de plages : les unes appelées *playas
de banqueria*, où la grande épaisseur des couches
stériles superposées au *venero* rendent impossible
un terrassement à ciel ouvert, et d'autres, nommés *playas anchas* ou « plages larges », où des
circonstances inverses rendent, au contraire, ce
dernier mode d'exploitation parfaitement appli-
cable. Romanplaya et San-Juanito nous ont fourni
de bons exemples des premières; nous allons
trouver, maintenant, un exemple des dernières,
dans la plage de Cangalli.

Ainsi que dans les plages de *banqueria*, le mineur a sans cesse, dans les *playas anchas*, à lutter
contre la surabondance de l'eau, et, dans ces dernières, les infiltrations sont d'autant plus considérables, que les travaux se font dans des couches
moins profondes et généralement plus perméa-
bles.

Pour mettre les excavations à sec on se sert,
aujeurd'hui, à Cangalli de deux pompes à chapelet
(*bombas de rosario*), analogues à celles que nous
avions vues à Romanplaya et à San-Juanito.
C'étaient, avec une vis d'Archimède, les seules
machines à épuisement dont on usât à Tipuani,
lors de notre voyage, et leur introduction, due
à don Santiago Wheatley, de Romanplaya, associé
de M. Zavala, ne date que de l'année 1842,
époque à laquelle elles furent employées aux travaux d'épuisement de Cangalli. Un des avantages
de ce genre de pompes est que, la pression atmosphérique n'y intervenant point, on peut les employer dans des circonstances où beaucoup de
pompes ordinaires seraient inutiles. D'autre part,
la simplicité de leur construction (1) les rend d'un
entretien assez facile. Quant au cube d'eau qu'elles
peuvent puiser dans un temps donné, il dépend
nécessairement du diamètre du cylindre qui en
forme le corps, et de la rapidité avec laquelle les
boules se meuvent dans son intérieur. D'après un

---

(1) La pompe à chapelet consiste en une chaîne sans fin, armée, de
distance en distance, de boules ou de soucoupes qui jouent, de bas en
haut, dans un tube dont l'extrémité inférieure plonge dans le réservoir
qu'il s'agit de vider. Un tambour, placé sur la continuation de l'axe
d'une roue à auges, met la chaîne en circulation, et complète l'appareil. (Voir la vignette de la page 372.)

calcul approximatif (1), nous avons trouvé que chacune des pompes de Cangalli pouvait rejeter, en moyenne, de 70 à 80 pieds cubes d'eau à la minute. En général une seule de ces machines suffit pour maintenir les excavations à sec; l'autre étant réservée pour le cas où quelque accident empêcherait la première de fonctionner, ou pour les inondations.

Bien que les pompes facilitent extrêmement le travail des plages, leur emploi n'est pas indispensable. Avant leur introduction, deux moyens étaient en usage : le *baldeo*, ou baquetage, et le *callejon*.

Pour donner une idée de l'insuffisance du premier de ces moyens, il me suffira de dire que les pompes de Cangalli font autant de service que deux cents *baldeadores* qui travailleraient jour et nuit. C'était cependant le seul moyen qui fût à la por-

---

(1) Les éléments de ce calcul sont les suivants :

Diamètre du tambour. . . . . 2 *varas* (*).
Diamètre intérieur du corps de pompe . . . . . . 7 pouces 1/2.
Épaisseur des soucoupes. . . . . 4 pouces.
Écartement des soucoupes. . . . . 1 *vara*.
Nombre moyen de tours décrits par le tambour en
    une minute. 14
Pertes par suite de l'usure des soucoupes , etc. . ?

(*) La *vara* espagnole, de 3 pieds ou 36 pouces, équivaut à 0^m,835.

tée de la plupart des mineurs d'autrefois ; car, non
seulement l'épuisement des excavations par un
callejon n'était praticable qu'à la favenr d'une
disposition particulière des lieux, mais, presque
toujours, il exigeait l'emploi de capitaux considérables.

Le *callejon* des anciens mineurs de la plage présentait la plus grande analogie avec les *callejones* des
exploitations de *faldeo*. C'était un caniveau, ou une
tranchée, dont la pente était dirigée vers la rivière,
et qui, partant du bord de celle-ci, allait aboutir,
d'autre part, au *plan* sur lequel reposait la couche
aurifère; mais pour que le *callejon* pût remplir
ces conditions de niveau dans une plage, il fallait
que son embouchure fût placée à une distance
assez considérable du point précis que l'on désirait exploiter, ou, si l'on veut, sur une latitude
inférieure de la rivière; et il fallait, en outre,
ne donner à son radier que l'inclinaison absolument nécessaire à l'écoulement des eaux d'infiltration. Le niveau de ce radier, grâce à la précaution que je viens d'indiquer , s'abaissait
d'autant plus au-dessous du niveau de la rivière
(dont la pente est assez forte) qu'il s'éloignait
davantage de son point de départ, et il arrivait
enfin à être de pair avec celui des couches auri-

fères (1), que l'on pouvait, dès lors, exploiter sans obstacle, tant que les crues de la rivière ne venaient pas troubler trop sensiblement les rapports établis.

Les moyens d'épuisement une fois organisés, on n'a plus guère à s'occuper que de la mise à nu du *venero*. Ce travail de terrassement, bien que très simple en lui-même, ne laisse pas que d'être extrêmement dispendieux, grâce aux moyens de mécanique primitive qui y sont employés. Pour en donner une idée, je ne puis mieux faire que de rapporter ici quelques lignes que mon compagnon de voyage, M. de H..., écrivait sur ce sujet, lorsqu'il visita les lieux, un mois après nous.

« Ici, dit-il, on n'a plus à sa disposition un torrent pour opérer le déblai de la couche stérile. Il faut inévitablement avoir recours aux bras de l'homme. Voyons de quelle manière cette force est utilisée. Il s'agit, par exemple, d'ouvrir une tranchée de 100 mètres de longueur.

» Des *barreteros* (2) sont espacés sur toute la ligne; à chacun d'eux est adjoint un autre ouvrier armé

_____

(1) Je n'ai pas besoin de dire que le plan du *venero* a sensiblement la même pente que la rivière elle-même.

(2) Ouvriers armés de pinces.

d'une espèce de truelle, qui, accroupi aux pieds du *barretero*, gratte avec cette truelle la terre que celui-ci a désagrégée avec sa pince. Une certaine portion de cette terre étant prête, un autre Indien, portant par devant une sorte de tablier appelée *timpiña*, s'approche du tas ainsi préparé, puis étale sa *timpiña*; l'homme à la truelle y jette 8 à 9 livres de terre. L'Indien chargeur ramasse les deux coins de son véhicule, rejette le tout sur son dos; puis, avec une vitesse de 20 à 21 mètres à la minute, s'achemine paisiblement (1) vers l'endroit où il doit déposer son fardeau; il revient tout aussi tranquillement, et attend quelquefois pendant quatre minutes que le *barretero* et l'homme à la truelle lui aient préparé un nouveau voyage. La distance moyenne du lieu d'extraction à celui du dépôt étant de 50 mètres environ, sans relais intermédiaire, on peut calculer que la production totale d'une journée de travail du *timpiñero* atteint à peine 45 centimètres cubes. Or, avec la simple brouette européenne et la vitesse ordinaire, un

(1) La lenteur extrême avec laquelle les Indiens s'acquittent de leur travail, à Tipuani, est une lenteur calculée; leur but principal paraissant être de ne pas se montrer absolument inactifs. On m'a assuré qu'à cet effet, ils reçoivent des leçons de leurs vieux routiers, et qu'avant de se mettre en route pour les *lavaderos*, ils s'exercent d'une manière spéciale à économiser leurs mouvements.

(*Note de l'auteur.*)

ouvrier transporte en un jour 15 mètres cubes à 30 mètres de distance, en plaine. Deux ouvriers seraient donc nécessaires pour le transport, à 60 mètres, du même cube, c'est-à-dire dans les conditions ordinaires de l'exploitation des plages. La journée d'un Indien coûte, en moyenne, 6 réaux (3 fr. 60 c.); la terre transportée par cet homme à l'aide de sa *timpiña* revient donc à 8 fr. le mètre cube. En remplaçant cette *timpiña* par une brouette, le transport de ce mètre cube ne coûterait plus que 48 centimes, c'est-à-dire seize fois moins.

» Si l'on considère qu'il faut déblayer presque toujours de 8 à 10 mètres cubes de terre pour dénuder 1 mètre superficiel de sable aurifère, on verra que l'extraction de celui-ci nécessite actuellement, en ce qui concerne seulement le transport de la couche stérile qui le recouvre, une dépense de plus de 70 francs, et que cette dépense pourrait facilement être réduite à 4 fr. 50 c. Or, comme c'est sur le transport des déblais que pèse la plus forte dépense de l'exploitation d'une plage, il est urgent d'y porter toute son attention. Il est vrai que depuis deux ans, on a introduit dans les terrassements une modification à la *timpiña,* dont les exploitants sont très fiers. Cette modification consiste en une sorte de brancard dont le châssis est rempli par un cuir tendre. Ce cuir reçoit une vingtaine de livres de terre ou de galets, et se transporte à l'aide de deux hommes. L'exploitant, quoi qu'il en dise, ne gagne absolument rien à cette modification. Si le poids transporté est double, le nombre des porteurs l'est également. Tout le profit en revient à l'Indien qui n'a plus les épaules meurtries par le contact des cailloux dont sa *tim-piña* était bourrée. »

Toute la partie non aurifère du terrain *sus-can-gallien* ayant été enlevée, le *venero* est purgé, à la main, de ses éléments les plus grossiers, à mesure qu'on le retire du plan sur lequel il repose (1), et la surface anfractueuse de celui-ci est enfin grattée, cassée et brossée avec le plus grand soin, comme dans le travail de *faldeo;* et ses débris, réunis au sable du *venero* lui-même, sont lavés dans un appareil analogue à celui que j'ai décrit en parlant des *lavaderos* de Chuquiaguillo ; seulement, la caisse ou *aviraña* que nous avons vue fonctionner à Cangalli, au lieu d'être oblongue, avait la forme d'un triangle isocèle ; elle était, en outre, partagée en deux par une cloison longi-

_____

(1) Le sable ainsi traité s'appelle *tierra cascajada*, c'est-à-dire : terre privée de ses galets (*cascajo*).

tudinale incomplète, qui servait à diviser le cou·
rant d'eau que l'on y projetait. Son inclinaison
était de 10 à 15 centimètres, et elle se continuait
en bas, avec une rigole très étroite qui se dirigeait vers la rivière. L'eau, en tombant sur la
partie supérieure de la caisse, faisait une petite
chute sous laquelle le sable était versé par pelletées ; le lavage s'en effectuait alors en un clin
d'œil. M. Zavala nous a dit qu'il concentrait facilement avec un seul de ces appareils tout le sable
que ses ouvriers retiraient de la mine, sans avoir
jamais besoin d'y employer plus de quatre ouvriers. Nous fûmes présents, un jour, quand on
retira l'or déposé à la *cabezera*, ou tête de la caisse.
En quelques minutes nous en vîmes recueillir
plusieurs livres.

C'est le cas de dire que l'or de Tipuani se présente ordinairement sous la forme de paillettes
plates, oblongues ou arrondies, appelées *lentejuelos* (lenticelles). Le poids de ces paillettes varie
extrêmement : en moyenne, il est d'un peu moins
de 2 centigrammes ; les plus grosses pèsent rarement plus de 1 décigramme. Il peut arriver aussi
que les *lentejuelos* soient mêlées à une certaine
quantité de poussière d'or qui porte le nom de *oro
soplado*, et dont la pureté est, dit-on, plus grande

encore que celle des grains. Le titre de ceux-ci est
plus élevé, je crois, que celui d'aucun autre or
natif connu, étant de plus de 23 carats, ou 947 mil-
lièmes.

Les pépites proprement dites sont extrêmement
rares dans le rio Tipuani, la plus grosse que
l'on y ait rencontrée, à ma connaissance, ne pesant
que 5 onces; elle se présenta à l'embouchure
d'une petite rivière appelée Chuquini, près de la
plage de Gritado. Celles que M. Zavala a trou-
vées, en petit nombre, à Cangalli, avaient en
moyenne un poids de 6 à 12 drachmes. Madame
Zavala, qui conservait depuis longtemps, comme
curiosités, un certain nombre de ces pépites, voulut
bien m'en céder plusieurs que mes lecteurs pourront voir dans la collection minéralogique du
Muséum de Paris. Elles tiennent compagnie à des
lentejuelos et à plusieurs autres *spécimens* d'or
rapportés par moi des mêmes régions.

Quant à la richesse moyenne des *veneros* de Tipuani, il me serait bien difficile de donner sur ce
sujet des indications précises. Ainsi qu'on l'a
vu, la présence de la couche aurifère elle-même
n'est pas constante; il en est de même de la
proportion de métal que cette couche renferme.
Néanmoins on peut dire, en thèse générale, que

là où il y a réellement un *venero*, son exploitation ne peut guère manquer d'apporter des bénéfices à l'exploitant intelligent.

M. Zavala nous a assuré que, lorsque la couche aurifère de sa plage lui donnait, à l'essai, 30 centimes d'or par *batea* de 15 à 20 livres de sable, il couvrait largement ses frais. Eh bien! les essais faits devant nous, à Cangalli, sur le sable ordinaire des *veneros,* ont donné en moyenne environ quatre fois cette quantité, soit 1 fr. 20 c. d'or; et la *batea* de sable recueillie dans des points par où les *Gentiles* n'étaient pas passés a donné jusqu'à 8 et 9 francs de métal. D'autre part, M. de H... dit avoir vu, plusieurs fois, retirer d'une *batea* de sable prise dans la même plage jusqu'à 30 grammes d'or; et M. Zavala m'a assuré qu'une fois une *batea* de son *venero* en avait produit, sous ses yeux, 60 grammes! Je dois, au reste, faire remarquer que tous les essais de cette nature dont j'ai été témoin, et les autres, ont sans doute été pratiqués dans les mêmes conditions, ont été faits sur ce que l'on appelle la *tierra cascajada,* c'est-à-dire le sable dépouillé de ses plus gros galets. Il est donc évident que si l'on voulait calculer, d'après ces essais, le rendement général d'une plage, on tomberait dans de graves erreurs, si l'on négli-

geait de tenir compte de la séparation préalable
du *cascajo*, séparation qui doit diminuer au moins
de moitié la masse totale du *venero*.

Comme exemple remarquable de l'amoncelle-
ment de l'or dans les alluvions de la vallée de Tipuani, je citerai ici la plage d'Ilumani qui produisit, en 1849, 150 livres d'or dans 10 mètres
carrés de *venero*. On vit alors une seule *batea* de
sable donner 4 livres et demie de métal.

En 1798, une fissure, dans le plan d'une plage
appelée Cama-deseada, donna 12 livres 15 onces
d'or; et, en 1809, on a extrait, d'une fissure de la
plage d'Ilumani déjà citée, 2 *bateas* de sable qui ont
produit ensemble 29 livres 4 onces 3 ½ drachmes
de paillettes.

Enfin, vers la fin de l'année 1819, dans la plage
de Salomon, on vit 2 mètres carrés de *venero* produire jusqu'à 53 livres 14 onces du précieux métal.
Cette dernière trouvaille eut lieu le dernier jour
de la saison des travaux, à l'occasion de ce que
l'on appelle *la busca*, c'est-à-dire, pendant les
quelques heures où, en attendant que la rivière en
crue vienne noyer les tranchées, l'exploitant a
l'habitude d'accorder à ses ouvriers le droit de
fouille pour leur propre compte. La quantité d'or
trouvée cette fois était cependant trop forte pour

que le propriétaire de la plage ne pût y faire valoir ses droits, et les ouvriers se contentèrent de l'abandon qu'il leur fit d'une petite partie du trésor.

CHAPITRE XXIII.

Séjour à Tipuani (suite).

Détails historiques sur les *lavaderos* de Tipuani. Leur découverte par les Espagnols. Mode d'exploitation en usage chez les Indiens d'autrefois, ou *Gentiles*. — *Venero comido* et *venero soplado*. — Obstacles opposés aux travaux des *Gentiles* par les *bancos*; moyens imaginés par les mineurs espagnols pour se défaire de ces blocs. — Dénomination de «Potosi de Oro» appliquée à Tipuani. — Effet produit dans les *lavaderos* par l'insurrection de Tupac-Amaru. — Bénéfices réalisés par les mineurs Andres Coll et le chanoine Guttierres. — *El Apostolado.* Travaux exécutés dans la *quebrada* par don Ildefonso Villamil. Profits de ce mineur et de M. Zavala. — Années de *boya*.

Maintenant que nous connaissons les procédés d'exploitation récemment mis en usage à Tipuani, jetons un coup d'œil rétrospectif sur les moyens d'exploitation employés autrefois (1).

D'après une pièce conservée dans les archives de la ville de La Paz, la découverte par les Espagnols des richesses de la *quebrada* de Tipuani (2) remon-

(1) Les détails qui suivent m'ont été communiqués, en partie, sur les lieux, par MM. Villamil, Zavala, Wheatley, etc., ou ont été puisés dans un manuscrit très intéressant que sir Woodbine Parish, ancien consul général de la Grande-Bretagne à Buenos-Ayres, a obligeamment mis à ma disposition.

(2) Le mot *Tipuani*, que quelques uns écrivent *Tipoani*, est dérivé de l'indien *tipa*, nom d'un arbre qui produit une résine appelée dans le pays *sangre de drago*. Cet arbre était autrefois, à ce que l'on assure, très

terait au commencement du xvii° siècle. Un corrégidor de la ville de Sorata aurait pénétré dans cette
vallée, vers l'année 1635, et y aurait vu plusieurs
milliers d'Indiens occupés aux lavages, fait qui
semble démontrer que ces lieux étaient connus des
indigènes bien auparavant; mais ce qui le prouve
encore mieux, c'est qu'il est bien peu de points
exploités aujourd'hui, dans les *faldeos* et dans les
plages de cette rivière, où les anciens Indiens, les
Gentiles, comme on les appelle, n'aient pas laissé
des traces de leur passage. Quelques parties du
venero sont littéralement criblées par les étroits
terriers que ces patients mineurs y ont creusés, et
l'on a vu même quelques uns de leurs conduits pénétrer jusque sous le lit de la rivière. A tout prendre, ces excavations rappellent bien plutôt un
travail de bête que celui de l'homme.

Afin de diminuer les risques d'une exploitation entreprise dans des conditions si éminemment
désavantageuses, les Indiens paraissent avoir eu
l'habitude de creuser à la fois, et d'après le système des *callejones*, plusieurs galeries parallèles

---

abondant dans la vallée de Tipuani, que l'on appelait par cette raison
quebrada tipani, ou « Vallée des Tipas ». La particule *ni*, ajoutée à la fin
d'un mot, en aymara, implique une idée de possession. C'est ainsi que le
mot *utani* veut dire « possesseur de maisons », *killokani* « possesseur
d'argent », etc.

et très rapprochées, qu'ils faisaient communiquer
de distance en distance, afin d'y établir une sorte
de ventilation, et de faciliter par cette disposition l'écoulement des eaux et l'extraction des
déblais ; mais, malgré toutes leurs précautions,
les malheureux ont souvent été victimes de
leurs téméraires entreprises, ainsi que viennent
l'attester de temps à autre les ossements que l'on
trouve enfouis dans les passages obstrués. Je possède plusieurs des outils dont se servaient les
Gentiles dans leurs exploitations, et que l'on a
trouvés enterrés avec eux dans le sein du *venero*.
L'un d'eux est de bois de palmier, et a la forme
d'un fer de lance ; d'autres sont de cuivre, et paraissent avoir été employés à gratter la terre ou
à faire l'office de leviers.

Cependant ces Indiens, malgré leur persévé-
rance, n'ont jamais pu attaquer que les points du
venero où il leur était possible de se mettre à l'abri
des infiltrations, par le moyen que j'ai signalé ; et,
pendant bien longtemps, les Espagnols leurs suc-
cesseurs n'ont pas été plus avancés, n'ayant guère
fait que marcher sur les brisées de leurs prédé-
cesseurs païens. On peut facilement imaginer les
cruelles déceptions que les nouveaux venus ont dû
éprouver lorsque, parvenus, après plusieurs mois

de travail, à toucher le *venero* tant désiré, ils ac-
quéraient la certitude que les *Gentiles* les y avaient
précédés. — « *Esta comido,* » s'écriaient-ils alors :
« Il est mangé. » — Mais ils n'en continuaient pas
moins leur travail, car ils savaient déjà par expérience, que les restes des *Gentiles* n'étaient nullement à dédaigner, le système d'exploitation adopté
par les Indiens les obligeant, en effet, à respecter
une partie du terrain qu'ils creusaient. Les cloisons (*puentes* des mineurs) qui séparaient leurs
terriers restaient nécessairement intactes, et il
était rare que l'or qui s'y rencontrait ne dédom-
mageât au moins de ses frais, le mineur qui tom-
bait sur un *venero comido.*

Les plages situées immédiatement au-dessus des
encañadas (gorges), comme la plage de San-Carlos,
par exemple, et quelques plages de *banqueria,*
étaient les seules qui fussent complétement à l'abri,
par leur position même, des atteintes des *Gentiles ;*
aussi sont-ce aujourd'hui les seuls points où l'on
puisse être certain de trouver un sol parfaitement
vierge, ou *poroma*. Mais, ainsi qu'on a pu le
voir par l'exemple de San-Juanito, ce n'est pas à
dire que l'on doive avoir la certitude d'y rencontrer de l'or. Vous avez bien, il est vrai, celle que
votre *venero* n'a pas été *comido ;* mais, avant de le

voir, vous pouvez toujours craindre qu'il n'ait été
soplado.

Un des obstacles qui rebutaient le plus les *Gentiles*, c'était la rencontre, dans leurs exploitations
souterraines, d'un *banco*, car leurs outils impar-
faits ne pouvaient que fort peu contre ces masses
de granit ou de quartz, et il ne leur était pas toujours loisible de les tourner. D. Ildefonso Villamil
me raconta comment, en l'année 1821, il vint à
rencontrer dans une fissure qui sillonnait le *plan*
d'un *venero comido* un monceau de 14 livres de
paillettes d'or mêlées à un peu de grenat, et il
m'expliqua que ce trésor n'avait échappé aux Indiens que grâce à un rocher qui était couché sur
la fissure. Les mineurs *gentiles* semblaient, disait-
il, avoir flairé le voisinage du *magot*, et ils avaient
réussi à faire au *banco* une entaille d'un pied et
quelques pouces de profondeur, mais sa dureté
extrême ne leur permit pas, à ce qu'il paraît,
d'aller plus loin.

Pendant bien longtemps, les mineurs espagnols
eux-mêmes ont semblé ignorer quelques unes des
moyens les plus vulgaires de se débarrasser des
rochers qui mettaient obstacle à la poursuite de
leur travail. Celui qu'ils employaient habituellement consistait à entourer le *banco* de fagots aux-

quels ils mettaient le feu. Puis, lorsque le rocher était assez fortement chauffé, ils y jetaient de l'eau, de manière à le fendiller. Ils le disloquaient alors à coups de masse et en enlevaient les fragments à la *timpiña*. Si le premier chauffage ne suffisait pas, ils recommençaient l'opération. Un fait singulier, c'est que l'application de la poudre au fractionnement de ces masses isolées de quartz ou de granit n'ait été faite que depuis une trentaine d'années au plus, et ce n'est guère que depuis la même époque que l'on se sert de câbles pour en retirer les fragments du sein des excavations; le treuil y est même encore peu connu : il n'est pas rare de voir quarante, soixante ou même cent hommes tirant à la fois sur une corde, pour soulever un poids dont deux hommes et une machine viendraient facilement à bout chez nous. Maintenant, si le *banco* n'est qu'à une très petite distance du *plan,* s'il repose sur la couche aurifère, par exemple, on s'arrange de manière à retirer toute celle-ci de dessous lui, en le soutenant avec des pierres que l'on substitue, à mesure, au sable enlevé.

Cependant, malgré les moyens barbares et anti-économiques employés à l'extraction de l'or des veneros de Tipuani, les bénéfices y étaient encore si considérables, qu'ils valurent à cette contrée le nom de *Potosi de oro* sous lequel elle fut connue à une époque. Cette richesse extraordinaire, jointe sans doute à la position avantageuse de la localité, explique pourquoi le travail des mines de Tipuani a été si rarement affecté par les crises politiques. L'insurrection de Tupac-Amaru fit seule exception à la règle ; les Indiens avaient trop souvent baigné ces plages de leurs sueurs, pour ne pas conserver contre leurs habitants un amer ressentiment et ils vengèrent les fatigues qu'ils avaient éprouvées par le sang de ceux qu'ils avaient travaillé à enrichir. Les mineurs les plus opulents périrent victimes de cette commotion : les uns à Sorata, les autres à Tipuani même. Un très petit nombre d'entre eux échappa à la fureur des révoltés en se réfugiant dans la province de Mojos, qu'ils gagnèrent en descendant la rivière.

Parmi diverses grandes entreprises établies dans le district de Tipuani, vers cette époque, on cite en particulier celle que dirigeait un mineur du nom d'Andres Coll. Il exploita les *veneros* du ravin pendant environ trente-quatre ans, et paya pendant ce laps de temps, en droits (3 0/0) au gouvernement espagnol, la somme de 236,000 piastres, ce qui supposerait un bénéfice d'environ

40 millions de francs; mais il est très croyable que le mineur n'accusa jamais le chiffre total du produit de ses mines, et que ce produit était, en réalité, infiniment supérieur à celui que j'ai énoncé.

Une autre compagnie, à la tête de laquelle se trouvait un chanoine appelé Gutierres Segurola, retira de la plage de San Agustin del Recodo, voisine du village, un bénéfice net de plus de 2 millions de piastres. Les Indiens avaient donné à ce chanoine le nom de *Korini,* qui signifie en leur langue « possesseur d'or. »

En 1761, il se forma une association composée de douze habitants de La Paz, d'Arequipa et de Lima sous la dénomination de « *El Apostolado* ». Son but était de détourner la rivière de Tipuani du cours qu'elle suivait alors, entre la gorge de la Cueva et celle de Chacapunco, dans une étendue d'environ 1,200 mètres, et d'en exploiter le lit mis à sec; le projet avorta par suite de l'opposition de plusieurs des propriétaires du sol à travers lequel on voulait creuser un nouveau lit au torrent. L'idée ne fut cependant pas perdue, et soixante ans plus tard, notre hôte d'Ancota, don Ildefonso Villamil, réalisait le plan imaginé par les douze mineurs de l'*Apostolado*. Les

travaux qu'il fit exécuter à cet effet étaient les plus
considérables que l'on eût jamais entrepris dans
la *quebrada*, et méritèrent, des gens du pays, la dénomination de *obras de Romanos* (travaux de Ro-
mains). Les résultats bruts de l'opération furent
assez beaux ; mais les frais en engloutirent une si
grande partie, que le bénéfice net n'est représenté
que par une somme minime. C'est ce que l'on
pourra voir par la lecture des trois chiffres suivants que j'extrais d'un résumé succinct des livres
de compte de M. Villamil, donnant le résultat de
toutes les opérations de mines entreprises par lui
à Tipuani.

Valeur de l'or retiré de la *quebrada* de Tipuani ,
  depuis l'année 1823, jusqu'à l'année 1842, par
don Ildefonso Villamil. . . . . 8,046,920 fr.
Frais. 6,234,965
                                             ‾‾‾‾‾‾‾‾‾‾
Profit net. 1,811,955

Ce que j'ai dit des méthodes d'exploitation encore en usage dans les *lavaderos* de Tipuani peut
servir à faire apprécier ce qu'auraient été les chiffres
précédents, si les travaux eussent été conduits par
un ingénieur habile. La même remarque est ap-
plicable aux profits réalisés par M. Zavala sur la
plage de Cangalli, le rapport entre ceux-ci et les

frais d'exploitation étant à peu près le même que
dans l'exemple cité plus haut.

L'année où M. Zavala a retiré de sa plage la plus
grande quantité d'or a été 1846 ; il recueillit
alors, sur une étendue de 640 *varas* carrées,
550 livres de pépites, avec une dépense qui
n'atteignit pas 40,000 piastres (1). C'est ce que
m'a très positivement assuré Don Santiago Wheatley, de Romanplaya, qui dirigeait alors les travaux
de Cangalli. Or, un calcul très simple suffit pour
démontrer qu'en apportant quelques légères modifications à la manière de travailler, il eût été
facile de doubler la proportion des bénéfices, qui
auraient été alors de plus de 600 pour 100 ; et de
la sorte M. Zavala aurait encore doublé son capital
dans ses plus mauvaises années. Cette quantité
de 550 livres d'or trouvée dans la plage de Cangalli, en 1846, est, je pense, la plus forte que l'on
ait tirée, en une année, d'une seule mine.

M. Villamil, pendant sa longue carrière, n'a jamais extrait de la riche plage del Rosario plus de
369 livres d'or en une année. Il eut le même bonheur
pendant deux années consécutives, ou du moins

(1) Cette somme ne comprend pas l'achat du matériel de l'exploitation
qui se trouvait déjà depuis plusieurs années sur les lieux.

à bien peu de chose près. Ces années de *boya,* ou
de bonheur (littéralement « de flottage »), furent
1828 et 1829, qui suivirent de près la mise à sec
de l'ancien lit de la rivière.

CHAPITRE XXIV.

Trois jours après notre arrivée à Tipuani, le temps se gâta complétement, et, dans la matinée du 10, la pluie tomba par torrents. Après déjeuner, il y eut cependant une éclaircie dont nous profitâmes pour faire, à l'abri de nos *ponchos,* un voyage à Ancota; mais don Ildefonso, qui nous y avait donné rendez-vous, était retenu à los Cedrones, où il terminait son grand réservoir, et notre course fut inutile. Enfin, après deux heures d'attente, nous regagnâmes tristement notre logis, et, peu après, la pluie reprit de plus belle. Le plus fâ-

cheux de l'affaire était que nous avions contremandé
notre dîner avant de partir, dans l'espoir d'en rencontrer un à Ancota. Leandro, de son côté, ne
comptant nullement sur un si prompt retour de ses
maîtres, avait été voisiner; en sorte que, loin de
trouver un dîner préparé, il nous fallut d'abord
nous occuper d'en réunir les matériaux. Quelques
œufs à la coque qu'on nous servit, en attendant un
chupé de riz de manioc et de *chalona*, et un des-
sert de bananes frites, ramenèrent cependant assez
promptement le contentement dans notre domicile, et nous ne tardâmes pas à nous étendre sur
nos modestes couchettes. La mienne était composée, je crois l'avoir dit, de deux bancs rapprochés;
celle de M. B..., plus élastique, était formée par
une claie de petits bambous, fixée à un mur à jour
qui formait, avec un mur semblable de la maison
voisine, une petite impasse où dormaient habituellement une demi-douzaine de cochons. Il résul-
tait, de cette disposition particulière des lieux,
que mon compagnon de voyage était non seulement
obligé de partager avec ces animaux l'atmosphère
qu'il respirait, et d'entendre sans cesse leurs
vilains grognements, mais, ce qui était pis, il lui
arrivait parfois, grâce à la construction élémentaire du mur, de sentir l'attouchement de quel-

que groin fangeux. M. B... s'était cependant phi-
losophiquement décidé à accepter ce voisinage.
Il avait d'ailleurs autour de lui des ennemis plus
redoutables; c'étaient les moustiques, qui pé-
nétraient sous ses couvertures, et le harcelaient
une bonne partie de la nuit; si, ensuite, les
aboiements des chiens, les beuglements des vaches et le chant des coqs lui permettaient de fermer
l'œil, c'était ordinairement pour rêver aux incidents de son dernier voyage. Les *mal-pasos,* en
particulier, avaient laissé dans son esprit une impression telle, qu'il ne se passait guère de nuit,
à cette époque, où sa préoccupation n'éclatât en
paroles; et il n'était pas rare que je fusse réveillé
par quelque exclamation qu'il m'adressait en dor-
mant sur le sujet de son rêve. Notre voyage infructueux à Ancota lui avait donné, ce jour, entre
autres, des réminiscences toutes fraîches des boues
boliviennes, et je fus interpellé plusieurs fois
coup sur coup. — « Monsieur W..., me disait-il,
attendez-moi, je vous prie, un instant; mon soulier est resté dans la boue; cherchez donc un peu,
je ne le vois pas. » — A quoi je répondais : « Voici
votre soulier, monsieur B... » — Et lui : « Ah ! ah !
bien; je ne le voyais pas. » Puis, quelques minutes
après : « Monsieur W..., comment vais-je faire

pour passer cette eau ? Ces pierres me paraissent
bien glissantes »; ou bien : « Monsieur W..., voyez
donc, puis-je mettre le pied sur cette pierre? »
Cela continua encore quelque temps, et la conversation se suspendit.

Je me disposais à me rendormir, malgré l'orage,
et malgré les mille autres bruits qui venaient, du
dehors, assaillir mes oreilles, lorsque mon attention fut attirée par le clapotement des ailes d'une
chauve-souris acharnée, à ce qu'il me parut,
contre quelque objet placé sur ma table; j'allumai
une chandelle, et je vis que l'objet en question
était un morceau de sucre. J'en avais laissé trois
au même endroit, avant de me coucher, mais il
n'en restait qu'un. Curieux de voir comment il
disparaîtrait à son tour, je me blottis sous ma
couverture, et restai en observation. Alors la
chauve-souris, rassurée, revint à la charge. Je vis
qu'elle essayait, en voltigeant au-dessus de mon
sucre, de l'enlever dans ses pattes. C'était une
opération difficile; cependant, avec de la per-
sévérance, l'animal réussit; après maint effort
infructueux, il empoigna sa proie et la porta en
triomphe vers le toit de notre demeure où se
trouvaient sans doute les deux autres morceaux.
Il va sans dire qu'à partir de ce jour, je ne laissai

plus cet appétissant comestible exposé à l'air de la nuit.

M. Villamil entra chez nous, le lendemain, à l'heure du déjeuner, pour nous proposer une promenade sur les plages voisines, et il nous donna, sur les exploitations qui y avaient été faites, des détails très nombreux dont je ferai grâce à mes lecteurs; je dirai seulement qu'ils nous parurent si intéressants que nous nous aperçûmes à peine de la pluie qui ne cessa de tomber pendant toute la durée de notre course.

Les plages que nous parcourûmes étaient entièrement recouvertes de bois, et l'on ne se serait guère douté, à les voir en passant, que leur sol eût été tant bouleversé. Cependant, en les examinant de plus près, nous ne tardâmes pas à y trouver les traces du travail de l'homme; encore eûmes-nous de la peine à nous convaincre qu'un ancien *callejon,* qui avait servi à l'exploitation de la plage de la Concepcion del Cause, n'était pas un bras de la rivière.

Ayant terminé à notre satisfaction l'inspection des lieux, nous prîmes, avec notre guide, le chemin d'Ancota, où nous devions dîner. Les dernières pluies avaient fait monter le niveau de la rivière de près de deux pieds, en un clin d'œil, et

le courant en était devenu si violent, que nous
eûmes de la difficulté à faire passer notre *balsa* à
la rive opposée. Les crues ou *avenidas* de cette
nature sont très fréquentes à Tipuani. Elles se
produisent en quelques heures, et se dissipent de
même. Celles qui ont lieu à l'époque de la saison
des pluies sont, au contraire, permanentes, et,
comme elles sont en même temps plus considérables, elles coupent court à tous les travaux des
plages. Elles ont lieu, en général, vers la fin de
novembre, quelque temps après le commencement
des pluies elles-mêmes ; d'autres fois, seulement
en décembre. Bien avant cette époque, c'est-à-
dire vers celle où nous nous trouvions, les grandes
crues ont cependant une sorte d'avant-coureur
dans ce que les gens du pays appellent la *capitana*.
Cette *avenida,* qui ne dure que deux ou trois
jours, est extrêmement redoutée des mineurs,
aux travaux desquels elle fait d'autant plus de
tort, qu'elle est plus subite. Une des plus fortes
crues de cette nature dont on ait gardé le souvenir, eut lieu le 19 septembre 1850. Le rio
Tipuani s'éleva ce jour-là à plus de 4 mètres au-
dessus de son niveau ordinaire. Il ne m'a pas été
possible de déterminer si l'apparition de cette *capitana* était réellement aussi régulière qu'on le dit.

Quant à l'élévation du niveau moyen de la rivière, pendant la saison pluvieuse, c'est-à-dire de la fin de novembre à la fin de mars, j'ai pu constater qu'elle était plus grande, d'environ un demi-mètre, que son niveau moyen pendant les autres mois de l'année.

La journée du lendemain, 12 septembre, fut passée, en partie, à préparer quelques lettres que nous nous proposions d'envoyer par un exprès à La Paz.

Dans l'après-midi, nous fîmes un nouveau tour à Cangalli, et, à notre arrivée, nous fûmes témoins d'une méthode expéditive employée pour transporter un tronc d'arbre de l'intérieur de la forêt à l'exploitation. En effet, l'arbre ayant été coupé près du sommet d'une montagne qui s'élève brusquement du bord de la rivière, en face de la plage, il suffit, pour l'y porter, de le débarrasser de ses branches et de lui donner une première impulsion. Le tronc glissa alors de lui-même jusqu'à la rivière, en brisant ou culbutant ce qui s'opposait à son passage; une corde passée d'une rive à l'autre fit le reste.

Les forêts de Tipuani sont remplies de bois précieux propres à tous les usages des arts; et plusieurs d'entre eux, qui ne se trouvent pas dans les environs immédiats du village, y sont souvent portés par la rivière; tel est le cas du *Quina-quina* (1). Le Gaïac (*Guayacan*) est un des plus grands arbres du pays, et l'un de ceux dont le bois offre le plus de résistance aux agents extérieurs. Le *Tinta-tinta* et le *Canelon*, dont le bois est presque noir, ont des troncs d'un diamètre bien moins considérable. Le *Goyana* acquiert des proportions immenses; son bois est rouge, ainsi que celui du *Cedro*, du *Tipa* et du *Silme colorado.* Enfin le *Tiligua blanca,* qui est une espèce de Laurier, fournit un des meilleurs bois blancs, et le *Tiligua amarillo* et le *Sacaman,* donnent d'excellents bois jaunes.

Puisque je parle de bois, je dirai ici que l'on a rencontré plusieurs fois des troncs d'arbres enfouis à une assez grande profondeur au-dessous de la surface des plages, et quelquefois dans l'épaisseur même des couches aurifères supérieures, ou *vene-rillos.* Nous avons nous-mêmes vu un de ces troncs couché horizontalement dans l'épaisseur d'un *vene-rillo* en voie d'exploitation. Le bois de ces arbres qui porte le nom de *pacoma,* ainsi que toute espèce de bois flotté, est toujours très altéré; mais

(1) *Myroxylon peruiferum.*

il ne présente aucune tendance à la putréfaction. Un de ses caractères les plus remarquablès est la grande diminution de volume qu'il éprouve par la dessiccation. Il ne paraît pas que l'on ait jamais observé de restes semblables dans un vrai *venero,* et je ne pense pas que l'on en ait jamais remarqué dans les *faldeos.* Leur existence dans les *venerillos* des plages est donc un fait très intéressant et propre à éclairer sur l'âge relatif des différentes couches aurifères.

Pendant que nous étions occupés à examiner l'objet dont je viens de parler, on vint dire à M. Zavala, qui nous accompagnait, que la rivière, dont les eaux grossissaient sans cesse, allait gagner les excavations; nous nous portâmes vers la rive et nous pûmes constater en effet qu'une inondation était imminente. Notre hôte ne paraissait d'ailleurs s'en inquiéter que très médiocrement; et nous sûmes, le jour suivant, que les travaux, bien que momentanément suspendus, n'avaient éprouvé aucun dommage sérieux. Dès que la rivière eut cessé de croître, les pompes firent promptement justice de l'eau qui noyait la tranchée.

J'ai dit que les fortes crues faisaient beaucoup de tort aux mineurs de la plage. La règle n'est cependant pas sans exception. Il y a en effet toute

une classe de ces mineurs qui profite de l'événement si redouté des autres; je veux parler des
buscantes, que l'on pourrait appeler avec assez de
raison les glaneurs des *lavaderos*. Une grande
avenida manque rarement en effet de donner lieu
à quelques éboulements des berges de la rivière;
et elle continue ensuite l'office d'une *cocha* sur le
sol éboulé. Or, un des résultats de ces lavages ac-
cidentels, sans cesse répétés, est le dépôt, dans le
lit de la rivière, d'une couche particulière qui porte
le nom de *ciernes del rio*, et qui est presque toujours plus ou moins aurifère. C'est de cette couche
que les *buscantes* tirent parti. Dans le voisinage
des grandes exploitations, la richesse des *ciernes*
s'accroît par l'addition des particules d'or qui,
malgré les précautions prises, en sont quelquefois
entraînées; aussi est-ce là surtout que vont s'établir les petits mineurs dont je parle, et il est rare
que leurs patientes recherches ne soient pas ré-
compensées. Quelquefois, à la vérité, le travail de
plusieurs jours suffit à peine pour leur procurer
une maigre nourriture; mais, tout à coup, la fortune leur sourit, et les paillettes foisonnent dans
le fond de leurs sébiles. On cite à Tipuani le cas
d'une Indienne qui exerçait le métier de *buscante*,
et qui retira des petits lavages qu'elle faisait dans

sa *batea*, vingt livres d'or en une seule année ;
je suis cependant porté à douter de l'exactitude
de ce récit, bien que j'aie connu moi-même plusieurs habitants de la *quebrada* qui s'étaient acquis
un capital par le même genre de travail. De ce fait
on peut au moins conclure que la richesse des
ciernes est très sujette à varier ; elle n'a jamais
été jugée assez grande pour qu'on ait eu l'idée
d'exploiter le dépôt sur une grande échelle.

Le curé de Tipuani, Fray Serafin Oppichini,
arriva de Guanay, dans la nuit du 13, après un
voyage rendu pénible par la crue récente. Il vint
nous visiter, dès qu'il eut appris notre arrivée, et
il répondit à la recommandation que nous lui
transmîmes, de la part de son supérieur, en nous
faisant toutes sortes d'offres de service. Personne
n'était d'ailleurs plus capable de nous rendre service que le *padre* Serafin ; et il semblait d'autant
plus disposé à nous être agréable, qu'il nous regardait, en quelque sorte, comme ses compa-
triotes, par cela seul que nous étions Européens
comme lui. Sa patrie était l'Italie ; mais il l'avait
quittée dans sa jeunesse et depuis environ treize
ans il habitait cette vallée, où il exerçait une influence considérable, qui s'étendait en particulier
sur les Indiens de la nation des Lecos, composant

la Mission voisine de Guanay. Sur les renseignements qu'il nous donna, nous résolûmes, dès ce
moment, d'effectuer notre retour à La Paz par la
province de Yungas, en remontant, en *balsa*, le rio
de Coroico, un des principaux affluents du Mapiri, dont le Tipuani lui-même est tributaire. Ce
plan une fois arrêté, nous nous occupâmes de
terminer aussi vite que possible les affaires qui
nous avaient amenés à Tipuani, afin de profiter,
pour continuer notre voyage, du retour à Guanay
des deux radeaux et des Indiens qui venaient de
servir au voyage du curé. Il fut décidé qu'ils ne
repartiraient que le 16. En attendant, il continuait de pleuvoir et de tonner, et nous nous
voyions pour ainsi dire forcés de garder la maison.
La grande place du village n'était plus, alors,
qu'un large marécage, dans lequel se vautraient
joyeusement quelques douzaines de cochons et de
canards; ce n'était qu'en progressant, de pierre
en pierre, que nous parvenions à nous transporter
d'un lieu à un autre. Le temps que je passai enfermé ne fut cependant pas perdu, la partie que
je n'employai pas à écrire, l'étant à mettre mes
collections en ordre et à emballer un certain
nombre d'objets que nous nous proposions d'envoyer à La Paz, par le chemin de Sorata. Je fis

aussi pendant ce temps quelques observations propres à me donner une idée de la température moyenne de Tipuani, que je trouvai être la même que celle de Rio de Janeiro, c'est-à-dire 23°. Son élévation au-dessus du niveau de la mer est d'environ 580 mètres.

J'ai fait connaître, à mesure que j'ai avancé dans ma narration, les végétaux cultivés qui, dans le ravin de Tipuani, correspondent à des élévations supérieures à celle que je viens de citer; pour la clore, il ne me reste guère à nommer que le Cacaoyer, qui paraît être, de toutes les plantes domestiques du pays, celle qui exige la plus grande somme de chaleur; aussi n'est-il pas cultivable dans cette vallée, au dire des habitants, au-dessus des plages du village, où ces arbres sont d'ailleurs en assez petit nombre. Un peu plus bas, au contraire, en descendant la rivière, ils deviennent de plus en plus abondants. Parmi les végétaux cultivés le plus fréquemment dans les environs mêmes du village, je citerai ici, en particulier, l'Ananas, dont les plantations couvrent le flanc d'un coteau voisin; le Riz, dont le rendement est assez considérable; la Canne à sucre, qui sert à la fabrication de l'eau-de-vie; et enfin la Pistache de terre (*Arachis hypogæa*), le Manioc et le Bananier. Les fruits

de ce dernier, ainsi que le riz, constituent un
des principaux objets de consommation des habitants de Tipuani. On en connaît quatre ou cinq
variétés, qui ne sont pas toutes également communes. Celle qui l'est le plus, est la banane-figue,
ou *platano de Guinea;* elle se mange toujours
crue, et a un goût délicieux ; le défaut qu'on peut
lui reprocher, c'est d'être trop rafraîchissante ; j'en
parle par expérience. Les autres variétés, si ce
n'est la banane ordinaire (*platano ordinario*), se
mangent le plus souvent cuites, et forment un mets
aussi sain qu'agréable, et, de plus, très nourris-
sant ; mais il faut, pour cela, qu'elles soient employées avant leur maturité, c'est-à-dire avant la
transformation de leur fécule en matière saccha-
rine. La variété de banane la plus estimée est celle
qui atteint en même temps les plus grandes dimensions ; elle porte le nom de *platano turco ;* nous
en avons vu dont la longueur était de près de 3
décimètres.

CHAPITRE XXV.

Le jour fixé pour notre départ arriva sans qu'il y

laissé à Leandro le soin de charger notre bagage sur les *balsas*, nous allâmes les attendre à Cangalli, où elles abordèrent vers onze heures du matin. M. Zavala et Fray Sérafin avaient promis de nous accompagner jusqu'à Guanay, mais la grippe s'étant déclarée avec beaucoup de violence parmi les ouvriers des exploitations, ils se virent obligés d'abandonner ce projet. Du reste, si nous perdîmes d'un côté, à ce changement, nous y gagnâmes d'un

autre, car nos véhicules auraient peut-être difficilement soutenu un poids plus considérable.

J'ai déjà dit en quoi consistait essentiellement
une *balsa ;* celles qui allaient nous porter à Guanay
avaient 8 mètres et demi de longueur sur une largeur de 110 à 120 centimètres; elles étaient
munies, vers l'arrière, d'un banc longitudinal en
bambou, ressemblant un peu à une couchette, sur
lequel on avait établi notre bagage. Enfin, pour
plus de sécurité, le *padre* avait fait lier les deux
radeaux ensemble, de manière à en faire un plancher de plus de 2 mètres de largeur, et qui, bien
que très submersible encore, paraissait devoir se
culbuter moins facilement.

L'équipage ordinaire d'une *balsa* est de trois
hommes, dont deux se tiennent à l'avant et un à
l'arrière; il y en avait donc six sur notre double
radeau ; mais, sur ce nombre, deux se trouvaient
inutilisés par le rapprochement des véhicules. Un
vieil habitant de la Mission, nommé Duran, et sa
fille, nous accompagnaient comme passagers.

La navigation de Tipuani à Guanay n'est pas
sans danger, et, bien qu'elle ne dure en moyenne
que quatre ou cinq heures, on a le temps d'y
éprouver bien des émotions; mais que de com-
pensations au frémissement involontaire occasionné

par le passage des *mal-pasos,* dans le spectacle des admirables points de vue qui se présentent à tout moment, devant l'œil avide du voyageur.

A midi et demi, nous quittâmes la plage de Can-galli pour descendre vers Guanay, et le courant nous emporta avec rapidité à travers l'*encañada* qui se trouve immédiatement au-dessous de cet élargissement du ravin. Le torrent y est encaissé par deux berges de roc presque verticales, polies inférieurement par le frottement de l'eau, festonnées plus haut par les plantes variées qui y ont rencontré un appui, couronnées enfin, vers leur cîme, par les arbres de la forêt. Aucune rame n'était nécessaire pour aider notre marche, il suffisait de la diriger. C'est ce que faisaient nos Indiens avec les longues perches de bambou dont chacun était armé. Debout à l'arrière et à l'avant de l'embarcation, ils en suivaient tous les mouvements avec un coup d'œil si juste et si insouciant à la fois, que je ne savais ce qu'en eux je devais admirer le plus, leur dextérité ou leur sang-froid. Ainsi, lorsque précipité au sein de rapides tout hérissés de rochers aigus, notre frêle plancher semblait être au moment de se briser en éclats, un coup bien dirigé le faisait dévier, à point nommé, de sa course périlleuse, pour le lancer de plus belle dans cette voie de naufrages.

Le premier rapide de quelque importance que l'on rencontre, après avoir quitté Tipuani, est celui de *Gana-peso* (Gagne-piastre). Au-dessous de l'*angostura* que nous enfilâmes, à notre départ de Cangalli, se trouve la plage de *Chuchiplaya*, où il y a une plantation assez considérable de cacaoyers et de bananiers, ainsi qu'une habitation très pittoresque et un petit *lavadero*. Plus bas, est le rapide de Carguarani et le fameux *mal-paso* de Guaricunca, où plusieurs *balsas* se sont perdues. La première fois que je naviguai sur le Tipuani, les eaux étaient basses, et le *mal-paso*, dont je viens de parler, avait réellement quelque chose d'effrayant. La rivière forme aussi en ce point une gorge très étroite (1), mais le courant, au lieu d'y suivre sa direction normale, se précipitait avec une vélocité extrême vers le pied d'une des berges, sous laquelle il paraissait s'enfoncer, grâce sans doute à quelque grande excavation qui existait en ce lieu; aussi, en arrivant au bord de cette espèce d'abîme, paraissait-il presque inévitable que la *balsa* y fût absorbée, et je puis assurer qu'il fallait que j'eusse, dans mes *balseros*, la confiance la plus

(1) C'est de là que vient le nom de Guaricunca, qui signifie littéralement « cou de Vigogne ».

absolue, pour ne pas me sentir très mal à l'aise, lorsque le radeau, obéissant à une succion puissante, s'enfonça de près d'un mètre au-dessous de la surface de l'eau. Mais l'impulsion en avant que lui avaient donnée les Indiens ne lui laissa pas le temps de céder davantage a la force verticale, et j'en fus quitte pour un bain de mi-corps.

A quelque distance de Guaricunca, dans un endroit appelé Taipichoro, une cascade se précipite du sommet de l'une des berges, jusque dans le milieu de la rivière, en donnant lieu à un coup d'œil assez bizarre. Le *salto* de la Campana vient ensuite, et, plus loin, se trouve le grand rapide de Isuaya. On nous y fit mettre pied à terre pour alléger la *balsa;* malgré cette précaution, elle s'enfonça tellement sous l'eau, durant la descente, qu'elle disparut complétement à la vue pendant plusieurs instants, et tout notre bagage en sortit trempé. Deux jours auparavant, une embarcation plus pesamment chargée que la nôtre avait été culbutée et mise en pièces dans ce même rapide, et la cargaison, qui consistait en graius de cacao, n'en avait été sauvée que grâce à la précaution que l'on avait prise de l'attacher aux perches qui formaient la *balsa*. Les colis retirés du naufrage étaient restés sur la plage en attendant que l'on amenât une autre embarcation pour les enlever.

Le *mal-paso* de Tujuni, que nous vîmes enfin, un peu avant d'arriver au but, a le désavantage d'être coudé, de sorte qu'il faut être expert pour s'y risquer ; de simples amateurs y seraient infailliblement culbutés.

Près de Guanay, le Tipuani s'élargit et décrit un coude assez brusque avant de se réunir au Mapiri. La Mission s'élève sur une jolie esplanade, dans une espèce de delta qui se trouve à l'angle de réunion des deux rivières. Elle n'était pas visible de notre embarcation ; la présence d'une douzaine de petits enfants des deux sexes, qui pataugeaient dans l'onde tiède, ou qui jouaient à la *balsa* sur des radeaux appropriés à leur taille, indiquait néanmoins que nous n'en étions pas éloignés. A peine eûmes-nous touché à la rive, que le curé de la Mission vint au devant de nous. C'était aussi un moine franciscain, ou *recoleta*, et il portait, comme Fray Serafin, la robe grise et le grand feutre de son ordre ; mais, sous cette coiffure, apparaissait, au lieu des traits pâles et délicats de notre ami de Tipuani, la figure lourde et cuivrée d'un *cholo* Aymara. Le *padre* était en effet natif de La Paz ; et on m'a assuré qu'il était le seul religieux du couvent qui ne fût pas d'origine étrangère. Son amabilité nous fit, au reste, bientôt oublier ce qui pouvait lui manquer, à nos yeux, du côté de la physionomie, et la franchise de ses prévenances acheva de nous gagner. Sur son invitation, nous le suivîmes jusqu'au village, qui consistait en une soixantaine de grandes huttes, entourant, pour la plupart, une vaste place oblongue, à l'une des extrémités de laquelle s'élevaient le presbytère et l'église. La construction des huttes de Guanay rappelait celle des maisons de Tipuani ; elle était cependant bien plus légère, les troncs de palmiers y étant remplacés par des bambous, comme dans la cabane qui nous avait abrités, une nuit, à San-Juanito. Rien de plus propre et de plus agréable à la vue que les parois lustrées de ces cases indiennes, rien en même temps de mieux adapté au climat. Leur seul défaut, peut-être, était leur extrême combustibilité ; aussi, pour éviter l'extension des incendies, dans un village composé d'éléments si inflammables, avait-on eu soin d'espacer les habitations que l'on pouvait approcher, de la sorte, par toutes les faces. La maison du curé faisait seule exception au mode de construction que j'ai indiqué, les murs en étant renforcés par un crépissage de terre, et blanchis à la chaux. Le *padre* nous conduisit à une des cases de la place spé-

cialement destinée à la réception des étrangers, et
connue sous le nom de *casa de la Mission*. Une
table, quelques bancs et des couchettes en bambou,
fixées à demeure dans des chambres particulières,
donnaient un grand charme à ce logement, et montraient clairement que son architecte l'avait destiné à des gens civilisés. Notre premier soin, en
entrant en possession de ce domicile, fut d'y faire
apporter notre bagage tout ruisselant encore de
l'eau des rapides, et d'exposer à l'air les objets
qui avaient le plus souffert. Le papier qui renfermait mes échantillons d'herbier et un panier qui
contenait notre provision de pain n'avaient pas
été les moins maltraités ; une partie de ce dernier
article dut même être condamné par suite de l'accident.

Notre installation achevée, nous allâmes rendre
visite au *padre ;* et, en son absence, nous fûmes
reçus par une jeune femme d'une physionomie
assez piquante, qui nous fit les honneurs de la
maison, en nous offrant à chacun une grande tasse
d'une liqueur émulsionnée connue sous le nom
de *chicha de mani*. M. B..., qui avait des idées très
arrêtées sur la *chicha* ordinaire, hésitait à tremper
ses lèvres dans une boisson dont le nom lui rappelait si bien celui de la bière indigène des deux.

Pérous; la jeune femme lui ayant cependant assuré que la *chicha de mani* (1) ne renfermait jamais de *mastiga* (farine mâchée), cet élément si important de la *chicha de maïs* (2), mon compagnon se décida à consommer le breuvage, que l'on avait d'ailleurs sucré à notre intention.

Le *padre*, qui avait été à l'église, étant rentré bientôt après, nous l'invitâmes à souper. et nous profitâmes de l'occasion favorable que nous offrait ce repas pour l'intéresser au voyage que nous avions projeté sur le rio de Coroico, en nous appuyant sur la recommandation toute spéciale que lui avait faite, à ce sujet, Fray Serafin.

Le lendemain, le *padre* s'occupa en effet, ainsi qu'il nous l'avait promis la veille, de nous procurer les hommes et les radeaux nécessaires; il nous donna même à espérer qu'il nous accompagnerait lui-même à Coroico, ce à quoi nous l'engageâmes fort, sachant que sa présence exciterait les Indiens à mieux travailler. En attendant, nous

(1) Outre le *mani*, ou pistache de terre (fruit de l'*Arachis hypogœa*), il entre, dans la composition de cette liqueur, des amandes de cocos, des amandes ordinaires, du riz et des noix, quand on peut en avoir. Tout cela est pilé ensemble et mis au feu, avec une quantité suffisante d'eau; puis, lorsque l'ébullition a duré trois à quatre heures, on retire la mixture pour la laisser fermenter. On boit le liquide surnageant.

(2) J'ai donné une recette pour faire cette boisson, dans mon *Voyage dans le sud de la Bolivie*.

ne tardâmes pas à être assurés que notre départ
pour Coroico ne se ferait pas, à beaucoup près,
aussitôt que nous l'avions d'abord pensé, la plupart des hommes valides de la Mission étant occupés, dans les environs, à ensemencer leurs petites
fermes (*chacras*), et beaucoup d'autres étant malades de la grippe.

Pour passer le temps, nous nous mîmes à rôder
dans le village, en cherchant à nous procurer quelques détails sur les mœurs des habitants. Ceux-ci
appartiennent presque tous, ainsi que je crois
l'avoir dit, à la nation des Lecos. Ces Indiens
occupaient autrefois, à ce qu'il paraît, une plage
voisine de celle où se trouve actuellement le village de Tipuani, ainsi que les bords d'un petit
affluent de cette rivière, appelée Isuaya. Ils quittèrent ensuite, d'après le conseil des missionnaires, ces lieux malsains pour s'établir à Mapiri
et à Guanay. La fondation de ce dernier village
ne remonte pas au delà du commencement de ce
siècle ; elle est due à un religieux du couvent
de Nuestra Señora de Ocopo, nommé Fray Mateo
Campo. La civilisation de ces Indiens est donc
très moderne, comme semblent d'ailleurs le démontrer beaucoup de points de leur caractère,
qu'un contact peu fréquent avec les Espagnols

u'a pu encore dépouiller de cette simplicité propre à l'homme sauvage. Nous y avons de plus remarqué un fond d'insouciance et de gaieté qui contrastait singulièrement, à nos yeux, avec la disposition morose et taciturne des Aymaras, au milieu desquels nous avions vécu précédemment.

Le costume des Indiens Lecos consiste, chez les deux sexes, en une grande chemise sans manches, appelée *talle*, qui leur tombe jusqu'à mi-jambe. Ce vêtement ne diffère en rien du *tipoi* des Indiens Chiquitos. Il est souvent blanc et quelquefois bleu ou violet; dans ce dernier cas, il est teint avec le suc d'une plante appelée Uchuri (1), très abondante dans les forêts voisines, d'où je me la suis fait apporter. Quand on en mâche les feuilles fraîches, la salive, d'abord verdâtre, prend promptement, par l'exposition à l'air, une belle nuance violette. Les femmes se mettent souvent plusieurs *talles* l'un sur l'autre, et les hommes ajoutent fréquemment à ce vêtement un pantalon. Les vieillards portent encore les cheveux longs, selon l'ancienne coutume de leur nation, comme le font aussi la plupart des femmes. Quelques

(1) *Picramnia Lindeniana?* Tulasne (Burséracées).

unes de celles-ci se tressent la chevelure en deux
nattes qu'elles laissent pendre sur leur dos, et
auxquelles elles attachent fréquemment, le di-
manche, des rubans de couleurs brillantes. Quant
aux jeunes gens, ils portent les cheveux courts et
partagés sur le côté, ou plus rarement au milieu
du front

L'habitude de se peindre est presque entièrement perdue chez les Lecos. Si quelques uns le
font encore, c'est en cachette comme s'ils en étaient
honteux. Les couleurs dont ils se servent à cet
effet sont, comme chez tous les Indiens de l'Amérique du sud, le Rocou (1) et le fruit vert du Genipa (*Genipa americana*), qu'ils appellent *Platano* ou *Guineo del monte* (Bananier sauvage).

Les armes dont ces Indiens se servent, aujour-
d'hui, sont le fusil, dans le maniement duquel beaucoup d'entre eux sont très adroits, et l'arc. Le
premier était encore assez rare à Guanay, à l'é-
poque de ma première visite, en 1847, mais le
nombre s'en est considérablement augmenté depuis
lors, de sorte qu'aujourd'hui il n'y a guère de
maisons où l'on n'en voie au moins un, et j'en ai
plusieurs fois vu deux ou trois pendus au même

(1) Tégument de la graine du *Bixa Orellana.*

mur. L'arc ne leur sert plus guère que pour la pêche. Il est fait avec le bois du palmier *Chonta*, et a une longueur d'environ 1 mètre et demi. Les flèches, dont les dimensions en longueur sont à peu près les mêmes, sont formées du pédoncule, ou de la partie supérieure de la tige, d'une graminée géante, appelée, par suite de son usage, *Gynerium sagittale*, elles sont armées de pointes de bambou ou de bois de palmier, selon l'emploi spécial auquel elles sont destinées. Quelques unes sont enjolivées de plumes brillantes. Nous nous procurâmes sans peine une petite collection de ces objets pour rapporter, comme souvenirs, en Europe.

La nourriture des habitants de Guanay est essentiellement végétale (1). Le maïs et la banane en font la base. Les bananes rôties sont le mets favori de tous les âges. Les Lecos sont trop paresseux pour chasser et pêcher avec beaucoup d'ardeur ; cependant, quand ils s'en occupent, ils sont ordinairement heureux, et les provisions qu'ils font dans ces occasions leur durent longtemps, car ils ont soin de saler et de fumer ou de sécher au soleil

---

(1) Les bœufs et les moutons sont très rares de ce côté, mais il s'y trouve quelques poulets. Nous y avons acheté des œufs à quatre pour un réal.

tout ce qui ne sert pas à la consommation immédiate.

Quelques poissons de leur rivière, je veux dire
du rio Mapiri, sont d'une taille gigantesque et ne
peuvent être capturés qu'à l'aide d'hameçons d'une
grande force. Telle est, en particulier, une espèce
de Silure, ou de *Suche,* auquel les habitants de
Guanay donnent le nom de *Yemo.* Lorsqu'il est
adulte, ce poisson atteint une longueur d'environ
1 mètre et demi, et pèse près de cent livres; sa
couleur est grisâtre. Une autre espèce du même
groupe, mais d'une taille bien moins grande, a
une couleur marbrée; elle est désignée pour cette
raison sous le nom de *Tigrecillo.* Le plus délicat
de tous les poissons du Mapiri paraît être une
sorte de Dorade connue sous le nom de Mamuré.
Le *Sàbalo*, dont la nuance est ardoisée, et qui,
par la forme, ressemble un peu à notre carpe,
est, d'autre part, l'espèce la plus commune, et la
seule qui ait quelquefois paru sur notre table.

La flèche et l'hameçon ne sont pas les seuls
moyens usités par les Lecos pour capturer les
habitants de leurs eaux; ils se servent aussi quelquefois dans ce but de poison dont ils infec-
tent les rivières, ainsi que cela se pratique chez
un certain nombre d'autres tribus de l'Amérique

du Sud. La substance employée à cet effet par les Indiens de Guanay est le suc laiteux d'un des plus grands arbres de leurs forêts, connu par eux sous le nom de *Soliman*, et qui n'est autre que l'*Ajua-par* des habitants de la Nouvelle-Grenade, ou le Sablier des Antilles françaises, et enfin l'*Hura crepitans* des botanistes. Pour se procurer ce lait vénéneux, ils font de nombreuses entailles à l'é-corce de l'arbre, et le suc qui en exsude va aus-. sitôt imbiber la terre qui entoure le pied du tronc. Cette terre, recueillie dans un grand sac, est jetée dans la partie de la rivière où doit avoir lieu la pêche, et dès que l'eau s'en trouve chargée, les poissons qui s'y rencontrent viennent flotter ina-nimés à la surface, où on les recueille sans peine. Pour pratiquer l'opération avec succès, on choisit ordinairement un petit bras de la rivière ou une anse isolée. Dans d'autres parties de la Bolivie, et notamment dans les Yungas, on se sert, pour empoisonner les rivières, de la tige fraîche d'une petite liane appelée *Pehko* ou *Sacha* (1) dont on broie une ou deux brasses, sur une pierre, dans le point de la rivière que l'on veut infecter. Son effet est, dit-on, aussi prompt que celui du suc de

---

(1) *Serjania lethalis* St. Hil. (Sapindacées).

Soliman; on m'a assuré que les poissons ainsi pris pouvaient être mangés sans inconvénient. Il ne faudrait cependant pas conclure de là que le lait du Sablier peut être pris par l'homme impunément, comme cela a lieu pour le poison des flèches des Indiens de la Guyane et de l'Amazone; ce n'est évidemment qu'à l'exiguïté de la dose du venin ingéré avec le poisson qu'il faut attribuer cette apparente innocuité. Le lait du Sablier a, en effet, des propriétés tellement caustiques que ses émanations seules suffisent pour causer, aux organes qui les reçoivent, une irritation durable. On nous montra un individu de la Mission qui avait perdu la vue à la suite de l'inflammation causée par quelques gouttes de ce suc qui avaient sauté accidentellement dans ses yeux (1).

Parmi d'autres végétaux remarquables de Guanay, je ne citerai ici que le *Guappi* et le *Guaquaruru,* qui ont acquis chez les Indiens Lecos une véritable célébrité. Le premier est un arbre à tronc court et à cime large et touffue, qui, par la forme de ses feuilles et par son port même, rappelle notre Noyer. Son écorce, douée de propriétés

---

(1) MM. Boussingault et Rivero racontent, qu'ayant voulu faire évaporer le lait du Sablier afin d'en faire l'analyse, celui qui surveillait l'opération eut la figure tout enflée, et des ulcères aux yeux et aux oreilles, qui ne se guérirent qu'après un traitement de plusieurs jours.

vomi-purgatives très énergiques, constitue un
des remèdes les plus employés du pays, à tel
point que tous les individus de son espèce qui
se rencontrent aux environs de la Mission ont
leur écorce morcelée par les emprunts qu'on leur
a faits, et permettent en quelque sorte de lire,
par le nombre des entailles qu'ils présentent, le
nombre de doses qu'ils ont fournies à leurs clients.
Cet arbre, connu des botanistes sous le nom de
Guarea trichilioides, est commun dans beaucoup
de parties chaudes de l'Amérique du Sud, où il
est souvent aussi employé à l'usage que j'ai indiqué. Quant au *Guaquaruru,* il constitue deux variétés, ou plutôt deux espèces d'*Oxalis*, que les
habitants de Guanay distinguent par les noms de
Guaquaruru hembra ou *tchusuaya* (*Oxalis Mar-
tialis* N. mss.) (1) et de *Guaquaruru macho* ou *yu-
basa*, et auxquelles ils attribuent des vertus pro-
lifiques et antiprolifiques qu'on ne soupçonnait
certes pas, jusqu'ici, dans les plantes de cette famille. Les Indiens du pays et les missionnaires

(1) Cette plante, que je dédie à mon compagnon de voyage, M. Martial
de H..., qui m'en a envoyé un dessin fait sur les lieux, est caractérisée
par son bulbe simple, ovoïde ou irrégulièrement fusiforme (c'est la partie
active), par ses longs pétioles radicaux supportant des feuilles à trois fo-
lioles obcordées-cunéiformes, et enfin par ses fleurs blanches, caractère
qui la fait distinguer au premier coup d'œil de l'espèce voisine (*O. steri-
lisans*) dont les corolles sont constamment purpurines.

eux-mêmes m'en ont cependant parlé avec tant de conviction, que j'ai cru devoir au moins les signaler ; je n'ose, néanmoins, en l'absence de témoignages encore plus solides, donner place ici aux singulières histoires qui m'ont été racontées à leur sujet.

La *chicha,* en particulier celle qui se fait avec le *mani,* est très aimée des Lecos ; mais ils préfèrent tous, à cette liqueur, l'eau-de-vie que nous les avons vus boire comme de l'eau simple, et dont ils font même un objet de commerce ; elle leur est fournie par la canne à sucre, qui a, chez eux, des dimensions véritablement prodigieuses, puisqu'elle atteint quelquefois une hauteur de 7 mètres ; sa longueur ordinaire est de 4 à 5 mètres. Celle qui a des entre-nœuds courts est la plus estimée pour la fabrication du sucre.

Je citerai enfin, pour clore cet aperçu des produits principaux de Guanay, le cacao, qui est d'une qualité supérieure, et que l'on porte jusqu'à La Paz, où il se vend, en moyenne, 12 piastres, ou 60 francs, les 25 livres. A Guanay même, on le paie, en pains, à raison de 4 réaux la livre.

CHAPITRE XXVI.

Caractère et physionomie des Indiens Lecos. Gouvernement des *Padres*. Punitions. Mariages, etc. — Indiens Tacanas. Arrivée à la Mission d'une bande de Mozetenos. *Facies* de ces Indiens. Marbrures de la peau très fréquentes chez eux. — Nombre et situation des Missions des Mozetenos. — Observations sur les langues leco, tacana et mozeteno. Vocabulaires. — Détails sur la fabrication des chapeaux de paille de Guayaquil.

Il a déjà été question du caractère des Lecos ; j'ai dit combien il l'emportait, sous le rapport de la gaieté et de la douceur, sur celui des Aymaras. On pourrait en dire autant de leur physionomie, qui est, en général, ouverte et d'une expression agréable. Leur front est rarement fuyant et quelquefois assez haut ; leurs yeux sont horizontaux, et leur bouche est moins grande que celle des Indiens de la Cordillère ; leur sourire, enfin, naturel et franc, a souvent quelque chose d'enfantin qui plaît.

Les Indiens de cette nation étaient autrefois gouvernés par des caciques choisis parmi leurs

guerriers les plus expérimentés. Des chefs analogues existent encore aujourd'hui chez eux; mais
leur influence est devenue très faible; il est rare,
néanmoins, qu'ils rencontrent, de la part de leurs
sujets, une désobéissance absolue, d'autant que
les Indiens savent assez bien que la voix du *capitan* n'est guère qu'un canal par lequel passent
les ordres du *padre*, leur chef véritable. Et
puis, le fouet est là pour punir les récalcitrants.
Personne dans la Mission n'en est exempt, pas
même le *capitan* lui-même, auquel le *padre* trouve
très bon de l'administrer quelquefois, afin de montrer son pouvoir absolu. L'instrument qui sert à
ce supplice est formé de plusieurs brins d'une
liane, ou plutôt d'une racine très solide, qui sert
de corde, et dont j'aurai occasion de reparler sous
le nom de *miti-mora*. Le chiffre ordinaire des
coups, pour un petit délit, est de 25; c'est ce
que l'on appelle une arrobe, parce qu'il y a
25 livres au poids de ce nom. Les femmes sont
soumises à cette punition tout comme les hommes,
mais on ne les oblige pas, comme eux, à recevoir
les coups à dos nu; aussi ne manquent-elles jamais de se revêtir, dans ces occasions, de plusieurs
talles superposés, afin d'amortir l'effet de l'instrument. En somme, les punitions corporelles sont

assez rares, bien que les *padres* les infligent pour des fautes qui passeraient inaperçues dans d'autres contrées, par exemple, pour de petits excès de boisson pendant un jour non férié, ou pour négligence des devoirs religieux ; cependant le curé n'est très exigeant sous ce dernier rapport qu'auprès des jeunes gens non mariés. Le vol est rare et ne s'exerce guère que sur des objets de peu de valeur ; dans tous les cas, il est puni très sévèrement. Afin de prévenir autant que possible des excès d'un autre genre, les *padres* ont l'habitude d'exhorter les jeunes gens à se marier dès qu'ils sont capables, par leur travail, de subvenir aux besoins d'une famille, c'est-à-dire, dès qu'ils savent faire un abatis dans la forêt, pour y planter ou semer leur riz et leurs bananiers. Les frais mêmes de la cérémonie ne sont pas considérables ; ils consistent en une demi-douzaine de poulets. On m'a assuré que chez les Lecos, la demande en mariage venait toujours de la part des parents de la future, et non de celle de son amant ou des parents de celui-ci. Si cet usage existe, en effet, il est sans doute un reste des anciennes coutumes de la nation, et il est peut-être le seul qui se soit conservé. Il serait difficile, je pense, de trouver, autre part, un exemple plus frappant de l'in-

fluence du système de conversion adopté jadis
par les Jésuites.

Doit-on attribuer à cette même influence le
manque apparent, chez les Lecos, de toute espèce
de sentiment musical? C'est ce que je ne saurais
dire. Toujours est-il que leur indifférence sur ce
point est portée si loin, que jamais ils ne se livrent
à aucune espèce de danse : chose d'autant plus
singulière, que, parmi les sauvages de toutes les
parties du monde, la danse semble être l'élément
indispensable de la moindre fête; l'incapacité des
Lecos pour le chant le plus élémentaire est encore très remarquable, d'autant plus que la langue
qu'ils parlent est douce à l'oreille, et que leurs
voix ne manquent pas de mélodie ; peut-être n'y
a-t-il, après tout, dans le fait que j'ai signalé,
qu'une question de désuétude.

Ayant appris qu'il y avait à Guanay quelques
Indiens originaires d'autres districts de la Bolivie,
et de nations distinctes de celle des Lecos, nous
voulûmes aussi les voir, et le *padre* eut l'obligeance de nous conduire chez eux. Les uns venaient d'Yxiamas et les autres de Tumupasa, villages
situés à une grande distance au nord-est de Guanay, et appartenant à la nation des Tacanas. Je
fis un vocabulaire de quelques mots usuels de leur

langue, afin de les comparer avec des mots semblables de la langue leco ; et je cherchai à en
faire autant pour la langue des Mozétènos dont
j'avais aussi rencontré un représentant. Rebuté cependant par la stupidité de cet individu, j'allais
abandonner la partie, lorsqu'il m'arriva un secours
inattendu : une *balsa* pleine de ces Indiens, partie,
quelques jours auparavant, d'une des Missions du
Rio-Beni, venait d'arriver à Guanay. Le *padre* les
fit aussitôt appeler devant nous, et je complétai
sans peine mon vocabulaire.

Les nouveaux venus étaient plus petits et plus
maigres que les Lecos, nos hôtes ; leur physionomie
moins ouverte avait, en proportion de leur âge, un
caractère plus viril, et leurs lèvres plus minces
n'étaient pas animées du même sourire. Les Mozétènos se coupent la barbe et la moustache, que les
Lecos conservent assez fréquemment, et ils portent les cheveux longs et partagés sur le milieu du
front, ce qui leur donne une figure plus sauvage.
Leurs yeux sont presque horizontaux. Plusieurs
de ces Indiens avaient le corps barbouillé de bleu ;
mais la plupart d'entre eux étaient suffisamment
déguisés par une marbrure naturelle blanche, qui
rendait bien inutile l'intervention de l'art. Ce
pseudo-albinisme, apparent surtout sur les mem-

bres de nos visiteurs, est si fréquent chez les Mozétènes, que presque aucun n'en est exempt, de
sorte que l'on pourrait être tenté d'y voir la couleur normale de leur race. Tantôt la décoloration
forme une marbrure fine sur toutes les parties
affectées ; d'autres fois, et c'est le cas le plus ordinaire, elle constitue des plaques plus ou moins
étendues, d'autant plus tranchantes que les parties voisines sont moins atteintes, ainsi que cela
a lieu chez nos animaux domestiques. Quelques
Lecos sont également en proie à cette infirmité et
sont désignés par le nom de *pintados* ou *overos*.
La cause réelle de cette affection est inconnue;
cependant j'ai cru remarquer qu'elle était quelquefois la suite d'une éruption cutanée; une
particularité qui la distingue, en tout cas, très
nettement de l'albinisme ordinaire, c'est qu'elle
n'a jamais son siége dans le cuir chevelu.

Le costume des Mozétènes est le même que
celui des Lecos. Les Missions des Indiens de
cette nation, au nombre de trois, sont toutes
situées sur le rio Beni (1), au-dessus du confluent

(1) Le rio Beni est formé par la jonction du rio de La Paz et du rio
Ayopaya ; il se réunit au Mapiri, à environ deux journées de navigation
au dessous de Guanay ; le tronc commun conserve ensuite le nom de Beni
jusqu'à sa réunion au rio de Madeira.

du rio de Mapiri. La première, appelée Muchanes, fondée en 1725, est à quatre lieues au-dessus du confluent dont j'ai fait mention tout à l'heure : Santa-Ana, la seconde, est à cinq journées de navigation au-dessus de Muchanes. Magdalenas, enfin, se trouve à cinq lieues plus haut que la Mission précédente, à l'embouchure même du rio Ayopaya qui descend des parties les plus élevées du département de Cochabamba. La population des trois villages est d'environ 1350 habitants, ainsi répartis : Magdalenas, 600 ; Santa-Ana, 600 ; et Muchanes, 150. Les missionnaires m'ont assuré qu'il fallait en moyenne quatorze journées pour aller de Magdalenas au village d'Irupana, dans les Yungas, en remontant le courant du rio de La Paz.

La langue des Mozétènos est moins riche et bien moins agréable à l'oreille que celle des Lecos, à cause du petit nombre de syllabes longues que renferment ses mots. On dirait, en entendant parler un Mozétèno, que la peur l'empêche d'accentuer ses paroles ; je me suis assuré que cette accentuation vague était dans le génie de la langue. Cependant un point que la langue des Mozétènos a de commun avec celle des Lecos, ainsi qu'avec la langue des Indiens Tacanas, c'est l'usage qui y est fait d'une numération régulière, particularité

qui semble assez étonnante au premier abord,
puisque, jusqu'ici, on a rarement vu des nations
sauvages avoir des mots pour exprimer un
nombre plus élevé que cinq; mais, en y réfléchis-
sant, il semble plus naturel de supposer que cette
numération a été introduite chez eux par les missionnaires. Chez les Tacanas, en particulier, il en
a été ainsi sans aucun doute, puisque les mots
qui servent, dans leur langue, à exprimer les nombres, sont tirés, pour la plupart, de l'aymara ou
de l'espagnol, ainsi qu'il est facile de le voir dans
le tableau (1) que je donne ci-après ; d'autre part,
la construction des mêmes mots dans les langues
leco et mozétèno est si analogue à ce qu'elle
est dans les langues européennes, qu'il est fort
probable que leur origine est également très moderne ; encore, pour exprimer les nombres *cent*
et *mille,* les Lecos se servent-ils des mêmes mots
que les Aymaras et les Quichuas.

Enfin, une autre particularité qui mérite d'être
signalée dans deux de ces langues, le leco et le
tacana, c'est que tous les mots qui désignent
quelque partie du corps commencent par la même
lettre : en leco par un *b*, et en tacana par un *e*.

_____

(1) Les mots empruntés à l'aymara, à l'espagnol ou à quelque autre
langue, y sont marqués d'un astérisque.

J'ai cherché, mais sans succès, la cause de cette singularité (1), et bien qu'il semble rationnel de supposer que tous ces mots sont composés d'un même radical, rien ne confirme cette hypothèse.

	Leco.	Mozétéuo.	Tacana.
Un.	Ber (2).	Iris.	Peada.
Deux.	Toi.	Pünüe.	Beta *.
Trois.	Tchai.	Tchibin.	Kimisa *.
Quatre.	Didai.	Uafindés.	Pusi *.
Cinq.	Bertcha.	Kañam.	Pisica *.
Six.	Berbahomo.	Pünüe-ûñ.	Sucuta *.
Sept.	Toibahomo.	Uafindés-ûñ.	Siete *.
Huit.	Tchaibahomo.	Tchibin-ûñ.	Ocho *.
Neuf.	Berpila.	Uafindés-uñ.	Nueve *.
Dix.	Berbivque.	Tak.	Tunka *.
Onze.	Berbivque-berhote.	Iris-tak.	Peada-hai teana.
Douze.	Berbivque-toihote.	Pünüe-tak.	Beta-hai-teana.
Treize.	Berbivque-tchai-hote.	Tchibin-tak.	Kimisa-hai-teana.
Quatorze.	Berbivque-didai-hote.	Uafindés-tak.	Pusi-hai-teana.
Quinze.	Berbivque-bertcha-hote.	Kañam-tak.	Pisica-hai-teana.
Seize.	Berbivque-berbahomo- [hote.]	Iris-ûñ-tak.	Sucuta-hai-teana.
Vingt.	Toi bivque.	?	Beta tunka.
Vingt et un.	Toi bivque-ber-hote.	?	Beta tunka peada.
Trente.	Tchai bivque.		Kimisa tunka.
Cent.	Ber pataka *		Ciento *.
Mille.	Uaranka *.		
Homme.	Yubasa.	Soñi.	Deha.
Femme.	Tchusuaya.	Féñ.	Eppina.
Enfant.	Yatchpaik.	Añua.	Ebbacüá.
Maison.	Uan.	Akka.	Ette.

(1) M. Alcide d'Orbigny, à qui l'on doit tant d'observations intéres-santes sur les peuplades de l'Amérique du sud, est porté à croire que l'on doit voir dans cette lettre initiale la trace d'un pronom possessif.

(2) Dans tous les mots qui composent ce tableau, on devra prononcer u = ou, û = u, ñ = gn (comme dans le mot montagne), j comme le tséhá (ch) des Allemands, et aspirer fortement les h.

	Leca.	Mosétène.	Tacana.
Soleil.	Héná.	Tchuñ.	Itatti.
Lune.	Ku réa.	Yuá.	Baddi.
Ciel.	Kaát.	Tchéud.	Buepó.
Terre.	Lal.	Hac.	Eauí.
Feu.	Mod.	Tsii.	Otro.
Pluie.	Essa.	Añé.	Nai.
Eau.	Dúa,	Ojnié.	Yáui.
Corps.	Bonotchcóro.	Uookó.	Ekita.
Tête.	Barúa.	Hoono.	Echua.
Jambes.	Boóte.	Kenné.	Etta.
Bras.	Bepel.	Ün.	Ebbaï.
Peau.	Busutche.	Tsiñ.	Ebbitt.
Sang.	Bile.	Tchoës.	Ammi.
Bouche.	Bokórua.	Tchuñ.	Ebbo.
Dents.	Bikivt.	Modgin.	Eché.
Yeux.	Bisiri.	Ettuá.	Ettuá.
Ventre.	Baudhobo.	Turubit.	Edde.
Mains.	Bueú.	Tchirihiri.	Emme.
Pieds.	Besél.	Yüj.	Baudtchi.
Nez.	Bitchinua.	Hüiñ.	Evi.
Doigts.	Biuī.	Tchirihtri.	Emme.
Oui (1).	O-ó.	Hü hañ.	Ê-é.
Non.	Nai.	Hdm.	Maué.
Ongles.	Biuitd.	Patchi.	Emmatiri.
Lait. ,	Buchuluro.	Tasinfimo.	Pasana.
Bois.	Hamón.	Tchii.	Kuatti.
Arbre.	Báta.	Sooñ.	Akt.
Arc.	Tchavdta.	Kóndgé.	Pisatrüé.
Flèches.	Uela.	Ijmé.	Pisa.
Oiseau.	Katchú.	Aitchi.	Tian.
Village.	Ués.	Roedgé.	Tchuda.
Sel.	Tij.	Hiccó.	Biano.
Fleur.	Tutha.	Hámé.	Zerena.
Feuille.	Uoid.	S'hañ.	Eina.
Forêt.	Kondá.	Durui.	Ekika.
Montagne.	Uothá.	Mucᴮ.	
Rivière.	Dua.	Ojnié.	Éaui.

(4) J'appelle l'attention de mes lecteurs sur ces trois manières sauvages de dire « oui ».

Depuis mon retour, j'ai voulu savoir si d'autres langues indiennes présentaient le caractère que je citais plus haut, et j'ai remarqué que, en effet, un grand nombre étaient dans ce cas ; dans deux ou trois d'entre elles, la présence d'une racine commune est même souvent assez évidente, ce dont on pourra se convaincre, en jetant les yeux sur le tableau suivant où j'ai réuni les mots qui servent à désigner, dans diverses langues indiennes, la tête et quelques unes de ses parties. Ces mots ont été puisés dans une collection de vocabulaires brésiliens recueillis par M. de Castelnau.

	Botocudos.	Cherentes.	Carajas.	Apiacas.	Guaycourous.
Tête.	Kraïne.	Dicran.	Woara.	Ai-acana.	
Œil.	Kétomme.	Datoï.	Wa-a-rouwai.	Ai-re-coara.	Cogaicogo.
Nez.	Kiijink.	Danescri.	Wa-day-asan.	A-si-gna.	Codeimie.
Menton.	Kiijac-jac.	Daida-pouda.	Wa-djou-outai.	Ai-reuiua.	
Bouche.		Dageau.	Wa-a-rou.		Coniola.
Dents.	Klijounne.	Daguol.	Wa-a-djou.	Ai-ragna.	Codoai.
Oreille.	Kiignoc-jaune.	Da-in-poré.	Wa-ua-oulay.	Ai-nembia.	Conapagoti.

Les Indiens Tacanas que nous vîmes à Guanay, au nombre de six à huit, y exerçaient une industrie particulière ; ils fabriquaient des chapeaux de paille, mais des chapeaux dont le tissu était si exactement semblable à celui des chapeaux de

Guayaquil, que je devinai aussitôt qu'ils étaient faits de la même matière. Cette supposition fut bientôt confirmée par un jeune chapelier très intelligent, établi dans les environs de la Mission, et venu de Guayaquil même. Celui-ci ne fit aucun mystère des détails généraux de la fabrication dont il s'occupait, mais, par contre, il en fit beaucoup au sujet de la préparation qu'il est nécessaire de faire subir à la paille pour lui donner son moelleux particulier. Le hasard voulut, cependant, que je rencontrasse, un peu plus tard, un autre Guyaquileño, non moins habile, qui ne fit aucune difficulté pour compléter mon instruction sur ce sujet intéressant.

La paille (*paja*) dont on fait les chapeaux en question, est tirée d'une plante qui croît très communément dans les forêts humides des ravins (*quebradas*) de la république de l'Équateur, du Pérou et de la Nouvelle-Grenade, où elle forme des touffes d'une grande élégance. Elle ne se rencontre pas dans les environs immédiats de Guanay, mais nous la trouvâmes très abondamment sur les bords du rio de Coroico, et elle est commune dans la province de Mojos. Enfin il n'est guère de serre chaude en Europe où elle ne prospère ; cependant il ne paraît pas qu'on y ait jamais indiqué avant mon voyage l'usage important auquel elle est employée. La plante dont je veux parler a le *facies* d'un palmier, mais elle appartient à la famille naturelle des Pandanées, et a reçu des auteurs de la *Flore péruvienne* le nom de *Carludovica palmata* (1).

Elle n'a pas de tige aérienne. Ses fleurs sont disposées en épis très denses qui naissent immédiatement de la souche, ainsi que les feuilles. La queue de celles-ci est arrondie, et sa longueur est d'environ 1 mètre. Le limbe épanoui a la forme d'un disque à plis rayonnants, déchiqueté sur son bord, et offrant un diamètre de 4 à 8 décimètres. Il est partagé presque jusqu'à son centre en trois ou quatre divisions égales, en forme d'éventails. Sa couleur est un vert brillant, et la nuance en est d'autant plus intense que la feuille est plus âgée.

Avant son épanouissement, au contraire, le limbe est à peine teinté de vert; il est ordinairement d'un blanc un peu jaunâtre, et sa figure est exactement celle d'un éventail fermé. A cette époque de développement on l'appelle *cogollo*, et c'est à cet état seulement qu'on doit le recueillir

(1) Il est possible qu'il existe deux espèces confondues sous ce nom, dans les serres, l'une ayant des pétioles presque cylindriques, l'autre les ayant plus ou moins canaliculés.

pour en confectionner le tissu des chapeaux. Mais
avant qu'ils puissent être employés, les *cogollos*
doivent être soumis à plusieurs opérations qui
les décolorent complétement et qui constituent ce
que l'on appelle le *beneficio*. Avant tout, on taille
dans la feuille, pendant qu'elle est encore fraîche,
les lanières ou brins (*ebras*) qui doivent être uti-
lisés. Cette opération se pratique en fendant lon-
gitudinalement, de bas en haut, chacune de ses
sous-divisions avec l'ongle du pouce, de manière
à n'en conserver que la partie moyenne qui reste
attachée à la queue, et à laquelle on laisse une
largeur qui varie selon la finesse du tissu auquel
elle est destinée. La feuille, ainsi préparée, est
trempée pendant un moment dans de l'eau en
ébullition et immergée aussitôt après dans une
eau tiède, rendue acide par l'addition d'une certaine quantité de jus de citron. Au bout de quelques instants on la retire de ce second bain, pour la
plonger dans de l'eau très froide, puis on la laisse
sécher. Alors les bords des lanières se reploient
en arrière en prenant une forme cylindroïde qui
augmente beaucoup leur solidité. Dans quelques
endroits, mais en particulier à Catacaos, à quelques lieues de Piura, dans le Pérou, on fait beaucoup de chapeaux avec de la paille préparée dans

la république voisine ; mais leur tissu n'a ni la solidité, ni le genre particulier de souplesse que l'on estime tant dans les chapeaux de l'Ecuador, et que l'on désigne sous le nom de *batan*. Cette différence provient de ce que la paille portée à Catacaos étant souvent un peu grossière, on est obligé, pour en faire des chapeaux qui aient quelque apparence de finesse, de fendre les brins en deux, ce qui les prive de la qualité essentielle qui dérive de leur forme. Dans la fabrication des chapeaux ordinaires, on humecte la paille avec de l'eau pour la travailler ; mais les chapeaux d'une grande finesse ne se tissent qu'aux heures de la journée où la rosée peut donner à la paille toute la moiteur nécessaire. La fabrication des chapeaux avec la paille de *Carludovica palmata* ne date, en Bolivie, que d'un très petit nombre d'années ; elle a cependant pris déjà un assez grand développement dans la province de Mojos, et elle promet d'acquérir, avec le temps, une importance réelle. Les Boliviens donnent à la plante qui nous occupe le nom de *Jipijapa*, du nom de la ville de l'Équateur où l'on fabrique le plus grand nombre de ces articles. Les Lecos la nomment *Apitari*, et les Guayaquileños, tout simplement *Paja*, ou Paille.

CHAPITRE XXVII.

La grippe faisait, comme je l'ai dit, de grands
ravages à Guanay ; le surlendemain de notre arrivée, le *capitan* lui-même en fut atteint, mais il
n'en continua pas moins de s'occuper de l'enrôle-
ment de nos *balseros*, attention qui lui valut de
notre part un hameçon d'encouragement. Notre
hôte, de son côté, étant décidé à nous accompagner, faisait de son mieux pour hâter les préparatifs.

Tout considéré, nous vîmes que pour faire
commodément, avec le *padre*, le voyage de Coroico,
il nous faudrait quatre *balsas*, par conséquent

douze *balseros ;* or, il n'y avait pas dans tout le village ce nombre d'hommes valides, et la plupart de ceux-ci paraissaient fort peu disposés à s'embarquer pour un voyage qui, dans les circonstances les plus favorables, devait les tenir éloignés de chez eux au moins une douzaine de jours.

Le 17, nous n'étions donc guère plus avancés que le jour de notre arrivée, et le *padre,* soupçonnant que son premier ministre n'y mettait pas tout le zèle nécessaire, lui fit savoir que si le lendemain il n'avait pas réuni tout son personnel, il le ferait partir lui-même ; sur quoi le vieil Indien, bien que grippé encore, se remit en course, en tempêtant contre ses sujets indociles, et fit si bien que, dans l'après-midi de ce même jour, il nous annonça que tout était prêt.

Dans la matinée du 18 septembre, les Indiens qui devaient nous accompagner furent convoqués au rivage, et l'appel en ayant été fait, nous nous aperçûmes qu'il en manquait encore plusieurs. A midi même le nombre ne se trouva pas tout à fait complet ; mais le *capitan* ayant promis de nous faire rejoindre en chemin par le *balsero* absent, il fut décidé que nous lèverions l'ancre. Nos matelas, nos sacs et les deux ou trois malles de cuir qui renfermaient nos provisions (1) furent donc chargés, et nous allions enfin monter à bord nous-mêmes, lorsqu'on s'aperçut que la plus belle des *balsas* était endommagée, un des troncs qui la composaient s'étant rompu vers le milieu dans un voyage antérieur. Il fallut en chercher une autre, ce qui nous retarda encore.

Nos Indiens étaient arrivés successivement au lieu d'embarquement en costume de voyage, c'est-à-dire en chemise, leurs arcs et leurs flèches à la main, et portant en bandoulière le petit sac qui renfermait le reste de leur équipage. Un couteau, pendu derrière la tête par une ficelle qui passait sur le front, complétait leur uniforme. Leurs femmes les accompagnaient avec des régimes de bananes vertes et des gourdes remplies de *chicha*. Le *padre* était arrivé le dernier, accompagné de la jeune femme du presbytère, dont il se sépara les larmes aux yeux. La distribution d'une ration d'eau-de-vie à chaque matelot fut le signal d'un adieu général, après lequel nous nous éloignâmes rapidement de la plage de Guanay. A un millier de mètres au-dessous du village, nous laissâmes

(1) On se rappellera que les provisions apportées de La Paz consistaient surtout en biscuit, en chocolat et en moutons secs, ou *chalonas; nous* y avions ajouté une centaine de livres de riz, une petite barrique d'eau-de-vie de canne et quelques poulets vivants.

sur notre droite l'embouchure du rio de Challana.
Le volume de ses eaux était alors moins considérable que celui du Tipuani, et leur limpidité contrastait avec la teinte boueuse du Mapiri, que nous
descendions, et qui était, comme on dit, *esponjado.*
Les rives de l'une et de l'autre de ces rivières
étaient recouvertes d'un taillis épais de l'utile
Gynerium sagittale, et leur sol était assez bas
pour que la rivière, dans ses crues, pût y faire de
fréquentes incursions.

Le rio de Challana fait une petite chute au point
où il s'unit au Mapiri, et, par suite, le courant
y bouillonne avec une certaine violence. Au
moment où nous passions devant cet endroit, une
petite *balsa*, pesamment chargée de cacao, arrivait
du côté opposé, et un Indien de haute taille et sa
femme, qui en formaient l'équipage, prenaient des
précautions toutes particulières pour ne pas y être
renversés. Le *padre* jugea, à première vue, que
cet homme ferait notre affaire, et, l'ayant appelé,
il lui enjoignit de laisser là sa *balsa,* sa femme
et son cacao, et de monter à bord d'une de nos
embarcations. Le grand Indien, qui se nommait
Manoel, parut hésiter un instant, mais il finit par
céder, et après avoir jeté un regard de regret sur
son cacao qui allait peut-être se moisir, il prit la

perche qu'on lui offrait et partit avec nous. Nous
continuâmes alors de descendre le Mapiri sans nouvelle aventure jusqu'au confluent (*encuentro*) du
rio de Coroico, où nous arrivâmes à trois heures
et demie après midi. La distance de ce point à
Guanay est d'environ une demi-lieue.

Dans l'angle de réunion des deux rios, il y avait
une petite plage triangulaire, ombragée par un grand
arbre sous lequel nous nous arrêtâmes. Le Coroico, comme le Challana, courait presque nord
au point de sa jonction avec le Mapiri, et sa largeur paraissait être moindre en ce point que celle
du Tipuani.

Notre halte avait eu pour but de délier les *balsas*, que l'on avait jugé à propos de réunir, pour la
descente, deux à deux, ainsi qu'on l'avait fait dans
notre voyage précédent ; mais, dès qu'elles furent
libres, on s'aperçut qu'isolément elles n'avaient
pas la force nécessaire pour supporter le poids
qui leur était imposé. Le *capitan* arriva, sur ces
entrefaites, sur une petite *balsa* qu'il dirigeait
tout seul. N'ayant pu mettre la main sur le *balsero*
qu'il nous avait promis, il venait se livrer pour
remplir sa place ; le *padre* le renvoya aussitôt
à la Mission, par terre, pour nous chercher un
cinquième véhicule, et le voyage fut remis au

lendemain. Puis, pendant que nous jetions une ligne à la rivière dans l'espoir d'y trouver les éléments de notre souper, les hommes allèrent dans le taillis voisin couper des perches pour pousser les embarcations. C'étaient les troncs rectilignes et bambusiformes du *Gynerium* qui servaient à cet usage, auquel leur solidité et leur légèreté les rendent d'ailleurs très propres. La hauteur de cette graminée élégante, qui orne les rives de la plupart des fleuves de l'Amérique tropicale, est ordinairement de 7 à 8 mètres; ses feuilles, longuement rubanées, rapprochées au haut de la tige, y forment un vaste éventail surmonté, à l'époque de la floraison, par une longue hampe, qui porte une immense panicule plumeuse. En revenant des bois, nos Indiens rapportèrent une demi-douzaine des sommités de cette plante, et en formèrent en quelques instants un toit charmant sous lequel M. B... et le *padre* s'étendirent pour dormir. La pluie qui nous avait menacés pendant une partie de la journée ne vint heureusement pas justifier cette précaution; et nous n'éprouvâmes, en définitive, pendant cette nuit, d'autre avarie que la perte d'une petite partie de notre eau-de-vie. J'avais placé, pour plus de sûreté, sur le sable, au pied de mon lit, la barrique mal bouchée qui renfermait ce précieux article, et j'eus le malheur de le renverser sans m'en apercevoir.

Le lendemain, de très bonne heure, le grand *balsero* Manoel, qui avait accompagné le *capitan* au village, revint tout seul en disant qu'il avait été impossible de trouver une cinquième *balsa* capable de résister à la navigation que nous allions entreprendre, et il proposa de renforcer celles que nous avions avec les débris du radeau sur lequel le *capitan* nous avait rejoints, le jour précédent. La pauvre *balsita* fut aussitôt mise en morceaux, et les troncs qui la composaient furent fixés, au moyen de clous de bois de palmier, aux côtés de ceux de nos radeaux qui semblaient être le plus prêts à couler. Cela fait, on construisit à la hâte, au-dessus de nos bancs, des petits toits de feuillage pour nous préserver du soleil, et des cordes ayant été solidement fixées au bec, ou col (*pescueso*), de chaque *balsa*, nous prîmes congé du Mapiri, et nous commençâmes à remonter le courant du rio de Coroico. Les cordes dont je viens de faire mention sont celles qui portent le nom de *mili-mora* (1). Le lecteur se rappellera qu'à Guanay on en faisait des fouets. Elles ont l'épaisseur des joncs dont on

---

(1) Le mot *mora*, en langue leco, signifie « liane ».

se sert pour battre les habits, et, à peu de chose
près, la même apparence extérieure; mais elles
sont beaucoup plus souples. Je fus assez longtemps sans pouvoir deviner quel végétal pouvait
les fournir; enfin je réussis à me le faire montrer
dans la forêt, et je reconnus que c'étaient les racines aériennes d'une plante (1) appartenant au
même genre que celle dont on tire la paille de
Guayaquil. Elle grimpe, à la manière des lianes,
jusqu'au sommet des plus grands arbres, en émet-
tant de distance en distance ces racines singulières, et v développe des rameaux garnis de
feuilles bifurquées et de rares épis de fleurs. Une
secousse brusque détache facilement la racine de
son attache supérieure; un coup de couteau la
sépare du sol.

Il y avait à chacune de nos *balsas* deux de ces
cordes de *miti-mora* dont la longueur était de 8 à
10 mètres. Deux Indiens en tenaient les extrémités libres qu'ils avaient d'abord passées sur l'une
de leurs épaules, et traînaient ainsi l'embarcation,
pendant que le troisième *balsero*, resté à bord,
empêchait le radeau d'approcher la rive de trop
près ou de heurter les rochers qui faisaient sail-

(1) *Carludovica funifera.*

lie au-dessus de l'eau, en se servant à cet effet
des longues perches de *Charo,* ou de *Gynerium,*
dont j'ai parlé plus haut. Quand la nature du rivage ne permettait pas aux bateliers de se servir
des cordes, ou quand il était nécessaire de traverser d'une rive à l'autre afin d'éviter un coude,
tous montaient à bord et poussaient le véhicule
en avant avec les perches seules.

Au-dessus de son embouchure, le Coroico augmenta un peu de largeur; ses eaux étaient alors
d'un beau vert, et le courant était assez violent:
les rapides qui se présentaient de plus en plus
fréquemment, à mesure que nous avancions,
n'avaient cependant rien d'effrayant. Les rives,
que jonchaient le plus souvent des rochers de
schiste quartzeux, noirs, arrondis et polis par
l'usure, étaient d'ailleurs presque partout aborda-
bles, et offraient aux *balseros* un chemin de ha-
lage assez commode. Somme toute, à part le léger
obstacle que nous opposaient quelques troncs
abattus et entraînés par la rivière dans ses crues,
la navigation était assez facile.

A dix heures, nous arrivâmes devant une petite
plantation qui appartenait à l'un de nos *balseros,*
et nous y fîmes provision de bananes. On nous
montra, près de là, l'arbre dont on extrait le suc

qui sert à empoisonner les rivières ; mais, chose bizarre, malgré ses propriétés délétères, il n'y avait pas une branche du grand végétal qui ne fût chargée de plantes parasites.

Dans l'après-midi, nous passâmes devant l'embouchure d'une petite rivière appelée Iolosami, où je rencontrai pour la première fois, depuis que je voyageais en Bolivie, quelques unes des singulières petites plantes qui constituent la famille des Podostémacées, si fréquentes dans les cataractes de la plupart des fleuves du Brésil. La transparence de l'eau me laissait souvent voir de grandes surfaces revêtues d'un tapis émeraude, entièrement formé par ces herbes musciformes, mais j'usai vainement ma patience à essayer de m'en procurer des échantillons.

A six heures du soir, nous nous arrêtâmes pour coucher sur une plage caillouteuse, et les *balsas* ayant été tirées à sec sur le sable, afin qu'elles fussent à l'abri d'une crue subite de la rivière, les hommes s'occupèrent à préparer le souper et à nous construire un toit de feuilles de *Charo*, ce qui ne fut, comme à l'ordinaire, que le travail de quelques minutes. Quelques uns de nos hommes étaient partis de Guanay, je crois l'avoir dit, sous l'influence de la grippe, et il était à craindre que

la navigation ne fît empirer leur mal ; mais il n'en
fut rien : nous leur donnâmes un peu de thé avant
de les envoyer coucher, et ils se relevèrent presque complétement guéris. Les autres reçurent, au
lieu de thé, une ration d'eau-de-vie.

Levés avec le jour, nous reprîmes, le lendemain, notre navigation ascendante.

On sait que c'est la matinée qui, entre les tropiques, offre, pour voyager, le plus de charmes ;
mais cela est surtout vrai sur les rivières. Quand
le soleil darde sur la terre ses rayons verticaux,
alors, bien plus que pendant la nuit, il est vrai de
dire que la nature est endormie. Accablés par la
chaleur, les animaux supérieurs restent tapis dans
l'ombre épaisse des forêts ; quelques insectes seuls
bourdonnent dans l'espace, et remplissent l'air
d'un murmure sourd et continu qui fatigue l'oreille.
Aux premières lueurs du jour, au contraire, quand
le soleil levant dore à peine la surface des massifs,
toute la création a un air de vie qui enchante. Au
lieu du bruissement confus et monotone qui caractérise l'heure de midi, au lieu des glapisse-
ments sinistres des animaux nocturnes, le voyageur n'entend que des cris de joie ou des notes
d'amour qui sortent par intervalles rapprochés
du sein de la forêt, et saluent l'apparition de

l'aurore. A ce moment et vers le soir, les oiseaux pêcheurs abondent sur les rives des fleuves, et les Pénélopes, les Hoccos, ainsi que les grands mammifères, viennent en foule s'y désaltérer. On aperçoit çà et là, dans les fourrés épais qui bordent les plages, des ouvertures par lesquelles ces animaux débouchent pour atteindre leur abreuvoir ; ils aspirent à longs traits, sur le courant limpide, l'air vivifiant du matin ; mais dès que le soleil s'élève, ils abandonnent la rive et regagnent par des sentiers battus leurs retraites au cœur de la forêt.

Vers le point que nous avions atteint, le Coroico avait une largeur bien plus grande qu'à son embouchure. Nous continuions de suivre ses bords, en jetant des regards d'intérêt vers la forêt, sur la lisière de laquelle apparaissaient de temps à autre quelques quadrupèdes ou quelques oiseaux curieux, mais il était rarement possible d'aller à leur poursuite. Le bruit de nos mouvements les chassait, le plus souvent, bien avant qu'ils fussent à portée. Un de nos Indiens tua néanmoins, dans la matinée, un petit chevreuil qui fut rôti pour le dîner.

Le paysage n'était pas comparable, sous le rapport de la beauté, avec celui des bords du Tipuani

dont le sol était bien plus accidenté. L'arbre le
plus commun était une espèce d'Inga à feuilles
étroites et à fleurs d'un rose vif. Les grands Sabliers (*Hura*) attiraient fréquemment aussi notre
attention par leur chevelure de plantes parasites.
Pendant la halte que nous fîmes au milieu de la
journée, pour donner du repos aux équipages et
pour leur distribuer une ration d'eau-de-vie, je
m'approchai d'un de ces arbres pour l'examiner
de près, et je trouvai le sol tout couvert de fragments de ses fruits singuliers dont, aux Antilles,
on fait des sabliers. J'eus plus de peine à me procurer les feuilles et les fleurs, à cause de leur
éloignement; je n'y réussis même qu'en les faisant
tomber à coups de pierres. Je voulus goûter le
lait jaunâtre qui s'écoula abondamment de quelques plaies que je fis au tronc avec mon couteau,
mais mal m'en prit : quand je le portai à ma bouche, je ne lui trouvai pas de goût bien prononcé,
mais un instant après, bien que je n'en eusse
pris que du bout du doigt, il me survint à la
gorge une forte irritation que je gardai plusieurs
jours.

Dans l'après-midi, nous traversâmes un rapide
assez dangereux appelé Tajleni, et, une heure
après, nous laissâmes sur notre droite une petite

rivière appelée Casiji, à l'embouchure de laquelle, sur une petite plage ombragée, jouait une bande de Cabiais (*Conejos de agua*). Le *padre* tira aussitôt sur eux, et les manqua, comme c'était son habitude ; j'en fis autant, de mon côté, à l'égard d'une paire de magnifiques Aras rouges qui passaient, presque au même moment, au-dessus de nos têtes, en faisant entendre leurs voix discordantes. Le Cabiai (*Hydrochœrus Capybara*) est, comme on sait, le plus grand des Rongeurs connus. Sa taille est celle d'un très fort cochon dont il a un peu la figure. Ses membres sont cependant plus trapus et plus robustes. Ses pattes sont palmées, et servent admirablement à la progression de l'animal dans l'eau ; aussi est-ce là qu'il se réfugie ordinairement quand il se voit en danger. La chair du Cabiai adulte est un peu coriace; celle des jeunes individus est un mets excellent, et ne peut mieux se comparer qu'à celle du cochon de lait lui-même. Ces animaux sont extrêmement communs sur les bords de tous les fleuves de l'Amérique du Sud, et font un tort considérable aux plantations qui se trouvent à portée de leurs incisives.

Le 21, nous nous levâmes encore avec le soleil,

et, comme le jour précédent, nous partîmes sans
déjeuner. Le ciel, d'abord nuageux, s'éclaircit
bientôt, et notre navigation se continua sans interruption. Les Pénélopes étaient plus abondants
que de coutume, et nous fûmes assez heureux
pour en abattre un, de l'espèce que les Lecos
appellent *Tchui*. Comme chez la plupart des
oiseaux du même genre, les plumes du corps
étaient d'un vert très foncé, mais celles des
ailes étaient blanches, et, sur la tête, l'oiseau
portait une huppe grise; sa gorge et ses joues
ét... t nues et d'un joli bleu céleste. Les Pénélopes o..t le vol pesant et court; ils perchent ordinairement en bandes sur les branches des arbres
bas et touffus. Leur cri, toujours désagréable, est
quelquefois bruyant et saccadé, comme chez le
dindon, d'autres fois sourd et étouffé. Dans plusieurs espèces, chez lesquelles la voix est très
développée, la trachée, bien plus allongée que le
cou même de l'oiseau, présente, au-devant du
sternum, un coude très remarquable, disposé en
quelque sorte comme le tuyau d'une trompette,
conformation qui influe sans doute sur la nature
de son cri. Les noms de *Viloco*, de *Morocara*, de
Tchui, de *Uichi*, etc., donnés par les Boliviens à
différentes espèces de ce groupe, ne sont que

l'expression des sons divers que ces oiseaux
émettent.

Je crois avoir déjà parlé des moustiques pendant le cours de ce récit. On se rappelle qu'à Tipuani ils nous poursuivaient jusque sous les
couvertures de nos lits; sur le Coroico ils nous
harcelèrent presque autant. Je dois faire remarquer, à ce sujet, que l'insecte qui, au Pérou et en
Bolivie, porte le nom de *Mosquito,* ou petite mouche, n'est pas du tout l'insecte connu, dans d'autres parties, sous le nom de mousquite ou de
moustique, c'est-à-dire une espèce de cousin. La
bête dont je veux parler ressemble bien plutôt par
sa forme à la mouche ordinaire, dont elle est
l'extrême miniature; elle mérite, par conséquent,
le nom qui lui a été appliqué bien plus que le
moustique ordinaire, qui est le *Sancudo* des Espagnols du Pérou. Les *Mosquitos* proprement dits,
tels que nous les avons vus à Tipuani et sur le
Coroico, sont de deux sortes : l'une, appelée
Chuspi, est de la taille d'un grain de millet; elle
a l'abdomen jaune; l'autre, appelée *Humi* ou
Mosquito-polvora, est noir et ressemble assez à un
grain de poudre. La piqûre de ces petits Diptères
est aussi douloureuse que celle des cousins; elle
en diffère en ce qu'elle n'est jamais accompagnée

d'enflure, et qu'elle laisse constamment après
elle un point ecchymotique, ou une petite tache de
sang, qui s'écaille et tombe au bout de quelques
jours.

CHAPITRE XXVIII.

Le rio de Coroïco (*suite*).

A mesure que nous nous éloignions de notre point de départ, les rapides devenaient plus forts et plus nombreux, et exigeaient de la part de nos *balseros* un surcroît continuel de travail; mais venaient-ils à se fatiguer, une goutte d'eau-de-vie, un *trago,* comme ils disaient, rétablissait bientôt leur ressort normal, et cette dure navigation ne paraissait plus être pour eux qu'une partie de plaisir.

A neuf heures du matin, nous avions passé l'embouchure d'une nouvelle rivière, appelée rio de Songo, que nous laissâmes, comme les précé-

dentes, sur notre droite. Quelque temps après,
nous nous arrêtâmes, pour déjeuner, au bord d'un
petit bois de bambous auquel nos hommes s'amu-
sèrent à mettre le feu. En quelques minutes, tout
le bosquet fut en flammes, et la chaleur et la fumée
nous forcèrent bientôt d'abandonner la place. L'action de l'incendie sur les tiges des bambous était
assez remarquable : à peine celles-ci arrivaient-
elles à un certain degré de chaleur que leurs
entre-nœuds, ne pouvant plus résister à la dilata-
tion de l'air et de l'eau qui s'y trouvaient renfer-
més, faisaient successivement explosion, en produisant assez exactement sur l'oreille l'effet d'un
grand feu d'artifice. Manoel, le grand *balsero* du
rio de Challana, était allé pendant ce temps, pour
la dernière fois, tenter la fortune à la pêche, et il
nous en rapporta encore un poisson. Je n'ai guère
vu de figure de sauvage plus frappante que celle
de cet homme, aux membres nus, l'arc tendu à la
main, guettant immobile sa proie au bord de l'eau :
on l'aurait pris ainsi pour une belle statue.

Dans l'après-midi de cette journée, la rivière
devint plus étroite, mais elle ne présenta pas de
gorges analogues à celles que nous avions vues en
si grand nombre sur le Tipuani, et la seule différence notable que nous pûmes constater dans la

végétation des rives, était due à l'abondance plus
considérable des palmiers, parmi lesquels se faisait surtout remarquer une espèce à tronc court
et obconique, que les Lecos appellent *Uitu*, et qui
m'a semblé être la même que le *Motacu* (*Maximi-
liana princeps*) du sud de la Bolivie. Le singulier
genre de palmiers auquel les botanistes ont donné
le nom de *Iriartea*, dont le tronc élancé est suspendu sur de longues racines aériennes, était également très commun dans quelques endroits. Il
en était de même des *Triplaris*, sur lesquels je
trouvai encore la fourmi dont il a été question
dans un des premiers chapitres de ce récit. Les
insectes d'un ordre plus brillant, tels que Scara-
bées et papillons, étaient bien plus rares que l'on
n'aurait pu s'y attendre, d'après l'idée que l'on se
fait ordinairement des pays tropicaux. Il m'arriva
cependant, cette nuit même, de prendre plusieurs
assez jolis Coléoptères au moment où j'y pensais
le moins. Nous étions campés, comme à l'ordinaire, sur une des plages de la rivière, et je m'oc-
cupais, après dîner, à mettre en presse les herbes
recueillies dans la journée, lorsqu'un des insectes
en question traversa, au galop, le papier que je
venais d'étaler sur le sable; je le saisis, mais la
bête, irritée, me punit à l'instant même de ma

témérité, en me tirant, en plein index, une fusée
d'une vapeur brûlante, suivie bientôt d'une seconde et d'une troisième décharge, accompagnées
toutes d'une détonation très sensible. C'était un
gros Brachine que la lumière avait attiré de
ce côté. Je parcourus aussitôt avec ma chandelle
tous les recoins de notre petite plage, et, après
une demi-heure de recherches, le nez en terre,
je réussis à capturer plusieurs Mégacéphales
bleues et vertes, faisant la chasse, de leur côté,
aux innombrables moucherons qui infestaient le
bord de l'eau. Pendant le jour, ces Carabiques
s'enfoncent dans le sable, où leurs larves, car-
nassières comme elles, vivent pareillement, à la
manière de celles des Cicindèles de nos pays.

Plusieurs chevreuils se présentèrent à nos coups
dans la matinée du 22, et, vers l'heure du déjeuner, nos hommes signalèrent un énorme Tapir (1).
Il était immobile sur une plage unie, à quelques
centaines de pas en avant de nous, et ne semblait
pas s'apercevoir de notre approche. Il venait de
se désaltérer. Je quittai ma *balsa* pour essayer de
le tourner, mais avant que je pusse effectuer
mon plan, il rentra tranquillement dans la forêt

(1) *Tapirus americanus* Buffon.

et disparut. Cet animal est, comme on sait, le plus grand mammifère de l'Amérique du Sud ; aussi les Espagnols lui donnent-ils souvent le nom de *Gran Bestia ;* il est cependant connu tout aussi fréquemment sous celui de *Anta.* Au Pérou et en Bolivie, on ne le chasse guère que pour sa peau, que l'on tanne, et dans le corps de laquelle on taille des rênes cylindriques, souvent de l'épaisseur du petit doigt. Ce Tapir ne se rencontre pas dans les forêts du rio de Coroico, au-dessus du point où nous l'avons aperçu. Quant au Tapir Pinchaque (1), que M. Roulin a le premier fait connaître en Europe, et qui habite, dit-on, le nord du Pérou, il n'a jamais été vu, que je sache, en Bolivie.

Les rapides devenaient, d'heure en heure, plus fréquents et plus difficiles. Les *balseros* se trouvaient même obligés, quelquefois, d'y creuser une sorte de canal en en repoussant les roches les plus proéminentes. Dans une de ces passes, la *balsa* du *padre* fut sur le point de naufrager. On venait, à grand'peine, de la faire arriver au sommet de la pente, et les *balseros* s'y rembarquaient pour continuer de remonter à la perche, lorsque le courant ressaisit le véhicule au moment où l'on s'y

(1) *Tapirus Roulinii Fischer.*

attendait le moins, lui fit redescendre le rapide
en un clin d'œil, et le jeta avec tant de violence
contre la berge voisine que ce fut un miracle s'il
ne s'y brisa pas. Il n'échappa que grâce à l'obli-
quité du choc et au poli de la roche contre laquelle il avait été lancé.

En même temps que la rivière présentait plus
d'inégalités dans son lit, sa largeur offrait des
variations aussi notables, et ses plages, qui devenaient de plus en plus étroites, avant de disparaître complétement, étaient partout couvertes
d'une couche épaisse d'énormes galets. La température de ses eaux restait seule à peu près in-
variable, étant de 19 à 20 degrés centigrades;
celle-ci allait aussi diminuer bientôt.

Peu après l'accident arrivé à la *balsa* du *padre,*
le bec de l'embarcation que montait M. B... se
rompit dans un passage difficile, et il fallut nous
arrêter pour réparer le dommage. Le point choisi
pour ce travail fut une petite plage située sur la
rive droite de la rivière, immédiatement au-dessus
de l'embouchure du rio Caranavi. J'ai dit que
c'était au bec ou au col (*pescueso*) relevé de la *balsa*
qu'étaient fixées les lianes (*moras*) au moyen desquelles le véhicule était halé. Un usage non moins
important de ce même *pescueso* était d'empêcher,

par sa direction en haut, que l'embarcation ne
heurtât trop violemment les rochers à fleur d'eau
qui se rencontraient sur son passage. Enfin c'était
sur cette partie que portaient surtout les efforts
directs des *balseros,* dans le passage des *mal-pasos;*
il était donc urgent de réparer au plus vite le dé-
gât survenu au radeau de mon *compañero.*

Mes lecteurs se rappelleront que l'arbre qui sert
à la construction des *balsas,* le *Palo de balsa,* est
une espèce de Bombacée. Son tronc cylindrique est
invariablement divisé, à une certaine hauteur, en
deux branches d'une épaisseur sensiblement égale
à la sienne, en sorte que si l'on en abat une, l'autre paraît être la continuation normale du tronc,
avec lequel elle forme cependant un angle obtus ou
une sorte de courbe, disposition que l'on met à
profit pour obtenir le *pescueso* dont il est question.
Nous eûmes d'autant plus de facilité pour rencontrer ce que nous cherchions dans le lieu de notre
halte, qu'une partie de la forêt avait été détruite
par le feu, quelques années auparavant, et que
le *Palo de balsa* croissait en abondance dans le
taillis sorti de ses cendres. Bref, au bout d'une
heure, les restes de l'ancien *pescueso* furent enlevés, et le nouveau solidement chevillé à sa
place.

Bien qu'il ne soit pas navigable, le rio Cara-navi (1) offre quelque importance, à cause de l'abondance des arbres à quinquina dans le district qu'il arrose. C'est sur les montagnes qui l'avoisinent que les *cascarilleros* de Coroico ont surtout recueilli, dans ces dernières années, cette drogue précieuse. On assure, en outre, que ses eaux sont très poissonneuses. Avant de le recevoir, le Coroico fait une petite chute et n'a guère que 30 mètres de largeur.

Dans l'après-midi, le temps se brouilla, et le vent s'éleva avec force du côté du sud; nous n'en continuâmes pas moins à pousser en avant, et nous arrivâmes vers cinq heures et demie à la région des grands rapides, dont nos *balseros* remirent la traversée au lendemain. Le ciel étant devenu plus menaçant à l'entrée de la nuit, nous montâmes notre tente de voyage, dont nous ne nous étions pas encore servis.

Les quelques lieues qui allaient composer la marche de la journée suivante nous avaient été désignées comme les plus difficiles du voyage; nous y préparâmes donc nos Indiens au moyen d'une

---

(1) Le rio Caranavi forme, s'il faut en croire les gens du pays, une des limites de la province de Yungas.

distribution copieuse d'eau-de-vie, et nous eûmes soin de ne nous confier à nos *balsas* qu'après avoir bien visité l'état de nos câbles, et après avoir vu attacher au radeau toutes les pièces de notre bagage. Enfin, à six heures, nous étions établis sur nos bancs, et bientôt après avoir quitté le camp, nous pénétrâmes dans une gorge étroite, où le courant roulait avec violence entre deux rochers verticaux. Nous traversâmes cette passe sans accident, et nous remontâmes ensuite, avec non moins de bonheur, un grand rapide où la rivière fait une chute de près de 2 mètres. C'était le premier *mal-paso*. Le second, situé à peu de distance du premier, est plus difficile à surmonter, bien que la rivière s'y trouve moins encaissée. Pour y faire passer les radeaux, il fallut, après en avoir retiré les bagages, que tous les *balseros* de l'expédition, réunissant leurs efforts, les portassent, en quelque sorte, par-dessus les rochers. Nos pauvres véhicules s'y penchèrent tellement que je crus, à chaque instant, qu'ils seraient renversés et emportés par le torrent qui écumait alentour. Nos Lecos firent cependant si bien, que, là encore, nous n'eûmes aucun accident à regretter. La gaieté et le sang-froid de ces hommes ne se démentaient jamais, et auraient inspiré de la confiance au plus timide. C'étaient de vrais démons.

Le troisième *mal-paso* succéda presque immédiatement au second. Il nous parut facile, en comparaison du précédent, les chutes qui le composaient, bien que nombreuses, n'ayant qu'une faible hauteur. Un peu au delà, nous passâmes l'embouchure d'une petite rivière qui se jette dans le Coroico, près d'un immense rocher à pic, d'un aspect très pittoresque, au pied duquel des *cascarilleros* avaient élevé une petite cabane. On nomme cette rivière rio Turbio.

Depuis que nous étions entrés dans la région des *mal-pasos*, les montagnes présentaient à l'œil bien plus d'élévation et une forme généralement plus conique; beaucoup d'entre elles étaient taillées à pic jusqu'à une immense hauteur, et donnaient au paysage un caractère remarquablement sauvage. Leurs flancs gris étaient couverts de grands Tillandsias ou d'autres végétaux à formes pittoresques; celles qui avoisinaient la rivière étaient festonnées de lianes au milieu desquelles jouaient des troupes d'écureuils, ou bien des Coqs de roche qui s'envolaient à notre approche, en sillonnant l'air comme des traits de feu.

Je ne connais pas d'oiseau dont le plumage soit

plus admirablement brillant que celui du Coq de roche ; mais sa riche nuance l'abandonne après sa mort, et les peaux qui arrivent en Europe, quelque belles qu'elles soient, donnent une idée imparfaite de ce qu'est l'oiseau vivant. Les Péruviens l'appellent *Tungui*, nom qu'ils donnaient autrefois aux Espagnols.

Le quatrième *mal-paso* que nous franchîmes vers une heure après midi, était assez insignifiant ; il formait un prélude au cinquième, qui est le plus mauvais de tous. Avant de l'entreprendre, nous préparâmes nos hommes par une distribution générale de *tragos*, sachant bien que les difficultés leur sembleraient ainsi diminuées de moitié. Rien ne coûte, en effet, aux Lecos quand ils sont sous l'excitation de l'alcool ; au contraire, quand on les prive de cette liqueur favorite du sauvage, ils sont presque inertes : il ne serait donc pas déraisonnable de dire qu'une *balsa* qui se mettrait en route sans eau-de-vie serait comme un bateau à vapeur qui partirait sans charbon.

Ainsi qu'on l'a vu plus haut, il était souvent nécessaire d'alléger les radeaux dans les passes difficiles ; nous cheminions alors par terre jusqu'au-dessus du rapide, où nous nous embarquions de nouveau. Le lecteur pense sans doute que ces

petites courses étaient pour nous des parties de
plaisir : qu'il se détrompe ; les plages qu'il fallait
remonter, pour suivre nos embarcations, n'étaient,
grâce aux rochers polis et glissants qui les jonchaient, que des casse-cou ; aussi, pour le pauvre
M. B..., chacune de ces courses était-elle un petit
travail d'Hercule. Et si, de guerre lasse, nous
restions sur nos bancs, notre position n'était guère
meilleure, par suite de l'obligation où nous nous
trouvions d'être continuellement sur le qui-vive
afin de maintenir notre équilibre. Pendant ce
temps, nos pieds étaient sans cesse baignés par
l'eau ; c'était là le moindre de nos désagréments.
Dans les rapides, nous étions bien autrement af-
fligés ; la *balsa* disparaissait alors complétement
dans l'eau, et les vagues bouillonnantes venaient
à chaque instant inonder nos siéges et notre malheureux bagage. J'eus toutes les peines imaginables pour préserver mes cahiers de notes de ces
déluges continuels, et je n'y réussis qu'en les
portant constamment dans des sacs passés sur
mes épaules, en sorte que, lorsque le reste de
mes effets se trouvait déjà trempé, ces papiers
étaient encore intacts. Une seule fois, je crus tout
perdu. C'était dans l'après-midi ; le soleil avait
dardé sur nous ses rayons avec une violence inac-

coutumée, et avait exaspéré un mal de tête dont je souffrais depuis le matin. Je me sentais, en un mot, assez peu disposé à sortir de ma *balsa*, où je me tenais coi à l'ombre de mon petit toit de feuillage, que j'avais renforcé d'une serviette. Mes Indiens, pendant ce temps, excités par une nouvelle libation, faisaient filer l'embarcation avec si peu de précaution, que je commençais à avoir quelque inquiétude sur le résultat. J'allais me lever pour les interpeller lorsque mon véhicule, frappant sur la pente d'un rocher à demi submergé, se releva tout à coup d'un côté, puis se mit debout sur sa tranche, et allait se retourner sens dessus dessous, quand les Lecos, prompts comme l'éclair, se précipitèrent pour éloigner le véhicule du malencontreux rocher. Quant à moi, je m'étais cramponné à mon banc, et j'en fus quitte pour un bain presque complet; je ne doutai pas qu'il n'en eût été de même de mes livres; mais j'eus bientôt le plaisir de voir que, garantis par leurs sacs, ils avaient échappé sains et saufs. Je ne puis mieux comparer l'effet produit sur les *balsas,* par ces rochers à fleur d'eau et à faces obliques, qu'à celui que produit le soc d'une charrue sur une motte de terre qu'il relève et retourne.

Quelques minutes après l'incident que je viens

de relater, le pauvre *padre* devint le héros d'une aventure analogue ; mais, moins heureux que moi il perdit le seul livre qu'il possédât, son bréviaire. Nous sortions d'une *angostura*, et nous allions traverser la rivière, pour gagner une plage où nous pouvions nous servir de nos cordes. La *balsa* du *padre*, poussée la première au moyen de quelques vigoureux coups de perche, fila rapidement vers l'autre bord ; mais l'impulsion n'ayant pu être renouvelée assez tôt à cause de la profondeur de l'eau, le courant s'empara du véhicule et le porta avec une telle force contre une des roches dont j'ai parlé, qu'il se mit sur la tranche comme sous l'influence d'un coup électrique, et resta plaqué dans cette position sur une des berges de l'*angostura*, malgré tous les efforts que firent ses *balseros* pour l'en retirer. Ceux-ci étaient tous tombés à l'eau à l'instant du naufrage, et avaient aussitôt gagné le bord en emportant, par bonheur, avec eux, une des cordes du radeau, grâce à laquelle ils l'empê-chèrent d'aller plus loin. Quant au *padre,* qui s'était accroché à son banc, il avait suivi la desti-née de l'embarcation. En définitive, ce fut tout au plus si les efforts réunis des *balseros* purent em-pêcher *balsa* et moine d'être emportés par le torrent. C'est ce qui arriva au bréviaire que le

malheureux curé tenait à la main au moment de
sa déconfiture.

Ce ne fut pas sans plaisir qu'après ce jour de
travail nous vîmes arriver l'heure de la grande
halte. Avec quelle satisfaction mon compagnon de
voyage s'enfonça sous ses couvertures, et combien
je désirai alors l'imiter ! mais d'autres soins me
préoccupaient. Tout le papier qui contenait mes
échantillons d'herbier avait été imbibé d'eau, et il
fallait le sécher à tout prix. J'eus à retirer, une à
une, de leurs enveloppes, les plantes déjà moi-
sies, et, après les avoir séchées à la flamme d'un
grand feu, à composer de nouveau les paquets.
A la suite de cette opération, qui m'occupa plusieurs heures, je me couchai aussi et je dormis
jusqu'au lever du jour.

Nous fûmes réveillés par de grosses gouttes de
pluie qui nous tombaient sur le visage, après avoir
traversé une mince voûte de feuillage que les rameaux de quelques petits arbres formaient au-
dessus de nos têtes. Nous réunîmes à la hâte,
sous une natte, les objets épars, et, protégés par
l'imperméabilité de nos *ponchos*, nous nous pro-
posâmes de laisser passer l'orage. Voyant enfin
qu'au lieu de diminuer l'averse augmentait au
contraire sans cesse, nous reprîmes notre marche,

et nous luttâmes de notre mieux contre les quelques *mal-pasos* qu'il nous restait encore à franchir. Nous nous arrêtâmes pour déjeuner à l'abri d'une espèce de grotte formée par une immense roche en saillie sur une plage où les *cascarilleros* qui fréquentent ces régions ont l'habitude de camper. Les parois du rocher étaient noircies par la fumée de leurs feux. Nous fîmes de notre mieux pour en allumer un de notre côté, mais le bois qui gisait alentour était mouillé, et nous pûmes tout au plus nous procurer assez de chaleur pour faire un peu de chocolat que nous partageâmes avec les *balseros*. Notre pauvre Leandro, qui venait d'être pris d'un accès de fièvre, claquait des dents en nous servant notre modeste repas, et désirait, plus que nous tous, voir s'allumer la flamme de notre foyer; mais il dut se rembarquer sans avoir cette satisfaction.

Le rocher était abrité d'un côté par un immense Figuier, un des plus beaux arbres que j'eusse vus sur la rivière. Son tronc donnait naissance, près de sa base, à de grandes racines noueuses que la rivière baignait dans ses crues, et qui formaient à l'arbre une sorte de piédestal rustique. Ses branches robustes, chargées d'un feuillage épais, ombrageaient au loin le courant. Les Lecos donnent

à cet arbre le nom de *Tolo ;* ils m'assurèrent que
c'était un des plus grands végétaux de leurs forêts ;
ses dimensions étaient cependant bien inférieures
à celles de deux *Chorisia* (1) à troncs cylindriques
que j'avais eu occasion de mesurer deux jours
auparavant sur une des plages de la rivière, où
ils avaient été déposés par le courant, à l'époque
de quelque grande crue. La circonférence du
tronc du premier de ces arbres, prise à 3 mètres
de sa base, était de 4 mètres, et sa hauteur, depuis le niveau de la terre jusqu'à l'origine des
premières branches, était de 17 mètres. Le second
avait une hauteur de 28 mètres depuis le niveau
de la terre jusqu'à l'extrémité supérieure des
grandes branches, et la circonférence de son tronc
était de 4 mètres et demi. Les arbres que je viens
de citer, un *Petiveria*, nommé *Ajo del monte,* à
cause de la forte odeur d'ail qu'il exhale de toutes
ses parties, et un autre arbre, appelé *Lucma del
monte,* paraissent être les géants du monde végétal dans cette partie de la Bolivie ; mais, ainsi
qu'on a pu le voir par l'exemple cité, les dimensions qu'ils présentent ne sont pas, à beaucoup près, aussi considérables qu'on le supposerait

(1) Genre de la famille des Bombacées, à laquelle appartient aussi le
gigantesque Baobab.

d'après les idées que l'on se forme trop souvent
de la végétation tropicale. On est assez porté, ai-
je écrit ailleurs, à s'exagérer la taille moyenne
des arbres forestiers de l'Amérique tropicale,
sans doute parce qu'on s'en fait une idée d'après
quelques rares exceptions. Il est à cet égard une
circonstance que l'on ne prend peut-être pas assez
en considération : c'est que, si l'arbre végète, sous
le soleil humide de l'équateur, avec plus de vigueur
que dans les zones tempérées, il est soumis aussi
à bien des causes de destruction dont les arbres
de nos climats n'ont point à souffrir ; et j'ose dire
que si l'on venait à calculer l'âge des plus anciens
végétaux des forêts équatoriales, cet âge se trouverait être inférieur à celui de bien des Chênes de
nos futaies. Tout au plus devrait-on excepter de
ce jugement quelques arbres, tels que les figuiers,
par exemple, que leur suc âcre ou laiteux préserve,
jusqu'à un certain point, de l'attaque des insectes.
Mes observations sur les forêts du rio de Coroico
sont tout à fait conformes à cette manière de voir.

Parmi d'autres plantes intéressantes que j'ob-
servai dans le courant des deux dernières journées,
sur la lisière de la forêt, je ne mentionnerai ici,
avec les plantes qui produisent les cordes à *balsa*
et la paille de Guayaquil, que l'espèce de Quin-

quina que l'on connaît sous le nom de *Cinchona micrantha,* et auquel les gens du pays appliquent celui dé *Cargua-cargua* (littéralement « Lama-lama »), désignation méprisante qu'ils donnent indifféremment à toutes les espèces de quinquina qu'ils croient être de qualité inférieure (1). Une particularité remarquable dans l'histoire de l'arbre dont je viens de parler, c'est la préférence qu'il montre pour le fond des vallées et pour le bord des rivières, tandis que la plupart des autres es-pèces habitent les versants élevés ou le faîte des montagnes.

A cinq heures du soir, après une navigation qui n'avait présenté aucun incident remarquable, nous abordâmes, avec l'intention d'y passer la nuit, à une plage située sur la rive droite de la rivière, Elle était ombragée par de grands arbres tout hé-rissés de plantes parasites, et une petite rivière, nommée rio de la Esperanza, la coupait à une de ses extrémités. Avant d'y descendre, le *padre* y avait aperçu une hutte de *cascarillero,* vers la-quelle il se dirigea ; mais à peine y fut-il arrivé, qu'une vive exclamation de sa bouche m'attira

---

(1) Je puis dire ici, en passant, que les *cascarilleros* boliviens n'ont d'estime que pour une seule espèce de quinquina, qui est le Calisaya; toutes les autres sont pour eux des *Cargua-cargua.*

aussi sur les lieux. Quelle fut alors mon·horreur
en voyant étendu sur le sol, à côté du petit hangar, un homme dans l'agonie de la mort. Il était
presque nu, et avait tout le corps dans un état
difficile à décrire. Vivant encore, il était devenu
la proie de milliers d'insectes dont les piqûres
avaient sans doute contribué à hâter sa fin. Sa
figure, en particulier, était tellement enflée, que
les traits en étaient devenus complétement mécon-
naissables; et ses membres, seules parties de ce
cadavre qui s'agitassent encore, étaient dans un
état tout aussi hideux. Sous le toit de feuilles
était le reste des vêtements de l'infortuné, c'est-
à-dire un chapeau de paille et un lambeau de
couverture; à côté de ces objets, se voyaient un
briquet et un mauvais couteau. Un petit pot de
terre contenait les restes de son dernier repas,
un peu de maïs et deux ou trois pommes de terre
gelées.

Le missionnaire contempla, immobile, pendant
quelques instants, cet épouvantable spectacle, puis
il fit un pas pour se rapprocher de l'infortuné, et
je crus qu'il allait chercher à lui porter quelques
secours, au moins spirituels; mais le courage lui
manqua pour lui rendre ce dernier service, et, se
retournant subitement, il marcha à grands pas

vers sa *balsa*, et se fit conduire à quelques centaines de mètres plus loin, sur la rive opposée de
la rivière. Je restai alors seul et impuissant près
du pauvre moribond ; je pensai à sa famille qui,
en ce moment même, attendait peut-être son
retour ; puis, ramassant son lambeau de couverture, je l'en recouvris à la hâte, et je regagnai
aussi mon radeau. Malheureux *cascarilleros !* Voilà
donc la triste fin à laquelle vous expose votre
pénible métier ; la mort au milieu des forêts, loin
de tous les vôtres ; la mort sans secours et sans
consolations !

La plage où le *padre* s'était fait transporter était
trop inégale pour qu'il fût possible d'y camper; nous
continuâmes donc de remonter la rivière pendant
quelques minutes encore, jusqu'à une petite clairière où se trouvait un hangar assez grand pour
abriter quatre ou cinq d'entre nous. Après nous y
être installés, nous mîmes le feu à un grand amas
de branchages qui se trouvaient devant notre logement, et nous y séchâmes une partie de nos
vêtements.

La région des *mal-pasos* était définitivement
franchie, et notre navigation, devenue facile, se
continua jusqu'à la fin sans événement bien digne
d'être noté. Les *balseros*, pressés d'ailleurs d'arri-

ver au but, de crainte qu'une crue soudaine de la
rivière n'arrêtât notre marche, maniaient leurs
câbles de *Carludovica* avec une énergie toujours
croissante. Le désir d'arriver était devenu pour
plusieurs d'entre eux un excitant aussi puissant
que les *tragos* eux-mêmes, et ceux-ci ne leur
manquèrent pas ; aussi filâmes-nous avec rapidité
vers le port de Coroico, où nous avions nous-
mêmes le plus grand besoin d'aborder, notre santé
à tous commençant à se détériorer très sensiblement, par suite de la fièvre dont nous avions puisé
les germes sous le ciel insalubre de Tipuani.
M. B..., en particulier, bien plus gravement atteint que Leandro et moi, était dans un état d'af-
faissement extraordinaire, au point qu'il était
tombé plusieurs fois en défaillance. Le sulfate de
quinine suspendit presque immédiatement ces
symptômes alarmants, ainsi que les accès de
fièvre ; des doses considérables et répétées du
remède ne réussirent cependant pas à détruire
aussitôt les racines de la maladie, aux atteintes de
laquelle mon compagnon a continué à être sujet,
même depuis son retour en France.

On a vu qu'à côté du mal, la Providence avait
placé le remède, dans ces vallées ; pendant la journée du 25, nous vîmes encore plusieurs fois le

Cinchona micrantha (1) sur les bords de la rivière, et, avec lui, une espèce de faux Quinquina à grandes feuilles et à fruits allongés, appelée par les anciens botanistes *Cinchona magnifolia*.

Mais ces espèces, les seules que nous ayons aperçues durant notre navigation, ne sont pourtant pas les seules qui habitent la région, ainsi que je fus bientôt à même de le constater. En effet, nous étant arrêtés, pour la nuit, sur une petite plage d'où nous avions vu s'élever une colonne de fumée, et nous étant approchés ensuite du point d'où elle partait, nous aperçûmes un *cascarillero* qui préparait son dîner sous un des petits hangar de feuilles de palmier dont j'ai déjà parlé plusieurs fois, et je vis près de lui une petite pyramide de belles planchettes d'écorce de quinquina-calisaya, qu'il avait recueillies quelques heures auparavant. Ayant alors lié conversation avec cet homme, j'en obtins des renseignements très précieux sur di-

---

(1) Pour ceux de mes lecteurs auxquels les noms botaniques ne seraient pas familiers, je dirai ici que le genre qui reçut les végétaux fébrifuges, nommés *quinquinas*, fut dédié, par Linné, à la comtesse de Chinchon, épouse d'un vice-roi du Pérou, miraculeusement rendue à la santé par quelques prises d'une de ces écorces. Telle est l'origine du mot *Cinchona*, et telle est, également, celle du nom de *poudre de la comtesse*, sous lequel l'écorce de quinquina fut désignée, lorsque, reconnaissante des bienfaits qu'elle en avait obtenus, la comtesse de Chinchon chercha à répandre l'usage de ce remède souverain.

verses autres espèces de quinquinas qui se rencontrent dans ces bois. Les Indiens qui transportent sur leurs épaules, à Coroico, le quinquina
de l'intérieur des forêts, recevaient, me dit-il,
15 piastres par quintal d'écorce; il m'assura qu'il
en avait vu passer plusieurs dans le courant de la
journée qui étaient en route depuis onze jours.
Le travail auquel se livrent ces pauvres gens est
d'autant plus dur qu'en outre de leur charge d'é-
corce, ils doivent porter de quoi se couvrir la nuit,
ainsi que toutes les provisions dont ils ont besoin
sur la route. Si, par quelque accident, ces provisions viennent à leur manquer, ils sont exposés
à mourir de faim.

En quittant le *cascarillero*, j'allai, avec Leandro,
dresser notre tente, sous laquelle nous nous tîn-
mes jusqu'à une heure assez avancée de la matinée
suivante, tant à cause de la pluie, qu'à cause de
l'état peu satisfaisant de notre santé. Cependant,
après déjeuner, nous remontâmes sur nos *balsas*,
et nous courûmes rapidement vers le but de notre
voyage. A deux heures après midi, nous commençâmes à voir quelques cultures, près d'un endroit
qui porte le nom de Puerto de Zuapa. Plus haut
encore, nous passâmes devant les fermes de Padilla et de Mururata, célèbres par l'excellence du

cacao qui s'y produit, et enfin la rivière s'étant sensiblement élargie, nous arrivâmes, à six heures du soir, au terme de notre navigation, c'est-à-dire à une grande plage connue sous le nom de Puerto de Santa Barbara, éloignée de deux lieues seulement de la ville de Coroico. Comme il ne pouvait néanmoins être question de nous rendre à cette dernière, immédiatement, nous passâmes encore cette nuit sous notre tente.

Les *balsas* avaient été déchargées dès notre arrivée. Nos Indiens les traînèrent sur le gazon, hors de portée des crues de la rivière, et ils les relevèrent d'un bord, afin qu'elles pussent sécher plus facilement, et recouvrer, avant d'être mises à flot, une partie de la légèreté dont un séjour prolongé dans l'eau les avait privées.

Consultés par nous, les plus experts de nos Lecos nous confirmèrent dans l'opinion qu'il serait facile, sur ces *balsas*, de transporter à Guanay, et, par suite, à Tipuani, des pièces de fer du poids d'environ 300 livres, tandis que par le chemin de Sorata, on ne peut, ainsi que je l'ai dit, transporter facilement des poids de plus de 100 livres. Sous le rapport dont il vient d'être question, la navigation du rio de Coroico pourra donc, malgré ses difficultés, rendre quelques

services aux compagnies qui voudraient exploiter
les alluvions de cette région, et l'on sera d'autant
plus porté à choisir cette voie, que, pour des
transports de la nature indiquée, la Cordillère de
Coroico est aussi la seule à travers laquelle il soit
possible de charrier, à dos de mule, des fardeaux
aussi lourds. Le désir de nous assurer par nous-
mêmes de la possibilité d'utiliser la voie de Coroico pour des transports semblables, avait été le
motif déterminant de ce voyage ; nous n'eûmes
donc qu'à nous louer de l'avoir entrepris.

CHAPITRE XXIX.

Province de Yungas.

La ville de Coroico. Aspect des environs. — Produits végétaux de la province de Yungas. — La *Coca*. Détails historiques. Culture. Récolte. Préparation. Rendement des cocaliers de Yungas. Emploi et propriétés de la *Coca. Llipta.* — *Matico.* — *Vejuco.* — Arbre à cire.

Les plus jeunes de nos *balseros* qui n'avaient jamais vu d'autres habitations que celles de leur Mission ou de Tipuani, étaient si impatients d'arriver à Coroico qu'ils n'attendirent pas notre réveil, le lendemain, pour s'y rendre. Lorsque nous sortîmes de la tente, nous trouvâmes donc notre petit camp presque désert. Dans la prévision d'un accident semblable, nous avions cependant pris la précaution d'écrire quelques mots au corrégidor en le priant de nous envoyer des mules; nous y avions joint des lettres de recommandation du gouverneur de la province, dont nous nous étions munis en quittant La Paz. Ces dépêches étaient parties avec le premier lot d'Indiens, et nous avions tout lieu de croire que nous aurions, vers le milieu de

la journée, les moyens de partir à notre tour. Les
mules que nous avions demandées arrivèrent malheureusement trois heures plus tard que nous ne
les attendions, et, malgré toute la hâte que nous
y mîmes, nous eûmes de la peine à atteindre Coroico avant la nuit. En effet, à peine le chemin
a-t-il quitté les bords de la rivière, qu'il commence à monter très rapidement, de sorte que,
pendant une grande partie du trajet, nous nous
vîmes obligés d'aller au pas. Nos mules n'étaient
d'ailleurs pas des meilleures, puisque ce n'étaient
que des bêtes de charge, sur lesquelles le corrégidor avait été obligé, à ce qu'il paraît, de mettre
l'embargo pour nous les envoyer.

La campagne que nous traversâmes pour arriver
au village était plus animée qu'aucune de celles
que nous avions encore vues en Bolivie. Dans les
environs immédiats de Coroico, en particulier, les
bosquets de bananiers ou d'orangers se succédaient presque sans interruption, et, partout ailleurs, les coteaux étaient couverts de plantations
de Coca, et semés d'habitations pittoresques.

La ville de Coroico, dont la population est
d'environ 1,500 habitants, occupe un petit plateau au-dessous du sommet de la montagne.
Elle ne nous présenta d'ailleurs rien, à première

vue, qui mérite d'être signalé, ou qui la différen-
ciât, même de Sorata, si ce n'est la présence des
plantes tropicales dont je parlais tout à l'heure.

Une longue rue, pavée de petits fragments de
schiste, nous conduisit à la place du marché, encore presque pleine d'Indiens, malgré l'heure
avancée.

Le corrégidor, auquel nous avions fait visite en
passant, dans une petite boutique où il vendait quelques épiceries et des liqueurs, nous fit traverser
cette foule pour nous mener à l'habitation du curé,
qui voulut bien nous offrir une habitation; ce dernier
n'eut pas plutôt appris que notre garde-manger
était vide, qu'avec cette obligeance particulière à
la grande majorité des hommes de sa profession,
que l'on rencontre en Bolivie, il nous fit préparer
à dîner, et il nous continua les mêmes attentions
jusqu'au moment où nous pûmes partir pour La
Paz.

Nous nous occupâmes, dès le lendemain, de la
recherche de mules pour ce petit voyage; mais
nous eûmes quelque difficulté à en rencontrer,
les ânes étant presque les seuls animaux de transport que l'on emploie dans les Yungas. Enfin,
nous réussîmes, avec l'aide du corrégidor, à en
louer le nombre nécessaire, ainsi qu'un muletier,

et notre départ fut fixé au 1ᵉʳ octobre. Le temps
qui s'écoula jusque là fut employé à nous promener aux environs de la ville, ou bien à recueillir des renseignements sur les productions
de cette belle partie de la Bolivie, appelée, comme
on se le rappellera, le Jardin de La Paz. Parmi les
nombreuses richesses végétales des *Yungas,* il n'y
en avait cependant aucune qui m'inspirât autant
d'intérêt que la Coca, par suite des opinions diverses ou quelquefois contradictoires émises à
son sujet ; j'espère que l'on parcourra avec intérêt
le résumé de mes études sur cette plante intéressante.

Mes lecteurs savent déjà que la Coca est la
feuille desséchée d'un arbrisseau auquel les botanistes donnent le nom d'*Erythroxylon Coca* (1) ;

---

(1) Clusius (1605) paraît être, après Monardes (1569), le premier botaniste qui ait traité de la Coca, connue, d'ailleurs, en Europe, à une
époque antérieure à la sienne, par les récits des historiens de la conquête
du Pérou ; mais le premier qui ait fait parvenir en Europe des échantillons authentiques de cette plante, ce fut Joseph de Jussieu, l'un des
compagnons de voyage de la Condamine. L'aventureux botaniste faillit
même perdre la vie, lorsqu'il passait, en 1749, la Cordillère de Coroico
pour étudier ce végétal fameux. « Il me fallut, dit-il, passer la montagne
» neigée et marcher plus de quatre à cinq lieues dans la neige, la des-
» cendre par des chemins taillés en forme d'escalier, au bord de préci-
» pices affreux, et avoir à chaque instant, et pendant sept à huit lieues,
» la mort devant les yeux. Ma mule s'abattit deux ou trois fois sous moi ;
» je fus obligé de la laisser estropiée et hors d'état de me pouvoir servir
davantage. La violence des rayons du soleil réfléchis par la neige me
causa une des plus douloureuses ophthalmies que j'aie éprouvées de ma

on m'a dit que celui-ci se rencontrait à l'état sauvage dans plusieurs parties de la Bolivie ; mais je ne l'ai étudié moi-même qu'à l'état domestique, et c'est de la plante cultivée qu'il va seulement être question ici.

L'emploi de la feuille de Coca comme masticatoire (1) paraît remonter au temps des premiers Incas, époque à laquelle elle était essentiellement réservée aux solennités du culte (2) et à l'usage

» vie, et ce qui me chagrinait le plus était la crainte de devenir aveugle,
» car je ne voyais rien. Mais une abondante fluxion de larmes, causée par
» la mesme irritation, au bout de vingt-quatre heures d'un tourment
» continuel, me rendit la vue et la sérénité, et fut ma guérison. La
» beauté et l'abondance des différentes plantes que produit cette région
» me consolèrent et me dédommagèrent des travaux passés .. »

Les échantillons envoyés par Joseph de Jussieu à son frère, en 1750, furent étudiés plus tard par Antoine-Laurent de Jussieu, qui rapporta la plante au genre *Erythroxylon*, et servirent enfin de types à la description qu'en donna Lamarck, dans l'*Encyclopédie*, sous le nom d'*Erythroxylon Coca*.

Le nom générique rappelle la couleur du bois de plusieurs des plantes qui composent le groupe ; quant au mot *Coca*, dont on n'a pas encore cherché, que je sache, à donner l'étymologie, il vient probablement de l'aymara *khoka*, qui signifie « arbre » ou « plante ». L'arbuste (*Ilex paraguariensis*) qui produit le thé du Paraguay s'appelle, comme on sait, *la Yerba*, c'est-à-dire « la Plante », il peut très bien en être de même de l'arbrisseau péruvien.

(1) J'appelle la *Coca* un masticatoire, pour me conformer à l'usage. La Coca présente cependant, dans son emploi, une particularité qui la distingue des masticatoires ordinaires, et en particulier du Tabac, c'est que la salive, dont elle excite la sécrétion, n'est jamais rejetée.

(2) Le prêtre sacrificateur ne consultait jamais les oracles sans tenir à la bouche des feuilles de Coca, et il en jetait toujours quelques poignée dans le feu qui consumait les victimes.

du monarque ; aucun autre n'en pouvait porter à
la bouche, à moins que, par ses services, il ne se
fût rendu digne de partager cet honneur avec son
souverain.

Les points de l'empire péruvien où la plante
pouvait se cultiver étaient alors en petit nombre ;
mais, à mesure que le territoire s'étendit par de
nouvelles conquêtes, les plantations se multipliè-
rent, et l'usage de la Coca, se répandant de plus
en plus, finit par devenir général ; tellement, qu'au
moment de l'invasion espagnole, les Péruviens se
servaient habituellement de cette denrée comme
de moyen d'échange ; et, quand les monnaies d'or
et d'argent entrèrent dans la circulation, la Coca
devint le principal objet de commerce du pays.

Les spéculateurs espagnols eurent bientôt apprécié le profit qu'ils pourraient retirer de la culture de la plante qui nous occupe ; aussi ne tar-
dèrent-ils pas à s'en approprier le monopole, et
ils en obtinrent des bénéfices si considérables,
que le nombre des plantations en ayant augmenté
outre mesure, il ne se trouva bientôt plus, dans
les vallées, assez de bras pour les soigner. On y
emplova alors les Indiens de la Cordillère, que
l'on enrôlait par force, comme pour le travail des
mines. Mais le passage d'un climat froid et sec à

un climat chaud et humide réagit si fatalement
sur la santé des nouveaux ouvriers, que le gouvernement central, ému par les plaintes nombreuses
qui lui étaient adressées à ce sujet, fut sur le point
d'ordonner la destruction en masse de toutes les
plantations du pays. Les réclamations des inté-
ressés, appuyées par les arguments de plusieurs
jurisconsultes célèbres, détournèrent cette résolution menaçante, et la culture de la Coca demeura
autorisée, à la condition de n'y employer que des
ouvriers volontaires et bien payés.

On pourra se faire une idée de la chaleur avec
laquelle le gouvernement épousa, dans cette circonstance, l'intérêt des Indiens, par le fait que
le vice-roi du Pérou, don Francisco de Toledo, ne
promulgua pas moins de soixante et onze ordon-
nances en leur faveur.

Ceci se passait dans la seconde moitié du
xvıe siècle. Dans le siècle suivant, la production
de la Coca fit un pas rétrograde, par suite de la
diminution des Indiens, qui en étaient les principaux consommateurs; puis, peu à peu, ce commerce augmenta de nouveau; si bien qu'aujour-
d'hui il paraît être, à peu de chose près, aussi
important qu'il l'était à l'époque de sa plus grande
prospérité, alors que, dans les seules mines du

Cerro de Potosi, il s'en consommait annuellement plus d'un million de kilogrammes.

La culture de l'*Erythroxylon Coca*, telle qu'on la pratique aujourd'hui en Bolivie, ne paraît pas différer de celle qu'on lui appliquait avant la conquête; et la province des Yungas (1) de La Paz paraît être celle qui, depuis l'occupation espagnole, en nourrit les plantations les plus considérables. Tous les versants des montagnes, au-dessous d'une hauteur de 2,200 mètres, en sont littéralement couverts, et le voyageur y rencontre, à tout moment, les usines, ou *haciendas,* où se prépare la feuille pour être livrée au commerce.

L'arbrisseau de la Coca se propage par semis. A cet effet, les graines, dès qu'elles sont recueillies, sont répandues à la surface du sol meuble et fréquemment arrosé d'une petite pépinière (*almaciga*) où elles lèvent ordinairement au bout de dix à quinze jours. Les arrosements sont continués, et si le soleil frappe trop violemment les jeunes plants, on les abrite sous des nattes.

L'année suivante, les arbrisseaux, dont la hauteur est déjà de 40 à 50 centimètres, sont mis en

---

(1) Le mot *yungas* signifie, comme on se le rappellera, « vallées chaudes », en langue aymara. La température moyenne de ces vallées est de 18 à 20 degrés.

place, dans un terrain spécialement préparé à cet effet, auquel on donne le nom de *cocal* (cocalier). La disposition donnée à ces plantations est bien plus compliquée que celle d'une plantation ordinaire, et varie un peu, selon l'inclinaison du terrain. Lorsque le cocalier occupe le talus d'une montagne, ce qui est le cas le plus général, on y forme une série de gradins étroits destinés, chacun, à un seul rang d'arbrisseaux, et d'autant plus élevés (moins nombreux, par conséquent) que le plan (1) est plus escarpé. Ils sont, en général, soutenus par de petits murs de pierre, qui servent non seulement à contenir la terre et à en empêcher la dessiccation, mais encore à protéger le collet et la racine des jeunes arbrisseaux de l'influence trop directe des rayons solaires, au moyen de la saillie qu'ils font au-dessus du niveau du sol.

Dans un terrain horizontal, on établit, au lieu de gradins, de simples sillons (*uachos*) tirés au cordeau, et séparés par de petits murs de terre bien pétrie, appelés *umachas*, au pied de chacun desquels on plante une rangée d'arbrisseaux plus ou moins espacés.

_____

(1) Il est de ces pentes dont l'inclinaison est de plus de 45 degrés.

Au bout d'un an et demi, le plant donne sa première récolte, et, à partir de cette époque, il
continue d'en fournir jusqu'à l'âge de quarante
ans et plus. On cite même des cocaliers dont les
plants ont près de cent années d'existence, et qui
produisent encore. Cependant l'âge auquel la
plante donne le plus de feuilles paraît être de trois
à six ans. Quand les arbrisseaux s'élèvent trop,
leur produit est moindre que lorsqu'ils s'étalent ;
aussi les taille-t-on, dans quelques cas, pour favoriser leur développement en largeur qui n'est
jamais considérable, l'arbrisseau ayant d'ailleurs
une forme assez irrégulière. La hauteur moyenne
de la plante sauvage paraît être d'environ 2 mètres ; mais celle qu'on lui laisse atteindre dans les
cultures n'est, en général, que de 1 mètre.

La première cueillette qui ait lieu dans un cocalier n'est faite qu'aux dépens des feuilles inférieures des arbrisseaux ; on l'appelle par cette raison
quita calzon (1). Les feuilles qui composent cette
récolte sont plus grandes et plus coriaces que celles
des récoltes suivantes, et elles ont moins de saveur. On les consomme le plus souvent sur les
lieux. Toutes les autres cueillettes portent le nom

(1) De *quitar*, ôter, et, *calzon*, pantalon.

de *mitas*, et ont lieu trois fois, ou, exceptionnellement, quatre fois l'an. La récolte la plus abondante est celle qui a lieu en mars, c'est-à-dire immédiatement après les pluies ; c'est la *mita de marzo.* La plus maigre est celle qui a lieu vers la fin de juin ou au commencement de juillet ; on l'appelle *mita de San Juan.* La troisième, nommée *mita de Santos*, se fait en octobre ou en novembre.

L'arrosement des cocaliers augmente beaucoup leur production. Quarante jours suffisent alors, m'a-t-on dit, pour que les arbrisseaux dénudés se couvrent de nouvelles feuilles ; mais celles-ci ont moins de vertus que les feuilles développées sans irrigation ; leur couleur est aussi moins foncée, et elles noircissent souvent par la dessiccation. L'arrosement artificiel n'est, au reste, nécessaire que pendant la saison sèche, et les propriétaires qui ont le moyen de l'employer parviennent presque toujours à obtenir quatre et même cinq récoltes pendant l'année. C'est ce qui a lieu, en particulier, dans le district d'Irupana, où l'on a, pour obtenir de l'eau, des facilités qui ne se rencontrent pas ailleurs.

J'ai examiné le sol dans lequel on cultive la Coca, et je l'ai trouvé presque partout composé d'une terre argilo-sableuse, assez douce au toucher, provenant de la décomposition des schistes qui forment l'élément géologique principal de ces montagnes. Le sol des cocaliers est, en un mot, formé par ce que nous appelons de la terre franche, ou normale (1) ; mais elle est mêlée naturellement à un grand nombre de fragments anguleux de schiste non altéré qui gêneraient le développement des racines, si l'on n'avait soin de les retirer, ce que l'on fait lorsqu'on prépare les sillons pour la réception des arbrisseaux, en les reléguant, à mesure, dans les petits murs qui les séparent ; souvent ces petits murs ou *umachas* ne sont formés que par des pierres rencontrées de la sorte. Je n'ai pas besoin de dire que c'est au plus ou moins de perfection que l'on apporte à cette opération préliminaire et aux soins que l'on prend ensuite, de temps à autre, d'ameublir le sol et de le maintenir exempt de mauvaises herbes (*malesas*) que l'*haciendero* doit l'abondance de ses *mitas*. La dernière des précautions dont j'ai indiqué l'emploi est surtout indispensable pendant le jeune âge des arbrisseaux. Le sarclage qui se fait habituellement à la suite de chaque *mita* porte le nom de *mazi*.

(1) C'est aussi le sol de presque toutes les forêts vierges des Andes.

La récolte des feuilles de l'*Erythroxylon* se fait, à peu de chose près, de la même façon que celle du Thé. Ce sont, en général, des femmes et des enfants que l'on charge de ce travail, qui est, d'ailleurs, rendu facile par la présence des petits murs qui séparent les sillons des cocaliers. Les cueilleurs s'y accroupissent, et après avoir assujetti, d'une main, le rameau qu'ils veulent dépouiller, ils en enlèvent, de l'autre, toutes les feuilles, et souvent une à une, de manière à ménager le plus possible le reste de l'arbrisseau. Les feuilles sont déposées, au fur et à mesure, dans une pièce d'étoffe que chaque Indienne porte avec elle, et on les réunit ensuite dans des sacs ou dans tout autre récipient, pour les enlever de la plantation.

Rien de plus facile maintenant que la préparation de la Coca. Les feuilles sont portées directement du cocalier à l'usine, ou *casa de hacienda*, où elles sont étendues, au grand soleil, dans de petites cours spécialement destinées à cette opération, et dont le sol est formé de dalles de schiste noir (*pizara*), et, si le temps est beau, on les y laisse jusqu'à leur complète dessiccation, qui a lieu sans que leur forme en soit altérée. Elles sont ensuite emballées, à l'aide d'une forte pression, dans des sacs formés de gaînes de feuilles de bananier fortifiées par une enveloppe extérieure de gros canevas de laine. Les balles ainsi formées contiennent, en moyenne, 24 livres de feuilles, et portent le nom de *cestos*. Le *tambor* est une balle qui a un volume double de celui du *cesto* dont le prix varie, à La Paz, de $4\frac{1}{2}$ à 6 piastres (22 fr. 50 c. à 30 fr.).

J'ai cherché à réunir quelques données sur la production moyenne des plantations de Coca, dans la province de Yungas, mais les renseignements qui m'ont été donnés sur ce sujet sont assez vagues. La superficie des terrains où se cultive cette plante s'estime en *catos*, mesure de superficie qui varie selon les lieux, mais qui paraît être, en moyenne, un carré d'environ 30 mètres de côté (9 ares) ; or le produit des cocaliers les plus florissants des Yungas paraît être dans le rapport de 11 à 12 *cestos*, ou 264 à 288 livres de feuilles sèches par *cato*, tandis que les cocaliers les plus pauvres ne produisent que 1 ou 2 *cestos* à chaque cueillette. La production moyenne serait de 7 à 8 *cestos* par *cato*. Quant au produit annuel de toute la province, il est estimé à plus de 400,000 *cestos* (9,600,000 livres espagnoles).

Examinons maintenant les propriétés de la Coca,

après avoir jeté un coup d'œil sur la manière de l'employer.

Le Péruvien garde ordinairement sa Coca dans un petit sac nommé *chuspa,* qu'il porte suspendu au côté, et qu'il ramène en avant lorsqu'il se propose de renouveler sa *chique*, ce qu'il fait toujours à des intervalles réguliers, même quand il est en voyage. L'Indien qui se prépare à *acullicar*, c'est-à-dire à mâcher, se met d'abord aussi parfaitement à l'aise que les circonstances le permettent ; il se débarrasse de son fardeau, s'il en a un ; il s'assied, et mettant sa *chuspa* sur ses genoux, il en tire, une à une, les feuilles qui doivent former sa nouvelle prise. L'attention qu'il donne à cette opération est digne de remarque. La complaisance avec laquelle l'Indien enfonce la main au milieu des feuilles d'une *chuspa* bien pleine, le regret qu'il paraît éprouver lorsque son petit sac est sur le point d'être vide, méritent particulièrement d'être observés, car ces détails prouvent, ainsi que j'aurai occasion de le répéter plus loin, que, pour l'Indien, l'usage qui nous occupe est une véritable source de jouissance, et non la simple conséquence d'un besoin.

A mesure que l'Indien porte ses feuilles de Coca à la bouche, il les mouille en les retournant avec la langue, et en forme une sorte de petite pelote qu'il applique à une de ses joues, tout comme les marins le font des feuilles de Tabac. Cela fait, il retire de sa *chuspa* une petite boîte qui y accompagne ordinairement la Coca, et il y puise, au moyen d'une baguette, une très petite quantité d'une pâte alcaline qu'on appelle *llipta*, et qui est le condiment ordinaire de la feuille. La *llipta* dont se servent habituellement les Péruviens, et surtout les Boliviens, est faite avec la cendre du Quinoa (*Chenopodium Quinoa*), ou bien du Cierge ordinaire. Cependant la cendre de plusieurs autres végétaux est employée au même usage ; elle se vend souvent, sur les marchés, sous forme de petits gâteaux aplatis. Dans quelques parties de l'Amérique, la cendre est remplacée par de la chaux.

La constance avec laquelle les Indiens emploient un alcali avec la feuille de Coca fait présumer que cet agent favorise la dissolution, par la salive, de ses parties actives ; nous ne savons cependant rien de positif à cet égard. D'autres ont dit que la *llipta* était destinée à neutraliser l'acide (1) de la feuille ; mais il est aisé de se con-

---

(1) C'est ainsi que le docteur Unanue, en parlant des propriétés bienfaisantes de la Coca, dit :

« *De la combinacion del alkali de la llipta con el acido de la Coca* »

vaincre que la Coca ne contient aucun principe de cette nature, en quantité appréciable.

Les feuilles de l'*Erythroxylon* se rapprochent par la forme et par la grandeur, de celles du Thé, mais elles n'ont jamais de dentelures, et, vues en dessous, elles présentent, de chaque côté de leur nervure moyenne, une ligne saillante et arquée qui permet de les distinguer de la plupart des autres feuilles connues. Lorsqu'elles ont été bien desséchées, elles sont d'un vert très pâle, plus foncé en dessus qu'en dessous : leur odeur est alors assez agréable et analogue à celle du Thé lui-même. Quand, au contraire, la Coca a été séchée moins parfaitement, cet arome agréable se perçoit à peine, ou bien il se trouve dominé par un parfum piquant *sui generis* qui rappelle l'odeur abominable exhalée par l'haleine des mâcheurs de Coca, où cette odeur se trouve, en effet, à l'état de concentration. Ce bouquet, si je puis ainsi l'appeler, est très perceptible lorsque l'on goûte la Coca, et sert, par son abondance relative, à en indiquer la qualité. Dans l'infusion concentrée, au contraire,

---

» *resultará una sal neutra, una sal vegetal aperitiva y laxante que* » *coopere en gran parte quando la Coca obra de este modo* ». (Voyez *Dissertacion sobre las virtudes de la famosa planta del Perú nombrada Coca.* Lima, 1794.)

et à plus forte raison dans la décoction, c'est de
l'amertume mêlée à quelque stypticité qui frappe
plus particulièrement le palais.

Quant aux effets physiologiques immédiats de
cette infusion, des essais souvent répétés me permettent d'affirmer qu'ils se bornent, en général,
à une excitation légère, suivie, le plus souvent,
d'un peu d'insomnie.

La question relative aux effets qui résultent de
la mastication de la Coca est moins facile à ré-
soudre ; commençons néanmoins par constater que
l'immense majorité des auteurs anciens et modernes
qui ont écrit sur ce sujet s'accordent à attribuer,
à la Coca ainsi employée, des vertus dont l'existence bien constatée autoriserait à placer cette
feuille parmi les produits les plus bienfaisants du
règne végétal (1) ; et telle serait encore, sans doute,
l'opinion admise, si un voyageur moderne ne l'eût
tout à coup ébranlée, en soutenant une thèse in-

_____

(1) « *Quotquot Peruanorum historiam scripserunt*, dit Clusius (*loc.*
» *cit.*), *referunt earum regionum incolas admodum delectari quarumdam*
» *radicum, ramusculorum aut herbarum gestatione in ore, ut Orien-*
» *tales suo betre* (bétel) *delectantur : præsertim vero familiarem esse*
» (*Petri Ciecæ testimonio*) *quamdam herbam Coca illis dictam, quam a*
» *summo mane ad noctem usque perpetuo in ore retinent, tametsi neque*
» *eam mandant, neque deglutiant. Percontati cur eam assidue in ore*
» *habeant, respondent ejus usu nec famem nec sitim sibi molestam et vires*
» *roburque sibi confirmari* ».

verse, c'est-à-dire en attribuant à l'usage de la Coca des effets très pernicieux, qu'il compare, en un mot, à ceux qu'entraîne l'abus de l'opium.

De semblables assertions durent causer, comme on le pense, quelque étonnement, en présence des rapports si différents dont je parlais plus haut; et il n'a pas manqué de gens pour donner à entendre que, si ce voyageur n'avait pas prêté foi trop légèrement aux discours de personnes mal informées, il avait au moins eu le tort de trop généraliser des faits exceptionnels. Je dois dire, pour mon compte, que les renseignements que j'ai été à même de prendre sur ce sujet, dans les lieux où la Coca est le plus en usage, m'ont démontré que la mastication de cette feuille produit quelquefois de mauvaises conséquences chez les Européens qui n'en ont pas contracté l'habitude dès leur jeunesse; et, dans deux ou trois cas, j'ai cru pouvoir rattacher à l'abus de cette mastication une aberration particulière des facultés intellectuelles, caractérisée par des hallucinations; mais, dans les pays que j'ai visités, jamais je n'ai vu les choses arriver au point signalé par M. Pœppig. Voyons ce qu'il faut penser des propriétés bienfaisantes de la Coca.

La plus remarquable de celles qu'on lui attribue est, sans contredit, le pouvoir de soutenir les forces en l'absence de toute autre alimentation. Les faits sur lesquels repose cette opinion ont été avancés par tant de personnes dignes de foi, qu'il faudrait pousser bien loin le scepticisme pour les mettre en doute ; il me semble cependant que les opinions peuvent varier quant à l'interprétation de ces mêmes faits.

De deux choses l'une : ou la Coca renferme des principes nutritifs qui soutiennent directement les forces, ou bien elle n'en contient pas, et, dans ce cas, elle trompe simplement la faim, en agissant d'ailleurs sur l'économie comme un excitant.

Pour ce qui est de l'existence de principes nutritifs dans la Coca, je suis loin de vouloir la nier ; l'analyse démontre, en effet, dans cette feuille, et en particulier dans son principe actif (1), l'existence, à côté de produits carbonés assimilables, d'une quantité notable d'azote ; mais la proportion

(1) J'ai cru d'abord, à cause de l'insomnie produite par l'ingestion d'une infusion de Coca, qu'il pourrait y exister de la théine ; mais les essais que j'ai faits, en suivant les procédés indiqués par M. Péligot, ont été négatifs, et il en a été de même des analyses plus rigoureuses que M. le professeur Frémy a bien voulu, à ma demande, faire depuis, dans le même but. Il existe néanmoins, dans la Coca, un principe actif particulier, soluble dans l'alcool, insoluble dans l'éther, et très amer, mais il n'a pas été possible, jusqu'ici, de le faire cristalliser.

de ces substances est si faible relativement à la masse totale de la feuille, et surtout à la quantité que l'Indien en ingère dans un temps donné, qu'on peut à peine les prendre en considération. Je suis, au reste, en mesure d'affirmer très positivement que la Coca, telle qu'on la prend habituellement, ne rassasie pas. C'est là un fait dont j'ai pu me convaincre par une expérience journalière. Les Indiens qui m'accompagnaient dans mes voyages mâchaient, en effet, de la Coca pendant toute la journee; mais, le soir arrivé, ils se remplissaient l'estomac comme des hommes complétement à jeun, et je puis assurer que je les ai vus quelquefois ingurgiter, en un seul repas, autant d'aliments que j'en aurais consommé en deux jours. L'Indien de la Cordillère ressemble au vautour de ses montagnes: quand les provisions abondent, il s'en gorge avidement; quand, au contraire elles sont rares, sa nature robuste lui permet de se contenter de très peu. L'usage de la Coca l'aide, si l'on veut, à supporter l'abstinence; mais il faudrait des expériences bien autrement concluantes que celles dont j'ai été témoin, pour me convaincre qu'elle joue un rôle plus important que celui que je lui attribue : j'ajouterai cependant, à ce que j'ai dit plus haut de la *llipta*, que cette

substance alcaline pourrait bien aussi contribuer,
par son influence directe sur les sécrétions de
l'estomac, à calmer les exigences de cet or-
gane.

Pour moi, l'action de la Coca se réduit donc à
une excitation, mais à une excitation d'un genre
particulier, et que je regarde comme différente de
celle qui résulte de l'usage de la plupart des exci-
tants ordinaires, et de l'alcool en particulier. L'eau-
de-vie donne cependant des forces, comme chacun
sait; mais qui ne sait aussi que ce « don » n'est
qu'un emprunt fait aux dépens de forces mises en
réserve? L'action de cet agent, bien que puissante, est passagère. La stimulation produite par
la mastication de la feuille de l'*Erythroxylon* est, au
contraire, lente et soutenue, caractères qu'elle doit
sans doute, en grande partie, à la manière de l'employer, puisqu'une infusion de Coca produit un
résultat tout différent de celui que produit la
feuille prise à la manière ordinaire.

Alors, dira-t-on, le Thé et le Café, qui paraissent avoir avec la Coca plus d'analogie que l'eau-
de-vie, produiraient peut-être, s'ils étaient pris de
la même manière, des effets analogues. Je ne le crois
pas. Le Thé et le Café (le Café surtout) agissent spécialement sur le cerveau, auquel ils impriment un

mouvement d'éveil qui n'est que trop connu des
personnes qui ne font pas de ces produits un usage
habituel ; mais la Coca, bien que produisant un peu
cet effet lorsqu'on la prend à doses élevées, ainsi
que j'en ai fait souvent l'expérience sur moi-même,
n'agit pas sensiblement sur le cerveau à doses faibles. Pour bien se rendre compte des effets ordinaires qu'on attribue à la feuille que j'étudie, on
doit donc supposer que son action, au lieu d'être
localisée, comme celle du Thé et du Café, est dif-
fuse, et qu'elle se porte sur le système nerveux en
général, sur lequel elle produit une stimulation
soutenue très propre à donner à ceux qui en sont
l'objet cette résistance qui a été attribuée à tort à
des propriétés nutritives particulières.

Je crois, enfin, que l'habitude est pour beaucoup dans la fidélité de l'Indien à l'usage de la
Coca, tout comme dans celle de certains fumeurs
à leur pipe. Et il est, je crois, essentiel de ne pas
perdre de vue que, chez l'Indien, la force d'habitude doit jouer un rôle d'autant plus grand, que
l'habitude qui nous occupe est presque la seule
qui lui soit restée des temps passés, et qu'aujour-
d'hui comme alors, il attache à la feuille de Coca
des idées superstitieuses qui doivent tripler au
moins dans son imagination la grandeur des bien-

faits qu'il en retire (1); qu'il trouve enfin, dans
cette mastication, la seule et unique distraction
qui rompe l'incomparable monotonie de son existence.

Outre la plante dont je viens de faire l'histoire,
la province de Yungas produit encore un grand
nombre de végétaux peu connus en Europe et intéressants par leurs usages économiques ou par
leurs propriétés médicales; l'espace me manque

(1) J'ai été témoin, à plusieurs reprises, de faits qui confirment cette
manière de voir. Je me rappelle entre autres le suivant : Étant entré, un
jour, dans une mine, pour examiner un filon qui contenait, dans certaines
cavités anfractueuses, des fragments d'un minéral fort curieux, je ne fus
pas peu surpris, en y enfonçant le bras, de retirer, au lieu des objets que
je cherchais, une poignée de feuilles de Coca déjà mâchées ; sur quoi,
l'Indien qui me conduisait me dit, avec un air de conviction, qu'il avait
entendu le diable travailler au filon, la nuit précédente, et qu'il avait mis
de la Coca dans ce trou pour l'encourager à lui continuer son secours.
Les Indiens mineurs sont en effet convaincus que le parfum de la Coca
est très agréable aux démons des mines, et ils sont persuadés qu'ils
ramollissent la pierre pour ceux qui leur font des offrandes de ce genre
d'encens.

Enfin, bien des voyageurs ont pu remarquer, comme je l'ai remarqué
de mon côté, qu'au passage des grandes *apachetas*, les Indiens rejettent
souvent la chique qu'ils mâchaient, en grimpant sur la montagne. D'autres la lancent, à ce que l'on m'a assuré, contre les rochers qu'ils rencontrent en route, de manière à l'y faire adhérer ; et l'on ajoute que si, au
retour, ils la trouvent détachée, ils y voient une preuve de l'infidélité
de leurs femmes. Je me souviens, à ce propos, d'avoir vu, sur la Cordillère de Tacora, une foule de petites pyramides de pierres vacillantes qui
devaient servir au même genre de divination. Un coup de vent abattit à
notre passage un des plus branlants de ces édifices et j'eus un moment la
maligne envie de raser aussi les autres ; mais l'idée que cet enfantillage
pourrait valoir une bastonnade à un grand nombre d'innocentes épouses
me retint, et je passai outre.

pour en aborder ici la description, et ce n'est qu'en passant que je vais même en citer deux ou trois des principaux : le *Matico*, par exemple, arbuste du genre des Poivriers dont les feuilles, assez semblables à celles de la Sauge, sont douées de vertus vulnéraires remarquables ; le *Vejuco*, curieuse Aristoloche (1) dont on applique les feuilles broyées sur les morsures de serpents, qu'elles guérissent, dit-on, infailliblement ; et enfin une espèce de *Myrica* ou d'arbre à cire (*Arbol de cera*), dont les baies, traitées par l'eau bouillante, laissent exsuder abondamment une cire verte que j'ai vue employée pour faire des bougies.

Bien que le Cacaoyer ne fructifie pas comme le Caféier, à Coroico même, il réussit parfaitement un peu au-dessous, et en particulier dans quelques fermes situées sur les bords de la rivière, où il donne un grain des plus estimés. La production du canton entier est d'environ 380 ou 400 arrobes dont les célèbres *haciendas* de Padilla, Zuapi et Charobamba fournissent environ la moitié. Il est vendu à Coroico à raison de 12 piastres l'arrobe ; à La Paz, on en obtient sans peine 17 piastres.

(1) *Aristolochia brasiliensis.*

CHAPITRE XXX.

De Coroico à La Paz.

Chemin magnifique à travers la Cordillère de Coroico. — *Quebrada* de Chairo.— Végétation. — Paysages admirables.— Hameau de Chailla-pampa. — Régions des arbustes et des graminées. — *Tambo* de Chu-cura. Accident arrivé à l'auteur dans le voisinage de ce *tambo*. Chucura chiqua. — Mule *asorochada*. — Passage de l'*apacheta*. — Descente à La Paz.

Lorsque fut venu le jour fixé pour notre départ de Coroico, nous en passâmes, comme d'habitude, la première moitié à attendre notre *arriero*, et nous ne quittâmes la ville qu'à trois heures après midi. Un chemin excellent, qui a coûté, dit-on, au gouvernement bolivien près de deux millions de francs, traverse aujourd'hui la Cordillère entre Coroico et La Paz; aussi ce voyage nous parut-il une partie de plaisir, comparé à celui de Tipuani. Sur de bonnes montures, les gens du pays font ordinairement le trajet en deux jours; quant à nous, qui n'en avions que de très médiocres, nous nous trouvâmes encore heureux de le faire en quatre, le premier ayant été, comme je l'ai dit, employé en grande partie à attendre le muletier, qui prétexta, comme à l'ordinaire, la perte d'une mule.

Au sortir de la ville, une descente très rapide nous conduisit sur les bords d'un petit affluent du rio de Coroico, nommé Yolote, que nous traversâmes pour grimper sur une autre montagne et descendre ensuite dans un nouveau ravin où coulait un bras du Coroico, appelé Elénani ou Elena. Il était traversé, comme le précédent, par un pont composé de troncs juxtaposés et recouverts de fagots et de terre. Une tranchée profonde, creusée dans la montagne et analogue à celles que l'on voit si souvent sur le trajet de nos chemins de fer, nous mena enfin dans le ravin de Coroico lui-même, qui porte, à ce niveau, le nom de *quebrada* de Chairo. La route nouvelle est admirable de ce côté, quatre mules chargées pouvant facilement y marcher de front. Taillée dans le schiste sur une pente très rapide, elle est munie en dehors d'un garde-fou de pierre. Partout où il a été possible d'établir des cultures sur les talus, nous vîmes des plantations de Coca ou de Bananiers; ailleurs, la nature vierge régnait en souveraine, et n'avait pas dédaigné de revêtir de son manteau les plus âpres précipices.

Vers six heures du soir, nous nous arrêtâmes
pour coucher dans une petite hutte, entourée de
bananiers, et nous fîmes avec les larges feuilles
de ces arbres un tapis pour y étendre nos matelas.

Continuant à remonter le ravin, nous traversâmes,
le lendemain, vers dix heures, un petit village où
l'on a établi un octroi pour la taxation de la Coca (1)
et du quinquina. Dans l'après-midi, nous passâmes
devant quelques jolis bosquets remplis de Fougères
arborescentes, de grandes Aroïdées et de Quinquinas (2) en fleurs, et, en avançant encore, nous dé-
passâmes la limite supérieure de la végétation
tropicale, en entrant dans la région du Pêcher et
de l'Orge; nous franchîmes ensuite les gorges
pittoresques de Pabellonani et de Ucamarini, et
quittant, un peu plus loin, la *quebrada* de Chairo,
pour suivre celle de Songo, nous atteignîmes, vers
le coucher du soleil, un petit hameau, connu sous
le nom de Liria ; nous y trouvâmes pour nous
blottir un hangar dégradé, sous lequel nous fûmes
harcelés par une pluie battante qui dura encore
une grande partie de la matinée suivante. Nous
poursuivîmes néanmoins notre voyage, à l'abri de
nos *ponchos,* animés par l'espoir de doubler, le

(1) Les droits perçus sur cette denrée sont de 8 à 9 réaux par *cesto.*
(2) *Cinchona ovata.*

jour même, la crête de la Cordillère. Les scènes qui
se présentèrent à nous durant les premières heures
de notre marche étaient d'une beauté qui passe
toute expression. A tout moment, la route, dans
son trajet sinueux, nous portait en vue de quelque
nouvelle merveille: tantôt circulant dans le fond
du ravin, au sein d'une forêt de plantes herbacées
géantes, ou sur les bords mêmes du torrent, nous
contemplions avec effroi les montagnes à pic qui
surplombaient, menaçantes, nos têtes; tantôt nous
étions comme suspendus au-dessus de précipices
d'une profondeur immense, et nous voyions se
dérouler au loin, sous nos yeux, les mille ondulations du ravin que nous venions de parcourir, semblable à un large ruban d'émeraude sur lequel le
Coroico se dessinait comme un fil d'argent.

Le granit, qui a remplacé presque partout les
schistes, dans cette région, lui imprime un cachet
de grandeur et de magnificence que l'on cherche
en vain dans les parties des Andes où l'ardoise
règne sans interruption.

La route de Coroico à La Paz est la plus fréquentée de la république; nous nous croisions à
chaque instant avec des troupes de mules et
d'ânes, ou, plus rarement, de lamas, qui se diri-
geaient vers les vallées pour chercher des charge-

ments. Vers midi, nous touchâmes à un hameau appelé Chaillapampa, ramassis de cabanes et de hangars, où séjournent ordinairement pendant une nuit les caravanes qui traversent ces montagnes. L'Orge y est le principal objet de culture. La grande végétation forestière y cesse; celle des arbustes y commence.

Vers ce niveau nous vîmes le soleil se faire jour, enfin, à travers les vapeurs qui avaient couronné jusqu'alors les sommités de la Cordillère; mais il n'éclaira plus pour nous qu'un paysage désolé.

A la région des arbustes succéda celle des graminées, hérissée de blocs de granit tout marbrés de Lichens. Quelques huttes entourées d'enclos étaient clair-semées sur ce sol ingrat; des lamas paissaient l'herbe courte qui tapissait l'intervalle des rochers, et ce n'était que de loin en loin que l'on apercevait encore quelques terres défrichées.

Dans ce triste canton le voyageur ne se trouve cependant pas aussi dénué de ressources que l'on pourrait le penser, le gouvernement y ayant fait construire un *tambo* très habitable; il s'élève à l'extrémité d'une grande plaine que nous abordâmes peu après avoir dépassé le hameau de Chaillapampa. Cet hôtel, où l'on trouve toujours du fourrage et même quelques provisions d'un ordre plus élevé,

est bâti de pierre, et consiste en une cour spacieuse entourée de hangars sur trois côtés, et
offrant, de l'autre, une série de petites chambres où
se voient les meubles ordinaires des caravansérails
boliviens : des couchettes et des bancs de terre.
Plusieurs enclos bien murés, servant d'écuries,
communiquent avec la cour et épargnent au voyageur les retards qui naissent si souvent, dans ce
pays, de la fuite des animaux pendant la nuit. Je
me rappellerai longtemps un accident de ce genre
qui m'arriva dans le voisinage de ce même *tambo*,
en décembre 1846, quand je traversai, pour la première fois, la Cordillère de Coroico. J'avais passé
la première partie de la journée à herboriser ; un
brouillard épais enveloppait les régions élevées
des montagnes, et, en continuant de gravir, j'avais
fini par m'y plonger aussi. Il devint alors impossible de distinguer les objets à dix pas, et rien ne
rappelait plus les scènes magnifiques qui m'envi-
ronnaient que le mugissement continu du torrent. Le jour disparut avant que j'eusse atteint
le *tambo*, et force me fut de m'arrêter dans un
sale repaire d'Indiens, où je vis réunies plusieurs troupes d'ânes et de mules. Leurs charges
étaient symétriquement rangées sous un long
hangar où ronflaient déjà quelques uns de leurs

gardiens, pendant que d'autres préparaient le *chupe* (prononcez *tchoupé*).

Au coucher du soleil, le brouillard s'était tellement épaissi, que tout ce qui s'y trouvait exposé pendant quelques minutes semblait avoir été trempé dans la rivière. Dans ces circonstances, je n'eus rien de plus pressé que de mettre, le plus tôt possible, à l'abri, mon bagage et ma personne. Quant aux animaux, je fus obligé de leur laisser la liberté, faute d'enclos, et la nourriture que fournissait le lieu étant maigre et peu abondante, ils se furent bientôt dispersés, malgré la vigilance de mes Argus pour en chercher une plus conforme à leur goût.

A mon réveil, le brouillard avait si peu perdu de son opacité, que je distinguais à peine les objets au delà du pied de mon lit. Celui-ci, que j'avais habilement établi entre deux murs de Coca, était couvert d'un glacis de rosée. Il va sans dire que je ne vis pas mes mules; mais, comme il était assez tard, je m'empressai de demander de leurs nouvelles, et j'eus la douleur d'apprendre qu'après plusieurs heures de recherches, il en manquait encore deux, dont on n'avait pas même pu rencontrer des traces. Pour comble de disgrâce, le brouillard, loin de s'éclaircir, paraissait acquérir une nouvelle densité; aussi la moitié de la journée se passa-t-elle en vaines perquisitions, et je ne sais combien de temps cet état de choses eût duré si les circonstances ne m'eussent aidé. Une bonne vieille qui habitait une hutte du voisinage, ayant entendu soudain derrière sa demeure, dans un petit enclos où elle possédait un charmant semis d'orge, y ayant entendu, dis-je, un bruit inusité qui n'était pas celui du vent, était sortie pour en reconnaître la cause, et elle vit, ô scandale ! deux affreuses mules, cachées parmi les sveltes tiges de la verte graminée, où leurs incisives avaient pratiqué déjà une large trouée. Ce qui s'ensuivit peut se deviner : la respectable vieille, justement indignée, chassa à grands coups de pierres et de bâton les coupables créatures, et un de mes garçons qui poursuivait près de là ses laborieuses explorations, attiré par le bruit, ramena les bêtes au logis.

Nous ne passâmes au *tambo* de Chucura que le temps nécessaire pour y déjeuner, et, continuant notre course ascendante par une succession de petites plaines et de côtes qui formaient des espèces de gradins, nous arrivâmes, d'assez bonne heure dans l'après-midi, a un autre *tambo* (Chucura chica) situé sur l'avant-dernière marche de la

Cordillère, c'est-à-dire au pied de sa crête, ou
apacheta. Là, nous nous vîmes obligés de faire
halte, la mule que je montais y ayant été prise de
soroche (1). A peine fûmes-nous entrés dans la
cour de l'établissement, que le pauvre animal
s'affaissa sur le sol, et nous crûmes tous que sa
dernière heure était arrivée. Une saignée et quelques autres remèdes que le muletier s'empressa
de lui faire diminuèrent cependant bientôt la
gravité des symptômes, et, le lendemain, nous
eûmes le plaisir de la voir presque aussi ingambe
qu'auparavant. Ce fut là un cas exceptionnel: il
arrive en effet, le plus ordinairement, que les
mules, quand elles tombent *asorochadas,* ne se
relèvent plus.

Le *padre* qui nous avait accompagnés dans notre
voyage sur le Coroico nous avait rejoints, j'oubliais
de le dire, un peu avant notre arrivée au *tambo,*
avec deux jeunes Lecos, qui l'accompagnaient à
La Paz. Il était pénible de voir ces pauvres créatures, qui étaient à peine couvertes, grelotter dans
la froide atmosphère de Chucura; ils se tenaient
étroitement embrassés, pour mieux se réchauffer,
et couchèrent enveloppés dans la même couver-

(1) Voyez à la page 76.

ture. Nous cherchâmes, de notre côté, à entretenir un peu de feu dans notre chambre qui était munie d'une cheminée, mais nous dûmes y renoncer, faute de combustible, et nous finîmes par nous mettre au lit pour ne pas geler. Le lendemain, nous attendîmes à peine le lever du soleil pour nous remettre en marche, et nous ne tardâmes pas à atteindre la limite des neiges perpétuelles dont le *tambo* est peu éloigné. Après avoir doublé la crête, nous vîmes s'étendre devant nous une grande *puna* en pente douce, où paissaient des troupeaux d'Alpacas, autour de petits lacs couverts d'oiseaux aquatiques. Nous suivîmes la direction du rio de La Paz dont nous avions, en passant l'*apacheta*, laissé la source sur notre droite. Quelques habitations se montraient à de longs intervalles dans ces campagnes monotones; mais ce ne fut que dans l'après-midi que nous aperçûmes les premières terres labourées, dont aucune verdure ne relevait encore la sombre couleur. Quant à la végétation naturelle du sol, elle n'était composée, depuis la crête de la Cordillère jusqu'aux faubourgs mêmes de La Paz, que d'un maigre et triste tapis de graminées. Une route affreusement cailouteuse nous conduisit enfin, un peu avant le coucher du soleil, au terme de notre course.

35

CHAPITRE XXXI.

L'objet de notre voyage en Bolivie étant rempli, nous ne songeâmes plus qu'à regagner l'Europe,
en laissant à M. de H... le soin de conduire à
bonne fin la suite de l'entreprise.

Comme j'avais un grand désir de visiter, avant
de m'embarquer, la ville péruvienne d'Arequipa,
où j'avais quelques affaires à régler, je donnai
rendez-vous à M. B... à bord du bateau à vapeur
de Panama, et ayant pris congé de mes amis, je
m'empressai de quitter La Paz.

Le chemin que j'allais suivre pour gagner Are-
qui pa passe par la ville de Puno; ce fut donc vers
elle que je me dirigeai d'abord. Il y a sur cette route
une ligne de postes, dont je profitai. Établie par

les Espagnols pour faciliter les communications entre les chefs-lieux de leurs vice-royautés, on a continué, tant bien que mal, à l'entretenir; mais il s'en faut beaucoup qu'elle soit parfaite.

Les maisons de poste sont distantes l'une de l'autre de 3 à 6 lieues environ, et les mules ou les chevaux que l'on y loue se paient à raison d'un *réal* (60 centimes) par lieue. Un Indien, décoré du titre de postillon et auquel on paie un *medio* (30 centimes) par lieue, accompagne les animaux loués d'une maison de poste à une autre, et prend soin de ceux qui sont chargés. Ces hommes ont une telle habitude de leur métier que, quelque vite que l'on aille, ils ne restent jamais en arrière; et, ce qu'il y a de plus singulier, c'est qu'ils ne paraissent jamais essoufflés, tandis que, dans ce même pays, un Européen peut à peine courir dix pas sans être obligé de s'arrêter.

En sortant du ravin de La Paz, je me dirigeai vers le grand lac de Titicaca, à travers une *puna* pierreuse et nue. Quelques champs cultivés y apparaissaient çà et là, mais sans verdure. D'innombrables tas de pierres, dispersés de tous côtés, témoignaient des peines que s'étaient données les Indiens pour chercher à tirer quelque parti de leur terre ingrate.

Après que j'eus passé le petit village de Laja, les pierres cessèrent de se montrer; elles étaient cachées, sans doute, par un dépôt plus récent. Quelques collines s'élevaient abruptement du plan uni de la *pampa*.

Il n'est pas possible de douter que cette plaine n'ait formé, à une époque assez peu reculée, e bassin d'un lac qui se continuait avec celui qui existe actuellement un peu plus au nord.

Une chaîne de collines, essentiellement composées de grès d'un rouge pâle, sépare la Pampa de Laja d'une autre plaine tout à fait semblable, à une des extrémités de laquelle se trouvent les célèbres ruines de Tiaguanaco, berceau de la civilisation péruvienne. Elles sont situées sur une éminence très marquée, qui a dû former, durant une certaine période, une petite île.

Plusieurs autres éminences de la plaine portent à leur base des traces non équivoques de l'action d'une masse d'eau qui les aurait battues pendant longtemps.

Quatre lieues séparent Tiaguanaco des rives du lac actuel de Titicaca, où il y a un village appelé Guaqui. Entre ces deux points, le sol est couvert, sur une grande étendue, d'une couche de gravier, et porte les marques les plus évidentes du séjour des eaux, à une époque peu reculée.

En quittant Guaqui, je suivis les bords du lac qui décrit, de ce côté, un grand angle, et j'arrivai, après une marche de quatre lieues, au canal du Desaguadero, qui forme, en ce point, la limite de la Bolivie. Un pont de bateaux, en tout semblable à celui que nous avions traversé à Nasakara, fait communiquer les deux rives. En le traversant, je fis mes adieux à la république Bolivienne, et j'abordai celle du Pérou.

Les montagnes au milieu desquelles je dirigeai ma course, après avoir passé le petit village de Zepita, sont d'origine volcanique. Elles forment un groupe remarquable, paraissant être un des centres principaux du soulèvement qui a dû s'opérer dans cette partie de l'Amérique, postérieurement à la formation des Andes; ce soulèvement aurait comblé une immense vallée qui séparait, avant cette époque, la Cordillère intérieure de la chaîne occidentale.

Le district que je traversais fait partie du département de Puno. Il était autrefois un des plus florissants du Pérou : sa décadence, qui date de l'expulsion des jésuites, auxquels on doit surtout sa civilisation, fut accélérée par la grande insurrection de 1780. Il suffit de jeter les yeux

sur les nombreuses églises ou ruines qui s'élèvent
encore, comme des colosses, au-dessus des chaumes
enfumés des villages d'à présent, pour avoir une
idée des changements survenus dans la constitution de ce pays. Juli était anciennement la
capitale du département, et est encore celle de
la province la plus peuplée, celle de Chucuito.
De la plupart de ses maisons, il ne reste que les
murs; il en est de même de celles du village de
Pomata, que je traversai le même jour, de Hilabe,
de Acora, et même de Chucuito, qui n'est éloigné
que de quatre lieues de Puno, capitale actuelle
du département du même nom.

Entre le Desaguadero et Pomata, la route traverse la base de la péninsule de Copa-Cabana. Elle
se rapproche ensuite des rives du lac, qu'elle
continue dès lors de suivre sans interruption
jusqu'à la capitale.

Puno est une assez jolie ville, je la trouvai
même embellie depuis le voyage que j'avais fait
quelques années auparavant. La plupart de ses
maisons sont cependant encore couvertes de
chaume, bien qu'il y ait dans les environs plusieurs fabriques de tuiles. Ses rues sont pavées de
pierres arrondies, ramassées sur les rives du lac,
et les cours des habitations sont souvent ornées

de charmantes mosaïques de petits cailloux blancs et noirs, recueillis dans une des îles voisines.

En entrant dans la ville, je me trouvai, un instant, assez embarrassé de mon logement, car le *tambo* dépendant de la maison de poste se trouvait plein de voyageurs. Je me souvins heureusement d'un médecin péruvien, du nom de Bueno, pour lequel on m'avait donné jadis une lettre de recommandation, et m'étant transporté chez lui avec armes et bagages, je trouvai une réception des plus amicales. Le docteur usa même de tant d'aimables prévenances à mon égard, que je me décidai à remettre au surlendemain la continuation de mon voyage. Je fis, en attendant, plusieurs promenades intéressantes dans les environs de la ville, sur les bords du grand lac, et à la fameuse mine d'argent *del Manto,* pour une description de laquelle je renvoie mes lecteurs à d'autres relations. Un autre point du voisinage qui mérite d'être visité, est une petite montagne, connue sous le nom de *Cerro de Guansapata.* C'est une masse volcanique criblée partout de grottes ou de cavernes de formes très irrégulières, et au sujet desquelles il n'est conte que l'on ne fasse. Le seul point qui, dans ce recueil de merveilles, me semblât mériter quelque attention, ce fut la dé-

couverte qu'on y aurait faite d'ossements fossiles.
On m'a assuré qu'un individu avait travaillé pendant quelque temps à dégager un squelette fossile engagé dans la roche même qui tapissait une
de ces cavernes, et qu'il l'avait transporté à la
côte; je dois dire que, pour ma part, je n'y ai remarqué que quelques stalactites.

Bien que les roches porphyriques et les grès
forment la masse principale des terrains qui avoisinent Puno, on y rencontre aussi assez abondamment des calcaires., parmi lesquels se remar-
quent des marbres de la plus grande beauté. Un
marbrier français qui y travaillait pour le compte
du gouvernement péruvien en avait découvert
plusieurs variétés qu'il regardait comme très pré-
cieuses. Ce même marbrier m'assura qu'il avait
vu, dans plusieurs points des environs de la ville,
des masses considérables de bois fossile dont il
ne put malheureusement me montrer d'échan-
tillon.

La population de Puno est estimée à 6,000
âmes, dont environ un dixième est de sang espagnol; les neuf autres dixièmes sont composés de
métis, et d'Indiens Aymaras et Quichuas. Puno se
trouve en effet sur la limite des régions occupées
par ces deux nations, et possède, par cette raison,

une population très mixte. La ville d'Oruro, située au sud du département de La Paz, est dans
le même cas. J'ai déjà eu plusieurs fois occasion
de parler à mes lecteurs de la nation quichua,
qui était le peuple Inca proprement dit, et j'ai
indiqué divers points de distinction entre elle et
les Aymaras. Il en est cependant un auquel je
n'ai point touché, et qui n'est pas de peu d'importance, car il suffirait, à lui seul, pour placer les
Quichuas au-dessus de leurs voisins. Je veux parler de leur langue, dont la flexibilité extraordinaire et la richesse laissent loin en arrière, non
seulement la langue des Aymaras, mais aussi
toutes nos langues européennes.

L'érudit Prescott, dans son *Histoire de la conquête du Pérou,* s'extasie sur les mérites de la
langue quichua, méconnus par beaucoup. Les
poëtes péruviens trouvaient, dit-il, dans ce beau
dialecte, un instrument des plus convenables pour
célébrer les hauts faits de leurs héros; cette langue, naturalisée dans les provinces les plus éloignées de l'empire des Incas, s'enrichit d'une foule
de mots nouveaux empruntés à d'autres idiomes,
et forma enfin, sous l'influence d'une sorte de
culture poétique, un tout harmonieux. Tel qu'une
belle mosaïque que l'on compose de matériaux

difformes, le quichua devint le plus compréhensible comme le plus élégant des dialectes de
l'Amérique du Sud.

La place me manque pour entrer ici dans beaucoup de détails sur ce sujet ; si je m'y arrête,
ce ne sera donc que pour quelques instants. Un
mot d'abord sur l'alphabet (1). Passant les voyelles,
qui diffèrent surtout des nôtres par l'absence de
l'*u*, remplacé par la voyelle *ou*, et par celle de l'*e*
muet, nous verrons que, sur vingt-quatre consonnes que l'on peut compter dans la langue quichua,
il y en a neuf qui ne sont pas représentées dans
l'alphabet français, et, parmi les consonnes françaises, il y en a sept qui ne se trouvent pas dans
la langue quichua. Vient-on maintenant à parcourir les alphabets des langues du vieux monde
pour rechercher ces articulations qui manquent
à nos alphabets d'Europe, il est curieux qu'on
ne les rencontre que dans l'alphabet sanscrit, le
plus riche d'ailleurs de tous les alphabets connus.
D'autres articulations sont tout à fait particulières
à la langue quichua, et donnent à sa prononciation
un caractère spécial.

---

(1) Ces notes et beaucoup d'autres, que je ne puis donner ici, m'ont
été communiquées de vive voix par des *quichuistas* de la Bolivie, et notamment par le docteur don Mariano Virreira de Cochabamba.

C'est ce que l'on verra en jetant les yeux sur le tableau suivant, où j'ai disposé les consonnes de l'alphabet quichua selon le système analytique imaginé par les grammairiens indous.

Gutturales . .	*ka kka kha ja gna.*
Palatales . .	*tcha tchsa tchha.*
Dentales . . .	*ta tta tha na.*
Labiales . . .	*pa ppa pha ma.*
Semi-voyelles.	*ya wa lla ra la.*
Sifflantes . . .	*cha sa (ssa) ha.*

Si, en regard de ce tableau, je mettais celui de l'alphabet sanscrit lui-même, on serait étonné de l'analogie existant entre les éléments qui les composent, analogie dont je ne veux d'ailleurs tirer aucune déduction, mais dont auraient peut-être pu se prévaloir ceux qui ont cherché à démontrer qu'il y avait identité d'origine entre les Péruviens et certains peuples de l'Asie. Je ferai remarquer ici que les articulations qui caractérisent le plus la langue quichua sont celles dont la valeur se trouve indiquée par des lettres doubles (*kk*, *pp* et *tt*), et dont on ne rencontre les analogues dans aucune langue européenne. Leur émission se fait avec une sorte de claquement (guttural, labial ou lingual) qu'il est très difficile, à une bouche européenne, d'imiter parfaitement. Elles donnent à la prononciation quichua une dureté désagréable. Exemples : *kkapa,* cartilage ; *ppugnu,* pot ; *ttanta,* pain.

Les articulations *kha*, *pha* et *tha* sont bien moins difficiles ; l'aspiration doit s'y faire sentir nettement, et sans nuire au son de la consonne qui la précède. Exemples : *kharisiri,* sorte de vampire (1) ; *phuru,* plume ; *thanta,* déguenillé.

La consonne que j'ai désignée par le caractère *j* est analogue au *ch* (*tséha*) des Allemands, et se rapproche, par conséquent, du *jota* (*j*) des Espagnols. Elle ne se rencontre qu'à la fin des syllabes, et se trouve représentée, dans les vocabulaires, par *c*. Exemple : *rimaj*, bavard.

L'articulation indiquée par le signe *w*, à cause de l'analogie qu'il y a entre elle et le *double v* des Anglais, est écrite, dans les vocabulaires, *gu* ou *hu*. Exemple : *warmi*, femme.

Enfin les lettres suivantes de l'alphabet français : *b, d, f, g, v, x, z,* manquent complétement à l'alphabet quichua, ainsi que les articulations composées des liquides entre elles, ou de celles-ci et d'une autre consonne, *tr, pl, mn, ls, ns,* etc.

Les parties du discours sont moins nombreuses

_____

(1) Le vampire de la Cordillère suce, au lieu du sang, la graisse de ses victimes.

en quichua que dans nos langues; les Quichuas n'ont pas d'articles, et ils n'ont ni préposition, ni conjonction, ni adjectifs possessifs, mais (c'est ici que se présente la plus notable particularité de cette langue) ils n'en font pas moins sentir tous les rapports que ces mots expriment, dans d'autres idiomes, grâce aux modifications sans nombre que le génie de la langue permet de faire subir aux autres parties du discours, et en particulier au nom et au verbe. C'est ce caractère particulier de la langue quichua que je veux surtout faire ressortir ici, et je crois ne pouvoir mieux y réussir qu'en donnant un exemple des modifications auxquelles j'ai fait allusion : ce sera la déclinaison d'un substantif.

DÉCLINAISON DU SUBSTANTIF *runa*.

Runa.	les gens, ou la gent.
Runajta.	des gens (génitif).
Runajpata.	
Runamanta	des gens (ablatif).
Runapaj.	pour les gens.
Runaman.	vers les gens.
Runata.	aux gens.
Runaraiku.	par les gens.
Runawan.	avec les gens.
Runapi.	parmi les gens.
Runakama.	jusqu'aux gens.
Runai.	mes gens.
Runaipata. . . .	de mes gens.
Runaipaj.	pour mes gens.
Runaiki	tes gens.

Runaikejta.	de tes gens.
Runaikipaj.	pour tes gens.
Runaikiwan	avec tes gens.
Runaiku.	nos gens (sans les tiens).
Runantchaj . . .	nos gens (avec les tiens).
Runan.	ses gens.
Runampata . . .	de ses gens.
Runanraiku	par ses gens.
Runallata	seulement aux gens.
Runallaiki.	seulement tes gens.
Runallanta.	seulement à ses gens.
Runapuni	toujours les gens.
Runajtapuni.	toujours des gens.
Runaraj.	encore les gens.
Runajpataraj . . .	encore des gens.
Runapis.	également les gens.
Runawampis. . . .	également avec les gens.
Runantin.	quand même les gens.
Runantimpata. . .	même des gens.
Runamantapatcha.	à commencer par les gens.
Runari.	et les gens.
Etc. , etc.	

La plus simple inspection de ce tableau suffit pour démontrer jusqu'à quel point il serait possible de l'étendre, chaque particule possessive, en particulier, pouvant s'ajouter aux cas proprement dits du substantif, et les particules prépositives et adverbiales pouvant s'y agréger, en outre, soit une à une, soit même deux à deux (1), de manière à former des combinaisons presque innombrables.

(1) Ainsi, si l'on prend la particule *pis* de *runapis* (également les gens) pour l'ajouter au mot *runaikiwan* (avec tes gens), on aura le mot *runaikiwampis* (également avec tes gens), et ainsi de suite.

Nota. — En quichua, l'accent est invariablement sur l'avant-dernière syllabe des mots.

De même le verbe, moyennant l'addition de certaines particules (sans signification par elles-mêmes) diversement combinées , se prête à l'expression de tant de sens variés et de tant de nuances, qu'il faudrait plusieurs pages pour offrir le tableau de la série des modifications dont est susceptible un seul de ces mots.

Je me contenterai, comme exemple, de donner ici quelques unes de celles du verbe *munani*, mais en me limitant à l'emploi des particules qui affectent l'*intensité d'action*.

Munani..	J'aime.
Munakuni	*Id.* (marque un degré de plus que le précédent).
Munarikuni. . . .	J'aime un peu.
Munaririni. . . .	*Id.* (expression froide).
Munaririkuni. . .	J'aime un petit peu.
Munarkorini. . .	J'aime un peu et passagèrement.
Munarkoririni. .	*Id.* (expression plus affectueuse).
Munaikukuni. . .	J'aime tendrement.
Munaikurikuni. .	*Id.* (marque encore plus d'affection).
Munaikuririkuni.	J'aime bien plus que je ne le pensais.
Munarkoni. . . .	J'aime passionnément.
Munarkokuni. . .	*Id.* (marque un amour jaloux).
Munarkorikuni. .	*Id.* ⎱ (expressions moins fortes que les deux
Munarkoririkuni.	*Id.* ⎰ précédentes, mais plus tendres).
Munanayani. . .	J'ai envie d'aimer.
Munaikatchani. .	J'aime capricieusement.
Munaikapuni. . .	Je suis arrivé à aimer.
Munaikakapuni. .	*Id.* (marque plus de tendresse).

aymaras, parallèle à celle que j'ai donnée précédemment de mots *lecos*, *tacanas* et *mozetenos*.

	Quichua.	Aymara.
Un.	Uj.	Maia.
Deux.	Iscai.	Paia.
Trois.	Kimsa.	Kimsa.
Quatre.	Tawa.	Pusi.
Cinq.	Phiskha.	Pheska.
Six.	S'ojta.	S'ojta.
Sept.	Khantchis.	Pakallko.
Huit.	Pusaj.	Kimsakalko.
Neuf.	Iskhon.	Ya-tunka.
Dix.	Tchunka.	Tunka.
Onze.	Tchunka-ujnioj.	Tunka-maiani.
Douze.	Tchunka-iskainioj.	Tunka-paiani.
Treize.	Tchunka-kimsaioj.	Tunka-kimsani.
Quatorze.	Tchunka-tawaioj.	Tunka-pusini.
Quinze.	Tchunka-phiskhaioj.	Tunka-pheskani.
Seize.	Tchunka-sojtaioj.	Tunka-sojtani.
Vingt.	Iskai tchunka.	Patunka.
Vingt et un.	Iskai tchunka ujnioj.	Patunka maiani.
Trente.	Kimsa tchunka.	Kimsa tunka.
Cent.	Patchaj.	Pataka.
Mille.	Waranka.	Tunka pataka ou waranka.
Homme.	Khari.	Tchatcha.
Femme.	Warmi.	Warmi.
Enfant.	Wawa.	Wawa.
Maison.	Wasi.	Uta.
Soleil.	Inti.	Inti.
Lune.	Killa.	Phajsi.
Ciel.	Hanajpatcha.	Alajpatcha.
Terre.	Kaipatcha.	Akajpatcha.
Feu.	Nina.	Nina.
Pluie,	Para.	Hallo.
Eau.	Unu.	Uma.
Corps.	Ukhu.	
Tête.	Uma.	Ppéké.
Jambes.	Tusu.	Tchara-naka.

	Quichua.	**Aymara.**
Bras.	*Makkalle.*	*Ampara-naka* (1).
Peau.	*hara.*	*Lapijtchi.*
Sang.	*Yawar.*	*Wila.*
Bouche.	*Simi.*	*Laka.*
Dents.	*Kiru.*	*Lakatchaka.*
Yeux.	*Nawı.*	*Naıra-naka.*
Ventre.	*Wisa.*	*Puráka.*
Mains.	*Maki.*	*Ampara-naka.*
Pieds.	*Tchaki.*	*Kayu-naka.*
Nez.	*Senkha.*	*Nasa.*
Doigts.	*Llaukkana.*	*Lukkana-naka.*
Oui.	*Ari.*	*Iyaŭ.*
Non.	*Mana.*	*Haniwa.*
Ongles.	*Sillu.*	*Sillu-naka.*
Lait.	*Kkuspi.*	
Bois.	*Llantta.*	*Tchejstáta.*
Arbre.	*Satchsa.*	*Kkoka.*
Arc. Flèches.	*Watchi.*	*Mitchi.*
Oiseau.	*Ppısko.*	*Hamatchi.*
Village.	*Llajta.*	*Marka.*
Sel.	*Katchi.*	*Haiu.*
Fleur.	*Ttica.*	*Pankara.*
Feuille.	*Laphi.*	*Laphi.*
Forêt.	*Tchsumi.*	*Kkokakkollo-naka.*
Montagne.	*Orkko.*	*Kkollo.*
Rivière.	*Mayu.*	*Hawıra.*

Bien que la ville de Puno soit dans une position très abritée, si ce n'est du côté où elle fait face au lac, sa grande élévation, supérieure de près de 400 mètres à celle de La Paz, rend son climat encore moins tempéré que celui de cette

(1) En Aymara, la particule *naka* est le signe du pluriel.

ville. Les seuls végétaux à fruits comestibles que
l'on puisse y cultiver sont le Fraisier et le Cerisier
(*Guindo*) dont la baie petite et acide se voit aussi,
quoique rarement, à La Paz. Le blé est cultivé,
m'a-t-on assuré, dans quelques lieux abrités des
environs ; mais les plantes que l'on y voit en plus
grande abondance sont l'Orge (*Cevada*), la Fève
de marais (*Aba*), l'Ulluco, la Pomme de terre et
l'Oca. Cette dernière et l'Ulluco se sèment en septembre, et la Pomme de terre, en octobre. Un fait
digne d'être noté, c'est que le Maïs qui ne mûrit
son grain ni à Puno, ni dans aucun autre point des
bords du lac, produit bien dans plusieurs de ses
îles. Ce maïs dont les chaumes n'ont guère plus
de 50 à 60 centimètres de hauteur, donne un
grain jaune, beaucoup plus petit que celui du
Maïs ordinaire, mais très estimé des gens du pays
qui ont l'habitude de le porter au marché de La
Paz, après lui avoir fait subir une préparation particulière qui consiste à le torréfier, avec un peu
de sable blanc, dans un vase clos, après l'avoir fait
bouillir un instant avec les fleurs du *Cantua dependens*, ou *Flor del Inca*. Les graines crèvent,
alors, et quadruplent de volume, en épanouissant
leur tissu, sous forme d'une masse spongieuse,
d'une blancheur éclatante. Les paysans de quel-

ques parties de la France, de la Bresse en particulier, obtiennent, m'a-t-on dit, le même résultat avec le maïs ordinaire, et d'une manière bien plus simple.

Le maïs produit dans les îles du lac ne constitue, d'ailleurs, qu'une petite partie de celui qui se consomme à Puno, où ce grain joue un rôle assez notable dans l'alimentation des habitants. J'ai déjà cité plusieurs des préparations auxquelles les habitants de la Bolivie et du Pérou soumettent ce grain utile. J'ai parlé du *tostado* (maïs torréfié), aliment ordinaire de l'Indien en voyage ; j'ai souvent fait mention de la *chicha de maiz*, comme aussi, je pense, du *mote* (1), de la *lagua* (2), et des *choclos cozidos* (3) ; je ne puis cependant quitter ce sujet, sans dire un mot d'un autre mets préparé avec le même grain,

---

(1) Maïs égrené, cuit à l'eau avec un peu de sel, et pelé. On le mange souvent avec du sucre bis.

(2) Farine grossière de maïs, cuite avec de l'eau, du saindoux et du sel. Mets très en usage parmi les Indiens.

En Bolivie, je n'ai jamais vu torréfier la farine de maïs, comme cela se pratique au Brésil. Cette opération, qui permet de conserver la farine pendant très longtemps, en même temps qu'elle lui donne un goût très agréable, se fait dans de larges bassines, ou sur des plaques de métal suffisamment chauffées. La cuisson est complète lorsque la farine ne rend plus de vapeur, et qu'elle a pris une couleur jaune pâle.

(3) Épis de maïs cueillis avant leur maturité, et cuits à l'eau ou sous la cendre.

et qui m'a semblé très délicat ; je veux parler des *umintas*. Pour les faire, il faut cueillir les épis de maïs bien avant leur maturité, détacher les grains de la rafle, après en avoir arraché d'abord la partie filamenteuse, les bien broyer, et y mêler environ le quart de leur poids de saindoux, avec quelques amandes finement hachées, du sucre et un peu de cannelle. La pâte ainsi obtenue est enveloppée, par cuillerées, dans les larges feuilles (*chala*) qui forment la tunique de l'épi, et les petits paquets étant ficelés en croix, sont placés sur une couche de paille qui les élève au-dessus du fond d'une marmite contenant une petite quantité d'eau bouillante, dans la vapeur de laquelle se fait leur cuisson.

Le 10 octobre, je quittai Puno et le bon docteur Bueno pour prendre le chemin d'Aréquipa. Dans l'après-midi du même jour, après une marche assez longue, à travers une *puna* élevée, semée de *Deyeuxia* et de *Bolax,* et après avoir franchi un immense bassin entouré d'un mur de rochers basaltiques, j'arrivai au village de Vilque. C'est dans un autre bassin, séparé de celui-ci par une chaîne de collines, que se tient annuellement, au mois de juin, la célèbre foire de Vilque, fréquentée par des marchands qui y accourent de presque toutes les parties de l'Amérique Espagnole, et notamment par les maquignons de la République de la Plata.

En quittant Vilque et sa *pampa*, je traversai un nouveau bassin, plus étendu encore que les précédents, mais dont le niveau est sensiblement le même. Ensuite se présenta la *quebrada* de Maravillas; elle formait autrefois un vaste canal de communication entre les divers réservoirs du plateau, mais un simple ruisseau, le rio de Maravillas, la sillonne aujourd'hui. Vers son extrémité septentrionale, où je trouvai une maison de poste, la *quebrada* que j'ai nommée reçoit plusieurs grands bras latéraux et prend, dès lors, en s'élevant rapidement, les proportions étroites d'un ravin ordinaire, pour se terminer près d'une autre maison de poste, appelée la Compuerta, où je passai la nuit. A peu de distance au-dessus de ce point, situé lui-même en pleine Cordillère, je me trouvai sur les bords d'un petit lac dont le rio de Maravillas paraît être le déversoir. Une digue pourvue d'une vanne (*compuerta*) permet de graduer à volonté l'écoulement de ses eaux que l'on emploie à faire mouvoir une machine à bocarder (*trapiche*), établie depuis longtemps dans le fond de la *quebrada*. D'innombrables oiseaux aquatiques nageaient sur son onde

glacée. Un second lac suit immédiatement le premier; mais il est privé de déversoir, et se trouve
caché au milieu de hautes montagnes qui le par-
tagent en deux bassins irréguliers. Le chemin qui
le contourne est tracé sur des masses de terres alluviales couvertes partout de ces arbrisseaux résineux, dont j'ai parlé antérieurement sous le nom
de *Tola*. Une descente peu considérable mène de
là à un nouveau bassin desséché, que je quittai
pour en rencontrer, plus loin, de nouveaux, d'une
étendue plus ou moins considérable, tantôt com-
muniquant par des canaux également desséchés,
tantôt coupés par des chaînes de collines nues et
calcaires. Certains de ces bassins étaient sillonnés
par de petites rivières ou par des ruisseaux;
d'autres, plus ou moins marécageux, se montraient
revêtus d'un court gazon et servaient de parcs à
des troupeaux d'Alpacas, et de refuge habituel à
quelques paires de ces grandes oies blanches (*Bernicla melanoptera*), dont il a déjà été question.
Telle était la constitution du pays que je traversai
avant d'arriver à la maison de poste de Cuevillas,
située à environ mi-chemin entre Puno et Aréquipa. J'y trouvai un muletier qui allait aussi à
Aréquipa et que je pris à mon service.

Le 22, après avoir franchi le point culminant

de la Cordillère, sans presque m'en apercevoir, tant il proémine peu sur le plateau, j'abordai une vaste plaine dont le sol nu et parfaitement uni est semé de très petits fragments de quartz, qui brillent au soleil comme des diamants; on les a comparés à des morceaux de sucre, d'où est venu à cette plaine le nom de *Pampa del Confital*. Il n'est pas, dans toute la Cordillère, de lieu plus redouté des voyageurs que ce froid désert, balayé sans cesse par des ouragans. Quand le vent y souffle, le sable est enlevé par tourbillons du sol mouvant, et les animaux en sont aveuglés. Bien muni contre ces accidents, je n'en souffris que médiocrement, et ma journée se fût bien passée si la nuit ne m'eût surpris, avant que j'eusse gagné un abri. J'avais fort heureusement atteint, en ce moment, les limites de la « bonbonière », sans quoi j'étais perdu sans ressource; car la direction du chemin y est à peine sensible. Celui-ci se trouve enfin mieux circonscrit, étant tracé au milieu des rochers, et je me décidai à y attendre le postillon resté en arrière. Laissant alors les rènes à ma monture qui suivait l'Indien comme un chien, j'arrivai, malgré la nuit, à la maison de poste de Pati.

La hauteur de la *Pampa del Confital* au-dessus du niveau de la mer, est de 4,870 mètres. A son entrée on aperçoit un grand nombre de rochers qui ressemblent de loin à des animaux. Plusieurs de ces blocs que les vents ont déchaussés, paraissent à peine reposer sur le sol. Ailleurs, la surface de la plaine n'est interrompue que par les ossements blanchis des animaux que la fatigue y a tués. Pas un brin de végétation n'apparaît pour égayer cette région désolée, qui semble avoir été frappée par quelque souffle maudit. Mais quand des nuages menaçants ne voilent pas l'horizon, l'œil du voyageur se repose avec plaisir sur la cime neigeuse d'un cône majestueux qui domine la Cordillère, à l'ouest, et marque le terme de la région des frimas et l'entrée de la verte oasis d'Aréquipa. C'est le volcan éteint, *El Misti* (1), dans le cratère duquel je pénétrai, le premier, en octobre 1847.

Le 23, de grand matin, quittant la maison de poste de Pati, je gagnai, après une marche de huit lieues, celle d'Apo, dont le *tambo* est bâti de pierres volcaniques blanches; j'y pris une monture fraîche et je commençai près de là une longue montée que contourne la base du cône du volcan. Mon *arriero*, dont quelques libations faites dans la matinée avaient échauffé la cervelle, contrarié par

_____

(1) La hauteur de cette montagne, d'après les dernières mesures de M. Pentland, serait de plus de 6,600 mètres (20,380 pieds anglais).

plusieurs pertes éprouvées en route et par la fuite d'une mule, parvint à s'y griser complétement avec de l'eau-de-vie que lui fournit une caravane. Dès lors il malmena tellement ses animaux de charge, que je craignis un accident. Néanmoins, tant que nous continuâmes de monter, tout alla passablement, bien que les mules trébuchassent de temps à autre, et que le muletier lui-même eût été jeté plusieurs fois dans le sable ; mais quand nous eûmes atteint le point culminant de la montée, connu sous le nom de *Alto de los Huesos,* à cause des ossements qui s'y trouvent accumulés (1), les choses prirent une autre tournure. L'*arriero,* surexcité alors par une dernière rasade, lança sa monture au galop dans la descente, en poussant les charges devant lui, et disparut bientôt à mes yeux. Qu'arriva-t-il?— Je rencontrai à quelque distance mes malles gisant sur la route, au bord d'un précipice, et, un peu plus loin, mon lit et tous les autres objets qui composaient mon équipage, dispersés parmi les rochers; ce qui m'étonna, ce fut de ne pas y voir étendu aussi l'*arriero.*

(1) On se rappelle que les *apachetas* sont signalées par des monticules de pierres, offrandes faites par les Indiens voyageurs aux divinités des Andes. Sur l'Alto de los Huesos, celles-ci ont dû être remplacées par des os, le versant de la montagne n'étant formé que de cendres. Cette passe est, d'après M. Pentland, à une élévation de 4,137 mètres.

Le soleil venait de se coucher; je n'eus donc d'autre alternative que de me mettre en sentinelle auprès de mon bien et d'attendre les événements. Une heure après, le postillon, que j'avais laissé en arrière pour suivre le muletier, survint, et je me fis relever. Remontant ensuite sur ma mule, je me mis en marche pour atteindre le *tambo,* me fiant presque complétement pour cela à l'instinct de ma monture qui connaissait la route bien mieux que moi. J'arrivai, mais hélas! le *tambo* n'existait plus que de nom; un incendie l'avait dévoré, deux jours auparavant. J'eus une peine infinie à trouver, au milieu de l'obscurité, le lieu où s'était réfugié mon coupable muletier; mais, l'ayant enfin dépisté, je l'envoyai querir mon bagage. M'étant installé ensuite, tant bien que mal, parmi les ruines de l'hôtel, dans un coin qu'un lambeau de toit abritait encore, j'y passai la nuit qui précéda mon entrée à Aréquipa.

Je voudrais donner à mes lecteurs une description de cette jolie ville, la plus agréable peut-être de toute l'Amérique du Sud, tant par l'aménité de son climat, que par les mœurs douces et simples de ses habitants; mais d'autres voyageurs se sont chargés de ce soin, et, bien qu'il y ait aujourd'hui beaucoup à modifier dans leurs relations par suite des progrès qu'Aréquîpa a faits, depuis l'époque où elles furent écrites, elles peuvent servir au moins à en donner une idée. Pressé par le temps, je ne pus y prolonger ma visite au delà de cinq jours, et ayant franchi au galop, dans la nuit du 1er novembre, les trente lieues de sable qui séparent ce point du port d'Yslay, je rejoignis, le 2, à bord du steamer « *Bolivia* » mon compagnon de voyage, embarqué le jour précédent, à Arica. Nous prîmes alors le chemin de Panama, où nous débarquâmes le 19.

Enfin, le 20, nous abordâmes, sous une pluie torrentielle, l'horrible route de Cruces, dans laquelle nos animaux avaient presque constamment de la boue jusqu'au ventre. Le 21, nous redescendîmes la rivière de Chagres, et, le lendemain, par une mer affreuse, nous nous fîmes conduire, à nos risques et périls, à bord du steamer américain, l'*Ohio*, allant, par la Havane, à New-York. Nous vîmes successivement ces deux localités, intéressantes à des titres si différents; puis, prenant le chemin de Boston et de Halifax, nous dîmes adieu à l'Amérique, en faisant voile pour Liverpool. Douze jours après, nous etions de retour dans nos foyers.

FIN.

ERRATA ET ADDENDA.

Page 14, ligne 6, au lieu de : reprendrait plus, lisez : reprendrait pas.

63, 19, au lieu de : *asequia*, lisez : *acequia*.

80, 14, après : végétaux, ajoutez dicotylédones.

97, 19, au lieu de *chuñi*, lisez : *chuño*.

186, 14, au lieu de : 1,000 mètres, lisez : 400 mètres.

180, 12, au lieu de : Longchamps, lisez : Longchamp.

230, 11, au lieu de : *barilla*, lisez : *barrilla*.

253, 12, au lieu de : 11 deniers, lisez : 11 deniers 4 grains.

255, 21, après : 8 millions, ajoutez : de piastres.

363, 17, au lieu de : inimitable, lisez : inexprimable.

281, 19 ⎫
282, 11 ⎭ au lieu de : Cinta, lisez : Tinta.

— 384, — 23, au lieu de : Bustillos, lisez : Bustillo.

— 442, — 2, au lieu de : *Mission*, lisez : *Mision*.

— 443, — 4, au lieu de : *chicha de maïs*, lisez : *chicha de maiz*.

497, 15, au lieu de : pour éloigner le véhicule, lisez : pour l'éloigner.

Lightning Source UK Ltd.
Milton Keynes UK
UKOW06f0850290316

271079UK00022B/1053/P